Die Besteuerung von Kapitalgesellschaften und ihren Anteilseignern in Irland im Vergleich zu Deutschland

Bochumer Schriften zum Steuerrecht

Herausgegeben von Roman Seer

Band 5

PETER LANG

Frankfurt am Main · Berlin · Bern · Bruxelles · New York · Oxford · Wien

Jens Hoffmann

Die Besteuerung von Kapitalgesellschaften und ihren Anteilseignern in Irland im Vergleich zu Deutschland

Zugleich ein Beitrag zu den Grenzen
des Steuerwettbewerbs in der Europäischen Union

PETER LANG
Europäischer Verlag der Wissenschaften

Bibliografische Information Der Deutschen Bibliothek
Die Deutsche Bibliothek verzeichnet diese Publikation in der Deutschen Nationalbibliografie; detaillierte bibliografische Daten sind im Internet über <http://dnb.ddb.de> abrufbar.

Zugl.: Bochum, Univ., Diss., 2005

D 294
ISSN 1613-939X
ISBN 3-631-54646-7

www.peterlang.de

„Meinen Eltern“

Vorwort

Die vorliegende Arbeit ist im Sommersemester 2004 von der juristischen Fakultät der Ruhr-Universität Bochum als Dissertation angenommen worden. Für die Veröffentlichung konnten Rechtsprechung und Literatur bis zum Ende des Jahres 2004 berücksichtigt werden. Die Arbeit ist mit dem von der Sozietät Aulinger Rechtsanwälte gestifteten „Aulinger-Preis 2005" ausgezeichnet worden.

Mein herzlicher Dank gilt an erster Stelle meinem Doktorvater, Herrn Prof. Dr. Roman Seer, der mich an das Steuerrecht herangeführt hat und an dessen Lehrstuhl ich während der Anfertigung dieser Untersuchung tätig sein durfte. Er hat das Thema angeregt, mich fachlich wie persönlich unterstützt und mir den für ein selbständiges Arbeiten notwendigen Freiraum gewährt.

Besonders zu danken habe ich daneben Frau Prof. Dr. Adelheid Puttler (LL.M.), die das Zweitgutachten zügig erstellt und mir wertvolle weiterführende Hinweise gegeben hat. Zudem möchte ich Ms. Heather Mahon (Barrister at Law) dafür danken, dass sie mir während meines Auslandsaufenthaltes in Irland mit zahlreichen Fachgesprächen und Hilfestellungen den Zugang zum irischen Recht erleichtert hat.

Schließlich möchte ich mich bei meiner Ehefrau Esther für ihre Geduld, Rücksichtnahme und Unterstützung während des gesamten Zeitraums der Erstellung dieser Arbeit bedanken.

Herten, im August 2005 *Jens Hoffmann*

Inhaltsverzeichnis

Abkürzungsverzeichnis

a.A.	andere(r) Ansicht
ABl. EG	Amtsblatt der Europäischen Gemeinschaft
Abs.	Absatz
ACT	advance corporation tax
AfA	Absetzung für Abnutzung
AG	Aktiengesellschaft
AO	Abgabenordnung
AStG	Außensteuergesetz
BB	Betriebs-Berater (Zeitschrift)
BFH	Bundesfinanzhof
BGBl.	Bundesgesetzblatt
BMF	Bundesministerium der Finanzen
BStBl	Bundessteuerblatt
BT	Bundestag
BT-Drucks.	Bundestag-Drucksache
BVerfG	Bundesverfassungsgericht
BVerfGE	Amtliche Sammlung von Entscheidungen des Bundesverfassungsgerichts
DB	Der Betrieb (Zeitschrift)
DBA	Doppelbesteuerungsabkommen
ders.	derselbe
d.h.	das heißt
dies.	dieselbe(n)
Diss.	Dissertation
Drucks.	Drucksache
DStJG	Deutsche Steuerjuristische Gesellschaft
DStJG (Band 16)	Lang (Hrsg.), Unternehmensbesteuerung in EU-Staaten, Köln, 1994
DStJG (Band 17)	Wassermeyer (Hrsg.), Grundfragen der Unternehmensbesteuerung, Köln, 1994
DStJG (Band 19)	Lehner (Hrsg.), Steuerrecht im Europäischen Binnenmarkt, Köln, 1996
DStJG (Band 23)	Pelka (Hrsg.), Europa- und verfassungsrechtliche Grenzen der Unternehmensbesteuerung, Köln, 2000
DStJG (Band 24)	Ebling (Hrsg.), Besteuerung von Einkommen, Köln, 2001
DStJG (Sonderband)	Pelka (Hrsg.), Unternehmenssteuerreform, Köln, 2001

DStZ	Deutsche Steuer-Zeitung (Zeitschrift)
DVBl.	Deutsches Verwaltungsblatt (Zeitschrift)
DWT	dividend withholding tax
EFG	Entscheidungen der Finanzgerichte
EG	Europäische Gemeinschaft
EGKS	Europäische Gemeinschaft für Kohle und Stahl
EGV	Vertrag zur Gründung der Europäischen Gemeinschaft
Einf.	Einführung
EL	Ergänzungslieferung
ESR	export sales relief
EStG	Einkommensteuergesetz
ET	European Taxation (Zeitschrift)
EU	Europäische Union
EuG	Gericht Erster Instanz der Europäischen Gemeinschaften
EuGH	Europäischer Gerichtshof
EuR	Europarecht (Zeitschrift)
EuZW	Europäische Zeitschrift für Wirtschaftsrecht (Zeitschrift)
e.V.	eingetragener Verein
evtl.	eventuell
EWIV	Europäische Wirtschaftliche Interessenvereinigung
EWS	Europäisches Wirtschafts- und Steuerrecht (Zeitschrift)
FG	Finanzgericht
FIFO	First in – first out
FR	Finanz-Rundschau (Zeitschrift)
FS	Festschrift
ggf.	gegebenenfalls
GmbH	Gesellschaft mit beschränkter Haftung
GmbHR	GmbH-Rundschau (Zeitschrift)
grds.	grundsätzlich
GS	Gedächtnisschrift
GrS	Großer Senat
HFR	Höchstrichterliche Finanzrechtsprechung
HGB	Handelsgesetzbuch
Hrsg.	Herausgeber
H.S.	Halbsatz
IAS	International Accounting Standards
IDA	Industrial Development Agency
i.d.R.	in der Regel

i.e.S.	im engeren Sinne
i.w.S.	im weiteren Sinne
IFA	International Fiscal Association
IFSC	International Financial Service Centre
IFSt	Institut für Finanzen und Steuern
i.H.v.	in Höhe von
Intertax	International Tax Review (Zeitschrift)
i.S.d.	im Sinne des/der
IStR	Internationales Steuerrecht (Zeitschrift)
i.S.v.	im Sinne von
i.V.m.	in Verbindung mit
IWB	Internationale Wirtschafts-Briefe (Zeitschrift)
JbFSt	Jahrbuch der Fachanwälte für Steuerrecht
KStDV	Körperschaftsteuer-Durchführungsverordnung
KStG	Körperschaftsteuergesetz
Lfg.	Lieferung
Lkw	Lastkraftwagen
LuF	Land- und Forstwirtschaft
m.a.W.	mit anderen Worten
m.E.	meines Erachtens
n.F.	neue(r) Fassung
NJW	Neue Juristische Wochenschrift (Zeitschrift)
PIStB	Praxis Internationale Steuerberatung (Zeitschrift)
Pkw	Personenkraftwagen
RFH	Reichsfinanzhof
Rdnr.	Randnummer
RIW	Recht der Internationalen Wirtschaft (Zeitschrift)
Rspr.	Rechtsprechung
S.	Satz
Slg.	Amtliche Sammlung der EuGH-Entscheidungen
sog.	sogenannt
Solz	Solidaritätszuschlag
ständ.	ständig(e)
StbJb	Steuerberater-Jahrbuch
Stbg	Die Steuerberatung (Zeitschrift)
StBP	Die steuerliche Betriebsprüfung (Zeitschrift)
SteuerStud	Steuer & Studium (Zeitschrift)
str.	strittig
StSenkG	Gesetz zur Reform der Steuersätze und zur Reform der Unternehmensbesteuerung vom 23. 10. 2000
StuB	Steuer und Bilanzen (Zeitschrift)

StuW	Steuer und Wirtschaft (Zeitschrift)
SWI	Steuer & Wirtschaft International (Zeitschrift)
u.a.	unter anderem
UCITS	Undertakings for Collective Investment in Transferable Assets
u.U.	unter Umständen
vgl.	vergleiche
v.H.	vom Hundert
Vorb.	Vorbemerkung
z.B.	zum Beispiel
ZGR	Zeitschrift für Unternehmens- und Gesellschaftsrecht
z.T.	zum Teil

Literaturverzeichnis

Albrecht, Achim
„Recht der Kapitalgesellschaften in Irland"
in: Internationale Wirtschafts-Briefe (IWB), Fach 5, Irland, Gruppe 3, 33 ff.

Albrecht, Achim
„Recht der Personengesellschaften und Körperschaften in Irland"
in: Internationale Wirtschafts-Briefe (IWB), Fach 5, Irland, Gruppe 3, 13 ff.

Ammelung, Ulrich / Schneider, Helmut
„Einschaltung niederländischer Finanzierungsgesellschaften bei Konzernfinanzierung über den Eurokapitalmarkt"
in: Internationales Steuerrecht (IStR) 1996, 501 ff. (Teil I), 552 ff. (Teil II)

Anweiler, Jochen
Die Auslegungsmethoden des Gerichtshofs der Europäischen Gemeinschaften
zugleich: Dissertation, Universität Göttingen (1996)
1996
Frankfurt a.M., Berlin, Bern, New York, Paris, Wien

Appleby, Tony / O`Hanlon, Finola
The Taxation of Capital Gains
14th Edition 2002
Dublin

Arndt, Hans-Wolfgang / Schumacher, Andreas
„Einkommensbesteuerung und Grundrechte"
in: Archiv für öffentliches Recht (AöR) 118 (1993), 513 ff.

Aubin, Bernhard
„Zum Aufbau des Tatbestands in Artikel 101 des Vertrages zur Gründung der europäischen Wirtschaftsgemeinschaft"
in: Aubin, Bernhard / v. Caemmerer, Ernst (Hrsg.)
Festschrift für Otto Riese aus Anlass seines siebzigsten Geburtstages, 245 ff.
1964
Karlsruhe
zitiert: Aubin, in: FS Riese

Bareis, Peter
„Die Reform der Einkommensteuer vor dem Hintergrund der Tarifentwicklung seit 1934“
in: Kirchhof, Paul / Jakob, Wolfgang / Beermann, Albert (Hrsg.)
Festschrift für Klaus Offerhaus zum 65. Geburtstag, 1053 ff.
1999
Köln
zitiert: Bareis, in: FS Offerhaus

Bauschatz, Peter
„Steuerlicher Gestaltungsmissbrauch und Europarecht“
in: Internationales Steuerrecht (IStR) 2002, 291 ff. (Teil I), 333 ff. (Teil II)

Becker, Helmut
„Steuerprogression und Steuergerechtigkeit“
in: Kirchhof, Paul / Offerhaus, Klaus / Schöberle, Horst (Hrsg.)
Festschrift für Franz Klein, 379 ff.
1994
Köln
zitiert: Becker, in: FS Klein

Birk, Dieter
„Besteuerungsgleichheit in der Europäischen Union“
in: DStJG (Band 19) 1996, 63 ff.
Köln

Birk, Dieter
„Das Leistungsfähigkeitsprinzip in der Unternehmenssteuerreform“
in: Steuer und Wirtschaft (StuW) 2000, 328 ff.

Birk, Dieter
Steuerrecht
6. Auflage 2003
Heidelberg

Bleckmann, Albert
„Art. 5 EWG-Vertrag und die Gemeinschaftstreue“
in: Deutsches Verwaltungsblatt (DVBl.) 1976, 483 ff.

Bleckmann, Albert
Europarecht: das Recht der Europäischen Union und der Europäischen Gemeinschaften
6. Auflage 1997
Köln, Berlin, Bonn, München
zitiert: Bearbeiter, in: Bleckmann, Europarecht

Blumenberg, Jens / Lausterer, Martin
„Staatliche Beihilfen im Bereich der direkten Unternehmensbesteuerung“
in: Breuniger, Gottfried E. / Müller, Welf / Strobl-Haarmann, Elisabeth (Hrsg.)
Steuerrecht und Europäische Integration
Festschrift für Albert J. Rädler zum 65. Geburtstag, 1 ff.
1999
München
zitiert: Blumenberg/Lausterer, in: FS Rädler

Blümich
Einkommensteuergesetz Körperschaftsteuergesetz Gewerbesteuergesetz
Band 4 (Loseblattsammlung)
Stand: 73. Ergänzungslieferung (Januar 2002)
München
zitiert: Bearbeiter, in: Blümich, Band 4

von Bogdandy, Armin
„Rechtsfortbildung mit Artikel 5 EG-Vertrag”
in: Randelzhofer, Albrecht / Scholz, Rupert / Wilke, Dieter
Gedächtnisschrift für Eberhard Grabitz, 17 ff.
1995
München
zitiert: von Bogdandy, in: GS Grabitz

Bolkestein, Frits
“Taxation and competition: the realization of the Internal Market”
in: EC Tax Review 2000, 78 ff.

Bracewell-Milnes, Barry
„Tax Competition: Harmful or Beneficial“
in: International Tax Review (Intertax) 1999, 86 ff.

Brennan, Frank / Howley, Seamus
Tax Acts Commentary 2001 – 2002
2001
Dublin

Brennan, Frank / Moore, Paul
Corporation Tax
13th Edition 2001
Dublin

Bruton, James
„Gewerbliche Investitionen in Irland: Kapitalgesellschaft oder Betriebsstätte?"
in: Praxis Internationale Steuerberatung (PIStB) 2002, 81 ff.

Butterworths (Hrsg.)
Irish Tax Reports
Cases and Cumulative Tables and Index 1922 – 1998
1999
Dublin

Callies, Christian / Ruffert, Matthias
Kommentar des Vertrages über die Europäische Union und des Vertrages zur Gründung der Europäischen Gemeinschaft: EUV/EGV
2. Auflage 2002
Neuwied, Kriftel
zitiert: Bearbeiter, in: Callies/Ruffert

Cardani, Angelo M.
"European taxation policy – A change of tack"
in: Breuninger, Gottfried E. / Müller, Welf / Strobl-Haarmann, Elisabeth (Hrsg.)
Steuerrecht und Europäische Integration
Festschrift für Albert J. Rädler zum 65. Geburtstag, 113 ff.
1999
München
zitiert: Cardani, in: FS Rädler

Clehane, Noel
Leitfaden für deutsche Investoren in Irland
1999
Dublin

Connolly, Margaret / Bradley, Marie
Capital Allowances
3rd Edition 2002
Dublin

Cooney, Terry / Martyn, Joe / Reck, Paul
Taxation Summary
Republic of Ireland
26th Edition 2002
Dublin

Cordewener, Axel
Europäische Grundfreiheiten und nationales Steuerrecht
zugleich: Dissertation, Universität Bonn (2001)
Köln
2002

Corrigan, Kieran
Revenue Law Vol. I
General And Income Tax Part 1
2000
Dublin

Corrigan, Kieran
Revenue Law Vol. II
General And Income Tax Part 2
2000
Dublin

Courtney, Thomas B.
The Law of Private Companies
1994
Dublin

Cunniffe, Danielle / Drenckhan, Helke
„Unternehmensbesteuerung in der Republik Irland“
in: Internationales Steuerrecht (IStR) 2004, 334 ff.

Cunningham, William
„Irish Incentives for Inward Investment“
in: Bulletin for International Fiscal Documentation 1996, 394 ff.

Cunningham, William
„Irish Incorporated Companies – New Residence Rules“
in: Bulletin for International Fiscal Documentation 1999, 476 ff.

Cunningham, William
National Report (Ireland)
in: International Fiscal Association (IFA)
Cahiers de droit fiscal international
Vol. LXXXVIb, 583 f.
2001
The Hague, London, Boston

Cunningham, William
„The Abolition of Advance Corporation Tax: Towards a New International Holding Company Regime?"
in: Bulletin for International Fiscal Documentation 1998, 186 ff.

Dautzenberg, Norbert
„Neuerungen im Internationalen Steuerrecht durch das Steuersenkungsgesetz“
in: Steuer und Bilanzen (StuB) 2000, 863 ff.

Dautzenberg, Norbert
Unternehmensbesteuerung im EG-Binnenmarkt
Problembereiche und Perspektiven
Halbband 1, Halbband 2
zugleich: Dissertation, Universität Köln (1997)
1997
Lohmar, Köln

DeloitteToucheTomatsu (Hrsg.)
Ireland
1997
New York

Dorenkamp, Christian
„Spreizung zwischen Körperschaftsteuer- und Spitzensatz der Einkommensteuer“
in: DStJG, Sonderband 2001, 61 ff.
Köln

Dötsch, Ewald / Pung, Alexandra
„Die geplante Reform der Unternehmensbesteuerung“
in: Der Betrieb (DB) 2000, Beilage Nr. 4 zu Heft 11, 1 ff.

Dreßler, Günter
Gewinn- und Vermögensverlagerungen in Niedrigsteuerländer und ihre steuerliche Überprüfung
3. Auflage 2000
Neuwied, Kriftel

Durchlaub, Thomas
Zur Steuerpflicht der Gewinne aus der Veräußerung von Privatvermögen
zugleich: Dissertation, Ruhr-Universität Bochum (1992)
1993
Berlin

Eberhartinger, Eva
„Das Verhältnis zwischen (handels-)bilanziellem und steuerlichen Gewinn in der Rechtsprechung von Großbritannien“
in: Internationales Steuerrecht (IStR) 1997, 279 ff.

Ehle, Dietrich / Meier, Gerd
EWG-Warenverkehr: Außenhandel, Zölle, Subventionen
1971
Köln, Bonn
zitiert: Bearbeiter, in: Ehle/Meier, EWG-Warenverkehr

Ehlers, Dirk (Hrsg.)
Europäische Grundrechte und Grundfreiheiten
2003
Berlin
zitiert: Bearbeiter, in: Ehlers, Europäische Grundrechte und Grundfreiheiten

Eimermann, Dieter
„OECD-Arbeiten zum schädlichen Steuerwettbewerb – ein Zwischenstand“
in: Internationales Steuerrecht (IStR) 2001, 81 ff.

Endres, Dieter
„Kurzfälle zum Internationalen Steuerrecht“
in: Praxis Internationale Steuerberatung (PIStB) 2003, 132 ff.

Englisch, Joachim
„Rechtsformneutralität der Unternehmensbesteuerung bei Ertragsteuern"
in: Deutsche Steuer-Zeitung (DStZ) 1997, 778 ff.

Englisch, Joachim
„Zur Dogmatik der Grundfreiheiten des EGV und ihren ertragsteuerlichen Implikationen"
in: Steuer und Wirtschaft (StuW) 2003, 88 ff.

Ernst & Young (Hrsg.)
Doing Business in the Republic of Ireland
1999
Dublin

Escher, Hans / Escher-Weingart, Christina
„Die Gewerbesteuerreform – Anlaß zur Aufgabe des Sonderbetriebsvermögens?"
in: Betriebs-Berater (BB) 1996, 349 ff.

Esser, Clemens
„Die neuen Einkommensteuertarife 2000 bis 2005 im Vergleich"
in: Institut für Finanzen und Steuern (IFSt) Nr. 383 (2000), 1 ff.

Everling, Ulrich
„Zur Funktion der Rechtsangleichung in der Europäischen Gemeinschaft – Vom Abbau der Verzerrung zur Schaffung des Binnenmarktes"
in: Capotori, F. / Ehlermann, C.D. / Frowein, J. / Jacobs, F. / Joliet, R. / Koopmans, T. / Kovar, R. (Hrsg.)
Du droit international au droit de l`intégration
Festschrift für Pierre Pescatore, 227 ff.
1987
Baden-Baden
zitiert: Everling, in: FS Pescatore

Farmer, Paul
„EC law and national rules on direct taxation: a phoney war?"
in: EC Tax Review 1998, 13 ff.

Faltlhauser, Kurt
„Die Verlockungen der Schedule“
in: Kley, Max-Dietrich / Sünner, Eckart / Willemsen, Arnold (Hrsg.)
Steuerrecht, Steuer- und Rechtspolitik, Wirtschaftsrecht und
Unternehmensverfassung,
Umweltrecht
Festschrift für Wolfgang Ritter zum 70. Geburtstag, 511 ff.
1997
Köln
zitiert: Faltlhauser, in: FS Ritter

Feeney, Michael
The Taxation of Companies
2002
Dublin

Fennel, David
„Tax Strategy Group: What the papers say“
in: Irish Tax Review 2000, 178 ff.

Fischer-Zernin, Justus / Schwarz, Hubertus
„Besteuerung deutscher Investitionen in Irland“
in: Internationale Wirtschafts-Briefe (IWB), Fach 5, Gruppe 2, 63 ff.

Flick, Hans / Wassermeyer, Franz / Baumhoff, Hubertus
Außensteuerrecht Kommentar
Band II (Loseblattsammlung)
Stand: 52. Ergänzungslieferung (Mai 2003)
Köln
zitiert: Bearbeiter, in: Flick/Wassermeyer/Baumhoff, Band II

Flockermann, Paul G.
„Gedanken zum Einkommensteuertarif“
in: Kirchhof, Paul / Offerhaus, Klaus / Schöberle, Horst (Hrsg.)
Steuerrecht, Verfassungsrecht, Finanzpolitik
Festschrift für Franz Klein, 393 ff.
1994
Köln
zitiert: Flockermann, in: FS Klein

Forde, Michael
Company Law
1992
Dublin

Förster, Jutta
IStR-Länderbericht
in: Internationales Steuerrecht (IStR) 1997, Beihefter 1, 1 f.

Frick, Karl Alois
Einkommensteuerliche Steuervergünstigungen und Beihilfeverbot nach dem EG-Vertrag
zugleich: Dissertation, Universität Tübingen (1994)
1994
Sinzheim

Friel, Eithne
„Close Company Surcharge"
in: Irish Tax Review 2000, 347 ff.

Froesch, Thomas
„Grundzüge der Unternehmensbesteuerung in Belgien"
in: Internationales Steuerrecht (IStR) 1996, 366 ff.

Froesch, Thomas / Goyvaerts, Gerd
„Belgien: Wichtige Änderungen im Steuerrecht"
in: Internationales Steuerrecht (IStR) 1997, 553 ff.

Gabler, Th.
Wirtschafts Lexikon
Band SP – Z
14. Auflage 1997
Wiesbaden

Galvazi, Hans / Moons, Peter
„Allgemeine Grundsätze des niederländischen Steuerrechts"
in: Internationales Steuerrecht (IStR) 1998, 70 ff.

Geiger, Rudolf
EUV, EGV: Vertrag über die Europäische Union und Vertrag zur Gründung der Europäischen Gemeinschaft
3. Auflage 2000
München

v. Gerlach, Leopold
„Spanien: Steuerliche Investitionsanreize auf den Kanarischen Inseln“
in: Internationales Steuerrecht (IStR) 1995, Beihefter 2, 3 f.

Grabitz, Eberhard / Hilf, Meinhard
Das Recht der Europäischen Union: Vertrag über die Europäische Union, Vertrag zur Gründung der Europäischen Gemeinschaft
Band 2 (Loseblattsammlung)
Stand: 21. Ergänzungslieferung (April 2003)
München
zitiert: Bearbeiter, in: Grabitz/Hilf

von der Groeben, Hans / Thiesing, Jochen / Ehlermann, Claus-Dieter
Kommentar zum EU-/EG-Vertrag
Band 2/II (Artikel 88 – 102 EGV)
5. Auflage 1999
Baden-Baden
zitiert: Bearbeiter, in Groeben/Thiesing/Ehlermann, Band 2/II

Gross, Ivo
„Subventionsrecht und „schädlicher Steuerwettbewerb“: Selektivität von Steuervergünstigungen als gemeinsames Kriterium“
in: Recht der Internationalen Wirtschaft (RIW) 2002, 46 ff.

Grotherr, Siegfried
„Das Dauerphänomen der Scheingewinnbesteuerung unter international-vergleichenden Aspekten“
in: Recht der Internationalen Wirtschaft (RIW) 1987, 693 ff.

Grotherr, Siegfried
Die Scheingewinnbesteuerung im internationalen Vergleich
1987
Baden-Baden

Grotherr, Siegfried
„Die steuerliche Berücksichtigung der Konzernverbundenheit in der Republik Irland“
in: Recht der Internationalen Wirtschaft (RIW) 1995, 231 ff.

Grotherr, Siegfried (Hrsg.)
Handbuch der internationalen Steuerplanung
2. Auflage 2002
Herne, Berlin
zitiert: Bearbeiter, in: Grotherr, Handbuch der internationalen Steuerplanung

Grotherr, Siegfried
„Steueranreize für das Internationale Finanzdienstleistungszentrum in Dublin“
in: Internationale Wirtschafts-Briefe (IWB), Fach 5, Irland, Gruppe 2, 51 ff.

Grotherr, Siegfried
„Unternehmensbesteuerung in der Republik Irland“
in: Internationale Wirtschafts-Briefe (IWB), Fach 5, Irland, Gruppe 2, 32 ff.

Gundel, Günter
„Finanzgestaltungen über das Ausland“
in: Internationales Steuerrecht (IStR) 1994, 211 ff.

Haccius, Charles
Ireland in International Tax Planning
1995
Amsterdam

Haccius, Charles
„Irish Tax Treaties“
in: European Taxation (ET) 1998, 114 ff.

Haccius, Charles
„The Irish Corporation Tax Revolution“
in: Bulletin for International Fiscal Documentation 2000, 122 ff.

Haccius, Charles / Brennan, Frances
„The New Residence Rules“
in: European Taxation (ET) 1995, 38 ff.

Haccius, Charles
„Recent Developments in Ireland"
in: Bulletin for International Fiscal Documentation 1998, 73 ff.

Hahn, Hartmut
„Das ICI-Urteil des EuGH und die Hinzurechnungsbesteuerung gemäß §§ 7 ff. AStG"
in: Internationales Steuerrecht (IStR) 1999, 609 ff.

Hauser, Hansgeorg
„Zwischen höherer Mathematik und Verteilungspolitik: Der Tarif im deutschen Einkommensteuerrecht"
in: Deutsche Steuer-Zeitung (DStZ) 1998, 202 ff.

Hefernan, John
„Locating International Intellectual Property Rights in Ireland and the 12.5% Tax Rate"
in: Irish Tax Review 2002, 260 ff.

Heidenhain, Martin
Anmerkung zum Urteil des EuGH vom 19. September 2000 – Rs. C-156/98 (Bundesrepublik Deutschland gegen Kommission der EG)
in: Europäische Zeitschrift für Wirtschaftsrecht (EuZW) 2000, 729 f.

Heil, Michael
„Die neue AfA-Tabelle für die allgemein verwendbaren Anlagegüter"
in: Steuer und Bilanzen (StuB) 2001, 105 ff.

Herrmann, Carl / Heuer, Gerhard / Raupach, Arndt
Einkommensteuer- und Körperschaftsteuergesetz
Band 16 (Loseblattsammlung)
Stand: 216. Ergänzungslieferung (August 2003)
Köln
zitiert: Bearbeiter, in: Hermann/Heuer/Raupach

Herzig, Norbert
„Besteuerung der Unternehmen in Europa – Harmonisierung im Wettbewerb der Systeme"
in: DStJG (Band 19) 1996, 121 ff.
Köln

Herzig, Norbert / Bär, Michaela
„Die Zukunft der steuerlichen Gewinnermittlung im Licht des europäischen Bilanzrechts"
in: Der Betrieb (DB) 2003, 1 ff.

Heskamp, Dieter
Die Vereinbarkeit allgemeiner und horizontaler Beihilfen und Beihilferegelungen mit Art. 87 EGV
zugleich: Dissertation, Universität Münster (2000)
2001
Münster

Hey, Johanna
„Besteuerung von Unternehmensgewinnen und Rechtsformneutralität"
in: DStJG (Band 24) 2001, 155 ff.
Köln

Hey, Johanna
Harmonisierung der Unternehmensbesteuerung in Europa: ein Vorschlag unter Auswertung des Ruding-Berichts und der US-amerikanischen „integration debate"
zugleich: Dissertation, Universität Köln (1996)
1997
Köln

Hickson, John H.
"Irish double tax treaties and the IFSC – A powerful combination"
in: Offshore Investment No. 52, Dec. 1993/Jan. 1994, 50 f.

Himmelreich, Reinhard
„Folgen der Aushöhlung des Maßgeblichkeitsprinzips"
in: Hommelhoff, Peter / Zätzsch, Roger / Erle, Bernd (Hrsg.)
Gesellschaftsrecht, Rechnungslegung, Steuerrecht
Festschrift für Welf Müller zum 65. Geburtstag, 613 ff.
2001
München
zitiert: Himmelreich, in: FS Müller

Hinnekens, Luc
„The Monti Report: the uphill task of harmonizing direct tax systems of EC Member States"
in: EC Tax Review 1997, 31 ff.

Höfer, Birgit
„Neuerungen im luxemburgischen Steuerrecht“
in: Internationales Steuerrecht (IStR) 1998, 423 ff.

Hommel, Michael
„Neue Abschreibungsfristen in der Steuerbilanz – ein Beitrag zu mehr Gerechtigkeit?“
in: Betriebs-Berater (BB) 2001, 247 ff.

Hommelhoff, Peter / Schwab, Martin
„Staats-ersetzende Privatgremien im Unternehmensrecht“
in: Drenseck, Walter / Seer, Roman (Hrsg.)
Festschrift für Heinrich Wilhelm Kruse zum 70. Geburtstag, 693 ff.
2001
Köln
ztiert: Hommelhoff/Schwab, in: FS Kruse

Höppner, Horst-Dieter
„Deutsche steuerliche Missbrauchsvorschriften und das Gemeinschaftsrecht – § 42 AO und § 50d Abs. 1a EStG aus EG-rechtlicher Sicht –“
in: Breuninger, Gottfried E. / Müller, Welf / Strobl-Haarmann, Elisabeth (Hrsg.)
Steuerrecht und Europäische Integration
Festschrift für Albert J. Rädler zum 65. Geburtstag, 305 ff.
1999
München
zitiert: Höppner, in: FS Rädler

Höppner, Horst-Dieter
„Mißbräuchliche Zwischenschaltung irischer Finanzanlagegesellschaften (Irland I)“
in: Internationale Wirtschafts-Briefe (IWB) Fach 3a, Gruppe 1, 632 ff.

International Bureau of Fiscal Documentation (Hrsg.)
Annual Report 2001 – 2002
2002
Amsterdam

International Bureau of Fiscal Documentation (Hrsg.)
European Taxation Handbook 2003
14th Edition 2003
Amsterdam
zitiert: Bearbeiter, in: European Tax Handbook

International Bureau of Fiscal Documentation (Hrsg.)
The Taxation of Companies in Europe
Volume II
Stand: Suppl. No. 161 (February 2002)
Amsterdam
zitiert: Bearbeiter, in: Taxation of Companies in Europe

International Bureau of Fiscal Documentation (Hrsg.).
The Taxation of Individuals in Europe
Volume IV
Stand: Suppl. No. 27 (May 2002)
Amsterdam
zitiert: Bearbeiter, in: Taxation of Individuals in Europe

Ipsen, Hans Peter
Europäisches Gemeinschaftsrecht
1972
Tübingen

Jachmann, Monika
„Besteuerung von Unternehmen als Gleichheitsproblem"
in: DStJG (Band 23) 2000, 9 ff.
Köln

Jackstein, Claus-Dieter
„Das deutsche Steuerrecht im Wettbewerb mit ausländischen Steuersystemen"
in: Burmester, Gabriele / Endres, Dieter (Hrsg.)
Außensteuerrecht, Doppelbesteuerungsabkommen und EU-Recht im Spannungsverhältnis
Festschrift für Helmut Debatin zum 70. Geburtstag, 179 ff.
1997
München
zitiert: Jackstein, in: FS Debatin

Jaeger, Claudia
Die Körperschaftsteuersysteme in Europa: eine europarechtliche und betriebswirtschaftliche Analyse
zugleich: Dissertation, Universität Mannheim (2001)
2001
Lohmar, Köln

Jacobs,Otto H.
Internationale Unternehmensbesteuerung: deutsche Investitionen im Ausland; ausländische Investitionen im Inland
5. Auflage 2002
München

Kanzler, Hans-Joachim
„Steuerreform: Von der synthetischen Einkommensteuer zur Schedulenbesteuerung? Oder: Die Schedule ist tot! Es lebe die Schedule!"
in: Finanz-Rundschau (FR) 1999, 363 ff.

Keane, Ronan
Company Law in the Republic of Ireland
3rd Edition 2000
Dublin

Kellersmann, Dietrich / Treisch, Corinna
Europäische Unternehmensbesteuerung
2002
Wiesbaden
zitiert: Bearbeiter, in: Kellersmann/Treisch, Europäische Unternehmensbesteuerung

Kempermann, M.
Kommentar zum Urteil des BFH vom 19. Januar 2000 – I R 94/97
in: Finanz-Rundschau (FR) 2000, 457 f.

Kessler, Wolfgang
„Holdingstandort Luxemburg"
in: Internationales Steuerrecht (IStR) 1995, 11 ff.

Kiesewetter, Dirk
„Theoretische Leitbilder einer Reform der Unternehmensbesteuerung"
in: Steuer und Wirtschaft (StuW) 1997, 24 ff.

Kirchhof, Paul
„Die Entwicklungen des deutschen Steuerrechts im Rahmen der Europäischen Union"
in: Jahrbuch der Fachanwälte für Steuerrecht (JbFSt) 1994/95, 27 ff.

Kirchhof, Paul
EStG-KompaktKommentar: Einkommensteuergesetz
3. Auflage 2003
Heidelberg
zitiert: Bearbeiter, in: Kirchhof, EStG-KompaktKommentar

Kirchhof, Paul
„Gesetzgebung und private Regelsetzung als Geltungsgrund für Rechnungslegungspflichten?“
in: Zeitschrift für Unternehmens- und Gesellschaftsrecht (ZGR) 2000, 681 ff.

Kirchhof, Paul
„Verfassungsrechtliche Maßstäbe der Unternehmensteuerreform“
in: Die Steuerberatung (Stbg) 2000, 552 ff.

Kirchhof, Paul / Söhn, Hartmut
Einkommensteuergesetz
Band 7 (Loseblattsammlung)
Stand: 135. Ergänzungslieferung (September 2003)
Heidelberg
zitiert: Bearbeiter, in: Kirchhof/Söhn

Kischel, Dieter
„Übersicht über die direkten Steuern in Irland“
in: Internationale Wirtschafts-Briefe (IWB), Fach 5, Irland, Gruppe 2, 77 ff.

Kischel, Dieter
„Übersicht über die direkten Steuern Portugals“
in: Internationale Wirtschafts-Briefe (IWB), Fach 5, Portugal, Gruppe 2, 77 ff.

Klein, Eckart / Haratsch, Andreas
„Mitgliedstaatliche Regionalförderung insbesondere zugunsten kleiner und mittlerer Unternehmen (KMU) aus der Sicht des EG-Rechts“
in: Europäisches Wirtschafts- und Steuerrecht (EWS) 1997, 410 ff.

Kluge, Volker
Das Internationale Steuerrecht
4. Auflage 2000
München

Knobbe-Keuk, Brigitte
„Die beiden Unternehmenssteuerrichtlinien“
in: Europäische Zeitschrift für Wirtschaftsrecht (EuZW) 1992, 336 ff.

Koenig, Christian / Kühling, Jürgen
„Grundfragen des EG-Beihilfenrechts“
in: Neue Juristische Wochenschrift (NJW) 2000, 1065 ff.

Koenig, Christian / Kühling, Jürgen
„Reform des EG-Beihilfenrechts aus der Perspektive des mitgliedstaatlichen Systemwettbewerbs“
in: Europäische Zeitschrift für Wirtschaftsrecht (EuZW) 1999, 517 ff.

Kokott, Juliane
„Die Bedeutung der europarechtlichen Diskriminierungsverbote und Grundfreiheiten für das Steuerrecht der EU-Mitgliedstaaten“
in: Münchener Schriften zum Internationalen Steuerrecht, Heft 23 (2000), 1 ff.
München

Könen, Ralf
„Die Holdinggesellschaften im Großherzogtum Luxemburg“
in: Internationale Wirtschafts-Briefe (IWB), Fach 5, Luxemburg, Gruppe 2, 145 ff.

Koschyk, Mirko M.
Steuervergünstigungen als Beihilfen nach Artikel 92 EG-Vertrag: Grundsätze zur Beurteilung steuerlicher Beihilfen
zugleich: Dissertation, Universität Hamburg (1998)
1999
Baden-Baden

Krebs, Hans-Joachim
„Die Harmonsierung der direkten Steuern für Unternehmen in der EG“
in: Betriebs-Berater (BB) 1990, 1945 ff.

Kreile, Reinhold
„Zum Vorentwurf einer EG-Richtlinie über die Harmonisierung der steuerrechtlichen Gewinnermittlungsvorschriften“
in: Der Betrieb (DB) 1988, Beilage Nr. 18 zu Heft 45, 1 ff.

Kube, Hanno
„Grundfreiheiten und Ertragskompetenz – die Besteuerung der grenzüberschreitenden Konzernfinanzierung nach dem Lankhorst-Urteil des EuGH“
in: Internationales Steuerrecht (IStR) 2003, 325 ff.

Lademann
Kommentar zum Einkommensteuergesetz
Band VIII (Loseblattsammlung)
Stand: 133. Ergänzungslieferung (Februar 2002)
zitiert: Bearbeiter, in: Lademann, Band VIII

Lang, Joachim
„Besteuerung in Europa zwischen Harmonisierung und Differenzierung“
in: Klein, Franz / Stihl, Hans-Peter / Wassermeyer, Franz zusammen mit Piltz, Detlev J. und Schaumburg, Harald (Hrsg.)
Festschrift für Hans Flick zum 70. Geburtstag, 873 ff.
1997
Köln
zitiert: Lang, in: FS Flick

Lang, Joachim
Die Bemessungsgrundlage der Einkommensteuer
zugleich: Habilitation, Universität Köln (1981)
1988
Köln

Lang, Joachim
„Die Unternehmensteuerreform – eine Reform pro GmbH“
in: GmbH-Rundschau (GmbHR) 2000, 453 ff.

Lang, Joachim
„Prinzipien und Systeme der Besteuerung von Einkommen“
in: DStJG (Band 24) 2001, 49 ff.
Köln

Lang, John Temple
Jura Europae
Das Recht der Länder der Europäischen Gemeinschaften
Gesellschaftsrecht (Band IV)
1988
München

Lang, Michael
„CFC-Gesetzgebung und Gemeinschaftsrecht"
in: Internationales Steuerrecht (IStR) 2002, 217 ff.

Larenz, Karl
Methodenlehre der Rechtswissenschaft
6. Auflage 1991
Berlin, Heidelberg, New York, London, Paris, Tokyo, Hong Kong, Barcelona, Budapest

Lausterer, Martin
„Der Binnenmarkt hat keine Steuergrenzen"
in: Internationales Steuerrecht (IStR) 2003, 705 ff.

Lausterer, Martin
„EG-Steuerpolitik zwischen Harmonisierung und Wettbewerb der Systeme"
in: Internationales Steuerrecht (IStR) 1997, 486 ff.

Lausterer, Martin
„X und Y: Neues zu den Grundfreiheiten des EG-Vertrags"
in: Internationales Steuerrecht (IStR) 2003, 19 ff.

Laux, Hans
„Die Einkommensteuertarife 1996, 1997 und 1999"
in: Betriebs-Berater (BB) 1996, 567 ff.

Lehner, Moris
„Begrenzung der nationalen Besteuerungsgewalt durch die Grundfreiheiten und Diskriminierungsverbote des EG-Vertrages"
in: DStJG (Band 23) 2000, 263 ff.

Lehner, Moris
„Wettbewerb der Steuersysteme im Spiegel europäischer und US-amerikanischer Steuerpolitik"
in: Steuer und Wirtschaft (StuW) 1998, 159 ff.

Leitner, Reinhard
„Die Besteuerung von Gewinnausschüttungen aus irischen Kapitalanlagegesellschaften"
in: Steuer & Wirtschaft International (SWI) 1996, 24 ff.

Lenz, Carl Otto
EG-Vertrag: Kommentar zu dem Vertrag zur Gründung der Europäischen Gemeinschaften in der durch den Amsterdamer Vertrag geänderten Fassung
2. Auflage 1999
Köln
zitiert: Bearbeiter, in: Lenz, EG-Vertrag

Lohan, Robert
„Ireland as a location for Investment"
in: Irish Tax Review 2002, 487 ff.

Lonergan, Mark
„Recent Developments on Direct Taxation in the E.U."
in: Irish Tax Review 2002, 378 ff.

Lück, Michael
Die Gemeinschaftstreue als allgemeines Rechtsprinzip im Recht der Europäischen Gemeinschaft: ein Vergleich zur Bundestreue im Verfassungsrecht der Bundesrepublik Deutschland
zugleich: Dissertation, Universität Kiel (1991)
1992
Baden-Baden

Lüdemann, Peter / Bruton, James / Hruschka, Franz
Steuerfolgen gewerblicher Investitionen in Irland
2000
Heidelberg
zitiert: Lüdemann/Bruton/Hruschka, Steuerfolgen gewerblicher Investitionen in Irland

Maher, Peter
Ireland (Branch Report)
in: Cahiers de droit fiscal International
IFA Vol. LXXXVIIIa, 487 ff.
2003
The Hague, London, New York

Malherbe, Jacques / Yann, François
„Die Belgischen Koordinierungsstellen"
in: Internationales Steuerrecht (IStR) 1997, 74 ff. (Teil I), 102 ff. (Teil 2)

Malherbe, Jaques
„Harmful Tax Competition and the Future of Financial Centres in the European Union“
in: International Tax Review (Intertax) 2002, 219 ff.

Marquard, Josef / Kläs, Friedhelm
„Grenzüberschreitende Kooperation von Unternehmen am Beispiel Deutschlands und Luxemburgs“
in: Der Betrieb (DB) 1992, 1951 ff.

McAteer, William / Reddin, George / Deegan, Gearoid
Income Tax
15th Edition 2002
Dublin

McNally, Donal
„A New Tax Regime for the 21st Century – Corporation Tax Aspects"
in: European Taxation (ET) 1999, 4 ff.

Megret, Jaques
Le droit de la Communaute Économique Européenne
Volume 5: Dispositions fiscales, rapprochement des legislations
1973
Brüssel (Bruxelles)

Menck, Thomas
„Der internationale Wettbewerb der Steuerrechte und der Standort Deutschland“
in: Internationales Steuerrecht (IStR) 1993, 565 ff.

Mennel, Annemarie
„Steuerrecht und Steuersysteme im internationalen Vergleich“
in: Steuer und Wirtschaft (StuW) 1973, 1 ff.

Mennel, Annemarie / Förster, Jutta
Steuern in Europa, Amerika und Asien (Loseblattsammlung)
Stand: 37. Ergänzungslieferung (1999)
Herne, Berlin
zitiert: Bearbeiter, in: Mennel/Förster

Mesenberg, H.
„Zur Frage des Abbaus von Wettbewerbsverfälschungen und –verzerrungen in den EWG-Staaten“
in: Betriebs-Berater (BB) 1961, 141 ff.

Mestmäcker, Ernst-Joachim
Europäisches Wettbewerbsrecht
1974
München

Meussen, Gerard
„The EU-fight against harmful tax competition; future developments“
in: EC Tax Review 2002, 157 ff.

Meussen, Gerard (Hrsg.)
The Principle of Equality in European Taxation
1999
London
zitiert: Bearbeiter, in: Meussen, The Principle of Equality in European Taxation

Michel, Uwe
Gesellschaftsrecht in Irland
1996
München

Müller, Katja
Verwirklichung von Gerechtigkeit und Entscheidungsneutralität in den Einkommen- und Körperschaftsteuersystemen der EU-Mitgliedstaaten: eine Analyse unter Berücksichtigung des Einkommens und des Konsums als Alternative
zugleich: Dissertation, Universität Mannheim (2001)
2001
Lohmar, Köln

Musil, Andreas
„Kein europarechtliches Beschränkungsverbot für die direkten Steuern?“
in: Internationales Steuerrecht (IStR) 2001, 482 ff.

Mutén, Leif
„Die steuerliche Umwälzung in Schweden“
in: Recht der Internationalen Wirtschaft (RIW) 1993, 119 ff.

Nanetti, Francesco / Mameli, Giovanni
„The creeping normative role of the EC Commission in the twin-track struggle against State aids and harmful tax competition“
in: EC Tax Review 2002, 185 ff.

Nathans, H.
Doing Business in Ireland
2001
Dublin

Nowak, Carsten
„Die Entwicklung des EG-Beihilfenkontrollrechts in den Jahren 1998, 1999 und 2000“
in: Europäische Zeitschrift für Wirtschaftsrecht (EuZW) 2001, 293ff.

OECD (Hrsg.)
Economic Surveys 2000 – 2001
Ireland
2001
Paris

Oestreicher, Andreas / Spengel, Christoph
„Zur Reform der steuerlichen Abschreibung für bewegliche Wirtschaftsgüter vor dem Hintergrund des Standortwettbewerbs“
in: Betriebs-Berater (BB) 2003, 926 ff.

O`Mahony, Gary
„Ireland continues to woo international business“
in: International Tax Review 2002, 43 f.

Oppermann, Thomas
Europarecht
2. Auflage 1999
München

Pausenberger, Ehrenfried / Schmidt, Christian
„Madeira als Standort für Finanz-Servicegesellschaften“
in: Internationales Steuerrecht (IStR) 1996, 415 ff.

Pflüger, Hansjörg
„Steuerliche Behandlung irischer Kapitalanlagegesellschaften weiter strittig“
in: Praxis Internationale Steuerberatung (PIStB) 2002, 96 f.

Philipowski, Rüdiger
„Einmal Missbrauch immer Missbrauch?“
in: Internationales Steuerrecht (IStR) 2003, 547 ff.

Philipowski, Rüdiger
„Ein Kampf um Steuerquellen – Schachtelbeteiligungen an irischen Kapitalgesellschaften; wie geht es weiter?“
in: Internationales Steuerrecht (IStR) 2000, S. 262 ff.

Philipowski, Rüdiger
„Schachtelerträge aus einer irischen unlimited company having a share capital: steuerfrei?“
in: Der Betrieb (DB) 2001, 1112 ff.

Pierce, Aileen
„The relationship between accounting and taxation in the Republic of Ireland“
in: European Accounting Review 1996, 951 ff.

Pietrek, Mechthild
„Irland: Der Begriff „Gewerbe“ (trade) wird von der Finanzverwaltung erläutert“
in: Internationales Steuerrecht (IStR) 2003, Länderbericht 19/2003, 4

Pietrek, Mechthild
„Irland: Steueränderungen auf Grund des Budgets 2003“
in: Internationales Steuerrecht (IStR) 2003, Länderbericht 1/2003, 3

Pinto, Carlo
„EU and OECD to Fight Harmful Tax Competition: Has the Right Path Been Undertaken?“
in: International Tax Review (Intertax) 1998, 386 ff.

Power, B.J.
Irish Company Law 1973 – 1983
A Guide and Handbook
1984
Dublin

PricewaterhouseCoopers
Doing Business and Investing in Ireland
2000
Dublin

Rädler, Albert J.
„Perspektiven der Unternehmensbesteuerung im Binnenmarkt“
in: Steuerberater-Jahrbuch (StbJb) 1992/93, 31 ff.

Rädler, Albert J. / Lausterer, Martin / Blumenberg, Jens
„Steuerlicher Mißbrauch und EG-Recht – Verstößt die generelle Anwendung von § 42 AO auf die Beteiligung deutscher Unternehmen an Tochtergesellschaften im irischen IFSC gegen Gemeinschaftsrecht?“
in: Der Betrieb (DB) 1996, Beilage 3/1996, 1 ff.

Rädler, Albert J.
„Überlegungen zur Harmonisierung der Unternehmensbesteuerung in der Europäischen Gemeinschaft”
in: DStJG (Band 16) 1994, 277 ff.
Köln

Rättig, Horst /Protzen, Peer-Daniel
„Keine Behinderung der internationalen Steuerplanung durch § 42 Abs. 2 AO 1977 n.F.“
in: Internationales Steuerrecht (IStR) 2002, 828 ff.

Rättig, Horst / Protzen, Peer-Daniel
„Zur Europarechtswidrigkeit der §§ 7 – 14 AStG und zu den Folgen für die internationale Steuerplanung“
in: Internationales Steuerrecht (IStR) 2003, 195 ff.

Raupach, Arndt / Burwitz, Gero
„Die Versagung des Schachtelprivilegs für Beteiligungen an irischen unlimited companies durch die Irland-Urteile des BFH“
in: Internationales Steuerrecht (IStR) 2000, 385 ff.

Regul, Rudolf
„Wirtschaftsintegration und Steuersysteme“
in: Finanzarchiv (Band 16) 1955/56, 313 ff.

Reiß, Wolfgang
„Rechtsformabhängigkeit der Unternehmensbesteuerung“
in: DStJG (Band 17) 1994, 3 ff.

Rode, Stefan
„Die deutsche Hinzurechnungsbesteuerung und die niederländische Risikoreserve“
in: Internationales Steuerrecht (IStR) 1997, 582 ff.

Rose, Gerd
„Bilanzrecht und Sonderbetriebsvermögen in Personengesellschaften“
in: Ballwieser, Wolfgang / Böcking, Hans-Joachim / Drukarczyk, Joachim / Schmidt, Reinhard H. (Hrsg.)
Bilanzrecht und Kapitalmarkt
Festschrift zum 65. Geburtstag von Adolf Moxter, 1091ff.
1994
Düsseldorf
zitiert: Rose, in: FS Moxter

Rosenfeld, Katrin
Das Verfahrensrecht der gemeinschaftsrechtlichen Beihilfenaufsicht: die primärrechtliche Regelung und ihre Ausgestaltung durch die Verfahrensverordnung
zugleich: Dissertation, Universität Würzburg (2000)
2000
Baden-Baden

Roth, Wulf-Henning
„Die Niederlassungsfreiheit zwischen Beschränkungs- und Diskriminierungsverbot“
in: Schön, Wolfgang (Hrsg.)
Gedächtnisschrift für Brigitte Knobbe-Keuk, 729 ff.
1997
Köln
zitiert: Roth, in: GS Knobbe-Keuk

Ruding, Onno H.
„The long way to removing obstacles in company taxation in Europe“
in: European Taxation (ET) 2002, 3 ff.

Runge, Berndt
„Schädlicher Steuerwettbewerb in der Europäischen Union und in den OECD-Ländern"
in: Breuninger, Gottfried E. / Müller, Welf / Strobl-Haarmann, Elisabeth (Hrsg.)
Steuerrecht und Europäische Integration
Festschrift für Albert J. Rädler zum 65. Geburtstag, 559 ff.
1999
München
zitiert: Runge, in: FS Rädler

Runge, Berndt
„Wettbewerb nationaler Steuerrechte"
in: Klein, Franz / Stihl, Hans Peter / Wassermeyer, Franz zusammen mit Piltz, Detlev J. und Schaumburg, Harald (Hrsg.)
Festschrift für Hans Flick zum 70. Geburtstag, 957 ff.
1997
Köln
zitiert: Runge, in: FS Flick

Sapusek, Annemarie
Ökonomische und juristische Analyse der Steuerharmonisierung in der Europäischen Union (Teil 1)
zugleich: Dissertation, Wirtschaftsuniversität Wien (1996)
1997
Frankfurt a.M., Berlin, Bern, New York, Paris, Wien

Saß, Gert
„Einflüsse des Binnenmarktes auf die nationalen Steuerordnungen"
in: DStJG (Band 19) 1996, 31 ff.
Köln

Saß, Gert
„Einfluss des freien Kapitalverkehrs in der EU auf die Steuern"
in: Interntionale Wirtschafts-Briefe (IWB), Fach 11, Gruppe 2, 401 ff.

Saß, Gert
„Europa 2000 – Perspektiven für die Integration der direkten Steuern"
in: Der Betrieb (DB) 1998, 34 f.

Saß, Gert
„Steuerharmonisierung in der EG – Perspektiven für eine Harmonisierung der Körperschaftsteuer und der Gewinnermittlung“
in: Der Betrieb (DB) 1993, 113 ff.

Saß, Gert
„Zum Richtlinienvorschlag zur Harmonisierung der Körperschaftsteuersysteme in der EG“
in: Deutsche Steuer-Zeitung (DStZ) 1977, 43 ff. (Teil I), 59 ff. (Teil II)

Sasserath, Natascha
Schadensersatzansprüche von Konkurrenten zur Effektivierung der Beihilfenkontrolle?
zugleich: Dissertation, Universität Köln (2000)
2001
Berlin

Saunders, Glyn
Tolley`s Taxation in the Republic of Ireland 2000/2001
2002
Dublin
zitiert: Tolley´s Taxation in the Republic of Ireland

Schaumburg, Harald
Internationales Steuerrecht
2. Auflage 1998
Köln

Scherer, Thomas B.
Doppelbesteuerung und europäisches Gemeinschaftsrecht: Auswirkungen des Gemeinschaftsrechts auf die Anwendung der Doppelbesteuerungsabkommen und des Außensteuerrechts
zugleich: Dissertation, Universität Konstanz (1994)
1995
München

Schermers, Henry G. / Pearson, Patrick J.
„Some Comments on Article 5 of the EEC Treaty"
in: Baur, Jürgen F. / Hopt, Klaus J. / Mailänder, K. Peter (Hrsg.)
Festschrift für Ernst Steindorff zum 70. Geburtstag am 13. März 1990, 1359 ff.
1990
Berlin, New York
zitiert: Schermers/Pearson, in: FS Steindorff

Schindhelm, Malte / Stein, Klaus
„Anknüpfungskriterien des irischen internationalen Steuerrechts"
in: Finanz-Rundschau (FR) 1998, 85 ff.

Schmidt, Ludwig
Einkommensteuergesetz
22. Auflage 2003
München

Schnieder, Ernst-August
„Die spanische Körperschaftsteuerreform 1995 unter Berücksichtigung der neuen Holding-Regelung"
in: Internationales Steuerrecht (IStR) 1997, 68 ff.

Scholtissek, Wolfgang
„Überblick über die Rechnungslegung der Companies in der Republik Irland nach dem Companies (Amendment) Act 1986"
in: Recht der Internationalen Wirtschaft (RIW) 1987, 437 ff.

Schön, Wolfgang
„Der Wettbewerb der europäischen Steuerrechtsordnungen als Rechtsproblem"
in: DStJG (Band 23) 2000, 191 ff.
Köln

Schön, Wolfgang
„Gestaltungsmißbrauch im europäischen Steuerrecht"
in: Internationales Steuerrecht (IStR) 1996, Beihefter 2/1996, 1 ff.

Schön, Wolfgang
„Hinzurechnungsbesteuerung und Europäisches Gemeinschaftsrecht"
in: Der Betrieb (DB) 2001, 940 ff.

Schön, Wolfgang
„Neue Wege im Europäischen Steuerrecht"
in: Europäische Zeitschrift für Wirtschaftsrecht (EuZW) 1998, 129

Schön, Wolfgang
„Taxation And State Aid Law In The European Union"
in: Common Market Law Review, Volume 36 (1999), 911 ff.

Schön, Wolfgang (Hrsg.)
Tax Competition in Europe
2003
Amsterdam
zitiert: Bearbeiter in Schön, Tax Competition in Europe

Schreiber, Ulrich
„Notwendigkeit und Alternativen einer Reform der Besteuerung von Kapitaleinkommen"
in: Jacobs, Otto H. / Spengel, Christoph
Aspekte der Unternehmensbesteuerung in Europa
1996
Baden-Baden

Schroer, Achim
„Die Beteiligung an einer irischen unlimited company nach den Entscheidungen des BFH vom 19. 1. 2000"
in: Internationales Steuerrecht (IStR) 2000, 711 ff.

Schulze, Reiner / Hoeren, Thomas
Dokumente zum Europäischen Recht
Band 1: Gründungsverträge
1999
Berlin, Heidelberg, New York, Barcelona, Hongkong, London, Mailand, Paris, Singapur, Tokio

Schwartz, Ivo E.
„Zur Konzeption der Rechtsangleichung in der Europäischen Wirtschaftsgemeinschaft"
in: von Caemmerer, Ernst / Schlochauer, Hans-Jürgen / Steindorff, Ernst (Hrsg.)
Probleme des Europäischen Rechts:
Festschrift für Walter Hallstein zu seinem 65. Geburtstag, 474 ff.
1966
Frankfurt a. M.

Schwarze, Jürgen
EU-Kommentar
2000
Baden-Baden
zitiert: Bearbeiter, in: Schwarze, EU-Kommentar

Schwarze, Jürgen
„Das allgemeine Völkerrecht in den innergemeinschaftlichen Rechtsbeziehungen“
in: Europarecht (EuR) 1983, 1 ff.

Seer, Roman
„Die beschränkte Steuerpflicht aus dem Blickwinkel des Gemeinschaftsrechts“
in: Internationale Wirtschafts-Briefe (IWB), Fach 11, Gruppe 2, 573 ff.

Seer, Roman
„Grenzen der Zulässigkeit eines treaty overridings am Beispiel der Switch-over-Klausel des § 20 AStG“
in: Internationales Steuerrecht (IStR) 1997, 481 ff. (Teil I), 520 ff. (Teil II)

Seer, Roman
„Verfassungsrechtliche Grenzen der Gesamtbelastung von Unternehmen“
in: DStJG (Band 23) 2000, 87 ff.

Seer, Roman / Haken, Ilona
„Bedeutung und Einfluß des europäischen Gemeinschaftsrechts“
in: Steuer & Studium (SteuerStud) 2001, 344 ff.

Seicht, Gerhard
„Geldentwertung, Gewinnermittlung und Einkommensbesteuerung“
in: Kleineidam, Hans-Jochen (Hrsg.)
Unternehmenspolitik und Internationale Besteuerung
Festschrift für Lutz Fischer zum 60. Geburtstag, 207 ff.
1999
Berlin
zitiert: Seicht, in: FS Fischer

Selling, Heinz-Jürgen
„Deutschland im Steuerwettbewerb der Staaten“
in: Internationales Steuerrecht (IStR) 2000, 225 ff.

Shaw, Sebag / Smith, Dennis E.
The Law of Meetings
5th Edition 1979
Estover/Plymouth

Sherman, H. Arnold
„Madeira – The unknown tax haven"
in: International Tax Review (Intertax) 1989, 530 ff.

Short, Jason / Craig, Alistair
„UK downgrades Ireland's tax status"
in: International Tax Review (Intertax) 2002, 41 ff.

Söllner, Renate
Art. 5 EWG-Vertrag in der Rechtsprechung des Europäischen Gerichtshofes
zugleich: Dissertation, Universität München (1984)
1985
München

Soltész, Ulrich
„Die Belastung des Staatshaushalts als Tatbestandsmerkmal einer Beihilfe i.S. des Art. 92 I EGV"
in: Europäische Zeitschrift für Wirtschaftsrecht (EuZW) 1998, 747 ff.

Spengel, Christoph
„International Accounting Standards und Unternehmensbesteuerung in der Europäischen Union"
in: Internationales Steuerrecht (IStR) 2003, 29 ff. (Teil I), 67 ff. (Teil II)

Spengel, Christoph
„Höhe und Struktur der Unternehmensbesteuerung in Europa – Ein Belastungsvergleich auf der Basis eines Unternehmensmodells"
in: Jacobs Otto H. / Spengel, Christoph
Aspekte der Unternehmensbesteuerung in Europa, 37 ff.
1996
Baden-Baden

Sprung, Rudolf
„Die Bestimmungen über die Beseitigung von Verzerrungen des Wettbewerbs im Vertrag über die EWG"
in: Finanzarchiv 1959/60, 201 ff.

Stern, Volker
„Der Tarif muss auf Räder“ – Heimliche Steuererhöhungen vermeiden“
in: Deutsche Steuer-Zeitung (DStZ) 2003, 294 ff.

Steichen, Alain
„Das Steuerrecht Luxemburgs“
in: Internationale Wirtschafts-Briefe (IWB), Fach 5, Luxemburg, Gruppe 2, 117 ff.

Streinz, Rudolf
Europarecht
5. Auflage 2001
Heidelberg

Streinz, Rudolf
EUV/EGV
Vertrag über die Europäische Union und Vertrag zur Gründung der Europäischen Gemeinschaft
2003
München
zitiert: Bearbeiter, in: Streinz

Thömmes, Otmar
„Das deutsche Unternehmenssteuerrecht auf dem europäischen Prüfstand – Bestandsaufnahme und Perspektiven“
in: Arbeitsgemeinschaft der Fachanwälte für Steuerrecht e.V., Bochum (Hrsg.)
Der Fachanwalt für Steuerrecht im Rechtswesen – 50 Jahre Arbeitsgemeinschaft der Fachanwälte für Steuerrecht und 50 Jahre Steuerrechtliche Jahrestagung, 587 ff.
1999
Herne, Berlin
zitiert: Thömmes, in: FS 50 Jahre Arbeitsgemeinschaft der Fachanwälte für Steuerrecht

Thömmes, Otmar
„Tatbestandsmäßigkeit und Rechtfertigung steuerlicher Diskriminierungen nach EG-Recht“
in: Schön, Wolfgang (Hrsg.)
Gedächtnisschrift für Brigitte Knobbe-Keuk, 795 ff.
1997
Köln
zitiert: Thömmes, in: GS Knobbe-Keuk

Tipke, Klaus / Kruse, Heinrich Wilhelm
Abgabenordnung Finanzgerichtsordnung (Loseblattsammlung)
Band I
Stand: 102. Ergänzungslieferung (November 2003)
Köln
zitiert: Bearbeiter, in: Tipke/Kruse, Band I

Tipke, Klaus
Die Steuerrechtsordnung
Band 1
2. Auflage 2000
Köln

Tipke, Klaus
Die Steuerrechtsordnung
Band 2
2. Auflage 2003
Köln

Tipke, Klaus
„Einkommensteuer – Fundamentalreform"
in: Steuer und Wirtschaft (StuW) 1986, 150 ff.

Tipke, Klaus / Lang, Joachim
Steuerrecht
17. Auflage 2002
Köln
zitiert: Bearbeiter, in: T/L

Triantafyllou, Dimitris
„Abuse of rights versus primacy"
in: Common Market Law Review 1999, 157 ff.

Tscherning, Dieter
IStR-Länderbericht
in: Internationales Steuerrecht (IStR) 1993, Beihefter 3/1993, 2 f.

Tulloch, Anthony
„StÄndG 1992: Die Hinzurechnungsbesteuerung im AStG als Instrument der Mißbrauchsbekämpfung"
in: Der Betrieb (DB) 1992, 1444 ff.

Tumpel, Michael
„Europarechtliche Besteuerungsmaßstäbe für die grenzüberschreitende Organisation und Finanzierung von Unternehmen"
in: DStJG (Band 23) 2000, 321 ff.
Köln

Uelner, Adalbert
„Unverzichtbare Axiome der Steuerrechtsordnung – Bestandsaufnahme und Zukunftsperspektiven der Unternehmensbesteuerung"
in: Jahrbuch der Fachanwälte für Steuerrecht (JbFSt) 1990/91, 51 ff.
1991
Herne, Berlin

Ussher, Patrick / O´Connor, Brian J.
Doing Business in Ireland
Volume 1
1998
New York
zitiert: Bearbeiter, in: Ussher/O´Connor

Valente, Piergiorgio
„Cross-Border Financing for Multinational Groups – Focus on Italian Companies"
in: Tax Planning International, No. 11 1997, 6 ff.

Valente, Piergiorgio / Roccatagliata, Franco
„Fiscal Aids: (In) Compatibility with EU Rules?"
in: Tax Notes International 1998, 259 ff.

Vanistendael, Frans
„Fiscal support measures and harmful tax competition"
in: International Tax Review (Intertax) 2000, 152 ff.

Vanistendael, Frans
„Steuerliche Hilfsmaßnahmen und schädliche Steuerkonkurrenz"
in: DStJG (Band 23) 2000, 299 ff.
Köln

van der Laan, Robert A. / Papen, Jack C.
„About Netherlands Finance Centres and More"
in: International Tax Review (Intertax) 1996, 208 ff.

van Thiel, Servaas
EU Case Law on Income Tax (Part 1)
2001
Amsterdam

Visser, Klaas-Jan
„Commission expresses its view on the relation between state aid and tax measures"
in: EC Tax Review 1999, 224 ff.

Vogel, Klaus
„Harmonisierung des Internationalen Steuerrechts in Europa als Alternative zur Harmonisierung des (materiellen) Körperschaftsteuerrechts"
in: Steuer und Wirtschaft (StuW) 1993, 380 ff.

Wagemans, Marc / Mund, Martine
„Belgian Coordination Centers"
in: Europäisches Wirtschafts- und Steuerrecht (EWS) 1991, 107 ff.

Wagner, Franz N. / Baur, Thomas B. / Wader, Dominic
„Was ist von den Brühler Empfehlungen für die Investitionspolitik, die Finanzierungsstrukturen und die Neugestaltung von Gesellschaftsverträgen der Unternehmen zu erwarten?"
in: Betriebs-Berater (BB) 1999, 1296 ff.

Wagner, Franz W.
„Die Integration einer Abgeltungssteuer in das Steuersystem – ökonomische Analyse der Kapitaleinkommenbesteuerung in Deutschland und der EU"
in: Der Betrieb (DB) 1999, 1520 ff.

Wagner, Franz W.
„Welche Kriterien sollen die Neuordnung der steuerlichen Gewinnermittlung bestimmen?"
in: Betriebs-Berater (BB) 2002, 1885 ff.

Wagner, Matthias
Das Konzept der Mindestharmonisierung
zugleich: Dissertation, Universität Bayreuth (1999)
2001
Berlin

Wagner, Siegfried
„Steueranreize für Finanzdienstleistungen in Irland“
in: Die steuerliche Betriebsprüfung (StBP) 1991, 1 ff.

Walley, John / Yunich, Robert / Byrne, Kenneth J.
„Ireland and the IFSC are becoming Europe`s new funds management center”
in: Journal of International Taxation, No. 8 1994, 363 ff.

Ward, John
„Fiscal Politics for the Economic Enterprise in Ireland”
in: Bulletin for International Fiscal Documentation 2000, 54 ff.

Ward, John
Judge Irish Income Tax
Dublin
2002

Wartenburger, Lucas
„Die Bedeutung des Gemeinschaftsrecht für innergemeinschaftliche Steueroasen“
in: Internationales Steuerrecht (IStR) 2001, 397 ff.

Wassermeyer, Franz
„Der Scherbenhaufen der Hinzurechnungsbesteuerung“
in: Europäische Zeitschrift für Wirtschaftsrecht (EuZW) 2000, 513

Wassermeyer, Franz
„Die Fortentwicklung der Besteuerung von Auslandsbeziehungen
Anmerkung zu den derzeitigen Überlegungen zur Reform des Außensteuerrechts“
in: Internationales Steuerrecht (IStR) 2001, 113 ff.

Wassermeyer, Franz
„Liebhaberei bei Kapitalgesellschaften“
in: Crezelius, Georg / Raupach, Arndt / Schmidt, Ludwig / Uelner, Adalbert (Hrsg.)
Steuerrecht und Gesellschaftsrecht als Gestaltungsaufgabe
Freundesgabe für Franz Josef Haas zur Vollendung des 70. Lebensjahres, 401 ff.
1996
Herne, Berlin
zitiert: Wassermeyer, in: FS Haas

Wassermeyer, Wolf
„IStR-Oasenbericht: Irland“
in: Internationales Steuerrecht (IStR) 1996, 349 ff.

Wehrheim, Michael / Marquard, Anja
„Die Vorschläge der Europäischen Kommission zur Unternehmensbesteuerung im Binnenmarkt“
in: Internationales Steuerrecht (IStR) 2003, 14 ff.

Werra, Matthias
„Zum Reformbedarf beim Außensteuergesetz unter besonderer Berücksichtigung des Verhaltenskodex“
in: Internationales Steuerrecht (IStR) 2001, 438 ff.

Weisert, Hartmut
„Basisgesellschaft im Niedrigsteuerland“
in: Birtel, Thomas / Bourgon, Gabriele / Merbeck, Ute (Hrsg.)
Wirtschafts- und Steuerordnung auf dem Prüfstand
Festschrift für Hermann-Wilfried Bayer zum 65. Geburtstag, 345 ff.
1999
Baden-Baden
zitiert: Weisert, in: FS Bayer

Weisflog, Walter E.
„Steuergerechtigkeit in Großbritannien“
in: Lang, Joachim (Hrsg.)
Die Steuerrechtsordnung in der Diskussion
Festschrift für Klaus Tipke zum 70. Geburtstag, 537 ff.
1995
Köln
zitiert: Weisflog, in: FS Tipke

Wendt, Rudolf
„Reform der Unternehmensbesteuerung aus europäischer Sicht“
in: Steuer und Wirtschaft (StuW) 1992, 66 ff.

Wendt, Rudolf
„Steuerreform und Tarifbegrenzung für gewerbliche Einkünfte als Rechtsproblem“
in: Finanz-Rundschau (FR) 1993, 1 ff.

Wendt, Rudolf
„Spreizung von Körperschaftsteuersatz und Einkommensteuerspitzensatz als Verfassungsproblem“
in: Wendt, Rudolf / Höfling, Wolfram / Karpen, Ulrich / Oldiges, Martin (Hrsg.)
Staat, Wirtschaft, Steuern
Festschrift für Karl Heinrich Friauf zum 65. Geburtstag, 859 ff.
1996
Heidelberg
zitiert: Wendt, in: FS Friauf

Wiese, Götz Tobias / Klass, Tobias
„Das Steuervergünstigungsabbaugesetz in der Unternehmenspraxis – Überblick und erste Anmerkungen zu den ertragsteuerlichen Vorschriften“
in: GmbH-Rundschau (GmbHR) 2003, 557 ff.

Winter, W.
„Die Bedeutung des § 16 KStDV für die Einkommensermittlung der Kapitalgesellschaften“
in: Deutsches Steuerrecht (DStR) 1971, 146 ff.

Wiskemann, Jörg
„Ir(r)land“
in: Internationales Steuerrecht (IStR) 2003, 647 f.

Zorn, Nikolaus
„Rechtsangleichungskompetenzen des Rates der Europäischen Gemeinschaften für die Besteuerung von Unternehmen“
in: DStJG (Band 23) 2000, 227 ff.
Köln

Zuleeg, Manfred
„Die förderativen Grundsätze der Europäischen Union“
in: Neue Juristische Wochenschrift (NJW) 2000, 2846 ff.
Zweigert, Konrad
„Grundsatzfragen der europäischen Rechtsangleichung, ihrer Schöpfung und Sicherung“
in: von Caemmerer, Ernst (Hrsg.)
Vom deutschen zum europäischen Recht
Festschrift für Hans Dölle, Band II, 401 ff.
1963
Tübingen
zitiert: Zweigert, in: FS Dölle, Band II

Einleitung

Wie alle Länder Europas, so befinden sich auch die Republik Irland und die Bundesrepublik Deutschland mitten im Wettbewerb der Steuersysteme[1]. Die Mitgliedstaaten der Europäischen Union konkurrieren auf dem Gemeinsamen Markt um Unternehmen, die als Wirtschaftssubjekte Arbeitsplätze schaffen und Steuern an die nationalen Fisci entrichten. Vor diesem Hintergrund veranschaulicht das erste Kapitel der Arbeit, in welchem Ausmaß steuerliche Systeme und Vorzugsregeln die Standortwahl von Investoren beeinflussen. Insbesondere das Körperschaftsteuerrecht ist längst zu einem herausragenden Standortfaktor avanciert. Es erstaunt daher nicht, dass nahezu sämtliche Mitgliedstaaten hierauf reagiert haben und ausländischen Investoren diverse Steuervergünstigungen bieten. Wie ausgewählte Beispiele belegen, weisen diese nicht selten den Charakter von „Steueroasen" auf. Darüber hinaus skizziert das erste Kapitel die EG-vertraglichen[2] Rahmenbedingungen und die Grundzüge steuerrechtlicher Gemeinschaftspolitik, in denen sich der internationale Steuerwettbewerb vollzieht.

Nach verbreiteter Ansicht nimmt die Republik Irland in dem europaweiten Konkurrenzkampf um Unternehmen und Steuerzahler eine führende Position ein. Sogar von einem „Steuerdumping" seitens der grünen Insel ist die Rede[3]. Entsprechenden Äußerungen ist zwar zuzugestehen, dass Irland – wie andere Staaten auch – das Steuerecht nutzt, um für Investitionen aus dem Ausland zu werben. In dem Terminus „Steuerdumping" schwingt jedoch unüberhörbar der Vorwurf mit, die irische Praxis sei unfair und überschreite die Grenze des Erlaubten. Damit ist zugleich eine Kernfrage der vorliegenden Arbeit aufgeworfen: Verstoßen einzelne Elemente der Besteuerung von Kapitalgesellschaften und ihren Anteilseignern in Irland gegen höherrangiges Gemeinschaftsrecht oder bewegt sich Irland vollumfänglich innerhalb derjenigen Grenzen, die das EG-Recht zieht? Um hierauf eine Antwort geben zu können, bedarf es zunächst einer Analyse der Besteuerung von Kapitalgesellschaften und ihren Anteilseignern in Irland. Denn hierzu erschöpft sich das Schrifttum im deutschsprachigen Raum bislang in bloßen Überblicksaufsätzen[4]. Ziel des

---

[1] Zum Begriff des Steuerwettbewerbs siehe nur *Runge*, in: FS Flick, 957 ff. [961 ff.]; *Pinto*, in: Intertax 1998, 386 ff. [386]; *Selling*, in: IStR 2000, 225 ff. [226]; *Vanistendael*, in: EC Tax Review 2000, 152 ff. [156]; *Schön*, in: DStJG 2000 (Band 23), 191 ff. [195].

[2] Anmerkung zur Zitierweise: Auch nach der konsolidierten Fassung des Vertrages zur Gründung der Europäischen Gemeinschaft vom 24. Dezember 2002 (Nizza) werden die Vertragsartikel in dieser Arbeit als „EGV" zitiert, um eine Übereinstimmung mit der Zitierweise des Gerichtshofs zu gewährleisten, vgl. hierzu http://www.curia.eu.int/de/content/juris/index.htm.

[3] So beispielsweise *Lausterer*, in: IStR 1997, 486 ff. [486]; *Koschyk*, Steuervergünstigungen als Beihilfe nach Art. 92 EG-Vertrag, 265; *Bruton*, in: PIStB 2002, 81 ff. [84].

[4] Vgl. etwa *Grotherr*, in: IWB, Fach 5, Irland, Gruppe 2, 32 ff. und 51 ff.; *Fischer-Zernin/Medlar*, in: Mennel/Förster, Steuern in Europa, Amerika und Asien, EL 37 (1999)

zweiten Kapitels ist es deshalb, ein aussagekräftiges Bild von der Besteuerung einer Kapitalgesellschaft und ihren Anteilseignern in Irland zu zeichnen. Um sich gleichwohl nicht im Labyrinth einzelner Details zu verirren, konzentrieren sich die Ausführungen auf wesentliche Strukturen und Charakteristika.

Im dritten Kapitel fordern ausgewählte irische Vorschriften zu einem Vergleich mit der Besteuerung von Körperschaften und ihren Anteilseignern in Deutschland heraus. Dabei geht es nicht nur darum, auf signifikante Unterschiede hinzuweisen. Sofern es sich anbietet, werden auch Überlegungen dahingehend angestellt, ob und inwieweit einzelne Elemente des irischen Rechts als Vorbild für mögliche Änderungen in Deutschland taugen. Die Frage, ob bestimmte Regeln de lege ferenda in der Bundesrepublik realisierbar sind, kann allerdings nur vor dem Hintergrund der strengen Vorgaben des Grundgesetzes beantwortet werden. Bei diesen Transfergedanken fällt auf, dass das deutsche und das irische Schrifttum für Verfassungswerte und mögliche Konsequenzen von steuersystematischen Widersprüchen unterschiedlich sensibilisiert sind.

Anschließend geht die vorliegende Untersuchung über einen bilateralen Rechtsvergleich hinaus. Nunmehr rückt der gemeinschaftsrechtliche Rahmen in den Vordergrund, in den der mitgliedstaatliche Steuerwettbewerb eingebettet ist. Gegenstand der nachfolgenden Kapitel ist, ob sich der irländische und der deutsche Steuergesetzgeber noch innerhalb derjenigen Grenzen bewegen, die ihnen das supranationale Gemeinschaftsrecht zieht. Zunächst richtet sich der Blick wiederum auf die Republik Irland. Im vierten Kapitel wird kritisch untersucht, inwieweit spezifische, also sektoral und regional begrenzte Steuervorteile zugunsten von Kapitalgesellschaften im Dubliner IFSC mit dem Beihilfenrecht des EG-Vertrags vereinbar sind. Hierbei liegt der Schwerpunkt auf dem körperschaftsteuerlichen Vorzugstarif i.H.v. 10%. Danach widmet sich das fünfte Kapitel der Frage, ob der nunmehr geltende allgemeine Körperschaftsteuersatz in Irland (12.5%) europarechtlich uneingeschränkt zulässig ist. Denn mit diesem Tarif liegt Irland an der Spitze des gegenwärtig zu beobachtenden Trends, Steueranreize von der spezifischen auf die allgemeine rechtssystematische Ebene zu verlagern. Ursache hierfür ist, dass die Kommission das Beihilfenrecht mittlerweile auch auf dem steuerlichen Sektor recht restriktiv anwendet. Da weder Art. 87 f. EGV noch eine auf Art. 94 EGV beruhende Richtlinie oder der rechtlich ohnehin unverbindliche Verhaltenskodex allgemeine Steueranreize erfassen, wird untersucht, ob die bislang kaum beachtete Vorschrift des Art. 96 EGV für diese neue Facette des Steuerwettbewerbs fruchtbar gemacht werden kann.

Länderteil Irland, 1 ff.; *Kischel*, in: IWB, Fach 5, Irland, Gruppe 2, 77 ff.; *Bruton*, in: PIStB 2002, 81 ff.

Schließlich ist im europarechtlichen Kontext das Vorgehen Deutschlands zu würdigen. Denn auf den Verlust von Steueraufkommen infolge der Verlagerung von Dienstleistungssegmenten und Produktionsstätten heimischer Unternehmen nach Irland „antwortet" die Bundesrepublik zunehmend mit nationalen Abwehrvorschriften. In seinen beiden Irland-Urteilen vom 19. Januar 2000[5] konnte der Erste Senat des Bundesfinanzhofs aufgrund der Besonderheiten beider Sachverhalte diese europarechtliche Dimension unbeantwortet lassen. Bei der Irland-Entscheidung vom 25. 02. 2004 wies das Gericht immerhin schon ausdrücklich darauf hin, dass die Frage nach dem Vorliegen eines steuerlichen Missbrauchs durch die Beteiligung an einer Gesellschaft mit Sitz im Dubliner IFSC auch den Grundfreiheiten des EG-Vertrages Rechnung tragen müsse[6]. Daher stellt sich die Frage, inwieweit die deutsche Finanzverwaltung bei der Anwendung nationaler Abwehrvorschriften über den einfachgesetzlichen Tatbestand hinaus zusätzliche, europarechtliche Schranken beachten muss. Im sechsten Kapital wird deshalb untersucht, ob die Grundfreiheiten – namentlich die Niederlassungsfreiheit – den Einsatz der §§ 7 ff. AStG gegenüber Tochtergesellschaften deutscher Unternehmen verhindern, die von dem Vorzugstarif im IFSC (10%) oder von dem generellen Niedrigsteuersatz in Irland (12.5%) profitieren. Aufbauend auf der Rechtsprechung des Europäischen Gerichtshofs wird der Begriff einer „rein künstlichen Konstruktion" näher konkretisiert. Denn nach Ansicht des EuGH ist ein Einsatz nationaler Missbrauchsbestimmungen nur in solchen grenzüberschreitenden Sachverhalten zulässig. Um den bis heute inhaltlich blass gebliebenen Terminus einer „rein künstlichen Konstruktion" stärker zu konturieren und somit Entscheidungshilfen im konkreten Einzelfall zu bieten, werden die vom EuGH anerkannten Rechtfertigungsgründe auf den Telos der Grundfreiheiten zurückgeführt und dabei im Lichte der Zielvorgaben des Art. 2 EGV interpretiert.

---

[5] *BFH*, Urteil vom 19. Januar 2000 IR 94/97, in: BStBl II 2001, 222 ff. und *BFH*, Urteil vom 19. Januar 2000 IR 117/97, in: HFR 2000, 553 ff.

[6] *BFH*, Urteil vom 25. 02. 2004 IR 42/02, in: RIW 2004, 955 ff. [957].

1. Kapitel: **Steuerlicher Wettbewerb in Europa**

Hintergrund dieser Untersuchung ist der innerhalb der Europäischen Gemeinschaft von sämtlichen Mitgliedstaaten intensiv betriebene Steuerwettbewerb. Diese Form des Konkurrenzkampfs zwischen Staaten ist mittlerweile neben den im EG-Vertrag bewusst angelegten Wettbewerb unter einzelnen Marktteilnehmern getreten. Möglich ist Steuerwettbewerb trotz stetig voranschreitender Integration deshalb, weil das direkte Steuerrecht – jedenfalls im Grundsatz – einen der letzten Bereiche nationaler Souveränität darstellt.

A. Was ist Steuerwettbewerb?

Steuerwettbewerb meint, dass Staaten in freie Konkurrenz um die als Wirtschaftssubjekte handelnden Unternehmen treten. Im grenzüberschreitenden Verkehr handelt es sich dabei häufig um Kapitalgesellschaften, auf die deshalb besonderes Augenmerk zu richten ist. Jedes Land wirbt mit seinem Angebot an öffentlichen Gütern um die Ansiedlung von Unternehmen in seinen Grenzen. Die jeweils erhobenen Steuern stellen dabei aus Sicht der Steuerpflichtigen den „Preis" für das staatliche Angebot dar, aufgrund dessen sie entscheiden, welcher nationalen Steuerhoheit sie den Zugriff auf ihre Gewinne gestatten[1]. Ein Absenken der Steuerlast soll daher regelmäßig nicht nur die Wettbewerbsfähigkeit der heimischen Wirtschaft verbessern, sondern zugleich ausländische Investoren anlocken. Rechtlich gestattet wird dieser Steuerwettbewerb innerhalb der Europäischen Union durch Art. 5 EGV (ex-Artikel 3b EGV): Die dort primärrechtlich verankerten Prinzipien der Subsidiarität und Erforderlichkeit erschweren Rechtsangleichungen auf dem Gebiet der direkten Steuern. Sie lassen eine Harmonisierung nur zu, soweit die betreffenden Rechts- oder Verwaltungsvorschriften eines Mitgliedstaates den Gemeinsamen Markt negativ beeinflussen. Ferner erfordert eine einheitliche gesetzliche Regelung durch die Gemeinschaft, dass die in Betracht gezogenen Ziele durch mitgliedstaatliche Maßnahmen nicht ausreichend zu realisieren sind und wegen ihres Umfangs oder ihrer Wirkung besser auf Gemeinschaftsebene verwirklicht werden können. Aber selbst wenn diese Voraussetzungen vorliegen, darf die Gemeinschaft die direkten Steuern nur so weit harmonisieren, wie es für das ordnungsgemäße Funktionieren des Gemeinsamen Marktes notwendig ist[2]. Der bloße Umstand, dass steuerliche Vor-

---

[1] *Hey*, Harmonisierung der Unternehmensbesteuerung in Europa, 101 ff.; *Lang*, in: FS Flick, 873 ff. [886]; *ders.*, in: T/L, § 8, Rdnr. 75; *Vanistendael*, in: EC Tax Review 2000, 152 ff. [156]; *Jackstein*, in: FS Debatin, 179 ff. [179]; *Schön*, in: DStJG 2000 (Band 23), 191 ff. [195]; *Gross*, in: RIW 2002, 46 ff. [47]; *Selling*, in: IStR 2000, 225 ff. [226 f.].

[2] *Hey*, Harmonisierung der Unternehmensbesteuerung in Europa, 99 f.; *Dautzenberg*, Unternehmensbesteuerung im EG-Binnenmarkt, Band 1, 104; *Cordewener*, Europäische Grundfreiheiten und nationales Steuerrecht, 79 f.; 100 ff.; *Langguth*, in: Lenz: EG-Vertrag, Art. 5

schriften in den einzelnen Mitgliedstaaten differieren, rechtfertigt für sich genommen keine Harmonisierung[3]. Aus diesem Grund weichen die körperschaftsteuerlichen Bedingungen für ein und dieselbe wirtschaftliche Tätigkeit einer Kapitalgesellschaft von Staat zu Staat innerhalb der EG voneinander ab.

Längst ist die steuerliche Last insbesondere für international operierende Gesellschaften zu einem Standortfaktor avanciert, der ihre unternehmerische Investitionsplanung maßgeblich bestimmt. Diesen Umstand versuchen die Mitgliedstaaten zugunsten ihrer nationalen Märkte zu nutzen, indem sie günstige steuerliche Rahmenbedingungen schaffen, um Investoren und Unternehmen anzulocken[4]. Bereits im Jahr 1992 wies das vom ehemaligen niederländischen Finanzminister Onno Ruding geleitete Sachverständigen-Komitee auf die Tragweite des steuerlichen Wettbewerbs innerhalb der Gemeinschaft hin. Der Ruding-Ausschuss hatte im Auftrag der Kommission untersucht, wie sich die Besteuerungsunterschiede in den einzelnen Mitgliedstaaten auf den Gemeinsamen Markt auswirken. Eine seinen Ergebnissen zugrunde liegende Studie belegte, dass 48 v.H. der befragten Unternehmen die Besteuerung als den entscheidenden Faktor bei der Standortwahl ansehen. Im Bereich internationaler Dienstleister und Finanzgesellschaften machte dieser Anteil sogar 78 v.H. aus[5] und dürfte im Laufe des vergangenen Jahrzehnts noch weiter gestiegen sein. Grund dafür ist, dass Kapital wesentlich mobiler ist als andere Einkunftsquellen wie insbesondere unselbständige Arbeit. Geld überschreitet staatliche Grenzen leichter als Menschen, die in vielfältigen sozialen Bindungen stehen[6]. Das hat innerhalb der gesamten Europäischen Union zu einer spürbaren Steuerentlastung für mobiles Kapital geführt, dem eine gestiegene Belastung immobilerer Einkünfte gegenübersteht. Allein im Zeitraum zwischen 1980 und 1995 wuchs der Anteil von Steuern auf Lohneinkünfte gemeinschaftsweit um knapp ein Fünftel, während die effektive Besteuerung von Kapitaleinkünften um über zehn Prozentpunkte sank[7]. Mit steuerlichen Anreizen gelang es insbesondere der Republik Irland, zahl-

---

EGV, Rdnr. 15; *Lienbacher*, in: Schwarze, EU-Kommentar, Art. 5 EGV, Rdnr. 17; *Zorn*, in: DStJG 2000 (Band 23), 227 ff. [233]; *Lang*, in: FS Flick, 873 ff. [875]; *ders.*, in: T/L, § 2, Rdnr. 81.

[3] *Vogel*, in: StuW 1993, 380 ff. [384]; *Dautzenberg*, Unternehmensbesteuerung im EG-Binnenmarkt, Band 1, 101 ff.; *Waldhoff*, in: Calliess/Ruffert, Art. 93 EGV, Rdnr. 25.

[4] *Herzig*, in: DStJG 1996 (Band 19), 121 ff. [122]; *Gross*, in: RIW 2002, 46 ff. [48]; *Schön*, in: DStJG 2000 (Band 23), 191 ff. [195].

[5] Mitteilung der Kommission an den Rat und das Europäische Parlament, SEK (92), 1118 endg. vom 26. Juni 1992, in: BT-Drucksache 13/4138, XXVIII.

[6] *Cardani*, in: FS Rädler, 113 ff. [118]; *Schön*, in: DStJG 2000 (Band 23), 191 ff. [202]; *Runge*, in: FS Rädler, 559 ff. [561]; *Lang*, in: T/L, § 8, Rdnr. 77.

[7] *Cardani*, in: FS Rädler, 113 ff. [118]. Dass diese Entwicklung weiter anhält, belegen Hinweise bei *Schön*, in: DStJG 2000 (Band 23), 191 ff. [202]; *Runge*, in: FS Flick, 957 ff. [959] und *Lang*, in: T/L, § 8, Rdnr. 77.

reiche Unternehmen aus anderen Mitgliedstaaten dazu zu bewegen, ihre Tätigkeit zumindest partiell auf die grüne Insel zu verlagern. Als Paradebeispiel einer aus irischer Sicht gelungenen Steuerpolitik gilt das im ehemaligen Dubliner Hafengebiet situierte *International Financial Service Centre* (IFSC). Seit seiner Gründung im Jahre 1987 hat sich das IFSC zu einem international anerkannten Fondszentrum und Versicherungsplatz entwickelt, an dem mehr als 600 Finanzdienstleister durch Tochter-Kapitalgesellschaften operieren und rund 8.500 qualifizierte Arbeitnehmer beschäftigen[8].

Auch die Bundesrepublik Deutschland vermochte sich dem Steuerwettbewerb nicht zu entziehen. Schon das Standortsicherungsgesetz 1993 sollte die Attraktivität Deutschlands als Holdingstandort steigern. Der Gesetzgeber fürchtete seinerzeit, inländische Holdinggesellschaften könnten in großem Stil ihre Tätigkeit ins Ausland verlagern und versuchte deshalb, die Kapitalexportneutralität inländischer Gesellschaften zu verbessern[9]. In den nachfolgenden Jahren rückte insbesondere das Anrechnungsverfahren mit seinem gespaltenen Körperschaftsteuertarif für thesaurierte und ausgeschüttete Gewinne in den Fokus der Kritik: Es sei zu kompliziert und die unterschiedliche Behandlung in- und ausländischer Anteilseigner erscheine unter europarechtlichen Gesichtspunkten zunehmend fragwürdig[10]. Die zum 01. Januar 2001 in Kraft getretene Unternehmensteuerreform wollte diesen Zweifeln Rechnung tragen. Sie beabsichtigte, nationale Standortnachteile zu beseitigen, um Deutschland für ausländische Investoren spürbar attraktiver zu machen. Da im internationalen Steuerwettbewerb von den Körperschaftsteuersätzen eine ganz besondere Signalwirkung ausgeht, beschloss der Gesetzgeber, das Halbeinkünfteverfahren einzuführen und den Tarif auf 25 v.H. zu senken[11].

B. Steueroasen innerhalb der Europäischen Gemeinschaft

Neben der Republik Irland – deren Vorschriften nachfolgend eingehend untersucht werden – beheimaten noch eine ganze Reihe weiterer Mitgliedstaaten „Steueroasen" innerhalb ihrer Staatsgrenzen. Es handelt sich dabei zwar nicht um Länder, in denen Unternehmensgewinne generell keiner oder nur einer zu vernachlässigenden

---

[8] Publication of the IDA Ireland, Stand: August 1999 sowie die Daten aus der speech by *Charlie McCreevy* (Minister for Finance), 27 March 2000, abrufbar im Internet unter www.finance. gov.ie.

[9] Beschlussempfehlung und Bericht des Finanzausschusses, in: BT-Drucksache 12/5016 vom 25. Mai 1993, 81, 95. Ausführlich hierzu *Menck*, in: IStR 1993, 565 ff. [565]; *Lang*, in: FS Flick, 873 ff. [886]; *Saß*, in: DStJG 1996 (Band 19), 31 ff. [42].

[10] Vgl. exemplarisch hierzu *Jackstein*, in: FS Debatin, 179 ff. [192] und *Kluge*, Das Deutsche Internationale Steuerrecht, 26.

[11] Entwurf eines Gesetzes zur Senkung der Steuersätze und zur Reform der Unternehmensbesteuerung (StSenkG), in: BT-Drucksache 14/2683, 93 und 95.

Steuer unterliegen. Oftmals gelten sie sogar als prinzipielle Hochsteuerländer. Allerdings gewähren sie ausgewählten Sektoren oder Gesellschaften, die sich in einem bestimmten Gebiet ansiedeln, erhebliche Steuervergünstigungen.

I. Coordination Centres in Belgien

Seit dem 30. Dezember 1982 fördert Belgien aufgrund des königlichen Erlasses Nr. 187 die Ansiedlung internationaler Konzerne. Steuerlich begünstigte Coordination Centres übernehmen ergänzende Funktionen wie Werbung oder zentrale Konzernbuchführung. Ihre Hauptaufgabe besteht jedoch darin, Kapital an andere Mitglieder ihrer Unternehmensgruppe zu Finanzierungszwecken zu vergeben und für deren Versicherung bzw. Rückversicherung zu sorgen[12]. Mehrere hundert Koordinierungszentren organisieren mittlerweile die Finanzierung internationaler Konzerne von Belgien aus, unter ihnen auch zahlreiche deutsche Unternehmen[13]. Vor der Aufnahme seiner Tätigkeit benötigt jedes Coordination Centre eine Genehmigung des belgischen Finanzministeriums, die regelmäßig für zehn Jahre mit anschließender Option auf eine Verlängerung erteilt wird[14]. Erforderlich ist, dass die Koordinierungsstelle zu einer internationalen Unternehmensgruppe gehört, die über ausländisches Eigenkapital in Höhe von mindestens € 12.39 Mio. (bf 500 Mio.) verfügt. Alternativ genügt es auch, wenn das ausländische Eigenkapital 20 v.H. des grenzüberschreitend konsolidierten Kapitals ausmacht und die Gruppe in wenigstens vier verschiedenen Ländern über eine Tochtergesellschaft verfügt[15]. Schließlich ist das sog. „intra muros"-Prinzip einzuhalten: Danach können Coordination Centres ihre Leistungen keinem außenstehenden Dritten anbieten, sondern dürfen nur für Gesellschaften des gleichen Konzerns arbeiten[16].

Sind diese Bedingungen erfüllt und hat ein Coordination Centre zwei Jahre nach seiner Gründung wenigstens zehn sozialversicherungspflichtige Arbeitsplätze geschaffen, wird es außerordentlich günstig besteuert. Zwar wendet der belgische

---

[12] *Valente*, in: International Tax Planning 1997, 6 ff. [7]; *Wagemans/Mund*, in: EWS 1991, 107 ff. [108]; *Malherbe/Yann*, in: IStR 1997, 74 ff. [75]; *Dreßler*, Gewinn- und Vermögensverlagerungen, 99.

[13] *Seer*, in: IStR 1997, 481 ff. [481]; *Dreßler*, Gewinn- und Vermögensverlagerungen, 99; *Malherbe/François*, in: IStR 1997, 102 ff. [102].

[14] *Wagemans/Mund*, in: EWS 1991, 107 ff. [108]; *Froesch/Goyvaerts*, in: IStR 1997, 553 ff. [554]; *Pinto*, in: Intertax 1998, 386 ff. [397]; *Froesch*, in: IStR 1996, 366 ff. [371]; *Malherbe*, in: Intertax 2002, 219 ff. [221].

[15] *Wagemans/Mund*, in: EWS 1991, 107 ff. [108]; Anm.: Der Betrag wurde vom Verfasser in Euro (€) umgerechnet und geringfügig aufgerundet.

[16] Hierzu *Froesch*, in: IStR 1996, 366 ff. [371]; *Wagemans/Mund*, in: EWS 1991, 107 ff. [108]; *Dreßler*, Gewinn- und Vermögensverlagerungen, 101; *Malherbe*, in: Intertax 2002, 219 ff. [221].

Fiskus auf den Gewinn eines Coordination Centres den allgemeinen Körperschaftsteuersatz an, der beispielsweise im Jahr 2000 noch bei 39 v.H. lag[17]. Besteuert wird indes nicht der tatsächlich erwirtschaftete Gewinn, sondern nur ein nach der *cost-plus* Methode ermittelter Ertrag. Konkret bedeutet das: Der Unternehmensgewinn ermittelt sich mittels eines Aufschlages von 8 v.H. auf die Sachkosten der Gesellschaft, zu denen keine Personal- und Finanzierungsaufwendungen zählen[18]. Konsequenz dieser fiktiv niedrig gehaltenen Bemessungsgrundlage ist eine trotz des Standardtarifs ausgesprochen geringe Körperschaftsteuerlast der Coordination Centres. Darüber hinaus sind die Coordination Centres von der sonst in Belgien üblichen Grundsteuer, der Quellensteuer auf Dividenden und Zinsen sowie einer besonderen Kapitaleinlagesteuer befreit[19].

II. Niederländische Konzernfinanzierungsgesellschaften

Die Niederlande verdanken ihre Attraktivität für internationale Finanzierungsgesellschaften neben gut ausgebildeten Fachkräften vorrangig steuerlichen Vorzügen. Neben der seit den frühen 1990er Jahren bestehenden Möglichkeit, sich durch Rulings Planungssicherheit über die steuerliche Behandlung diverser Geschäftsvorfälle zu verschaffen[20], sind ansässige Konzernfinanzierungsgesellschaften von der sonst auf Zinsen lastenden Quellensteuer befreit. Darüber hinaus hat der niederländische Gesetzgeber die Rahmenbedingungen für international tätige Konzerne im Jahr 1997 spürbar verbessert: Sofern Finanzierungsgesellschaften ihre Aktivitäten zugunsten konzernangehöriger Unternehmen in mindestens vier Staaten oder zwei Kontinenten entfalten, dürfen sie eine sog. Risikorückstellung bilden. Von dieser Rückstellungsmöglichkeit – deren Höhe bis zu 80% aller Einkünfte aus der Konzernfinanzierung betragen darf – profitieren auch Gesellschaften, die vornehmlich

---

[17] *Pinto*, in: Intertax 1998, 386 ff. [397]; *Müller*, Einkommen- und Körperschaftsteuersysteme in den EU-Mitgliedstaaten, 59; *Froesch*, in: IStR 1996, 366 ff. [369]. Mittlerweile hat Belgien den allgemeinen Körperschaftsteuertarif auf 33% gesenkt.

[18] *Pinto*, in: Intertax 1998, 386 ff. [397]; *Froesch/Goyvaerts*, in: IStR 1997, 553 ff. [554]; *Malherbe*, in: Intertax 2002, 219 ff. [221]; *Dreßler*, Gewinn- und Vermögensverlagerungen, 101.

[19] *Malherbe/Yann*, in: IStR 1997, 102 ff. [102]; *Froesch*, in: IStR 1996, 366 ff. [371]. Auf Drängen der Kommission hat Belgien die bisherige Förderung zwar modifiziert, vgl. hierzu *Blumenberg*, in: Grotherr, Handbuch der internationalen Steuerplanung, 1787 ff. [1793]. Aus Gründen des Vertrauensschutzes dürfen diejenigen Coordination Centres, die bereits am 31. 12. 2000 über eine Genehmigung verfügten, diese jedoch bis zum Ende des Genehmigungszeitraums – längstens bis zum 31. 12. 2010 – weiter nutzen.

[20] *Ammelung/Schneider*, in: IStR 1996, 501 ff. [503]; *Dreßler*, Gewinn- und Vermögensverlagerungen, 136; *Malherbe*, in: Intertax 2002, 219 ff. [223 f.].

dem Halten von Beteiligungen dienen[21]. Nutzt eine Gesellschaft die Rückstellung vollumfänglich aus, so führte in der Vergangenheit eine Anwendung des niederländischen Körperschafsteuersatzes (von 35 v.H.) auf die verbleibenden 20 v.H. des Gewinns dazu, dass die Erträge einer Finanzierungsgesellschaft effektiv nur mit Steuern in Höhe von 7 v.H. belastet wurden. Darüber hinaus ermöglichte der niederländische Gesetzgeber eine ausgesprochen günstige Auflösung der Risikorückstellung. Denn im Rahmen einer freiwilligen Auflösung wurde die Reserve über einen Zeitraum von fünf Jahren hinweg in gleichen Beiträgen zum Gewinn der Gesellschaft hinzugerechnet. Die Hinzurechnungen aus der aufgelösten Reserve unterlagen jedoch nur einem auf 10 v.H. ermäßigten Körperschaftsteuertarif[22].

III. Portugiesische Freihandelszone Madeira

Madeira nutzt nahezu jede Gelegenheit, ausländische Unternehmen mit Steuervorteilen dazu zu veranlassen, in der dort geschaffenen Freihandelszone Tochtergesellschaften zu gründen. Mit Zustimmung aus Brüssel und Lissabon verfolgt die Inselgruppe im Nordatlantik bereits seit den späten 1980er Jahren das Ziel, auf diese Weise für mehr Beschäftigung zu sorgen und die allgemeinen Lebensbedingungen zu verbessern. Und das mit großem Erfolg: In dem *Offshore*-Geschäftszentrum nahe der Inselhauptstadt Funchal verfügen mittlerweile mehr als 1700 international ausgerichtete Banken, Versicherungen und Dienstleister über eine Tochtergesellschaft[23].

Grund hierfür ist die bis zum 31. Dezember 2011 garantierte vollständige Befreiung aller angesiedelten Gesellschaften von der portugiesischen Körperschaftsteuer. Ferner unterliegen Ausschüttungen an ausländische Anteilseigner keiner Quellensteuer und die Unternehmen bleiben von den sonst üblichen lokalen Gebühren und Kommunalsteuern verschont[24]. Für die auf dem portugiesischen Festland an-

---

[21] *van der Laan/Papen*, in: Intertax 1996, 208 ff. [212]; *Valente*, in: Tax Planning International 1997, 6 ff. [10 f.]; *Galvazi/Moons*, in: IStR 1998, 70 ff. [74]; *Dreßler*, Gewinn- und Vermögensverlagerungen, 141; *Rode*, in: IStR 1997, 582 ff. [582].

[22] *Dreßler*, Gewinn- und Vermögensverlagerungen, 141; *Pinto*, in: Intertax 1998, 386 ff. [401]; *Malherbe*, in: Intertax 2002, 219 ff. [224]; *Rode*, in: IStR 1997, 293 ff. [296]; *Ammelung/Schneider*, in: IStR 1996, 501 ff. [504]; *van der Laan/Papen*, in: Intertax 1996, 208 ff. [212].

[23] *Pausenberger/Schmidt*, in: IStR 1996, 415 ff. [416].

[24] Hinweise hierzu bei *Valente*, in: Tax Planning International 1997, 6 ff. [9] und *Pinto*, in: Intertax 1998, 386 ff. [404]. Anm.: Laut Kommissionsgenehmigung gelten die steuerlichen Vorzüge nur für Unternehmen, die bis zum Ablauf den Jahres 2000 von der zuständigen Behörde eine Lizenz erhielten. Allerdings enthält das portugiesische Steuerrecht diese Beschränkung in Art. 41 „Estatuto dos Beneficios Fiscais" nicht, weshalb die Kommission zwischen-

sässigen Kapitalgesellschaften galt demgegenüber beispielsweise im Jahr 2003 ein Körperschaftsteuersatz in Höhe von 30 % zuzüglich einer gemeindlichen Abgabe[25]. Um die steuerlichen Vergünstigungen des *Offshore*-Zentrums auf Madeira zu erlangen, muss eine Gesellschaft in den Segmenten Finanz-, Bank- oder Versicherungswirtschaft tätig sein und eine Genehmigung der örtlich zuständigen Behörde („Sociedade de Desenvolvimiento da Madeira") erlangen, die regelmäßig an die Zusage gekoppelt ist, eine bestimmte Zahl von Arbeitsplätzen zu schaffen[26].

IV. Steueranreize auf den Kanarischen Inseln

Um ausländische Investoren zu gewinnen, setzt auch der spanische Gesetzgeber steuerliche Anreize ein. Hiervon profitieren seit 1994 alle in der „Zona Especial Canaria" niedergelassenen Gesellschaften mit eigener Rechtspersönlichkeit, die Dienstleistungen wie Versicherungen, Finanzierungsaktivitäten, Bankgeschäfte und Leasing erbringen[27]. Sofern das örtlich zuständige Konsortium der Kanarischen Inseln den Gesellschaften die erforderliche Genehmigung erteilt, unterliegen sie nicht dem allgemeinen spanischen Körperschaftsteuersatz i.H.v. 35 %, sondern lediglich einem „Incentiv"–Tarif von 1%[28]. Darüber hinaus besteht für neu errichtete Unternehmen die Möglichkeit, in großzügigem Umfang Investitionsrücklagen zu bilden. Schließlich sind sie drei Jahre lang von der spanischen Vermögensübertragungsteuer sowie der bei Kapitalgesellschaften üblicherweise anfallenden Stempelsteuer für Gründung und Kapitalerhöhungen befreit[29].

V. Holdingvergünstigungen in Luxemburg

Steuerliche Vorteile zugunsten von Holdinggesellschaften besitzen in Luxemburg eine bis in das Jahr 1929 zurückreichende Tradition. Nach den Regeln über eine „Holding 1929" sind Gesellschaften, die ausschließlich Beteiligungen an anderen Unternehmen halten, verwalten oder verwerten, von der Körperschaft-, Gewerbe-

---

zeitlich ein Hauptprüfungsverfahren gegen Portugal eröffnete, vgl. hierzu die Hinweise in: IStR 2001, Beihefter 1/ 1 ff. [1].

[25] *Sherman*, in: Intertax 1989, 530 ff. [531]; *Kischel*, in: IWB, Fach 5, Gruppe 2, Portugal, 77 ff. [86]; *Caballero*, in: Kesti, European Tax Handbook 2001, Portugal, A, 1.6 (446); *Valente*, in: Tax Planning International 1997, 6 ff. [10].

[26] *Pinto*, in: Intertax 1998, 386 ff. [404]; *Sherman*, in: Intertax 1989, 530 ff. [535].

[27] *v. Gerlach*, in: IStR 1995, Beilage 2/1995, 3 f. [4]; *Pinto*, in: Intertax 1998, 368 ff. [404]; *Schnieder*, in: IStR 1997, 68 ff. [70].

[28] *Schnieder*, in: IStR 1997, 68 ff. [70].

[29] *v. Gerlach*, in: IStR 1995, Beilage 2/1995, 3 f. [4]; Anm.: Die Vermögensübertragungsteuer beträgt 6 % (Immobilien) bzw. 4 % (bewegliche WG). Bemessungsgrundlage der Stempelsteuer i.H.v. 1 % ist das Gesellschaftskapital bzw. dessen Erhöhung.

und Vermögensteuer befreit[30]. Stattdessen unterliegen sie lediglich der *taxe d`abonnement* – einer Steuer, die der luxemburgische Fiskus als Kapitalverkehrsteuer i.H.v. 0.2 % des Wertes ihrer Anteile im Zeitpunkt der Eintragung sowie einer späteren Kapitalerhöhung einfordert[31].

Gleichwohl verlor Luxemburg im Laufe der Zeit vorübergehend an Bedeutung als Standort für beteiligungsverwaltende Gesellschaften, da die „Holding 1929" zwei entscheidende Nachteile aufwies: Sie genoss keinen Abkommensschutz und konnte die Vorteile der Mutter-Tochter-Richtlinie nicht in Anspruch nehmen. Ausschüttungen ausländischer Beteiligungsgesellschaften an die Holding unterlagen daher der ungemilderten Quellensteuer im Ursprungsland. Die fehlende Abkommensberechtigung[32] führte zudem dazu, dass ausländische Staaten die Gewinne einer „Holding 1929" aus der Veräußerung von Beteiligungen im Rahmen der beschränkten Steuerpflicht heranzogen[33]. Um die Attraktivität des Großherzogtums als Holdingstandort zu verbessern, novellierte der Gesetzgeber daher 1990 seine für Finanzholdings geltenden Regeln. Er dehnte das nationale Schachtelprivileg auf Veräußerungsgewinne aus und unterwarf die „Holding 1990" den allgemeinen Regeln des luxemburgischen Steuerrechts. Auf diese Weise lassen sich nunmehr ertragsteuerlich ähnliche Wirkungen wie mit der „Holding 1929" erzielen und gleichzeitig die beiden bisherigen Nachteile vermeiden. Denn eine „Holding 1990" genießt Abkommensschutz und unterfällt der Mutter-Tochter-Richtlinie. Sofern eine Holding zu mindestens 10 v.H. an einer in- oder ausländischen Tochtergesellschaft beteiligt ist oder ihre Anschaffungskosten gewisse Mindesthöhen überschreiten, bleiben ihre Beteiligungseinkünfte zudem von der Körperschaftsteuer befreit.

Im Zusammenspiel mit der Mutter-Tochter-Richtlinie sind Ausschüttungen von Tochtergesellschaften mit Sitz in anderen Europäischen Mitgliedstaaten daher schon seit Jahren vollständig von der Körperschaftsteuer ausgenommen[34]. Schließlich bleiben Beteiligungen an luxemburgischen und ausländischen Tochtergesellschaften bei der Ermittlung des für die Vermögensteuer maßgeblichen Einheitswertes außer Betracht und Art. 7 des Gewerbesteuergesetzes (Loi impôt commercial

---

[30] *Marquard/Kläs*, in: DB 1992, 1951 ff. [1951]; *Dreßler*, Gewinn- und Vermögensverlagerungen, 85.

[31] *Kessler*, in: IStR 1995, 11 ff. [11]. Ausführlich zur Sondersteuer, die die *tax d`abonnement* auf Antrag der Holdinggesellschaften ersetzen kann, *Könen*, in: IWB, Fach 5, Luxemburg, Gruppe 2, 145 ff. [150] und *Steichen*, in: IWB, Fach 5, Luxemburg, Gruppe 2, 117 ff. [138].

[32] Vgl. etwa Nr. 1 des Schlussprotokolls zum DBA Deutschland-Luxemburg, abgedruckt, in: Debatin/Wassermeyer, Band IV, Luxemburg, EL 73 (Januar 1998), Texte Luxemburg, 5.

[33] Ausführlich zu diesem Problemkreis *Kessler*, in: IStR 1995, 11 ff.

[34] *Kessler*, in: IStR 1995, 11 ff. [12]; *Höfer*, in: IStR 1998, 423 ff. [424]. Zur vorherigen Rechtslage *Könen*, in: IWB, Fach 5, Gruppe 2, Luxemburg, 145 ff. [149] und *Marquardt/Kläs*, in: DB 1992, 1951 ff. [1952].

communal) erstreckt die körperschaftsteuerliche Befreiung von Ausschüttungsgewinnen auf die Gewerbeertragsteuer[35].

Dieser kurze Überblick über einige „Steueroasen" innerhalb der Europäischen Union stellt die existierenden Präferenzsysteme keineswegs erschöpfend dar. Mit einer Niedrigsteuerzone in Korsika, dem oberitalienischen Finanz- und Versicherungsdienstleistungszentrum im italienischen Triest sowie den Ausnahmevorschriften zugunsten baskischer Provinzen in Spanien existieren noch weitere bedeutsame Steuernischen für Kapitalgesellschaften innerhalb der Gemeinschaft. Gleichwohl vermitteln bereits diese Beispiele in anschaulicher Weise, mit welcher Entschlossenheit und mit welchen Mitteln die Mitgliedstaaten ihren Steuerwettbewerb austragen.

C. Mangelnde Harmonisierung der direkten Steuern in der EU

Ursache für die Existenz von „Steueroasen" ist, dass es der Europäischen Gemeinschaft trotz intensiven Bemühens nicht gelungen ist, ein weitgehend harmonisiertes Unternehmensteuerrecht in den Mitgliedstaaten zu etablieren.

I. Streben nach umfassender Harmonisierung (bis 1990)

Lange Zeit wollte die Gemeinschaft eine umfassende Harmonisierung der direkten Steuern herbeiführen. Namentlich die Körperschaftsteuersysteme sollten einander angeglichen werden. Schon im Jahr 1962 empfahl der sog. Neumark-Bericht, die steuerlichen Unterschiede zwischen den einzelnen Mitgliedstaaten weitgehend zu beseitigen. Andernfalls wählten Unternehmen andere Standorte als diejenigen, welche die natürlich und technisch günstigsten für sie seien. Aufgrund der hohen Mobilität von Großunternehmen, so der Bericht, bestehe vorwiegend im Bereich der Körperschaftsteuer ein akuter Angleichungsbedarf[36]. Die EWG-Kommission befürwortete diesen Plan 1967 in ihrem „Programm zur Harmonisierung der direkten Steuern" und strebte langfristig eine einheitliche Steuer auf Unternehmensgewinne in allen Mitgliedstaaten an: Körperschaftsteuersätze und Bemessungsgrundlagen sollten einander angeglichen und die Quellenabzugssysteme für Dividenden har-

---

[35] *Kessler*, in: IStR 1995, 11 ff. [12, 15].

[36] Europäische Wirtschaftsgemeinschaft – Kommission, Bericht des Steuer- und Finanzausschusses, 1962, 13, 40. Zu den seinerzeit bestehenden Vollharmonisierungsabsichten *Hey*, Harmonisierung der Unternehmensbesteuerung in Europa, 67 ff.; *Dautzenberg*, Unternehmensbesteuerung im EG-Binnenmarkt, Band 1, 141 ff.

monisiert werden[37]. Um das Ziel der Vollharmonisierung zu erreichen, brachte die Kommission eine Vielzahl von Richtlinienvorschlägen auf den Weg: Den Vorschlägen zur Fusions- und Mutter-Tochter-Richtlinie sowie einer Konzernrichtlinie, die jede Doppelbesteuerung von Dividenden innerhalb verbundener Unternehmen ausschließen sollte (1969), folgte im Jahr 1975 auf der Grundlage des Werner-Plans ein aus heutiger Sicht bemerkenswerter Richtlinienvorschlag[38]. Die Kommission beabsichtigte, die Körperschaftsteuersysteme innerhalb der Gemeinschaft zu harmonisieren und gleichzeitig mittels einer einheitlichen Quellensteuer auf Dividenden eine weitgehend parallele Behandlung von Gesellschaftsgewinnen auf der Ebene der Anteilseigner sicher zu stellen. Durch eine Steuergutschrift sollte die wirtschaftliche Doppelbesteuerung gemildert werden, um den gemeinschaftsweiten Kapitalverkehr zu intensivieren. Geplant war, eine Quellensteuer in Höhe von 25% des Unternehmensgewinns und ein einheitliches Teilanrechnungsverfahren innerhalb der Gemeinschaft einzuführen. Die Körperschaftssteuertarife selbst sollten nicht niedriger als 45 v.H. und nicht höher als 55 v.H. sein[39]. Erst das Europäische Parlament durchkreuzte dieses ehrgeizige Vorhaben[40].

Gleichwohl setzte die Kommission ihre Harmonisierungspolitik noch in den 1980er Jahren unvermindert fort. 1984 erarbeitete sie einen Vorschlag zur Angleichung des Verlustvortrags und -rücktrags von Kapitalgesellschaften innerhalb des Gemeinschaftsgebiets[41]. Ferner gelangte 1988 ein Vorentwurf für eine Richtlinie in den Fokus des öffentlichen Interesses, der eine Harmonisierung der steuerlichen Gewinnermittlungsvorschriften in den Mitgliedstaaten vorsah: Mit zahlreichen detaillierten Regeln zu Rückstellungen, Abschreibungsmöglichkeiten und Vorratsbewertung sollte den Mitgliedstaaten die Möglichkeit genommen werden, Unternehmen besondere Anreize auf der Ebene der Gewinnermittlung zu bieten[42]. Allerdings deutete sich nunmehr bereits eine allmähliche Abkehr von der Politik einer Vollharmonisierung an. Rückblickend betrachtet ist es daher bezeichnend, dass dieser Vorentwurf infolge mangelnder politischer Unterstützung im Rat nicht einmal mehr das Stadium eines offiziellen Richtlinienvorschlages erreichte[43]. Die später noch einmal unternommenen Versuche, Richtlinien für die Besteuerung von

---

[37] Mitteilung der Kommission an den Rat vom 26. Juni 1967, in: EWG, Sonderbeilage zum Bulletin 8-1967, 8 f.; einen guten Überblick hierzu bieten *Hey*, Harmonisierung der Unternehmensbesteuerung in Europa, 67 ff. und *Schön*, in: DStJG 2000 (Band 23), 191 ff. [204].

[38] Vorschlag der Kommission vom 01. August 1975, in: ABl. EG Nr. C 1975 253/2 ff.

[39] Ausführlich hierzu *Saß*, in: DStZ 1977, 59 ff. [59] und *Krebs*, in: BB 1990, 1945 ff. [1950].

[40] Hinweise bei *Jaeger*, Die Körperschaftsteuersysteme in Europa, 11.

[41] Richtlinienvorschlag der Kommission vom 11. September 1984, in: ABl. EG 1984 Nr. C 253, 5.

[42] Abgedruckt in dem Aufsatz von *Kreile*, in: DB 1988, Beilage 18 zu Heft 45, 1 ff. [2].

[43] *Saß*, in: DB 1998, 34 f. [34].

Zinsen und Lizenzzahlungen zwischen Mutter- und Tochtergesellschaften[44] einzuführen, blieben ebenso erfolglos.

Zieht man heute Bilanz, so fällt das Ergebnis der gemeinschaftlichen Harmonisierungspolitik bescheiden aus. Neben dem multilateralen Schiedsverfahrensabkommen[45] bilden die auf Art. 94 EGV (ex-Art. 100 EGV) gestützte Mutter-Tochter-Richtlinie[46] und die Fusionsrichtlinie des Rates vom 23. Juli 1990[47] noch immer den wesentlichen Ertrag eines jahrzehntelangen Strebens nach Rechtsangleichung auf dem Gebiet der direkten Unternehmenssteuern. Wer sich von den beiden Richtlinien eine „Signalwirkung" erhofft hatte[48], musste in den 1990er Jahren mit ansehen, wie sämtliche Harmonisierungsvorschläge am Veto einzelner Mitgliedstaaten im Rat scheiterten oder von der Kommission selbst zurückgezogen wurden. Ursache hierfür war, dass die Mitgliedstaaten nicht bereit waren, weite Teile ihrer steuerlichen Kompetenzen zugunsten der Gemeinschaft aufzugeben. Neben der aus den Grundsätzen der Subsidiarität und Erforderlichkeit fließenden Harmonisierungsgrenze erwies sich daher insbesondere das in Art. 94 EGV (ex-Art. 100 EGV) verankerte Einstimmigkeitsprinzip als kaum zu überwindendes Hindernis für eine weitreichende Rechtsangleichung.

II. Politik der „kleinen Schritte" (ab 1990)

Als Konsequenz ihrer gescheiterten Pläne, eine umfassende Harmonisierung herbeizuführen, änderte die Kommission in den 1990er Jahren ihre politische Strategie. In ihren Leitlinien zur Unternehmensbesteuerung vom 20. April 1990 zog sie einen Richtlinienvorschlag zurück, mit dem sie ursprünglich ein einheitliches Körperschaftsteuerrecht innerhalb der Gemeinschaft schaffen wollte. Stattdessen betreibt sie nunmehr eine Politik, die sich auf diejenigen Rechtsangleichungen be-

[44] Vorschlag einer Richtlinie des Rates über die gemeinsame Regelung für die Zahlung von Zinsen und Lizenzgebühren zwischen Mutter- und Tochtergesellschaften verschiedener Mitgliedstaaten, KOM (90) 571 endg. vom 28. Februar 1991, in: ABl. EG 1991, Nr. C 53/26.

[45] Übereinkommen über die Beseitigung der Doppelbesteuerung im Falle von Gewinnberichtigungen zwischen verbundenen Unternehmen, 90/436/EWG vom 23. Juli 1990, in: ABl. EG 1990 Nr. L 225, 10 ff.

[46] Richtlinie des Rates über das gemeinsame Steuersystem der Mutter- und Tochtergesellschaften verschiedener Mitgliedstaaten, 90/435/EWG vom 23. Juli 1990, in: ABl. EG 1990 Nr. L 225/6 ff.

[47] Richtlinie des Rates über das gemeinsame Steuersystem für Fusionen, Spaltungen, die Einbringung von Unternehmensteilen und den Austausch von Anteilen, die Gesellschaften verschiedener Mitgliedstaaten betreffen, 90/434/EWG vom 23. Juli 1990, in: ABl. EG 1990 Nr. L 225, 1 ff.

[48] So beispielsweise *Knobbe-Keuk*, in: EuZW 1992, 336 ff. [343].

schränkt, welche zur Vollendung des Binnenmarktes unerlässlich sind[49]. Unter Hinweis auf die grundsätzliche Souveränität der Mitgliedstaaten für die direkten Steuern verfolgt sie seither eine Strategie der Koordination und schrittweisen Annäherung[50].

Exemplarisch hierfür ist die Stellungnahme der Kommission zu den Vorschlägen des Ruding-Ausschusses vom 26. Juni 1992: Das Sachverständigen-Komitee hatte ganz erhebliche Wettbewerbsverzerrungen infolge divergierender nationaler Steuervorschriften auf dem Gemeinsamen Markt festgestellt. Es gelangte zu dem Ergebnis, effektive Abhilfe sei ausschließlich auf Ebene der Gemeinschaft zu erreichen. Das Ruding-Komitee empfahl deshalb, gemeinschaftsweit einen körperschaftsteuerlichen Mindest-Tarif i.H.v 30% und einen Höchststeuersatz i.H.v. 40 % einzuführen. Ferner sollten die Bemessungsgrundlagen von Kapitalgesellschaften mit Hilfe gemeinschaftsweit geltender Bilanzierungsvorschriften einander angenähert werden[51]. Die Kommission lehnte die Vorschläge des Ausschusses indes unter Hinweis auf den Grundsatz der Subsidiarität (Art. 5 Abs. 2 EGV) als deutlich über das erforderliche Maß hinausgehend ab[52]. Neben den von ihr angeführten rechtlichen Bedenken dürften auch pragmatische Gründe die Position der Kommission beeinflusst haben. Denn angesichts der unterschiedlichen mitgliedstaatlichen Interessen und dem durch zahlreiche „Steueroasen" innerhalb der Gemeinschaft offen zutage tretenden Wettbewerb der Systeme, bestand keine Chance, für die Pläne des Ruding-Ausschusses Einstimmigkeit im Rat zu erlangen.

1. Enttäuschte Hoffnung auf eine spontane Rechtsangleichung

Die neue Betonung des Subsidiaritätsprinzips – so hoffte die Kommission – könne mittelfristig zu einer spontanen Annäherung der nationalen Steuerrechtsordnungen führen[53]. Ein Weniger an Maßnahmen bewirke letztlich ein Mehr an Rechtsannäherung. In der Annahme, die Konkurrenz der Mitgliedstaaten um die Gunst der Steuerzahler übe eine disziplinierende Kraft auf die nationalen Gesetzgeber aus und begrenze die Staatsausgaben, sollte der Wettbewerb der Systeme allen Marktteilnehmern zugute kommen. Jeder Mitgliedstaat werde den in seinem Hoheitsgebiet an-

---

[49] Mitteilung der Kommission an das Parlament und den Rat vom 18. Mai 1990, SEK (90) 601 endg. Ratsdokument 6128/90, in: BR-Drucksache 360/90, 2. Hierzu *Saß*, in: DStJG 1996 (Band 19), 31 ff. [32 f.]; *Cardani*, in: FS Rädler, 113 ff. [114]; *Lang*, in: FS Flick, 873 ff. [881]; *Schön*, in: DStJG 2000 (Band 23), 191 ff. [205].

[50] Mitteilung der Kommission vom 9. Juli 1995, in: ABl. EG 1994 Nr. C 187, 5.

[51] SEK (92) 1118 endg. v. 26. Juni 1992, in: BT-Drucksache 13/4138, XLVIII. Hierzu *Hey*, Harmonisierung der Unternehmensbesteuerung in Europa, 72 ff.

[52] SEK (92) 1118 endg. v. 26. Juni 1992, in: BT-Drucksache 13/4138, XLIII, XLIV.

[53] Mitteilung der Kommission an das Parlament und den Rat, SEK (90) 601 endg. Ratsdokument 6128/90, in: BR-Drucksache 360/90, 11.

sässigen Personen und Gesellschaften ein ausgewogenes Konzept von steuerlicher Belastung einerseits und der Bereitstellung öffentlicher Güter andererseits bieten[54]. Ein gemeinschaftsweit agierendes Unternehmen werde daher bei seiner Standortwahl neben den Steuern auch die Vorteile aus einer Inanspruchnahme öffentlicher Güter (z.B. Infrastruktur, wirtschaftliche Stabilität, durchschnittliche Arbeitskosten und das Vorhandensein qualifizierter Mitarbeiter) berücksichtigen, so dass die bisherigen Steueraufkommen der Mitgliedstaaten durch den Systemwettbewerb nicht gefährdet seien[55].

Mittlerweile steht aber fest, dass diese Annahme zu Beginn der 1990er Jahre zu optimistisch war: Zum einen weichen die Standards außersteuerlicher Faktoren in den einzelnen Mitgliedstaaten i.d.R. nicht wesentlich voneinander ab[56]. Zum anderen sind die meisten Vergünstigungen auf mobile Holdinggesellschaften und Finanzdienstleistungsunternehmen „zugeschneidert", die aus Sicht der Mitgliedstaaten im Mittelpunkt des Steuerwettbewerbs stehen. Typisch für diese Marktteilnehmer ist, dass sie keine kostspielige Infrastruktur benötigen. Ihre steuerliche Belastung übersteigt daher regelmäßig den Nutzen, welchen sie aus der staatlichen Bereitstellung öffentlicher Güter ziehen[57]. Infolgedessen entscheiden sie über die Wahl ihres Unternehmensstandortes nahezu ausschließlich anhand steuerlicher Gesichtspunkte. Retrospektiv betrachtet haben daher diejenigen Literaturstimmen das Ergebnis des Wettbewerbs der Systeme richtig eingeschätzt, die frühzeitig auf die Gefahr eines „race to the bottom" hinwiesen. Denn in ihrem Bestreben, die Wettbewerbssituation der heimischen Wirtschaft zu stärken, haben sich die Mitgliedstaaten gegenseitig beim Absenken der Steuerlast für hochmobile Unternehmenssektoren unterboten[58].

Inzwischen regt die soeben skizzierte Entwicklung bei den Mitgliedstaaten nicht nur Sorge um Steuereinnahmen, sondern hat auch ihre Position gegenüber einer gemeinsamen europäischen Steuerpolitik modifiziert. Während Harmonisierung in der Vergangenheit als drohender Verlust staatlicher Souveränität empfunden wur-

---

[54] *Lang*, in: FS Flick, 873 ff. [886]; *Pinto*, in: Intertax 1998, 386 ff. [386]; *Bracewell-Milnes*, in: Intertax 1999, 86 ff. [87]; *Zorn*, in: DStJG 2000 (Band 23), 227 ff. [257]; *Lausterer*, in: IStR 1997, 486 ff. [487]; *Schön*, in: DStJG 2000 (Band 23), 191 ff. [199 f.].

[55] SEK (92) 1118 endg. vom 26. Juni 1992, in: BT-Drucksache 13/4138, XXIX. Eingehend hierzu *Herzig*, in: DStJG 1996 (Band 19), 121 ff. [132] und *Vogel*, in: StuW 1993, 380 ff. [388] sowie die Hinweise bei *Schön*, in: DStJG 2000 (Band 23), 191 ff. [200] und *ders.*, in: Tax Competition in Europe, 1 ff. [4 f.].

[56] *Pinto*, in: Intertax 1998, 386 ff. [394].

[57] *Lang*, in: FS Flick, 873 ff. [887]; *Schön*, in: DStJG 2000 (Band 23), 191 ff. [201].

[58] So beispielsweise schon *Rädler*, in: DStJG 1994 (Band 16), 277 ff. [279] und *Saß*, in: DB 1993, 113 ff. [114] sowie weitere Hinweise bei *Selling*, in: IStR 2000, 225 ff. [226]; *Schön*, in: DStJG 2000 (Band 23), 191 ff. [201] und *ders.*, in: Tax Competition in Europe, 1 ff. [9 f].

de, haben insbesondere die großen Mitgliedstaaten erkannt, dass der Druck des internationalen Steuerwettbewerbs ihren fiskalischen Handlungsspielraum stärker einschränken könnte als eine – jedenfalls in gewissem Umfang betriebene – abgestimmte Steuerpolitik [59]. Diese Erkenntnis nutzte der 1995 für steuerliche Rahmenbedingungen im Binnenmarkt zuständige Kommissar Mario Monti, um wiederum eine neue Kommissionsstrategie zu begründen. Am 20. März 1996 brachte er ein Diskussionspapier in den Rat der Wirtschafts- und Finanzminister (ECOFIN) ein, um die nationalen Finanzminister davon zu überzeugen, die steuerrechtliche Annäherungspolitik wieder aufzugreifen[60]. In seinem Exposé vom 22. Oktober 1996 („Bericht über die Entwicklung der Steuersysteme – Die Steuern in der Europäischen Union“) erklärte er die Sicherung mitgliedstaatlicher Steuereinnahmen zum ausdrücklichen Ziel zukünftiger Steuerpolitik[61]. Dabei hob Monti einerseits hervor, den Wettbewerb der Steuersysteme fortbestehen lassen zu wollen. Gleichzeitig müssten jedoch die vorhandenen „Steueroasen“ innerhalb der Europäischen Union eingedämmt werden, um eine Erosion nationaler Steueraufkommen zu vermeiden. Um steuerliche Sonderregime zukünftig zu verhindern, befürwortete er einen internationalen Verhaltenskodex, mit dessen Hilfe eine wechselseitige Steuerunterbietung der Mitgliedstaaten gestoppt werden könne[62]. Die meisten Finanzminister begrüßten das Memorandum von Verona und setzten eine *High-Level-Group* ein, um mögliche Folgerungen aus den Thesen und Aussagen des Monti-Papiers zu erarbeiten.

2. Verhaltenskodex zur Eindämmung von Steueroasen

Die *High-Level-Group* erarbeitete einen Verhaltenskodex für die Unternehmensbesteuerung innerhalb der Europäischen Union, dem am 01. Dezember 1997 sowohl der Rat der Wirtschafts- und Finanzminister als auch die Regierungsvertreter sämtlicher Mitgliedstaaten im Rat zustimmten[63]. Als Entschließung, die nicht unter Art. 249 EGV fällt und auch sonst nicht im EG-Vertrag vorgesehen ist, stellt der Code of Conduct zwar kein Rechtsinstrument dar, so dass der EuGH nicht über

---

[59] *Cordewener*, Europäische Grundfreiheiten und nationales Steuerrecht, 13 f.; *Lehner*, in: StuW 1998, 159 ff. [161]; *Hinnekens*, in: EC Tax Review 1997, 31 ff. [46] und *Bolkestein*, in: EC Tax Review 2000, 78 ff. [81]; *Selling*, in: IStR 2000, 225 ff. [227].
[60] Ausführlich hierzu *Hinnekens*, in: EC Tax Review 1997, 31 ff. [34]; *Schön*, in: EuZW 1998, 129 und *Ruding*, in: European Taxation 2002, 3 ff. [4 f.].
[61] *Schön*, in: EuZW 1998, 129.
[62] Vgl. hierzu etwa *Runge*, in: FS Flick, 957 ff. [958]; *Lausterer*, in: IStR 1997, 486 ff. [489] und *Hinnekens*, in: EC Tax Review 1997, 31 ff. [34].
[63] *Zorn*, in: DStJG 2000 (Band 23), 227 ff. [258]; *Runge*, in: FS Rädler, 559 ff. [564 ff.]; *Cardani*, in: FS Rädler, 113 ff. [122]; *Vanistendael*, in: DStJG 2000 (Band 23), 299 ff. [308 ff.]; *Schön*, in: DStJG 2000 (Band 23), 191 ff. [206 f.].

seinen Inhalt und seine Reichweite zu judizieren vermag[64]. Gleichwohl soll der rechtlich unverbindliche Kodex eine politische Bindung erzeugen und so denjenigen Steuerwettbewerb unterbinden, der als schädlich empfunden wird. Dabei verzichtet der Kodex zwar auf eine exakte Definition des Begriffs der Schädlichkeit. Als potenziell schädlich stuft die Entschließung in ihrem Buchstaben B jedoch steuerliche Sondermaßnahmen ein, die – gemessen an dem üblichen Besteuerungsniveau des jeweiligen Mitgliedstaates – zu einer deutlich niedrigeren Effektivbesteuerung einschließlich einer Nullbesteuerung führen. Darüber hinaus indizieren mangelnde Transparenz, das ausschließliche Gewähren von Steuervorteilen an Gebietsfremde und ein Abweichen von allgemein anerkannten Gewinnermittlungsmethoden, dass es sich möglicherweise um eine schädliche Steuermaßnahme handelt[65]. Es geht also im Kern um Maßnahmen, die anderen Mitgliedstaaten Steuersubstrat entziehen, indem sie gezielt ausländische Investoren durch spezifische Vergünstigungen anlocken.

Kodexwidrige Maßnahmen sollen künftig keinen Eingang mehr in die nationalen Steuerrechtsordnungen finden (Stillhalteverpflichtung). Darüber hinaus sind die Mitgliedstaaten politisch – nicht rechtlich – verpflichtet, ihre bestehenden Praktiken zu überprüfen und soweit erforderlich aufzuheben (Rücknahmeverpflichtung)[66]. Für die Abschaffung kodexwidriger Steuervorteile einigte man sich auf eine Frist von fünf Jahren, beginnend am 01. Januar 1998. Die verhältnismäßig lange Zeitspanne ist das Resultat eines Kompromisses zugunsten Irlands, um dem irischen Gesetzgeber die Möglichkeit zu rechtlichen Anpassungen zu geben[67]. Da man nicht schlicht darauf vertraute, die Mitgliedstaaten würden ihre eigenen Steuermaßnahmen schon selbstkritisch und sachgerecht anhand des Kodexes überprüfen, trat am 09. März 1998 unter dem Vorsitz der britischen Finanzstaatssekretärin, Dawn Primarolo, eine aus Vertretern aller Mitgliedstaaten und der Kommission zusammengesetzte Gruppe „Verhaltenskodex Unternehmensbesteuerung" zusammen. Die Aufgabe des Ausschusses bestand darin, potentiell kodexwidrige Maßnahmen zu untersuchen und zu bewerten[68]. In ihrem Abschlussbericht vom 29. November 2001 gelangte die Primarolo-Group zu dem Ergebnis, dass insgesamt 66 (!) mitgliedstaatliche Regelungen nicht mit dem Code of Conduct in Einklang stehen[69].

---

[64] Ausführlich zur Rechtsqualität des Kodex *Blumenberg*, in: Grotherr, Handbuch der internationalen Steuerplanung, 1787 ff. [1811 f.], der ein Instrument sui generis annimmt.
[65] Mitteilung des Rates vom 01. Dezember 1997, in: ABl. EG 1998 Nr. C 2, 3.
[66] Mitteilung des Rates vom 01. Dezember 1997, in: ABl. EG 1998 Nr. C 2, 4.
[67] Hierzu *Runge*, in: FS Rädler, 559 ff. [566], denn der Rat der Wirtschafts- und Finanzminister hatte zunächst eine Beseitigungsfrist von lediglich zwei Jahren favorisiert.
[68] Mitteilung des Rates vom 09. März 1998, 98 C 99/01, in: ABl. EG 1998 Nr. C 99, 1.
[69] *Wartenburger*, in: IStR 2001, 397 ff. [400 f.]. Anm.: Auch der OECD-Ministerrat hat mittlerweile Maßnahmen ergriffen, um den schädlichen Steuerwettbewerb zu bekämpfen. Seine Berichtsausführungen („Harmful Taxation – An Emerging Global Issue") stimmen weitge-

Die von den Mitgliedstaaten unterbreiteten Rücknahmevorschläge für die einzelnen Maßnahmen wurden bis Ende des Jahres 2003 bewertet. Sofern sich die mitgliedstaatlichen Rückführungsmaßnahmen als unzureichend erweisen, will der Rat von den betreffenden Staaten weitere, bislang allerdings nicht näher konkretisierte Zugeständnisse verlangen[70].

Hinsichtlich des Verhaltenskodexes ist an dieser Stelle festzuhalten, dass der irische Wirtschaftsboom des zurückliegenden Jahrzehnts maßgeblich auf niedrige Körperschaftsteuersätze zurückzuführen ist[71]. Legt man die Untersuchungsergebnisse der Primarolo-Group zugrunde, hat Irland diesen Erfolg mittels unfairer Praktiken erlangt: Die Gruppe „Verhaltenskodex Unternehmensbesteuerung" stufte insbesondere die Steueranreize für Gesellschaften im *International Financial Service Centre* (IFSC) als kodexwidrig ein[72]. Auch die Kommission, welche die Art. 87 ff. EGV zunehmend nutzt, um dem als „soft law" ausgestalteten Verhaltenskodex auf dem Umweg des Beihilfenrechts eine gewisse Verbindlichkeit zu verleihen[73], hält die Fördermaßnahmen mittlerweile für nicht mehr mit dem Gemeinsamen Markt vereinbar[74]. Hierauf hat Irland reagiert, indem der allgemeine, für sämtliche gewerblichen Kapitalgesellschaften geltende Körperschaftsteuersatz drastisch gesenkt wurde und heute nur noch 12.5% beträgt. Wie die zurückliegende und gegenwärtige irische Steuerpolitik aus dem Blickwinkel des europäischen Rechts zu bewerten ist, wird im Folgenden Gegenstand dieser Arbeit sein.

---

hend mit den Erkenntnissen des europäischen Verhaltenskodexes überein; ausführlich zum OECD-Report *Eimermann*, in: IStR 2001, 81 ff.

[70] Zu den jüngsten Entwicklungen des Verhaltenskodex, *Mueller*, in: IWB Nr. 3 vom 12. Februar 2003, 98 ff.

[71] Ausführlich zur Erfolgswirkung des IFSC in Irland *Vanistendael*, in: Intertax 2000, 152 ff. [157]; *Dreßler*, Gewinn- und Vermögensverlagerungen, 130; *McNally*, in: ET 1999, 4 ff. [5]; *Lohan*, in: Irish Tax Review 2002, 487 ff. [487] und *O'Connor/Forde*, in: International Tax Review 2003, 39 ff. [39].

[72] Im Internet veröffentlichter Bericht der Gruppe „Verhaltenskodex" (Primarolo-Gruppe) vom 29. Februar 2000, Nr. 4901/99, Tz. 32 (S. 7). Auch die OECD betrachtet die irischen Steuerpräferenzsysteme als potentiell schädlich, vgl. hierzu die Nachweise bei *Eimermann*, in: IStR 2001, 81 ff. [85].

[73] Mitteilung der Kommission vom 10. Dezember 1998, in: ABl. EG 1998 Nr. C 384/3 ff. [3]. Denn der Kodex selbst äußert sich zum Beihilfeverfahren nicht, da dieses nicht in die Zuständigkeit des Rates fällt, sondern zum Kompetenzbereich der Kommission zählt. Ausführlich hierzu *Vanistendael*, in: DStJG 2000 (Band 23), 299 ff. [304 f.].

[74] Vorschlag der Kommission vom 18. Dezember 1998, in: ABl. EG 1998 Nr. C 395, 14 ff. [15].

III. Jüngste Entwicklungen innerhalb der EU

In einer Mitteilung vom 23. Mai 2001 („Steuerpolitik in der Europäischen Union – Prioritäten für die nächsten Jahre") legte die Kommission dar, wie sich die gemeinschaftsweite Unternehmensbesteuerung aus ihrer Sicht weiterentwickeln sollte[75]. Basis ihrer Position bleibt zwar der Wettbewerb der Steuersysteme unter Souveränität der Mitgliedstaaten. Gleichzeitig kündigte sie jedoch an, im Wege einer verstärkten Koordination die steuerliche Entwicklung aller EG-Länder unter gemeinsame Ziele stellen zu wollen. Dafür soll die bislang auf einzelne Steuerarten fokussierte Gemeinschaftspraxis einen einheitlichen, kohärenten und transparenten Rahmen erhalten. Um ihr Anliegen voranzutreiben, regte die Kommission in einer weiteren Initiative aus dem Jahr 2001 an, den Anwendungsbereich bestehender Richtlinien zu erweitern sowie die Doppelbesteuerungsabkommen der Mitgliedstaaten besser aufeinander abzustimmen. Daneben schlug sie Diskussionen über einen umfassenden Reformansatz für die Besteuerung grenzüberschreitend agierender Konzerne vor. Diese sollen ihren Gewinn – so die Idealvorstellung der Kommission – künftig aufgrund einer einheitlichen konsolidierten Bemessungsgrundlage versteuern[76].

Zu dem angestrebten Zustand, Wettbewerbsverzerrungen auf dem Gemeinsamen Markt mittels einheitlicher Bemessungsgrundlagen weitgehend zu unterbinden, könnte langfristig auch die IAS-Verordnung für Konzerne einen Beitrag leisten. Sie soll bestehende handelsrechtliche Differenzen bei der Gewinnermittlung börsennotierter Kapitalgesellschaften in Konzernstrukturen mindern. Für Wirtschaftsjahre ab dem 01. Januar 2005 müssen kapitalmarktorientierte Konzernunternehmen ihre konsolidierten Abschlüsse zwingend nach IAS (International Accounting Standards) aufstellen, die zukünftig als IFRS (International Financial Reporting Standards) bezeichnet werden[77]. Hingegen richtet sich der Einzelabschluss konzernangehöriger Gesellschaften weiterhin nach nationalem Recht. Die Verordnung 1606/2002 des Europäischen Parlaments und des Rates vom 19. Juli 2002 betreffend die Anwendung internationaler Rechnungslegungsstandards, tritt in Deutsch-

---

[75] Mitteilung der Kommission an den Rat, das Europäische Parlament und den Wirtschafts- und Sozialausschuss vom 23. Mai 2001, KOM (2001), 260, endgültig. Abrufbar unter http://europa.eu.int/comm/taxation_ customs/taxation/company_tax/policy_proposals.htm.

[76] Mitteilung der Kommission an den Rat, das Europäische Parlament und den Wirtschafts- und Sozialausschuss vom 23. Oktober 2001, KOM (2001), 580, endgültig. Abrufbar im Internet unter http://europa.eu.int/comm/ taxation_ customs/taxation/company_tax/policy_ proposals.htm; zu den insoweit diskutierten verschiedenen Besteuerungsmodellen vgl. *Wehrheim/Marquardt*, in: IStR 2003, 14 ff. [17 f.].

[77] Verordnung (EG) Nr. 1606/2002 des Europäischen Parlaments und des Rates vom 19. Juli 2002, in: ABl. EG 2002 Nr. L 243/1 ff.; zu der Frage, ob sich die IAS als Ausgangsbasis der steuerlichen Gewinnermittlung eignen, siehe *Spengel*, in: IStR 2003, 29 ff.; 67 ff.

land an die Stelle von § 292a HGB. Denn nach geltendem Recht steht es kapitalmarktorientierten Unternehmen offen, ihren Konzernabschluss wahlweise nach HGB, IAS oder US-GAAP zu erstellen. Obwohl dem Gewinnausweis keine unmittelbare Bedeutung für die Besteuerung zukommt, könnte die IAS-Verordnung jedoch in der Praxis langfristig der ehrgeizigen Vision der Kommission von einer konsolidierten Steuerbemessungsgrundlage gemeinschaftsweit operierender Gesellschaften faktisch den Weg ebnen.

Dass die Kommissionspolitik der kleinen Schritte durchaus Erfolg verspricht, beweist die Zinsrichtlinie im Bereich der direkten Besteuerung natürlicher Personen[78]: Einerseits unterliegen Zinszahlungen und Lizenzgebühren in den Mitgliedstaaten regelmäßig einer Quellensteuer, was innerhalb des Binnenmarktes zu Doppelbesteuerungseffekten führen kann. Andererseits (und darum geht es den mitgliedstaatlichen Finanzministern in erster Linie) ermöglichen es die divergierenden Vorschriften innerhalb der Gemeinschaft, Zinserträge u.U. durch grenzüberschreitende Transaktionen und Gestaltungen unversteuert an den nationalen Fisci vorbeizuschleusen. Um diesen Zustand zu beseitigen, sieht die Zinsrichtlinie vor, dass 12 Mitgliedstaaten – unter ihnen auch Deutschland – ab dem 01. Januar 2005 einen automatischen Informationsaustausch über Zinseinkünfte natürlicher Personen aus anderen EG-Ländern einführen[79]. Luxemburg, Österreich und Belgien beteiligen sich zwar nicht an dem geplanten Informationsaustausch. Sie führen aber stattdessen eine Quellensteuer auf Zinserträge ein. Diese steigt zeitlich gestaffelt von 15% (ab 2005) über 20% (ab 2008) auf 35% (ab 2011) an. Von den im Wege der Quellensteuer erzielten Einnahmen fließen 75% an denjenigen Mitgliedstaat, in dem der Anleger ansässig ist. Flankierend hierzu wirkt die Europäische Gemeinschaft auf ein Abkommen mit der Schweiz und anderen Drittstaaten hin, welches diese verpflichten soll, mittelfristig ebenfalls eine Quellensteuer auf Zinseinkünfte i.H.v. 35% einzuführen.

---

[78] Zu den Schwierigkeiten, welche die Zinsrichtlinie seit ihrem ersten Richtlinienvorschlag (1989) überwinden musste, *Treisch*, in: Kellersmann/Treisch, Europäische Unternehmensbesteuerung, 2.4.2.2 (249 ff.).

[79] Zur Zinsrichtlinie *Mueller*, in: IWB 3/2003, 98 ff.

2. Kapitel: **Die Besteuerung von Kapitalgesellschaften und ihren Anteilseignern in der Republik Irland**

Nicht zufällig ähnelt das Recht der direkten Steuern Irlands in großen Teilen seinem britischen Pendant. Denn auch nach seiner lang ersehnten Loslösung vom Vereinigten Königreich am 06. Dezember 1922 behielt Irland aufgrund von Art. 74 der *Constitution of the Free Irish State* und sec. 1 (2) Finance Act 1923 das zuvor „zwangsimportierte" britische Steuerrecht bei[1]. Hieran änderte sich auch 1937 nichts, als die irische Verfassung eingeführt und die Republik Irland ausgerufen wurde. Noch heute weisen beide Rechtskreise so weitreichende Gemeinsamkeiten auf, dass Entscheidungen englischer Gerichte das Steuerrecht Irlands beeinflussen können. Obgleich die britischen Urteile für irische Richter natürlich keine Bindungswirkung entfalten, genießen sie nicht selten einen *persuasive value*. In diesem Falle liefern sie Orientierungspunkte dafür, wie irische Gesetze auszulegen und anzuwenden sind. Schließt sich ein irischer Richterspruch ausdrücklich einem steuerrechtlichen Urteil aus dem Vereinigten Königreich an, so kommt jenem nahezu dasselbe Gewicht zu wie einem irländischen Urteil[2].

Die wichtigsten Steuerarten in Irland sind neben der Einkommensteuer (*income tax*) die Körperschaftsteuer (*corporation tax*), eine besondere Steuer auf Veräußerungsgewinne (*capital gains tax*), die Erbschaft- und Schenkungsteuer (*capital aquisitions tax*), die Umsatzsteuer (*value added tax*) sowie verschiedene Stempelsteuern (*stamp duties*). Eine Vermögensteuer existiert hingegen ebenso wenig wie eine der deutschen Gewerbesteuer vergleichbare Abgabe. Allerdings können lokale Gebietskörperschaften aufgrund von *Local Government Acts* sogenannte „rates" erheben. Dabei handelt es sich um grundsteuerliche Kommunalabgaben, die mit Ausnahme von privaten Häusern und Wohnungen für sämtlichen Grundbesitz eingefordert werden. Infolge kommunaler Hebesätze fällt die tatsächliche Steuerbelastung durch die „rates" von Region zu Region unterschiedlich aus[3], bildet jedoch bezogen auf die gesamtsteuerliche Last von Kapitalgesellschaften in Irland eine eher zu vernachlässigende Größe.

---

[1] *DeloitteToucheTohmatsu,* Ireland, 9.02; *Haccius/Brennan*, in: Bulletin for International Fiscal Documentation 1995, 38 ff. [38]; *Haccius*, in: Bulletin for International Fiscal Documentation 2000, 122 ff. [123].

[2] *Corrigan*, in: Ussher/O'Connor, Doing Business in Ireland, Vol. 1, § 5.01 [2]; *High Court* – 10 February 2000, Patrick J O'Connell (Inspector of Taxes) v Thomas Keleghan, in: ITR 1999/2000, 143 ff. [147]; ausführlich hierzu *Ward*, Judge Irish Income Tax, 1.104 (5) und *Grotherr*, in: IWB, Fach 5, Gruppe 2, Irland, 33 ff. [33].

[3] Bezogen auf den jeweiligen Vermögenswert der Immobilie schwankt die Belastung zwischen 0.3% und 1.2%, vgl. *Fischer-Zernin/Medlar*, in: Mennel/Förster, Irland, Rdnr. 305.

A. Einführung

Steuern darf die Republik Irland gemäß Artikel 11 ihrer *Constitution* nur aufgrund eines förmlichen, mit der Verfassung in Einklang stehenden Gesetzes erheben. Andernfalls ist das Steuergesetz gemäß Art. 15 (4) der Verfassung unwirksam[4]. Obwohl Irland zum Common-Law-Kreis gehört, ist Steuerrecht deshalb immer *statute law*, das zu seiner Gültigkeit ein geschriebenes Gesetz verlangt. Erforderlich ist, dass das Parlament (*Oireachtas*) – welches sich aus den beiden Häusern *Dáil Éireann* und *Seanad Éireann* zusammensetzt – ein Gesetz ordnungsgemäß in dem von der Verfassung vorgesehenen Verfahren verabschiedet. Das wichtigste so beschlossene Steuergesetz in der *Taxes Consolidation Act (TCA) 1997*. Dieses am 06. April 1997 in Kraft getretene Regelwerk systematisiert die zuvor verstreuten Vorschriften des steuerlichen Verfahrensrechts und vereinigt erstmals Einkommensteuer, Körperschaftsteuer und die Veräußerungsgewinnsteuer in einem einzigen Gesetz[5]. Modifiziert und ergänzt wird der *Taxes Consolidation Act 1997* durch jährliche *Finance Acts* des Parlaments[6]. Konsequenz dieser irischen Gesetzgebungstechnik ist freilich, dass die zuvor „konsolidierten" Normen des *TCA 1997* mittlerweile schon wieder beginnen, ausgesprochen lang und unübersichtlich zu werden.

Vor der normativen Konsolidierung in *TCA 1997* fußte das im Rahmen dieser Arbeit besonders interessierende Körperschaftsteuerrecht auf dem *Corporation Tax Act (CTA) 1976*, der erstmals ein eigenständiges Körperschaftsteuergesetz in Irland einführte. Zuvor unterlagen körperschaftlich verfasste Gesellschaften neben einer mit Zuschlagscharakter ausgestalteten besonderen *corporation profit tax* (CPT) der allgemeinen Einkommensteuer[7]. Beide Steuern besaßen mit dem *UK Finance Act 1920* und dem *Income Tax Act 1918* des Vereinigten Königreichs noch britischen Ursprung[8], obgleich sie im Laufe der Zeit durch die jährlichen Änderungen der *Oireachtas* zunehmend „irisch" wurden. Mit dem CTA 1976 hielt auch das bis einschließlich 1999 praktizierte Teilanrechnungsverfahren in Irland Einzug, um die doppelte Besteuerung von Gesellschaftsgewinnen auf Ebene der Körperschaft und

---

[4] Die Kompetenz, ein (Steuer-)Gesetz zu verwerfen, liegt gemäß Art. 34 (3) (2) der Verfassung von 1937 beim *High Court* und beim *Supreme Court*.

[5] *Haccius*, in: Bulletin for International Fiscal Documentation 1998, 73 ff. [73].

[6] Zur Gesetzgebungstechnik in Irland *Ward*, Judge Irish Income Tax, 1.102 (2 ff.) und *Jeffery*, in: Kesti, European Tax Handbook, Ireland, A, Introduction (313).

[7] *Feeney*, The Taxation of Companies, 1.1 (3); *Cunningham*, in: Bulletin for International Fiscal Documentation 1998, 186 ff. [186]; *Haccius*, in: Bulletin for International Fiscal Documentation 2000, 122 ff. [123].

[8] *Ward*, Judge Irish Income Tax, 1.102 (3). In der Folgezeit entwickelten sie sich deutlich auseinander: Während das Vereinigte Königreich die corporation profit tax schon 1924 abschaffte, behielt Irland sie bis zum Jahr 1976 bei, vgl. die Hinweise hierzu bei *Haccius*, in: Bulletin for International Fiscal Documentation 2000, 122 ff. [123].

ihrer Anteilseigner zu mildern[9]. Parallel hierzu begann der irische Gesetzgeber in den 1970er Jahren mit einer Politik der körperschaftsteuerlichen Anreize, indem er diverse Vorzugstarife (insbesondere den *export sales relief* und den *manufacturing relief*) für Kapitalgesellschaften einführte. Erst gegen Ende der 1990er Jahre musste die Republik Irland auf Druck der Europäischen Gemeinschaft hin diese Förderung mittels günstiger Ausnahmetarife aufgeben. Als Ausgleich hierfür betrieb sie seit 1998 ein in Europa bis dahin beispielloses Steuersenkungsprogramm auf der Ebene ihrer allgemeinen Körperschaftsteuersätze. Seit dem 1. Januar 2003 beträgt der Standardtarif für Kapitalgesellschaften in Irland nur noch 12.5%. Ursachen und Hintergründe dieser Entwicklung sind im Folgenden ausführlicher Gegenstand dieser Arbeit.

Soweit erforderlich werden dabei neben den gesetzlichen Vorschriften auch die einschlägigen *statutory regulations* in die Untersuchung einbezogen. Als Ausführungsbestimmungen ohne den Rang eines förmlichen Gesetzes geben sie den *Revenue Commissioners* – der Finanzverwaltung Irlands – die Möglichkeit, das inhaltliche Verständnis einer Norm zu konkretisieren. Zulässig ist dies jedoch nur innerhalb des durch die jeweiligen *Tax Acts* vorgegebenen Rahmens, weshalb stets erforderlich ist, dass die *Dáil Éirann* die Ausführungsbestimmungen der *Revenue Commissioners* genehmigt[10]. Die in der Praxis bedeutsamen *Statements of Practice* und *Revenue Notes for Guidance* spielen im Rahmen dieser Arbeit hingegen eine geringere Rolle. Beides sind innerbehördliche Anweisungen, die für irische Richter keine verbindliche Interpretation der Steuergesetze darstellen und Rechte der Steuerpflichtigen nicht verkürzen dürfen[11]. Seit 1997 sind die Finanzbehörden durch den *Freedom of Information Act* verpflichtet, ihre internen Gesetzesinterpretationen der Öffentlichkeit zur Verfügung zu stellen, damit sich die Steuerpflichtigen auf die finanzbehördliche Praxis einstellen können[12]. Die steuerliche Verwaltung ist Aufgabe der *Revenue Commissioners*, die der Kontrolle und Weisungsbefugnis des Finanzministeriums unterliegen[13]. Konkret für die Veranlagung zuständig sind die einzelnen Steuerinspektoren (*Inspectors of Taxes*), die in *tax districts* über das ganze Land verteilt sind und von den *Revenue Commissioners* eingesetzt werden. Dabei praktiziert Irland ein Selbstveranlagungsverfahren (*self-assessment*), unter dem

---

[9] Mittlerweile hat die Republik Irland das Teilanrechnungsverfahren zugunsten eines klassischen Systems aufgegeben.

[10] *Ward*, Judge Irish Income Tax, 1.104 (5).

[11] *Lüdemann/Bruton/Hruschka*, Steuerfolgen gewerblicher Investitionen in Irland, Rdnr. 67; *Ward*, in: Taxation of Companies in Europe, Ireland, 2.1.2 (52), Suppl. No. 155, February 2001 und *ders.*, Judge Irish Income Tax, 1.104 (5 f.).

[12] Freedom of Information Act 1997 sec. 6 (3) und sec. 16 (1) (a). Ausführlich hierzu *Ward*, Judge Irish Income Tax, 1.107 (7 f.).

[13] Vgl. *Ward*, Judge Irish Income Tax, 1.201 (9). Dass den *Revenue Commissioners* weitreichende Befugnisse gegenüber den Steuerpflichtigen zustehen, verdeutlicht nicht zuletzt die Befugnisnorm des sec. 849 TCA 1997.

Kapitalgesellschaften und natürliche Personen die von ihnen geschuldete Steuer selbst berechnen und gegenüber den *Revenue Commissioners* erklären müssen[14]. In steuerlichen Zweifelsfragen genügt der Steuerpflichtige seiner Erklärungspflicht, indem er den *Inspector* auf seine „matter of doubts" hinweist. Kommen Steuerpflichtige ihren Pflichten nicht oder nur ungenügend nach, so drohen ihnen nicht nur Verspätungszuschläge, sondern u.U. sogar eine teilweise Aberkennung von Verlustabzügen[15]. Innerhalb von sechs Monaten nach Ablauf des für sie geltenden Veranlagungszeitraums müssen Kapitalgesellschaften 90 v.H. der von ihnen selbst ermittelten Steuerschuld entrichten. Sollte ein zwangsweises Einziehen der geschuldeten Steuern erforderlich sein, so obliegt diese Aufgabe dem *Collector-General* und dessen Belegschaft[16].

Sofern ein Steuerpflichtiger sich durch einen belastenden Steuerbescheid in seinen Rechten verletzt fühlt, kann er innerhalb von 30 Tagen Einspruch (*appeal*) bei dem für ihn zuständigen *Inspector of Taxes* einlegen, der jedoch keine aufschiebende Wirkung entfaltet[17]. Führt dieses Verfahren nicht zu einer streiterledigenden Lösung, steht dem Steuerpflichtigen der Weg zu den *Appeal Commissioners* offen[18]. Diese können entweder für ihn positiv in der Sache entscheiden oder den Einspruch zurückweisen. Entscheiden die *Appeal Commissioners* zu Ungunsten des *taxpayers*, kann er eine *application for rehearing of the appeal* an dem für ihn örtlich zuständigen allgemeinen Bezirksgericht (*circuit court*) beantragen[19]. Denn eine besondere Finanzgerichtsbarkeit ist dem irischen Rechtskreis fremd. Anschließend ist ein weiteres Durchlaufen des gerichtlichen Instanzenzugs sowohl für den Steuerpflichtigen als auch für die Finanzverwaltung nur noch unter der Voraussetzung möglich, dass die Entscheidung des Streits von einer bisher ungeklärten Rechtsfrage abhängt. Ist dies der Fall, so können *High Court* und anschließend gegebenenfalls sogar der irische *Supreme Court* angerufen werden[20]. Hinsichtlich des Sach-

---

[14] Sec. 919 TCA 1997. Siehe hierzu auch *Nathans*, Doing Business in Ireland, 17; *Deloitte-ToucheTohmatsu*, Ireland, 13.02; *Feeney*, The Taxation of Companies, 15.206 (1799) und *Fischer-Zernin/Medlar*, in: Mennel/Förster, Irland, Rdnr. 10.

[15] TCA 1997 sec. 1085 (2) (a) – (b); *Feeney*, The Taxation of Companies, 15.208 (1801 ff).

[16] *Glynn*, in: Ussher/O'Connor, Doing Business in Ireland, Vol. 1, § 5.02 [1].

[17] TCA 1997 sec. 933 (1) (a). Wird das Begehren des Steuerpflichtigen bereits von den *Appeal Commissioners* als unzulässig abgewiesen (*appeal dismissal*), so kann er Nichtzulassungsbeschwerde beim *High Court* und – falls seine Beschwerde dort keinen Erfolg haben sollte – unter bestimmten Voraussetzungen beim *Supreme Court* einlegen. Einzelheiten hierzu bei *Ward*, Judge Irish Income Tax, 1.204 (10 f.).

[18] Sec. 850 TCA 1997. Vgl. insoweit auch die Hinweise *Ward*, in: Taxation of Individuals in Europe, Ireland, 8.4 (76 – 78), Suppl. No. 25, October 2001 und *Feeney*, The Taxation of Comapnies, 15.201 (1783).

[19] TCA 1997 sec. 942 (1).

[20] TCA 1997 sec. 941 (6), (8).

verhaltes sind beide Gerichte jedoch an die Feststellungen des *Circuit Court* gebunden[21].

B. Grundlagen des irischen Gesellschaftsrechts

In der Republik Irland existieren knapp 150.000 Personenunternehmen und rund 60.000 Kapitalgesellschaften[22]. Da ausländische Investoren ihre unternehmerische Aktivität häufig in der Rechtsform einer Kapitalgesellschaft ausüben, steht deren Besteuerung sowie die Besteuerung ihrer Anteilseigner im Mittelpunkt dieser Arbeit. Der steuerlichen Analyse vorgeschaltet ist nachfolgend eine komprimierte Darstellung des Kapitalgesellschaftsrechts in Irland.

Ebenso wie das Steuerrecht ist auch das Gesellschaftsrecht Irlands maßgeblich vom Vereinigten Königreich geprägt[23]. Zu den bedeutsamsten Kodifikationen zählen neben den *Companies Acts 1963 – 2000* der *Partnership Act 1890* sowie der *Limited Partnership Act 1907*, der das Stiftungsrecht regelnde *Charities Act 1973* und die genossenschaftsrechtlichen *Provident Acts 1893 – 1978*. Eine Gesellschaft ist prinzipiell jeder Zusammenschluss von zwei oder mehr Personen, die im Namen der Vereinigung einen unternehmerischen Zweck verfolgen und ausführen[24]. Obwohl auch *partnerships* unter diese Definition fallen, bleiben sie nachfolgend außer Betracht, da Personengesellschaften über keine eigene Rechtspersönlichkeit verfügen und infolgedessen nicht der irischen Körperschaftsteuer unterliegen[25]. Aus dem gleichen Grund wird auf eine Darstellung der seit 1989 existierenden und auf einer europäischen Verordnung basierenden *European Economic Interest Group* (EEIG) verzichtet. Sie ist zwar mit eigener Rechtspersönlichkeit ausgestattet und kann selbst klagen und verklagt werden, wird im irischen Steuerrecht jedoch wie eine Personengesellschaft behandelt[26].

---

[21] *Tolley's* Taxation in the Republic of Ireland, 4.1 (50) und *Feeney*, The Taxation of Companies, 15.209 (1815 ff.).

[22] Die Statistik ist den Informationen des irischen Finanzministeriums entnommen, abrufbar im Internet unter http://www. finance.gov.ie/publications/tsg.

[23] *Forde*, Company Law, 17; *Scholtissek*, in: RIW 1987, 437 ff. [437].

[24] Vgl. *Keane*, Company Law, 3; *Michel*, Gesellschaftsrecht in Irland, 1 und *Albrecht*, in: IWB, Fach 5, Gruppe 2, Irland, 13 ff. [13].

[25] *Ward*, in: Taxation of Companies in Europe, Ireland, Suppl. No. 155 (February 2001), 1.2.4 (33 f.); *Albrecht*, in: IWB, Fach 5, Gruppe 2, Irland, 13 ff. [17]; *Grotherr*, in: IWB, Fach 5, Gruppe 2, Irland, 33 ff. [35].

[26] TCA 1997 sec. 1014 (2) (b). Spiegelbild der EEIG in Deutschland ist die EWIV. Anmerkung: Auf den irischen *trust* und die Existenz spezieller Organisationseinheiten wie die *friendly societies* und die *building societies* wird an dieser Stelle lediglich hingewiesen.

I. Körperschaften und Kapitalgesellschaften

Obwohl sie im Wirtschaftsleben nur eine untergeordnete Rolle spielen, bilden die *incorporated clubs* als auf Dauer angelegte Verbindungen mit korporativer Verfassung den rechtlichen Grundtypus, auf dem das irische Kapitalgesellschaftsrecht aufbaut. Sie lassen sich grundsätzlich mit eingetragenen Vereinen in Deutschland vergleichen: Der *club* ist nicht nur rechts- und geschäftsfähig, sondern darüber hinaus auch in seinem Bestand von einem Wechsel der Mitglieder unabhängig, die im übrigen nicht persönlich für die Schulden des *club* haften[27]. Abgesehen davon, dass Kapitalgesellschaften im Gegensatz zu *clubs* natürlich keine sozio-kulturellen Zwecke, sondern geschäftliche Ziele verfolgen, orientieren sich ihre Strukturen an diesem körperschaftlichen Grundgerüst.

Aufbauend auf dem noch vom Vereinigten Königreich übernommenen *Limited Liability Act 1855* und dem *UK Companies Act 1908* ist heute der Companies Act 1963 das wichtigste kapitalgesellschaftsrechtliche Regelwerk. Dieses verlangt für die Gründung jeder Gesellschaft einen Vertrag, der sich in zwei Teile gliedert: das *memorandum of association* (eigentliche Gründungsurkunde) und die als *articles of association* bezeichnete Satzung. Während das *memorandum of association* sämtliche Beziehungen der Gesellschaft nach außen festlegt[28], bestimmen die *articles of association* das Verhältnis der Gesellschafter untereinander und deren Beziehung zur Gesellschaft[29]. Mit Eintragung ins Gesellschaftsregister erlangt die Kapitalgesellschaft Rechtsfähigkeit[30]. Ist sie wirksam gegründet, so bestimmen das *board of directors* als geschäftsführendes Organ und die Gesellschafterversammlung (*general meeting*) die weiteren Geschicke der Gesellschaft. Im *board of directors* befindet sich sowohl die Geschäftsführung als auch deren Aufsicht. Deshalb gilt es, zwischen den das Tagesgeschäft leitenden *executive directors* und den *non-executive directors* zu unterscheiden. Die von der Geschäftsführung ausgenommenen *directors* übernehmen die Funktion eines Aufsichtsrates und können allenfalls Einfluss auf die Grundlinien der Geschäftspolitik nehmen[31]. Durch das *general meeting* – die Gesellschafterversammlung – handeln die Anteilseigner für ihre Gesellschaft. Jede irische *company* ist deshalb verpflich-

---

[27] *Michel*, Gesellschaftsrecht in Irland, 7; *Albrecht*, in: IWB, Fach 5, Irland, Gruppe 3, 13 ff. [27].

[28] Dazu zählen beispielsweise Firma, Unternehmensgegenstand und vorhandenes Stammkapital, vgl. *PricewaterhouseCoopers*, Doing Business and Investing in Ireland, 17.

[29] Siehe hierzu *Bruton*, in: PIStB 2001, 215 ff. [216] und *Albrecht*, in: IWB, Fach 5, Irland, Gruppe 3, 33 ff. [35].

[30] *Forde*, Company Law, 26; *Courtney*, The Law of Private Companies, 1.014; *Keane*, Company Law, 46 f.; *Deloitte Touche Tohmatsu*, 5.01; *Grotherr*, in: IWB, Fach 5, Gruppe 2, Irland, 33 ff. [35].

[31] *Keane*, Company Law, 317.

tet, wenigstens einmal jährlich eine ordentliche Gesellschafterversammlung abzuhalten. Diese muss spätestens 18 Monate nach Gründung erstmals und anschließend stets innerhalb von 15 Monaten nach der vorangegangenen Versammlung stattfinden.[32].

Trotz ihrer gemeinsamen Grundstrukturen weisen irische Kapitalgesellschaften im Detail Unterschiede auf, die sich insbesondere in der voneinander abweichenden Zahl von Gesellschaftern, dem gesetzlich vorgeschriebenen Stammkapital und der Haftung ihrer Gesellschafter offenbaren. Man kann daher zwischen folgenden *companies* differenzieren[33]:

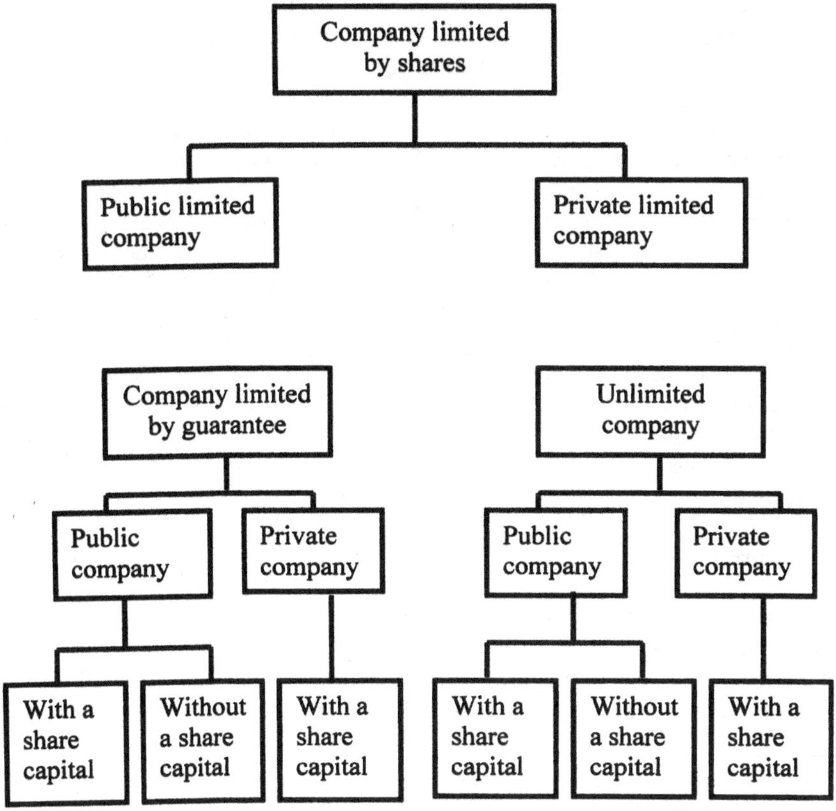

[32] *Shaw/Smith*, The Law of Meetings, 130; *Albrecht*, in: IWB, Fach 5, Gruppe 2, Irland, 33 ff. [39]; *Wassermeyer*, in: IStR 1996, 349 ff. [351].
[33] *Power*, Irish Company Law (1973 – 1983), 4 f.

II. Public und Private Companies

Fundamental für das Gesellschaftsrecht Irlands ist zunächst die Differenzierung zwischen *public companies* und *private companies*. Da sie beide Varianten derselben rechtlichen Grundstruktur darstellen, grenzt das Gesetz sie negativ voneinander ab: Bei einer Kapitalgesellschaft, die keine *private company* ist, handelt es sich notweniger Weise um eine *public company*[34]. Zwingend erforderlich für eine *private company* – die das irische Gesellschaftsrecht von den Vorschriften zur Mindestkapitalausstattung weitgehend befreit[35] – ist, dass nach ihrer Satzung

- das Recht der Gesellschafter, Anteile zu übertragen, beschränkt ist,
- die Zahl der Anteilseigner 50 nicht überschreitet,
- und es Gesellschaftern und Gesellschaft untersagt ist, die Öffentlichkeit aufzufordern, Anteile oder Schuldverschreibungen zu zeichnen[36].

Nur *public companies*, die i.d.R. an der Börse notieren, bleiben von diesen Restriktionen unberührt. Sie müssen als PLC firmieren und unterliegen zum Schutz ihrer Gläubiger strengeren Kapitalausstattungs- und Erhaltungsvorschriften[37]. Für beide Gesellschaftsformen existiert in Deutschland kein exaktes Äquivalent. Bei großzügiger Betrachtung lässt sich die *public company* jedoch mit einer Aktiengesellschaft vergleichen und die *private company* mit einer GmbH[38]. In der irischen Rechtswirklichkeit überwiegt der letztgenannte Typ von Kapitalgesellschaften. Beinahe 95 % aller in Irland eingetragenen Körperschaften sind *private companies*[39]. Da das irische Recht (von den soeben genannten Unterschieden abgesehen) auf beide Formen grundsätzlich die gleichen Vorschriften anwendet, lassen sich Kapitalgesellschaften ferner nach Haftungsgesichtspunkten unterscheiden. Insoweit muss man zwischen *unlimited companies*, *companies limited by guarantee* und *companies limited by shares* differenzieren.

1. Unlimited Company

Bei einer *unlimited company* handelt es sich zwar um eine juristische Person, die im Rechtsverkehr als selbständiger Träger von Rechten und Pflichten auftritt. Sollte die Gesellschaft jedoch liquidiert werden, haften ihre Anteilseigner mit ihrem gesamten persönlichen Vermögen in unbeschränkter Höhe für die Verbindlichkeiten

---

[34] Companies (Amendment) Act 1983 sec. 2 (1). Hierzu *Keane*, Company Law, 43 ff. und *Bruton*, in: PIStB 2001, 215 ff. [216].

[35] *B.J. Power*, Irish Company Law 1973 – 1983, 50, 54.

[36] Companies Act 1963 sec. 33 (1).

[37] *Scholtissek*, in: RIW 1987, 437 ff. [437]; *Lang*, in: Jura Europae, Band III, Irland, 80.00, 4.

[38] *Albrecht*, in: IWB, Fach 5, Irland, Gruppe 3, 33 ff. [33].

[39] *Michel*, Gesellschaftsrecht in Irland, 6.

der Gesellschaft[40]. Aufgrund des für eine Kapitalgesellschaft ungewöhnlich hohen Haftungsrisikos ihrer Gesellschafter existieren nur wenige *unlimited companies* in Irland. Dass man sie in der Rechtswirklichkeit überhaupt noch vereinzelt antrifft, verdankt dieser Gesellschaftstyp zwei Vorzügen: Zum einen klammert der *Companies Act 1986* die *unlimited companies* von diversen handelsrechtlichen Publizitätspflichten im Gesellschaftsregister aus[41]. Zum anderen bietet die *unlimited company* den steuerlichen Vorteil, dass bei ihrer Gründung keine *capital duty* anfällt[42].

2. Company Limited by Guarantee

Companies limited by guarantee sind Kapitalgesellschaften mit einer beschränkten persönlichen Nachschusspflicht. Ihre Anteilseigner haften nicht nur mit ihrer Beteiligung, sondern darüber hinaus mit einem in der Gesellschaftssatzung festgelegten Betrag[43]. Dabei ist die Nachschusspflicht als eine auf den Insolvenzfall bedingte Zahlungspflicht ausgestaltet. Von ihr betroffen sind all diejenigen Gesellschafter, die im Insolvenzjahr oder im Jahr zuvor Mitglied der *company limited by guarantee* waren[44]. In der irischen Rechtswirklichkeit gibt es nur wenige *companies limited by guarantee*, die nahezu ausschließlich soziale und wohltätige Zwecke erfüllen. Gleichwohl sei an dieser Stelle auf die Besonderheit einer „Mischform" hingewiesen, die das irische Kapitalgesellschaftsrecht für *companies limited by guarantee* kennt. Denn obwohl sie nach dem gesetzlichen Grundfall nicht über ein Stammkapital verfügen, ist es gleichwohl zulässig, sie hiermit auszustatten. Seit dem *Companies Act 1983* besteht diese Möglichkeit aber nur noch bei einer *private company*, während *public companies limited by guarantee* lediglich noch in dieser Form fortgeführt werden dürfen, falls ihnen vor 1983 ein Stammkapital zugeführt wurde[45].

---

[40] Vgl. *Keane*, Company Law, 51 und *Michel*, Gesellschaftsrecht in Irland, 6.

[41] Ausführlich hierzu *Ward*, in: Taxation of Companies in Europe, Ireland, 1.2.7 (35), Suppl. No 155 February 2001.

[42] *Forde*, Company Law, 35.

[43] Hierzu *Forde*, Company Law, 38 und *Keane*, Company Law, 51.

[44] *Michel*, Gesellschaftsrecht in Irland, 78.

[45] Companies Act 1983 sec. 7; ausführlich hierzu *Keane*, Company Law in the Republic of Ireland, 51; *Nathans*, Doing Business in Ireland, 13; *Forde*, Company Law, 38 und *Albrecht*, in: IWB, Fach 5, Irland, Gruppe 3, 13 ff. [28]. Anm.: Eine gewisse steuerliche Relevanz besitzt dieser „Mischfall" insoweit, als lange Zeit streitig war, ob die Möglichkeit zur Bildung eines „share capital" dazu führt, dass eine Kapitalgesellschaft unter das Schachtelprivileg in Art. 22 Abs. 2 lit. a) aa) des DBA-Irland zu subsumieren ist. Vgl. hierzu etwa die Ausführungen von *Philipowski*, in: DB 2001, 1112 ff.; *Häuselmann*, in: IStR 2000, 8 ff. ; *Schroer*, in: IStR 2000, 711 ff.; *Raupach*, in: IStR 2000, 385 ff. und *Fromm*, in: IStR 2000, 706 ff. Mittlerweile dürfte der Bundesfinanzhof diese Frage für die Praxis mit seinem Urteil vom 25. 02. 2004 I R 42/02, in: RIW 2004, 955 ff. [958 f.] geklärt haben.

3. Company Limited by Shares

Die mit Abstand gängigste Kapitalgesellschaftsform in der Republik Irland ist die *company limited by shares*. Grund hierfür sind haftungsrechtliche Vorteile, da bei einer *company limited by shares* alle Anteilseigner lediglich mit ihrer Einlage für die Verbindlichkeiten der Gesellschaft einstehen. Eine darüber hinausgehende Haftung mit persönlichem Vermögen kommt nicht in Betracht. Zum Schutz des Rechtsverkehrs ist deshalb erforderlich, dass der Name einer solchen Kapitalgesellschaft den Zusatz *limited* oder *Ltd* führt[46]. Dabei bestehen zwischen beiden Ausprägungen (*public* oder *private*) erhebliche Unterschiede im Hinblick auf das von ihnen aufzubringende Stammkapital: Während das Kapital einer *public limited company by shares* mindestens € 38.092, 14 (IR £ 30.000) betragen muss, bedarf eine *private limited company by shares* bei ihrer Gründung lediglich ein Mindestkapital von € 1, 27 (IR £ 1)[47].

C. Besteuerung von Kapitalgesellschaften

In der Republik Irland ansässige *companies* und solche, die mittels einer Betriebsstätte (*branch*) oder Handelsvertretung (*agency*) im Inland tätig sind, unterliegen der irischen Körperschaftsteuer[48]. Zur Körperschaftsteuer zieht sec. 4 (1) TCA 1997 „any body corporate“ heran. Erforderlich ist also eine eigene Rechtspersönlichkeit der Vereinigung, weshalb hierunter sämtliche Kapitalgesellschaften fallen[49]. Innerhalb eines Konzerns bleiben verbundene Gesellschaften je für sich selbständige Körperschaftsteuersubjekte.

Sec. 220 TCA 1997 nimmt lediglich sieben Staatsunternehmen von der subjektiven Steuerpflicht aus. Zu ihnen zählen neben den staatlichen Lotterie- und Pferderenngesellschaften u.a. die Dubliner Behörde für Stadtentwicklung und die allgemeine Pensionskasse. Insoweit ähnelt die Vorschrift dem deutschen § 5 Abs. 1 KStG, wirkt aber zunächst wesentlich schlanker als ihr bundesdeutsches Pendant. Allerdings relativiert sich dieser Eindruck auf den zweiten Blick: Sowohl für wohltätige Einrichtungen, Organisationen zur Förderung des Amateursports, *friendly societies*

---

[46] *Keane*, Company Law in the Republic of Ireland, 6; *PricewaterhouseCoopers*, Doing Business and Investing in Ireland, 17.

[47] Anm.: Anders als in Deutschland hat der irische Gesetzgeber nicht die *Companies Acts* von IR £ auf € umgestellt, sondern im *Euro Changeover Act* bestimmt, dass sämtliche gesetzlichen Geldangaben nunmehr „umzurechnen“ sind. Ein früheres IR £ beträgt daher nunmehr € 1, 27.

[48] Vgl. nur *Clehane*, Leitfaden für deutsche Investoren in Irland, 31 und *Nathans*, Doing Business in Ireland, 16.

[49] *Feeney*, The Taxation of Companies, 1.3 (8), der in klarstellender Weise *unregistered clubs, partnerships, trusts* und *societies* von den körperschaftsteuerpflichtigen Subjekten abgrenzt.

und agrarwirtschaftliche Zusammenschlüsse hält TCA 1997 aus steuerpolitischen Gründen weitere, z.T. umfangreiche Ausnahmen bereit. Rechtstechnisch geschieht dies, indem der Gesetzgeber ihnen zahlreiche sachliche Einkommensteuerbefreiungen gewährt. Diese wiederum erstreckt sec. 76 (6) TCA 1997 als Scharniervorschrift auf die *corporation tax*. Anders als die sieben persönlichen Befreiungstatbestände stellen sie zwar nicht die Subjekte selbst, sondern lediglich deren Einkünfte von der Körperschaftsteuer frei. Im Ergebnis nähert sich das irische Recht dadurch aber inhaltlich und umfänglich § 5 KStG an. Auch die deutsche Vorschrift macht persönliche Steuerbefreiungen von sachlichen Kriterien wie beispielsweise der Art der Unternehmenstätigkeit, der Einnahmenhöhe und der Mittelverwendung abhängig[50]. Besonders deutlich wird diese Parallele am Beispiel gemeinnütziger *charities*[51]: Obwohl sie körperschaftsteuerpflichtig sind, nehmen sec. 207, 208 TCA 1997 die *charities* von nahezu allen steuerbaren Einkünften aus. Soweit sie ihr Einkommen ausschließlich zugunsten wohltätiger Zwecke (z.B. Verbesserung von Bildung und Erziehung, Religionspflege, Maßnahmen sozialer Unterstützung und sonstige, der Gemeinschaft dienenden Ziele) verwenden[52], sind korporativ verfasste *charities* in einem Umfang von der Körperschaftsteuer befreit, welcher der deutschen Regelung in § 5 Abs. 1 Nr. 9 S. 1 KStG i.V.m. §§ 51 ff. AO sehr nahe kommt.

I. Körperschaftsteuersubjekte

Wie international üblich, so differenziert auch das Körperschaftsteuerrecht der Republik Irland zwischen unbeschränkt Steuerpflichtigen, deren gesamtes Welteinkommen einschließlich sämtlicher Veräußerungsgewinne in Irland besteuert wird, und beschränkt Steuerpflichtigen. Für Letztgenannte gilt das Territorialitätsprinzip, weshalb der irische Fiskus nur auf ihre inländischen Einkünfte zugreift. Irland vermeidet dabei zwar die Begriffe unbeschränkte sowie beschränkte Steuerpflicht und spricht stattdessen von ansässigen und nicht ansässigen Personen. Der Sache nach geht es aber exakt um die Unterscheidung zwischen unbeschränkter und beschränkter Steuerpflicht.

---

[50] Siehe nur *Bott*, in: Arthur Andersen, Körperschaftsteuergesetz, Band 1, § 5 KStG, 32. EL (Februar 2003), Rdnr. 18.

[51] *Charities*, die vage mit einer deutschen Stiftung verglichen werden können, besitzen in Irland eine lange Tradition. Mit den *Charities Acts 1961 - 1979* führte der Gesetzgeber sie erstmals einer umfassenden Kodifikation zu. Sobald das zuständige Stiftungsaufsichtsamt (*commissioners of charitable donations*) sie in das Verzeichnis für *charities* aufnimmt, können sie als juristische Person auftreten, also selbständig klagen und verklagt werden.

[52] *Ward*, Judge Irish Income Tax, 18.202 (2068 f.); *Bruton*, in: PIStB 2002, 81 ff. [81]; *Lüdemann/Bruton/Hruschka*, Steuerfolgen gewerblicher Investitionen in Irland, Rdnr. 190.

1. Unbeschränkte Steuerpflicht

Unbeschränkt steuerpflichtig sind alle Körperschaften, die in der Republik Irland ansässig sind (*resident companies*)[53]. Eine *residence* kann auf zweifache Weise begründet werden: In erster Linie resultiert sie aus der Gründung und Eintragung einer Gesellschaft in Irland. D.h.: Ein in der Satzung oder dem Gesellschaftsvertrag festgelegter Sitz hat für die Festlegung der *residence* der Gesellschaft in Irland keine Bedeutung. Darüber hinaus kann sich die Ansässigkeit daraus ergeben, dass Unternehmensführung und –kontrolle von irischem Boden aus erfolgen.

Bemerkenswert ist, dass das Gründungskriterium erst 1999 Eingang in die irische Körperschaftsteuer fand. Ziel der mittels *Finance Act 1999* eingefügten sec. 23A TCA 1997 war es, mehrere tausend nach irischem Recht gegründete Gesellschaften auch tatsächlich dem steuerlichen Regime Irlands zu unterstellen. Jene hatten ihre Anteilseigner oder deren Vorgänger nämlich zuvor zwar in Irland gegründet und eingetragen. Gleichwohl unterhielten sie keinerlei effektive Verbindung dorthin. Geschäftsbetrieb und Management fanden ausschließlich in anderen Staaten statt. Da bis zum Jahr 1999 ausschließlich der „place of management and control"-Test in Irland praktiziert wurde, waren sie gemäß sec. 25 (1) TCA 1997[54] nicht in Irland steuerpflichtig. Lange Zeit hielt es das Parlament nicht für notwendig, diesen Zustand zu modifizieren. Erst Mitte der 1990er Jahre änderte sich die parlamentarische Einschätzung: Diverse steuerliche Missbrauchs- und Betrugsfälle gerieten in den Fokus der Öffentlichkeit, in denen *Irish-incorporated companies* ohne effektiven unternehmerischen Kontakt nach Irland eine zentrale Rolle spielten. Ursache hierfür war ein „schwunghafter Handel" mit irischen *non-resident companies*, die infolge ihrer Gründung innerhalb der Europäischen Gemeinschaft vertrauenswürdig erschienen und deshalb zum Zwecke der „Steuerersparnis" eingesetzt wurden. Es entstand der Eindruck, Irland gehöre in die Reihe derjenigen Steueroasen, die als unseriös einzustufen seien[55].

Um ausländische Investoren nicht zu beunruhigen und den Erfolg irischer Steueranreize nicht zu gefährden, führte der Gesetzgeber sec. 82 *Finance Act 1999* ein. Seither ist eine Kapitalgesellschaft grundsätzlich ohne weiteres in Irland ansässig,

---

[53] *Kischel*, in: IWB, Fach 5, Irland, Gruppe 2, 77 ff. [82]; *Bruton*, in: PIStB 2002, 81 ff. [81]; *Cunningham*, in: Bulletin for International Fiscal Documentation 1998, 186 ff. [189]; *Feeney*, The Taxation of Companies, 3.106 (77); *Clehane*, Leitfaden für deutsche Investoren in Irland, 31; *Schindhelm/Stein*, in: FR 1998, 85 ff. [86]. Zur Republik Irland zählt gemäß sec. 13 (3) TCA 1997 neben Festland und Inseln auch der irische Küstensockel.

[54] Danach ist „*a company not resident in the State not ... within the charge to corporation tax unless it carries on a trade in the State through a branch or agency ...*".

[55] Siehe hierzu *Ward*, in: Bulletin for International Fiscal Documentation 2000, 54 ff. [65] und *Cunningham*, in: Bulletin for International Fiscal Documentation 1999, 476 ff. [476 f.].

wenn sie nach dem 11. Februar 1999 im Inland gegründet und in das Gesellschaftsregister eingetragen wird. Körperschaften, deren Gründung und Eintragung vor diesem Stichtag datieren, gelten seit dem 01. Oktober 1999 ebenfalls als in Irland ansässig[56]. Darauf, dass die tatsächliche Leitung und Kontrolle u.U. außerhalb Irlands ausgeübt werden, kommt es prinzipiell nicht mehr an. Von diesem Grundsatz – der damit den Charakter einer widerleglichen Vermutung besitzt – kann nur abgewichen werden, falls das Gesetz den „control and activity test“ oder den „treaty residence test“ zulässt, so dass die automatische Schlussfolgerung von der Gründung im Inland auf die Ansässigkeit im Inland nicht gilt. Das ist dann der Fall, wenn

Control and trading activity test

die Körperschaft einer gewerblichen Tätigkeit in Irland nachgeht, die (direkte oder indirekte) Kontrolle jedoch von Personen ausgeübt wird, die in anderen EU-Mitgliedstaaten oder in Ländern ansässig sind, mit denen die Republik Irland ein Doppelbesteuerungsabkommen abgeschlossen hat, *oder*

wenn es sich bei der Körperschaft um ein Konzernunternehmen handelt und die Muttergesellschaft eine Gesellschaft ist, die an einer anerkannten Börse eines EU-Mitgliedstaates oder eines Landes notiert, mit dem ein irisches DBA besteht. Erforderlich hierfür ist, dass die in Irland gegründete Gesellschaft eine mindestens 50%ige Tochter dieser Konzerngesellschaft ist oder beide Unternehmen gemeinsam 50%ige Töchter einer anderen Gesellschaft sind.

Treaty residence test

Die oben genannte Vermutungsregel gilt ferner nicht ohne weiteres, falls die Körperschaft nach einem Abkommen zwischen der Republik Irland und einem ausländischen Staat für steuerliche Zwecke als nicht in Irland, sondern in dem anderen Staat ansässig zu betrachten ist.

In diesen Konstellationen entscheiden nach wie vor Fragen des *central management and control* darüber, ob die Gesellschaft in Irland ansässig und damit unbeschränkt steuerpflichtig ist. Obwohl der Test des *central management and control* von Gesetzes wegen also nur noch „ausnahmsweise“ durchzuführen ist, dürfte er für viele Sachverhalte mit Auslandsberührung dennoch nach wie vor den Regelfall darstellen. Denn der ganz überwiegende Teil ausländischer Investitionen in Irland erfolgt durch Unternehmen aus anderen EU-Mitgliedstaaten oder solchen Ländern,

---

[56] Finance Act 1999 sec. 82 (1), (2). Hierzu *Bruton*, in: PIStB 2002, 81 ff. [82] und *Ward*, Taxation of Companies in Europe, Ireland, Suppl. No. 155 (Feburary 2001), 8.2 (161). Zur alten Rechtslage vor 1999 siehe *Grotherr*, in: IWB, Fach 5, Gruppe 2, Irland, 33 ff. [41].

mit denen die Republik Irland ein DBA abgeschlossen hat. In solchen Sachverhalten bleibt der *place of management and control*-Test anwendbar, weil der irische Gesetzgeber davon ausgeht, dass die aus seiner Sicht missbräuchlich agierenden Kapitalgesellschaften sich außerhalb der Gemeinschaft oder anerkannter DBA-Vertragsstaaten befinden[57].

Für beide Konstellationen, in denen nicht automatisch von der Gründung im Inland auf die inländische Ansässigkeit geschlossen werden kann, bestimmt sich die Ansässigkeit einer Kapitalgesellschaft nach dem Ort der tatsächlichen Unternehmensführung. Danach befindet sich der *place of central management and control* dort, wo weitreichende Beschlüsse der Geschäftsführung und Aufsicht über die Strategie der Gesellschaft getroffen werden[58]. Entscheidend ist nicht so sehr die Ausführung des Tagesgeschäfts, sondern vielmehr, wo Grundsatzfragen von Firmenpolitik, Produktangebot, Marktpräsenz und Finanzierungsangelegenheiten festgelegt werden. Falls Befugnisse delegiert worden sind, kann es für den Ort der Geschäftsleitung entscheidend sein, inwiefern sich Kompetenzen zurückverlagern lassen. Regelmäßig stellt der Ort, an dem das *board of directors* zusammentrifft, das gewichtigste Indiz dar. Allerdings ist das keineswegs immer ausschlaggebend, da Sachverhalte denkbar sind, in denen die *directors* lediglich Ziele ausführen, die andere ihnen vorschreiben[59]. Um auch in komplexen Konstellationen eine sachgerechte Lösung zu gewährleisten, greifen irische Richter ergänzend auf zusätzliche Kriterien zurück, die im Wege einer wertenden Gesamtbetrachtung zu würdigen sind. Dazu zählt insbesondere der Ort, an dem die Geschäftsbücher aufbewahrt werden, das Hauptkonto der Gesellschaft geführt wird und die wichtigsten Verträge ausgehandelt werden[60]. Folgt aus einer solchen Gesamtschau, dass der *place of central management and control* in Irland liegt, ist die Gesellschaft unbeschränkt körperschaftsteuerpflichtig[61].

Beispiel für den *place of central management and control* - Test:

In *John Hood & Co. Ltd. v. Magee* stand die Frage im Raum, ob eine nach irischem Recht gegründete Gesellschaft in Irland auch steuerlich ansässig und somit unbeschränkt körperschaftsteuerpflichtig ist. Gemäß ihrer Satzung lag der Gesellschaftssitz zwar in Dublin. Allerdings befand sich ihr alleiniger *director* während der ge-

[57] *Cunningham*, in: Bulletin for International Fiscal Documentation 1999, 476 ff. [477].
[58] *Nathans*, Doing Business in Ireland, 16.
[59] *Feeney*, The Taxation of Companies, 3.106.2 (78).
[60] Ausführlich zu den einzelnen Kriterien *Feeney*, The Taxation of Companies, 3.106.2 (79); *Nathans*, Doing Business in Ireland, 16 und *Schindhelm/Stein*, in: FR 1998, 85 ff. [89].
[61] *Haccius*, in: Bulletin for International Fiscal Documentation 2000, 122 ff. [125]; *Feeney*, The Taxation of Companies, 77 ff.; *Cunningham*, in: Bulletin for International Fiscal Documentation 1999, 476 ff. [477].

samten Ausführung seiner unternehmerischen Funktion nahezu ausschließlich in New York und kaum einmal in Irland. Er war zwar nicht Mehrheitsgesellschafter, besaß aber von allen Gesellschaftern den größten Anteil am Unternehmen. Von den übrigen Anteilseignern hielt sich die überwiegende Mehrheit ebenfalls dauernd außerhalb des Staatsgebiets der Republik Irlands auf. Gleichwohl urteilte der *High Court*, Ort der Geschäftsleitung und Kontrolle sei Dublin, da dort die jährlichen Hauptversammlungen (*general meetings*) der Gesellschaft stattfanden. Eine Wiederwahl des geschäftsführenden *director* hätte stets im Inland verhindert werden können, weshalb dort der *place of central management and control* liege[62].

Abschließend bleibt festzuhalten: Vorrangig zu prüfen ist seit 1999, ob die Körperschaft in Irland gegründet und ins Gesellschaftsregister eingetragen wurde. Ist das der Fall und greift keine der beiden oben genannten Ausnahmen (*control and trading activity test* einerseits sowie *treaty residence test* andererseits) ein, so handelt es sich schon deshalb um eine in Irland ansässige und daher unbeschränkt körperschaftsteuerpflichtige Gesellschaft. Fehlt es hingegen an einer Gründung und Eintragung in Irland oder greift einer der beiden Ausnahmefälle ein, so ist mit Hilfe des „place of central management and control"-Test zu prüfen, ob die Gesellschaft als in der Republik Irland ansässig und damit unbeschränkt körperschaftsteuerpflichtig gilt.

2. Beschränkte Steuerpflicht

Sollte eine Kapitalgesellschaft nach obigen Kriterien nicht in der Republik Irland ansässig sein, ist sie lediglich beschränkt körperschaftsteuerpflichtig. Ihre Gewinne können dann sowohl der Körperschaftsteuer als auch der irischen Einkommensteuer und der *capital gains tax* unterliegen.

a) Körperschaftsteuerpflicht

Eine nicht ansässige Kapitalgesellschaft ist beschränkt körperschaftsteuerpflichtig. Irland unterwirft sämtliche ihrer inländischen Einkünfte der Körperschaftsteuer, die sie durch ihre Tätigkeit mittels einer Betriebsstätte (*branch*) oder Handelsvertretung (*agency*) erwirtschaftet[63]. Als *branch* oder *agency* gelten gemäß sec. 4 (1) TCA 1997 jede Produktionsstätte, Verwaltungsstelle, Geschäftsaufsicht, Zweigniederlassung oder sonst im Inland betriebene Unternehmensführung. Es ist erforderlich, dass ein ständiger Vertreter, Angestellter oder sonstiger Repräsentant im Na-

---

[62] *Corrigan*, in: Ussher/O`Connor, Doing Business in Ireland, Vol. 1, § 5.01 [4b].

[63] TCA 1997 sec. 25 (1); *High Court* – 29 January 1988, S Murphy (Inspector of Taxes) v Dataproducts (Dublin) Ltd, in: ITR 1988 – 1993, 12 ff. [12]; *Feeney*, The Taxation of Companies, 3.107 (82 ff.); *Ward*, The Taxation of Companies in Europe, Ireland, Suppl. No. 159 (October 2001), 2.5 (887).

men und mit Wirkung für die Gesellschaft über Abschlussvollmacht verfügt und die geschäftliche Tätigkeit der Körperschaft auf Dauer angelegt ist[64]. Für die Frage, ob die Einkünfte einer *non-resident company* der Betriebsstätte oder Handelsvertretung entstammen, ist regelmäßig darauf abzustellen, wo die den Geschäften zugrunde liegenden Verträge abgeschlossen wurden[65].

Dabei kann eine Betriebsstätte verschiedene Einkunftsarten realisieren: Neben den typisch gewerblichen Einkünften unterliegen auch Mieteinnahmen, Beteiligungserträge und Einkünfte aus der Nutzung von Rechten der Körperschaftsteuer. Voraussetzung ist jedoch, dass die ertragbringenden Vermögenswerte in der irischen Betriebsstätte genutzt oder gehalten werden[66]. Darüber hinaus sind nach sec. 25 (2) (b) und sec. 29 (3) (c) TCA 1997 solche Gewinne nicht ansässiger *companies* körperschaftsteuerpflichtig, die aus der Veräußerung von Wirtschaftsgütern der Betriebsstätte resultieren.

b) Einkommensteuerpflicht

Einkünfte einer nicht ansässigen Kapitalgesellschaft, die weder einer Betriebsstätte noch einer Handelsvertretung zuzurechnen sind, unterliegen nicht der irischen Körperschaftsteuer. Sie können allerdings nach sec. 18 (1) (a) (iii) und sec. 25 (1), (2) TCA 1997 einkommensteuerpflichtig sein, da das Gesetz alle Steuerquellen mit Verbindung zur heimischen Volkswirtschaft erfassen will. Praktisch relevant ist dies insbesondere für Einkünfte aus der Vermietung und Verpachtung von in Irland belegenen Immobilien und Lizenzgebühren für die Überlassung von Patenten oder Urheberrechten an irische Empfänger[67]. Hierfür sind weder *branch* noch *agency* in Irland erforderlich. In diesen Konstellationen zieht der irische Fiskus die Einkünfte von *non-resident companies* mit der *standard rate* zur Einkommensteuer heran[68], deren Höhe von den körperschaftsteuerlichen Tarifen abweicht[69].

---

[64] *High Court* – 11 February 1998, The Revenue Commissioners v Sisters of Charity of the Incarnate Word, in: ITR 1998, 65 ff. [73]; *Feeney*, The Taxation of Companies, 3.107.2 (88).

[65] *Corrigan*, in: Ussher/O`Connor, Doing Business in Ireland, Vol. 1, § 5.05 [1].

[66] Sec. 25 (2) (a) TCA 1997, wonach zum körperschaftsteuerpflichtigen Einkommen der *non-resident companies* alle Einkünfte zählen „arising ... from property or rights used by, or held by or for the branch or agency".

[67] Vgl. hierzu die Beispiele bei *Feeney*, The Taxation of Companies, 3.107 (84) und *Haccius*, in: Bulletin for International Fiscal Documentation 2000, 122 ff. [127] sowie die ausführlichen Hinweise bei *Heffernan*, in: Irish Tax Review 2002, 260 ff.

[68] *Jeffery*, in: Kesti, European Tax Handbook 2001, Ireland, A, 7 (318); *Ward*, Taxation of Companies in Europe, Ireland, Suppl. No. 159 (October 2001), 8.4.2 (173). Ausführlich zu den aktuellen Einkommensteuersätzen in Irland siehe Kapitel 2 D 1 a).

[69] Zu den in Irland existierenden Körperschaftsteuersätzen siehe Kapitel 2 C V.

c) Steuerpflicht nach der Capital Gains Tax

Bestimmte, enumerativ aufgezählte Einkünfte von *non-resident companies* unterliegen der *capital gains tax*. Sie erfasst Gewinne aus der Veräußerung von

- in Irland belegenen Grundstücken,
- Bodenschätzen und den an ihnen bestehenden Gewinnungsrechten und
- Explorationsrechten am irischen Festlandsockel,

die keiner Betriebsstätte zugerechnet werden können und daher nicht körperschaftsteuerpflichtig sind[70]. Um zu verhindern, dass *non-resident companies* diese Vorschrift allzu leicht umgehen, hat der Gesetzgeber die Norm in der Vergangenheit zwar ergänzt. Zu versteuern sind deshalb auch Gewinne aus der Veräußerung von nicht an der Börse notierten Gesellschaften, deren Wert sich zum Zeitpunkt ihrer Übertragung überwiegend aus den vorgenannten Vermögensrechten ableitet. Allerdings schließt auch diese Erweiterung nicht sämtliche Lücken, wie das nachfolgende Beispiel zeigt.

Beispiel[71]:

Die Samara Ltd. ist eine *non-resident company*, die in Irland keine Betriebsstätte oder Handelsvertretung unterhält. Sie ist zu 100% an der Tara Ltd. beteiligt, einer in Dublin ansässigen Kapitalgesellschaft. Als ihr ein Dritter € 1.5 Millionen für die Tara Ltd. bietet, veräußert sie sämtliche ihrer Anteile. Zum Zeitpunkt der Veräußerung besaß die Tara Ltd. mehrere Eigentumswohnungen in der irischen Hauptstadt, die einen Wert von insgesamt € 400.000 aufwiesen. Einige Jahre zuvor hatte die Tara Ltd. diese Immobilien noch für € 280.000 erworben. Die Gebäude der nicht an der irischen Börse notierten Tara Ltd. machten allerdings nicht den überwiegenden Wert dieser Beteiligung aus, sondern lediglich 26.64%. Somit unterliegt der Veräußerungsgewinn der Samara Ltd. nicht der *capital ganis tax* in Irland.

Obwohl Doppelbesteuerungsabkommen die irischen Besteuerungsrechte in der Praxis noch modifizieren[72], weist die Ausgangslage beschränkt Steuerpflichtiger damit doch weitreichende Parallelen zur beschränkten Körperschaftsteuerpflicht von Kapitalgesellschaften in Deutschland gemäß § 2 Nr. 1 KStG auf: Beide Staaten

---

[70] Sec. 25 (2), 29 (3) TCA 1997. Hierzu *Grotherr*, in: IWB, Fach 5, Gruppe 2, Irland, 33 ff. [46 f.]; *Clehane*, Leitfaden für deutsche Investoren in Irland, 32; *Schindhelm/Stein*, in: FR 1998, 85 ff. [86 f.]; *Lüdemann/Bruton/Hruschka*, Steuerfolgen gewerblicher Investitionen in Irland, Rdnr. 193.

[71] Beispiel angelehnt an *Feeney*, The Taxation of Companies, 3.107.1 (86).

[72] *Haccius*, in: Bulletin for International Fiscal Documentation 2000, 122 ff. [127]; *Nathans*, Doing Business in Ireland, 16.

greifen auf eine abschließend festgelegte Zahl von Einkünften mit engem Inlandsbezug zu. Die Betriebsstätteneinkünfte des § 49 Abs. 1 Nr. 2 lit. a) EStG sind insofern das deutsche Spiegelbild derjenigen Einkünfte, die bei beschränkt steuerpflichtigen Kapitalgesellschaften mit Betriebsstätte in Irland der Körperschaftsteuer unterliegen. Andere, im Katalog des deutschen § 49 EStG benannte Einkünfte sind zwar auch in Irland steuerpflichtig. Abweichend von der heimischen Regel, die sie stets zur Körperschaftsteuer heranzieht, können sie in Irland aber der Einkommensteuer oder der *capital gains tax* für Veräußerungsgewinne unterfallen.

II. Steuerobjekt: Das irische Schedulensteuersystem

Objekt der Körperschaftsteuer sind die *profits*, also das Einkommen und die Veräußerungsgewinne von Kapitalgesellschaften[73]. Während man vergeblich nach einer Legaldefinition des körperschaftsteuerlichen Einkommensbegriffs sucht, erklärt sec. 3 (1) TCA 1997 sämtliche Einnahmen zum „taxable income", die den im Einkommensteuergesetz benannten Einkunftsarten zugeordnet werden können. Einkommen ist danach, was aus einer Einkunftsquelle fließt, nicht aber die Quelle als deren Ursprung selbst[74]. Ferner ist erforderlich, dass ein Steuerpflichtiger mit der Absicht agiert, positive Erträge zu erzielen[75]. Veräußert ein Steuerpflichtiger die Quelle selbst, so stellt dies kein Einkommen („income") dar, sondern führt zu „capital gains". Mit Hilfe von sec. 76 (1) und sec. 78 (5) TCA 1997 erstreckt der irische Gesetzgeber die Einkommensteuerarten sowie die Gewinne aus unternehmerischen Veräußerungsgeschäften auf die Körperschaftsteuer. Soweit spezielle Vorschriften nicht etwas anderes anordnen, folgt die Besteuerung von Kapitalgesellschaften deshalb den Prinzipien des Einkommensteuerrechts und der *capital gains tax*. Neben Veräußerungsgewinnen unterliegen Kapitalgesellschaften daher mit ihren Einkünften aus folgenden Schedules und Cases der irischen *corporation tax*:

Schedule	**Art der Einkünfte**
Schedule D Case I	Gewerbliche Einkünfte
Schedule D Case II	Einkünfte aus freiberuflicher Tätigkeit
Schedule D Case III	Forderungseinkünfte und ausländische Einkünfte
Schedule D Case IV	Sonstige Einkünfte
Schedule D Case V	Inländische Vermietungseinkünfte
Schedule F	Ausschüttungen irischer Kapitalgesellschaften

[73] *Feeney*, The Taxation of Companies, 3.102.1 (62); *Corrigan*, in: Ussher/O`Connor, Doing Business in Ireland, Vol. 1, § 5.05 [1]; *Ward*, in: Bulletin for International Fiscal Documentation 2000, 54 ff. [55].
[74] *Ward*, Judge Irish Income Tax, 1.303 (17).
[75] *Brennan & Howley*, Tax Acts, 50 stellen klar, dass andernfalls Aufwand steuerlich von vornherein nicht anzuerkennen ist.

Einnahmen sind nur steuerbar, wenn sie unter eine der Einkunftsarten (*Schedules*) fallen. Eine dem deutschen § 8 Abs. 2 KStG vergleichbare Gewerblichkeitsfiktion ist dem Steuerrecht Irlands dabei ebenso fremd wie die Subsidiarität von Überschusseinkünften gegenüber Gewinneinkünften[76]. Aus diesem Grund beziehen Kapitalgesellschaften nicht nur gewerbliches Einkommen, sondern auch Einkünfte aus allen anderen Einkunftsarten. Infolgedessen bedarf es einer Analyse sämtlicher Schedules und Cases, um ein aussagekräftigen Bild von der Bemessungsgrundlage der irischen Körperschaftsteuer zeichnen zu können.

Nach dem Wegfall der *Schedules A* und *B* durch Finance Act 1969[77] bestehen heute nur noch die *Schedules C, D, E* und *F* fort. Allerdings hat *Schedule E*[78] (Einkünfte aus nichtselbständiger Tätigkeit) für Kapitalgesellschaften keine Relevanz. Darüber hinaus kann auf eine ausführliche Darstellung von *Schedule C* verzichtet werden. Denn *Schedule C* wendet sich ausschließlich an Banken und Kreditinstitute, die als „paying agent" fungieren: Sie müssen gemäß sec. 17 (1) TCA 1997 von Zinsen, Dividenden und sonstigen wiederkehrenden Leistungen aus Staatsunternehmen oder öffentlichen Kassen 20% als abgeltende Quellensteuer einbehalten und an die *Revenue Commissioners* abführen, bevor sie den Restbetrag auskehren[79]. In den Händen der Empfänger, bei denen es sich sowohl um natürliche als auch um juristische Personen handeln kann, unterliegen die Einkünfte keiner weiteren steuerlichen Belastung mehr. Auf die im Rahmen dieser Arbeit interessierende Besteuerung von Kapitalgesellschaften und ihrer Anteilseigner hat *Schedule C* daher keinen nennenswerten Einfluss. Folglich konzentriert sich der Blick auf *Schedule D* und *Schedule F* des irischen Schedulensteuersystems. Da *Schedule D* wie-

---

[76] Vgl. hierzu *Corrigan*, in: Ussher/O`Connor, Doing Business in Ireland, Vol. 1, § 5.05 [2]; *High Court* – 19 April 1988, S O` Culachain (Inspector of Taxes) v Hunter Advertising Ltd, in: ITR 1988 – 1993, 35 ff. [39] sowie die Hinweise bei *Bruton*, in: PIStB 2002, 81 ff. [83] und *Lüdemann/Bruton/Hruschka*, Steuerfolgen gewerblicher Investitionen in Irland, Rdnr. 166.

[77] In Schedule A und B waren bis zum 06. April 1969 Einkünfte aus Land- und Forstwirtschaft geregelt. Sowohl Schedule A (*ownership of land*) als auch Schedule B (*occupation of land*) wirkten wie Sollertragsteuern, weil sie an eine gesetzlich festgelegte Ertragskraft des Bodens anknüpften. Mittlerweile zählt sec. 655 (1) TCA 1997 die gesamte Land- und Forstwirtschaft zum „trade" i.S.v. Schedule D Case I, gewährt dem Bereich des „farming" jedoch diverse Sonderbehandlungen, vgl. *Ward*, Judge Irish Income Tax, 7.101 (973 f.).

[78] Schedule E erfasst Einkünfte aus nichtselbständiger Arbeit und ist daher für Unternehmen zu vernachlässigen. Hinzuweisen ist lediglich auf das „Pay As You Earn"-Verfahren (PAYE), wonach Arbeitgeber monatlich Quellensteuern auf die von ihnen ausbezahlten Löhne einzubehalten und an den *Collector General* abzuführen haben.

[79] *Tolley's* Taxation in the Republic of Ireland, 29.3 (315); *Ussher/O'Connor*, Doing Business in Ireland, Vol 1, § 5.02 [2a]; *Lüdemann/Bruton/Hruschka*, Steuerfolgen gewerblicher Investitionen in Irland, Rdnr. 121. Hierunter fallen beispielsweise Gewinnanteile von staatlichen Unternehmen wie der Irish Telecommunications Investment plc, Bord Telecom Eirann oder der Agricultural Credit Corporation.

derum in fünf verschiedene *Cases* unterteilt ist, lässt sich insgesamt von sechs Einkunftsarten sprechen, die Kapitalgesellschaften in Irland verwirklichen können und für die abweichende Regeln bis hin zu unterschiedlichen Steuersätzen gelten. Hinzu kommen – gewissermaßen als siebte Einkunftsart – die Gewinne aus Veräußerungsgeschäften (*capital gains*).

1. Gewerbliche Einkünfte (Schedule D Case I)

Nachfolgend stehen die als „trading income“ bezeichneten gewerblichen Einkünfte einer Kapitalgesellschaft gemäß *Schedule D Case I* im Vordergrund der Untersuchung. Da Kapitalgesellschaften aber auch andere Einkunftsarten verwirklichen, sollen – mit Ausnahme von Schedule C und E – die übrigen Einkunftsarten ebenfalls kurz vorgestellt werden. Hierbei bedürfen freiberufliche Einkünfte gemäß Schedule D Case II keiner gesonderten Darstellung, da für sie ganz überwiegend die gleichen Regeln gelten wie für Einkünfte aus Gewerbebetrieb.

Nach der Legaldefinition von sec. 3 (1) TCA 1997 umfasst „trade“ i.S.v. Schedule D Case I jede Art von Handel, Produktion, Spekulationsgeschäft und Unternehmung, welche die Eigenart des jeweiligen Betriebes mit sich bringt. Typischerweise zählen hierzu alle Aktivitäten mit kommerziellem Charakter, bei denen der Steuerpflichtige Leistungen erbringt, um von seinen Kunden eine Gegenleistung zu erlangen[80]. Während in den meisten Sachverhalten kein Zweifel darüber besteht, welche Unternehmen sich typischerweise gewerblich betätigen, kommt es in der Praxis mitunter in zwei Richtungen zu Abgrenzungsfragen. Zum einen sind gewerbliche und freiberufliche Tätigkeiten voneinander zu unterscheiden, was insbesondere auf dem Dienstleistungssektor zunehmend an Relevanz gewinnt[81]. Zum anderen kann Streit darüber entstehen, ob ein Engagement gewerblich oder vermögensverwaltend ist. Nur wenn die letztgenannte Einkunftsart eingreift, unterfallen die Gewinne aus der Veräußerung von Wirtschaftsgütern nämlich der *capital gains tax*. Letztlich handelt es sich um Fragen, die in Deutschland wegen § 8 Abs. 2 KStG zwar nicht die Körperschaftsteuer, wohl aber in ähnlicher Weise das deutsche Einkommensteuerrecht berühren[82].

---

[80] *Ward*, Judge Irish Income Tax, 4.102 (448); *Corrigan*, in: Ussher/O´Connor, Doing Business in Ireland, Vol. 1, § 5.03 [2]; *Kischel*, in: IWB, Fach 5, Gruppe 2, Irland, 77 ff. [79].

[81] *Feeney*, The Taxation of Companies, 3.103.1 (69) weist darauf hin, dass insbesondere die im IFSC erbrachten Leistungen als „trade“ i.S.v. Schedule D Case I gelten.

[82] Vgl. zur Abgrenzung zwischen Gewerbebetrieb und freiem Beruf in Deutschland exemplarisch *BFH*, Urteil vom 11. Mai 1989 IV R 43/88, in: BStBl II 1989, 797 ff. [798 f.]; *BFH*, Urteil vom 01. Februar 1990 IV R 42/89, in: BStBl II 1990, 534 ff. [536]; *BFH*, Urteil vom 24. April 1997 IV R 60/95, in: BStBl II 1997, 567 ff. [568 f.] und zur Abgrenzung zwischen Gewerbebetrieb und Vermögensverwaltung *BFH* Beschluss des Großen Senats vom 25. Juni 1984 GrS 4/82, in: BStBl II 1984, 751 ff. [762]; *BFH*, Beschluss des Großen Senats vom 03. Juli 1995 GrS 1/93, in: BStBl II 1995, 617 ff. [619 ff.]; *BFH*, Urteil vom 07. März 1996 IV R

a) Abgrenzung zur freiberuflichen Tätigkeit

Obgleich Einkünfte aus Schedule D Case I (Gewerbebetrieb) und Schedule D Case II (freier Beruf) weitgehend denselben Vorschriften unterliegen, kann die Abgrenzung im Einzelfall bedeutsam werden, weil nur Freiberufler das Recht haben, ihr steuerpflichtiges Einkommen nach der *cash-method* zu ermitteln[83]. Als freiberuflich im Sinne von Schedule D Case II ist grundsätzlich jede nicht-abhängige Betätigung anzusehen, bei der die intellektuelle Fähigkeit oder geistig gesteuerte manuelle Fähigkeit im Vordergrund steht, sofern sie nicht überwiegend auf die Herstellung oder den Vertrieb von Waren und Dienstleistungen gerichtet ist[84]. Infolgedessen betreiben insbesondere Architekten, Wirtschaftsprüfer, Steuerberater, Rechtsanwälte (*solicitors* und *barristers*), Musiker, Ärzte, selbständige Dozenten und Künstler eine „profession". Demgegenüber gilt beispielsweise die Tätigkeit von Börsenmaklern und Fotografen als gewerblich. Obgleich ausschließlich irisches *case law* über die Abgrenzung entscheidet, stimmen die Ergebnisse weitgehend mit denen überein, die der deutsche Gesetzgeber in § 18 Abs. 1 Nr. 1 S. 2 EStG mittels eines Katalogs festgelegt hat.

b) Abgrenzung zur Vermögensverwaltung

Die gesetzliche Definition von „trade" in sec. 3 (1) TCA 1997 reicht nicht aus, um gewerbliche Einkünfte in allen Lebenssachverhalten zweifelsfrei zuordnen zu können. Insbesondere im Falle der Veräußerung eines Wirtschaftsgutes stellt sich deshalb häufig die Frage, ob es sich noch um eine vermögensverwaltende oder schon um eine gewerbliche Tätigkeit i.S.v. Schedule D Case I handelt. Aber auch bei der intensiven Nutzung von Eigentum und Vermögensrechten können Abgrenzungsschwierigkeiten auftreten.

Beispiele:

– In *Fry v Salisbury House Estate* vermietete eine Gesellschaft Büroräume und übernahm gleichzeitig die Aufgabe, jene täglich zu reinigen. Während die Vermietung zu Einkünften i.S.v. Schedule D Case V führte, stellte sich die Reinigung durch angestelltes Personal als „trade" dar. Beide Tätigkeiten führten also zu Einnahmen aus verschiedenen Einkunftsarten.

2/92, in: BStBl II 1996, 369 ff. [372 ff.]. Aus der Literatur hierzu *Weber-Grellet*, in: Schmidt, EStG, § 15, Rdnr. 50 ff. und 95 ff. sowie die Hinweise bei *Lang*, in: T/L, § 9, Rdnr. 488 ff.

[83] *Ward*, Judge Irish Income Tax, 4.105 (470). Darüber hinaus gelten abweichende Regeln im Rahmen der „close company"-Vorschriften.

[84] *Corrigan*, in: Ussher/O'Connor, Doing Business in Ireland, Vol. 1, § 5.03 [2]; *Ward*, Judge Irish Income Tax, 4.105 (470 f.); *Lüdemann/Bruton/Hruschka*, Steuerfolgen gewerblicher Investitionen in Irland, Rdnr. 98.

– In *Noddy Subsidiary Right v IRC* bestand der Geschäftsbetrieb der Gesellschaft darin, Urheberrechte zu verwerten, indem sie mehreren Kunden gegen Zahlung von Lizenzgebühren zur Verfügung gestellt wurden. Zusätzlich betrieb die company aber noch eine intensive Werbung für ihre Produkte, weshalb irische Gerichte ihre Einkünfte insgesamt unter Schedule D Case I subsumierten.

– In *O'hArgain v D Ltd* erwarb eine Gesellschaft Ackerland, das kurze Zeit später als Bauland eingestuft und ausgewiesen wurde. Da einer der beiden Gesellschafter Architekt war und auf die positive Preisentwicklung spekuliert hatte, stuften sowohl die Revenue Commissioners als auch die Gerichte den gewinnbringenden Verkauf des Landes als gewerbliche Einkünfte ein[85].

Im Laufe der Zeit hat die irische Rechtsprechung deshalb Merkmale herausgearbeitet, um Abgrenzungsfragen zu beantworten. Sie enthalten Eckpunkte, mit deren Hilfe sich der Rechtsanwender einer sachgerechten Lösung nähern kann. Da es sich immer nur um Indikatoren handelt, müssen nicht alle von ihnen vorliegen, um Einkünfte i.S.v. Schedule D Case I bejahen zu können. Stets ist eine Gesamtschau erforderlich („the whole picture"[86]), die darüber entscheidet, ob der Typus eines *trade* im Einzelfall gegeben ist oder nicht. Dabei sind insbesondere

- Unternehmensgegenstand,
- Anzahl und Häufigkeit geschäftlicher Transaktionen,
- Länge des Zeitraums, in dem das später veräußerte Wirtschaftsgut vom Steuerpflichtigen gehalten wurde,
- Art und Umfang zusätzlicher Dienste,
- Motive des Steuerpflichtigen und
- sonstige Faktoren wie z.B. der geschäftliche Hintergrund oder die Art und Weise der Betriebsfinanzierung

in die Entscheidung einzubeziehen[87]. Wie im deutschen Einkommensteuerrecht, so deuten auch nach irischem *case law* häufige und kurzfristige Veräußerungen, umfangreiche Zusatzdienste, besonders ausgeprägtes Gewinnstreben und hohe Fremdfinanzierung eher auf einen Gewerbebetrieb als auf schlichte Vermögensverwaltung hin. Aus diesem Grund kann u.U. auch bereits eine einzige Transaktion zu gewerblichen Einkünften i.S.v. Schedule D Case I führen. Das gilt insbesondere für

---

[85] *Ward*, Judge Irish Income Tax, 4.102 (450 ff.).

[86] *Ward*, Judge Irish Income Tax, 4.102 (456). Zu dieser Abgrenzungsproblematik auch *O'Connor/Forde*, in: International Tax Review 2003, 39 ff. [40]; *Lohan*, in: Irish Tax Review 2002, 487 ff. [492]; *McNally*, in: ET 1999, 4 ff. [7] und aus dem deutschsprachigen Raum *Pietrek*, in: IStR 2003, Länderbericht 19/2003, 4 mit Hinweisen zu den kürzlich veröffentlichten "badges of trade" der irischen *Revenue Commissioners*.

[87] *Feeney*, The Taxation of Companies, 3.103.2 (70 f.).

Kapitalgesellschaften: Werden *companies* eingesetzt, sollen sie nämlich regelmäßig Gewinne für ihre Anteilseigner erwirtschaften. Infolgedessen spricht beim Einsatz von Kapitalgesellschaften – im Vergleich zu natürlichen Personen unter sonst gleichen Umständen – in der Regel immer schon ein wenig „mehr" für die Annahme von *trading income*.

2. Forderungen und ausländische Einkünfte (Schedule D Case III)

Schedule D Case III unterfallen Einkünfte aus Forderungsrechten (*interests, annuities* und *other annual payments*) wie Zinsen[88], Lizenzgebühren und regelmäßig wiederkehrende Zahlungen. Steuerpflichtig ist nur der „pure income profit", bei dem es sich nicht um die bloße Rückzahlung von zuvor hingegebenem Kapital handelt[89]. Sec. 18 (2) TCA 1997 bestimmt, dass ferner alle Erträge aus Wechselgeschäften zu dieser Einkunftsart zählen. Schließlich sind Einkünfte aus ausländischen „securities and possessions" von Schedule D Case III erfasst. Hierzu zählen sämtliche regelmäßig wiederkehrenden Einkünfte aus Quellen im Ausland. Dabei ist es gleichgültig, aus welcher Art von „security or possession" sie stammen. D.h.: Anders als Ausschüttungen irischer Kapitalgesellschaften (Schedule F[90]) führen Dividenden von *non-resident companies* in den Händen der inländischen Kapitalgesellschaft zu Einkünften gemäß Schedule D Case III[91]. Auch Erträge aus ausländischen Wertpapieren und im Ausland belegenen Grundstücken zählen hierzu, sowie Gewinne, die unkörperschaftlich verfasste ausländische Personenunternehmen erwirtschaften und aus dem Ausland an Kapitalgesellschaften in Irland leiten[92]. Um zu verhindern, dass die mit ihrem Welteinkommen steuerpflichtigen Gesellschaften ihre Gewinne zweimal (mit aus- und inländischen Steuern) versteuern müssen, gewähren entweder irische DBA oder sec. 449 TCA 1997 einen unilateralen *relief*. Nach der nationalen Regelung werden ausländische Unternehmenssteuern auf die in Irland geschuldete *corporation tax* einer Kapitalgesellschaft angerechnet[93].

---

[88] Hiervon ausgenommen sind nur Zahlungen von Staatsunternehmen, die zu Einkünften gemäß *Schedule C* führen und für die irische Kreditinstitute eine abgeltende Quellensteuer einbehalten.

[89] *Supreme Court* – 30 July 1997, McCabe (Inspector of Taxes) v South City Investment Co Ltd, in: ITR 1998, 183 ff. [193]; ausführlich dazu *Feeney*, The Taxation of Companies, 3.207.4 (169) und 4.301 (315) sowie *Ward*, Judge Irish Income Tax, 8.101 (1083 f.).

[90] *Heffernan*, in: Irish Tax Review 2002, 260 ff. [261]. Zu *Schedule F* siehe Kapitel 2 C II 5.

[91] *Feeney*, The Taxation of Companies, 3.205 (156). Sofern darauf bereits ausländische Steuern lasten, können diese (falls nicht DBA etwas anderes anordnen) zwar nicht in Irland auf die Steuerschuld angerechnet werden, bilden aber einen Abzugsposten der Bemessungsgrundlage, vgl. *Kischel*, in: IWB, Fach 5, Irland, Gruppe 2, 77 ff. [86].

[92] *Ward*, Judge Irish Income Tax, 13.102 (1536); *Corrigan*, in: Ussher/O'Connor, Doing Business in Ireland, Vol. 1, § 5.04 [2b].

[93] Eingehend zu den Voraussetzungen des credit relief *Feeney*, The Taxation of Companies, 14.209 (1687 ff.). Sowohl bilaterale als auch unilaterale Maßnahmen gelten nicht nur für Aus-

Allerdings schränkt TCA 1997 den überaus weiten Anwendungsbereich dieser Einkunftsart in doppelter Weise ein: Denn zum einen werden nur solche Forderungseinkünfte erfasst, die nicht schon der Besteuerung nach Schedule C unterliegen[94]. Zum anderen umfassen bereits Schedule D Case I und II eine Vielzahl betrieblicher Einkünfte mit Auslandsbezug. Insbesondere Kapitalgesellschaften, die ihren Hauptgeschäftsbetrieb in Irland unterhalten, zugleich aber über Betriebsstätten in anderen Staaten verfügen, erzielen ausschließlich Einkünfte gemäß Schedule D Case I. Denn Schedule D Case I greift bereits ein, falls der „trade" zumindest teilweise von Irland aus kontrolliert und durchgeführt wird. Bedeutsam ist diese Abgrenzung zwischen Einkünften gemäß Schedule D Case I und Schedule D Case III deshalb, weil für sie verschiedene Verlustnutzungsmöglichkeiten und unterschiedliche Steuertarife gelten.

Beispiel[95]:

In dem Fall *Trustees of Ferguson (deceased) v. Donovan* besaßen die in der Republik Irland ansässigen Treuhänder eine Farm für Schafzucht in Australien. Einem dort lebenden Geschäftsführer hatten sie umfassende Handlungsvollmacht eingeräumt. Sowohl die jährlichen Geschäftsberichte als auch die mit Hilfe der Farm erwirtschafteten Erträge überwiesen sie den Treuhändern nach Irland. Jene mischten sich allerdings niemals in die Art und Weise der Geschäftsführung in Australien ein. Entgegen der ursprünglichen Auffassung der *Revenue Commissioners* wurden die Einkünfte der Treuhänder nicht nach *Schedule D Case I*, sondern nach *Schedule D Case III* besteuert. Der *Supreme Court* gelangte nämlich zu der Auffassung, dass eine tatsächliche Kontrolle des gewerblichen Betriebs durch die irischen Treuhänder zu keinem Zeitpunkt stattgefunden habe. Vielmehr sei der Geschäftsbetrieb ausschließlich in Australien durchgeführt worden. Die ausländischen Erträge der Treuhänder seien daher nach Schedule D Case III zu besteuern.

3. Sonstige Einkünfte (Schedule D Case IV)

Schedule D Case IV ist vom Gesetz als Auffangnorm konzipiert. Die Vorschrift umfasst gemäß sec. 18 (2) TCA 1997 „any profits or gains not within any other Case of Schedule D and not charged by virtue of any other Schedule". Sie will also grundsätzlich sämtliche Formen von Einkommen besteuern, die sich unter keine

---

schüttungen ausländischer Tochtergesellschaften, sondern grundsätzlich auch für Zinsen und Betriebsstätteneinkünfte aus dem Ausland.

[94] TCA 1997 sec. 18 (2) (b). Hierzu *Cooney/Martyn/Reck*, Taxation Summary, 1.8 (93).

[95] *Corrigan*, in: Ussher/O'Connor, Doing Business in Ireland, Vol. 1, § 5.04 [2b].

andere Einkunftsart subsumieren lassen. Deshalb zieht der irische Fiskus insbesondere folgende Einkünfte nach Schedule D Case IV zur Körperschaftsteuer heran[96]:

- Gewinne aus dem Verkauf von Depotscheinen,
- Patentnutzungsgebühren,
- Erträge aus der Überlassung von Mineralgewinnungsrechten,
- Ausschüttungen, die neu ansässige Gesellschaften aus Gewinnen vornehmen, die sie vor ihrer Ansässigkeit in Irland erwirtschaftet haben,
- Gesellschaftsanteile, die anstelle von Dividenden gewährt werden,
- Lizenzgebühren und Leasingeinkünfte, die mangels Geschäftsbetrieb nicht unter Schedule D Case I fallen,
- Zinseinnahmen aus Bankkonten und Guthaben bei *building societies*, die bei den kontoführenden Instituten der *Deposit Interest Retention Tax* (DIRT – besondere Quellensteuer) unterliegen[97].

Einkünfte aus illegaler Tätigkeit[98] und Gewinne, die erst nach der Aufgabe eines Gewerbebetriebs entstehen[99] zählen ebenfalls zu dieser Einkunftsart, was nochmals ihren Reservecharakter verdeutlicht. Ferner ordnen diverse *Finance Acts* eine Vielzahl von Veräußerungsgewinnen explizit Schedule D Case IV und damit der Körperschaftsteuer zu, um „Steuersparmodellen" entgegenzuwirken[100]. Trotz dieser Auffangfunktion bleibt gleichwohl stets erforderlich, dass es sich um *income* handelt. Nicht jeder „profit", der keiner anderen Einkunftsart zugeordnet werden kann, fällt daher automatisch unter Schedule D Case IV. Es muss sich vielmehr in jedem Falle um den Ertrag aus einer mit Einkünfteerzielungsabsicht genutzten Einkunftsquelle handeln[101]. Aus diesem Grund unterliegen Einkünfte mit Schenkungscharakter, für die eine Kapitalgesellschaft keine Leistung erbringt, und bloße Zufallsein-

---

96 *Cooney/Martyn/Reck*, Taxation Summary, 1.9 (82); *Ward*, Judge Irish Income Tax, 8.201 (1093 ff.); *Corrigan*, in: Ussher/O'Connor, Doing Business in Ireland, Vol. 1, § 5.04 [3a]; *Lüdemann/Bruton/Hruschka*, Steuerfolgen gewerblicher Investitionen in Irland, Rdnr. 123.

97 Die DIRT orientiert sich an der *standard rate* irischer Einkommensteuer und hat nur für natürliche Personen Abgeltungswirkung. Kapitalgesellschaften können sich hingegen per Antrag der DIRT entziehen. Versäumen sie dies, so gewährleistet sec. 261 TCA 1997, dass die DIRT mit ihrer Körperschaftsteuerschuld verrechnet wird, vgl. insoweit die Hinweise bei *Feeney*, The Taxation of Companies, 3.208.3 (174).

98 Finance Act 1983 sec. 19 (1) (c).

99 Finance Act 1970 sec. 20 (1).

100 So beispielsweise sec. 100 (1) TCA 1997. Ausführlich zu Fällen, in denen das irische Steuerrecht ausdrücklich die Anwendung von Schedule D Case IV anordnet *Feeney*, The Taxation of Companies, 3.208.6 (180 f.).

101 *Feeney*, The Taxation of Companies, 3.208.1 (171); *Corrigan*, in: Ussher/O'Connor, Doing Business in Ireland, Vol. 1, § 5.04 [3a].

nahmen (sog. *windfall profits*) keiner körperschaftsteuerpflichtigen Einkunftsquelle – auch nicht Schedule D Case IV[102].

4. Inländische Vermietungseinkünfte (Schedule D Case V)

Schedule D Case V erfasst sämtliche Einkünfte aus der Vermietung und Verpachtung inländischen Grundbesitzes und den daran bestehenden Rechten[103]. Neben regelmäßig wiederkehrenden Einkünften zählen hierzu auch einmalige Zahlungen, die der Kapitalgesellschaft für Miete oder Untermiete gewährt werden[104] sowie Einkünfte aus der Verpachtung von Berg- und Gaswerken, Steinbrüchen und Eisenhütten[105]. Dabei ist der Anwendungsbereich dieser Einkunftsart strikt auf die Staatsgrenzen der Republik Irland beschränkt. Denn Einkommen, das eine Gesellschaft durch die Überlassung von Gebäuden und Grundstücken außerhalb Irlands erzielt, fällt bereits unter *Schedule D Case III*.

Um die Abzugsfähigkeit von privat (mit-)veranlassten Aufwendungen von vornherein auszuschließen, erkennt das Gesetz bei Einkünften aus Vermietung und Verpachtung nur einzelne, abschließend festgelegte Abzugsposten an. Die wichtigsten von ihnen sind:

- Tatsächlich gezahlte Grundsteuern,
- Vom (Unter-)Vermieter/Verpächter seinerseits aufgebrachte Miet- oder Pachtzinsen,
- Reparatur- und Instandhaltungskosten,
- Aufwendungen für die Verwaltung und Versicherung der Gebäude[106],
- Umbaukosten (in eingeschränktem Umfang)[107].

Darüber hinaus steht ihre Abzugsfähigkeit unter der in sec. 97 (3) TCA 1997 formulierten Bedingung, dass die Aufwendungen auch dann abziehbar wären, falls sie unter Schedule D Case I fielen[108].

---

[102] *Corrigan*, in: Ussher/O'Connor, Doing Business in Ireland, Vol. 1, § 5.04 [3a]; *Ward*, Judge Irish Income Tax, 8.201 (1095).

[103] TCA 1997 sec. 18 (2).

[104] *Feeney*, The Taxation of Companies, 3.209.2 (192); *Corrigan*, in: Ussher/O'Connor, Doing Business in Ireland, Vol. 1, § 5.04 [4]; *Kischel*, in: IWB, Fach 5, Gruppe 2, Irland, 77 ff. [80].

[105] *Corrigan*, in: Ussher/O'Connor, Doing Business in Ireland, Vol. 1, § 5.04 [4a]; *Ward*, Judge Irish Income Tax, 12.102 (1440 ff.).

[106] TCA 1997 sec. 97 (2).

[107] TCA 1997 sec. 325 – 329.

[108] Sie müssen daher ausschließlich („wholly and exclusively“) dem Ziel dienen, Einkünfte aus Vermietung und Verpachtung zu erzielen und dürfen nur in begrenztem Umfang vor Aufnahme der Vermietertätigkeit entstanden sein.

5. Ausschüttungen irischer Kapitalgesellschaften (Schedule F)

Unter Schedule F fallen nach irischem Recht Dividenden (*dividends*) und andere Ausschüttungen (*other distributions*) von in Irland ansässigen Kapitalgesellschaften[109]. Abzugrenzen hiervon sind Ausschüttungen aller Art von nicht ansässigen Körperschaften, die zu Einkünften i.S.v. Schedule D Case III führen[110]. Dabei herrscht im irischen Recht ein sehr weites Verständnis von Ausschüttungen vor, um zu verhindern, dass Anteilseigner Gelder steuerfrei und auf Kosten der Gesellschaft aus der *company* herausholen. Neben der typischerweise jährlich ausgekehrten Rendite aus Gewinnen der Kapitalgesellschaft zählt sec. 130 (2) TCA 1997 hierzu jegliche Zahlung aus dem Gesellschaftsvermögen, die keine bloße Kapitalerstattung darstellt. Auch Zinsen, deren Höhe an das Jahresergebnis der Gesellschaft gekoppelt sind sowie Verkäufe von Wirtschaftsgütern an Gesellschafter unter dem Marktwert fallen unter Schedule F.

Beispiele:

– Die Rowley Ltd. gewährt der Cardigan Ltd., an der sie zu 25% beteiligt ist, ein Darlehen i.H.v. € 40.000. Hierfür erhält sie als Gegenleistung eine jährliche Verzinsung von 2.5% und über einen Zeitraum von 5 Jahren eine zusätzliche Beteiligung am Gewinn der Kapitalgesellschaft i.H.v. 0.5%. Darüber verspricht die Cardigan Ltd., der Rowley Ltd. bei Tilgung des Darlehens weitere € 5.000 als „Prämie“ zu zahlen, weil sie einen entsprechenden Kredit am irischen Bankenmarkt nicht zu einem vergleichbaren Zinssatz erlangt hätte. Die daraufhin von der Cardigan Ltd. geleisteten Zahlungen enthalten Elemente, die von ihrem Gewinn abhängen und deshalb „other distributions“ darstellen.

– Die gewerblich tätige Marathon Ltd. veräußert an einen ihrer körperschaftlich verfassten Anteilseigner – die Miles Ltd. – einen bislang betrieblich genutzten Pkw zum Preis von € 15.000, dessen Verkehrswert zu diesem Zeitpunkt € 23.500 beträgt. Infolgedessen hat die Miles Ltd. in Höhe von insgesamt € 8.500 eine „other distribution“ erlangt.

Obwohl die steuerliche Behandlung von Dividenden im Rahmen dieser Arbeit noch auf Ebene der Anteilseigner ausführlich untersucht wird, soll bereits an dieser Stelle darauf hingewiesen werden, dass sich bei Schedule F die sonst weitgehend gleiche Behandlung der Einkunftsarten im irischen Einkommen- und Körperschaftsteuerrecht gabelt. Denn Ausschüttungen von in der Republik Irland ansässigen *companies* führen nur bei natürlichen Personen zu steuerpflichtigem Einkom-

---

[109] Sec. 20 (1) TCA 1997.

[110] *Heffernan*, in: Irish Tax Review 2003, 260 ff. [261].

men gemäß Schedule F[111]. Hierfür existiert es ein Quellensteuerverfahren ohne Abgeltungswirkung (sog. *Dividend Withholding Tax)*, das trotz seines Namens nicht nur für Dividenden, sondern für sämtliche Ausschüttungen gilt[112]. Die Höhe der *Dividend Withholding Tax* orientiert sich am Standardsatz der irischen Einkommensteuer, beträgt also seit dem Veranlagungszeitraum 2002 exakt 20%[113]. Demgegenüber sind Ausschüttungen von in Irland ansässigen *companies* an andere irische Körperschaften als *franked investment income* gemäß sec. 129 TCA 1997 vollständig von der Körperschaftsteuer befreit, um Mehrfachbelastungen bei hintereinander geschalteten Körperschaften im Konzern zu vermeiden[114].

III. Ermittlung der Einkünfte

1. Prinzipien der Gewinnermittlung in Irland

Das Einkommen einer Kapitalgesellschaft ist für jeden Veranlagungszeitraum zu ermitteln. In der Praxis entspricht dieser regelmäßig dem Kalenderjahr, obwohl *companies* den Beginn ihres Wirtschaftsjahres grundsätzlich frei wählen können[115]. Sollte die Gesellschaft ein vom Kalenderjahr abweichendes Wirtschaftsjahr wählen, ist steuerrechtlich eine Zerlegung des Abschnitts in zwei verschiedene Besteuerungszeiträume vorzunehmen, da infolge von Gesetzesänderungen unterschiedliche Regeln bis hin zu voneinander abweichenden Körperschaftsteuersätzen gelten können.

---

[111] Enge Ausnahmen gelten gemäß sec. 231 ff. TCA 1997 lediglich für die praktisch wenig relevanten Dividenden, die solche Kapitalgesellschaften ausschütten, welche vollständig von der irischen Körperschaftsteuer befreit sind. Dabei handelt es sich beispielsweise neben Ausschüttungen aus dem Ertrag von in Irland entwickelten Patenten insbesondere um Gesellschaften, die eine Windhund- oder Jungbullenzucht oder Forstwirtschaft betreiben.

[112] Finance Act 1999 sec. 27 Amendment 172A (1) und Amendment 172B (2). Danach hat die Gesellschaft die Quellensteuer bis zum 14. Tag des auf die Ausschüttung folgenden Monats an den *Collector General* abzuführen.

[113] Sec. 172 J (1) TCA 1997. Ausführlich hierzu *Ward*, in: Bulletin for International Fiscal Documentation, 54 ff. [62 f.] und *ders*., Judge Irish Income Tax, 9.102 (1150 ff.).

[114] Etwas anderes gilt nach sec. 138 TCA 1997 nur für in ganz bestimmter Weise ausgestaltete Vorzugsaktien, die beim Empfänger ausnahmsweise zu Einkünften nach Schedule D Case IV führen, bei der ausschüttenden Gesellschaft aber Dividenden darstellen, die als Einkommensverwendung den Gewinn nicht mindern. Diese Vorzugsaktien müssen allerdings so ausgestaltet sein, dass sie nicht mehr darauf angelegt sind, Ertrag aus einer Gesellschaftsbeteiligung zu erzielen, sondern das Element der Darlehensfinanzierung dominierend in den Vordergrund tritt.

[115] TCA 1997 sec. 27 (3) (a). Hierzu *Nathans*, Doing Business in Ireland, 17 und *Cunningham*, in: Bulletin for International Fiscal Documentation 1999, 476 ff. [479]. Danach darf ein Wirtschaftsjahr den Zeitraum von 12 Monaten nicht überschreiten, kann aber im Einzelfall kürzer als 12 Monate sein.

Bei der Gewinnermittlung gibt es für Kapitalgesellschaften keine einheitliche, sondern je nach Einkunftsart voneinander abweichende Ermittlungsarten. Das irische Steuerrecht kennt sowohl die *earnings method* (Betriebsvermögensvergleich nach dem Realisationsprinzip) als auch die *actual method* (Überschussrechnung nach dem Zuflussprinzip). Unter den Begriff „earnings" fallen sämtliche Erträge und Aufwendungen, unabhängig davon, ob sie tatsächlich geflossen sind. Demgegenüber stellt die *actual method* ausschließlich auf Zu- und Abflüsse von Geld in dem jeweiligen Veranlagungszeitraum ab[116]. Im einzelnen gelten folgende Ermittlungsmethoden für die jeweiligen Einkunftsarten:

Schedule	**Einkünfte**	**Ermittlungsart**
Schedule C	Wiederkehrende Einkünfte aus öffentlichen Kassen	*actual method*
Schedule D Case I	Gewerbliche Einkünfte	*earnings method*
Schedule D Case II	Freiberufliche Einkünfte	*earnings method*
Schedule D Case III	Einkünfte aus Forderungen und ausländische Einkünfte	*actual method*
Schedule D Case IV	Sonstige Einkünfte	*actual method*
Schedule D Case V	Inländische Vermietungseinkünfte	*actual method*
Schedule F	Dividenden und sonstige Ausschüttungen irischer Kapitalgesellschaften	*actual method*

Dabei wird das Einkommen innerhalb der jeweiligen Einkunftsart ermittelt. Anschließend unterbleibt die Bildung eines umfassenden Gesamtbetrags der Einkünfte. Die separat ermittelten Werte müssen lediglich zu einem *trading income* und einem *non-trading income* kategorisiert und zusammengefasst werden. Relevant ist diese Klassifizierung deshalb, weil für sie voneinander abweichende Steuertarife gelten[117]. Das *trading-income* umfasst sämtliche gewerblichen Gewinne einer Ka-

---

[116] *Lüdemann/Bruton/Hruschka*, Steuerfolgen gewerblicher Investitionen in Irland, Rdnr. 89. Daneben lassen die *Revenue Commissioners* im Einzelfall (und nur i.R.d. Einkünfte nach Schedule D Case I und Case II) zu, dass Steuerpflichtige eine althergebrachte *conventional method* praktizieren, die im irischen Wirtschaftsleben der Gegenwart aber praktisch keine Rolle mehr spielt.

[117] Siehe hierzu ausführlich Kapitel 2 C V.

pitalgesellschaft i.S.v. Schedule D Case I, während die übrigen Einkünfte *non-trading income* darstellen.

2. Ermittlung von Einkünften gemäß Schedule D Case I

Als Staat mit angelsächsischer Rechnungslegungstradition praktiziert die Republik Irland eine getrennte Ermittlung des handelsbilanziellen und steuerlichen Gewinns[118]. Vorbild dafür ist Großbritannien, dass bereits 1799 zur vorübergehenden Kriegsführung („tax which beat Napoleon") und 1842 endgültig die Einkommensteuer etablierte, an die das Körperschaftsteuerrecht später anknüpfte. Demgegenüber begann das Vereinigte Königreich erst ab 1844 damit, Rechnungslegungsvorschriften zu normieren. Infolgedessen existierten anfänglich keine allgemein anerkannten handelsrechtlichen Gewinnermittlungsvorschriften, auf denen der Steuergesetzgeber hätte aufbauen können[119]. Diesen status quo behielt in der Folgezeit nicht nur Großbritannien, sondern auch die Republik Irland bei, weshalb das Zusammenspiel von Handels- und Steuerrecht bis heute deutlich schwächer ausgeprägt ist als im deutschen Rechtskreis. Insbesondere existiert kein dem § 5 Abs. 1 S. 1 EStG vergleichbarer Maßgeblichkeitsgrundsatz[120]. Wertansätze der Handelsbilanz sind nicht bindend für steuerliche Zwecke; umgekehrt ist ein Ansatz in der Handelsbilanz aber auch nicht erforderlich für die steuerliche Abzugsfähigkeit. Vielmehr wird eine gesonderte steuerliche Gewinnermittlung durchgeführt, ohne dass jedoch eine eigenständige Steuerbilanz erstellt wird[121]. Dabei kommt dem Jahresabschluss zwar keine Steuerbemessungsfunktion zu. Gleichwohl bedeutet das nicht, dass die steuerliche Gewinnermittlung völlig isoliert und ohne jeden Bezug zum Handelsrecht erfolgt. Denn die Handelsbilanz ist Ausgangspunkt der steuerlichen Gewinnermittlung, weshalb die *Revenue Commissioners* ihr grundsätzlich all diejenigen Informationen entnehmen, welche sie für eine ordnungsgemäße Besteuerung benötigen[122]. Aus diesem Grund haben *companies* dem von ihnen bei der

---

[118] Historische Ursache hierfür ist, dass Irland nach 1922 weitgehend britisches Recht beibehielt.

[119] Siehe hierzu *Pierce*, in: European Accounting Review 1996, 951 ff. [951] und *Eberhartinger*, in: IStR 1997, 279 ff. [282], die auch die zumindest partiell andere historische Situation in Kontinentaleuropa und in Deutschland aufzeigt, wo eine Rechnungslegung schon 1869 im ADHG kodifiziert und 1874 in Sachsen und 1891 in Preußen im Wege der Maßgeblichkeit auf das Steuerrecht erstreckt wurde.

[120] *Lüdemann/Bruton/Hruschka*, Steuerfolgen gewerblicher Investitionen in Irland, Rdnr. 55. Infolgedessen ist auch der Gedanke einer umgekehrten Maßgeblichkeit i.S.v. § 5 Abs. 1 S. 2 EStG dem irischen Recht fremd.

[121] *Lüdemann/Bruton/Hruschka*, Steuerfolgen gewerblicher Investitionen in Irland, Rdnr. 166; *Bruton*, in: PIStB 2002, 81 ff. [83].

[122] *Pierce*, in: European Accounting Review 1996, 951 ff. [955]; *Ward*, in: Taxation of Companies in Europe, Irland, 2.5 (61), Suppl No. 155 (February 2001); *Corrigan*, in: Ussher/O'Connor, Doing Business in Ireland, Vol. 1, § 5.03 [3].

Körperschaftsteuererklärung einzureichenden Vordruck (sog. *Form CT1*) einen vollständigen handelsrechtlichen Jahresabschluss für den maßgeblichen Veranlagungszeitraum beizufügen, der aus

- Bilanz (*balance sheet*),
- Gewinn- und Verlustrechnung (*company's profit and loss account*),
- einem Anhang (*notes to the account*) und
- einem *statement of cash flow*

besteht. Obwohl diese Angaben insbesondere hinsichtlich der Abzugsfähigkeit von Betriebsausgaben noch in vielen Punkten modifiziert werden, sollen an dieser Stelle – soweit sie für die Besteuerung bedeutsam sind – die Grundzüge des handelsrechtlichen Jahresabschlusses in der Republik Irland kurz vorgestellt werden[123].

Der *Companies (Amendment) Act 1986* verpflichtet Kapitalgesellschaften nicht nur dazu, ihren Jahresberichten ordentlich und zeitnah geführte Geschäftsbücher beizufügen. Er enthält in *section 3 subsection (1) paragraph (b)* auch das mit Abstand wichtigste Prinzip des irischen Handelsrechts: Danach hat jede Gesellschaft einen *True and Fair View* über ihre Finanzsituation zu liefern, was insbesondere umfangreiche stille Reserven sowie eine starke Tendenz zu konservativer Bewertung verhindert. Diese Generalklausel überlagert alle anderen Rechnungslegungsvorschriften, deren Verständnis und Auslegung sie beeinflusst[124]. Tendenziell bewirkt sie, dass irische *companies* im Vergleich zu deutschen Kapitalgesellschaften ein höheres Eigenkapital ausweisen. Weitere fundamentale Rechnungslegungsgrundsätze hat der Gesetzgeber in *section 5 Companies (Amendment) Act 1986* kodifiziert. Danach muss ein handelsrechtlicher Jahresabschluss

- stets von dem Fortbestehen des Geschäftsbetriebes ausgehen,
- in seiner Bilanz an die im Vorjahr angewendeten Maßstäbe anknüpfen,
- die Bewertung jedes Gegenstandes einzeln vornehmen,
- Einkünfte und Ausgaben dem maßgeblichen Geschäftsjahr zuordnen, und zwar ohne Rücksicht auf den Zeitpunkt des tatsächlichen Zu- oder Abflusses.

Andere, ebenfalls wichtige Prinzipien und Rechnungslegungsvorschriften sind nicht gesetzlich niedergelegt, sondern folgen aus den *Generally Accepted Accounting Principles* in Irland[125]. Sie werden sowohl als S.S.A.P. (Standard of Accoun-

[123] Rechtliche Besonderheiten, die der Companies (Amendment) Act 1986 sec. 10 – 12 für kleine und mittlere *companies* vorsieht, bleiben hier außer Betracht.
[124] *Scholtissek*, in: RIW 1987, 437 ff. [438].
[125] *Ernst & Young*, Doing Business in the Republic of Ireland, 72; *Ward*, in: Taxation of Companies in Europe, Irland, 2.6.1 (64), Suppl No. 155 (February 2001); *Feeney*, The Taxa-

ting Practice) als auch als F.R.S. (Financial Reporting Standards) bezeichnet. Ihr Herausgeber ist das *Consultative Committee of Accounting Bodies*, das eng mit den Wirtschaftsprüfungsverbänden im Vereinigten Königreich zusammenarbeitet[126]. Aus diesem Grund ähneln die Prinzipien den in Großbritannien geltenden *International Accounting Standards* (I.A.S.). Für die Gewinnermittlung schreiben sie die „earnings method" vor, die das irische Steuerrecht einer Besteuerung von Einkünften gemäß Schedule D Case I und Case II zugrunde legt. Die *company* erwirtschaftet also nach Handels- *und* Steuerrecht Einnahmen, sobald ihr ein Zahlungsanspruch zusteht, unabhängig vom tatsächlichen Zahlungszeitpunkt.

3. Bewertung

Alle Positionen einer Bilanz, an die Schedule D Case I zur Ermittlung der Einkünfte anknüpft, müssen bewertet werden. Da weder *TCA 1997* noch andere *Tax Acts* spezielle steuerliche Bewertungsvorschriften enthalten, greifen die *Revenue Commissioners* auf handelsrechtliche Bilanzierungsvorschriften zurück und legen sie prinzipiell der Besteuerung zugrunde[127]. Von besonderer Bedeutung ist insoweit das *Statement of Standard Accounting Practice (S.S.A.P.) No. 9*, wonach für Gegenstände des Anlagevermögens folgendermaßen zu differenzieren ist: Sachanlagen sind mit ihrem Verkehrswert zum Bilanzstichtag anzusetzen. Bei Finanzanlagen konkretisiert i.d.R. der Börsenwert den anzusetzenden Verkehrswert[128]. Immaterielle Wirtschaftsgüter des Anlagevermögens werden hingegen mit ihren Anschaffungskosten angesetzt. Sollte sich aus der alljährlichen Bewertung von Anlagevermögen ein noch nicht realisierter Gewinn ergeben, bleibt dieser steuerrechtlich so lange unbeachtlich, bis die *corporation* ihn tatsächlich realisiert[129]. Technisch geschieht dies, indem die Gesellschaft eine Neubewertungsrücklage zu bilden und in ihrer Bilanz auszuweisen hat. Erst im Falle der tatsächlichen Realisation ist diese Rücklage erfolgswirksam aufzulösen und der nunmehr realisierte Gewinn zu versteuern[130].

Für entgeltlich erworbene und zum Weiterverkauf bestimmte Wirtschaftsgüter des Umlaufvermögens wie Vorräte, Lagerbestände, Rohstoffe oder sonstige Bestandteile, die in anderen Produkten verarbeitet werden, gilt das Prinzip vom „lower of

---

tion of Companies, 3.302 (223 f.); *Corrigan*, in: Ussher/O´Connor, Doing Business in Ireland, Vol. 1, § 5.03 [3].

[126] *Pierce*, in: European Accounting Review 1996, 951 ff. [953].

[127] *Corrigan*, in: Ussher/O`Connor, Doing Business in Ireland, Vol. 1, § 5.03 [3a]; *Pierce*, in: European Accounting Review 1996, 951 ff. [954 f.].

[128] Ausführlich hierzu Feeney, The Taxation of Companies, 3.302 (233 ff.) und *Lüdemann/Bruton/Hruschka*, Steuerfolgen gewerblicher Investitionen in Irland, Rdnr. 56.

[129] *Feeney*, The Taxation of Companies, 3.301 (231).

[130] *Scholtissek*, in: RIW 1987, 437 ff. [442].

cost and net realisable value" für jedes einzelne Wirtschaftsgut. Ausgangspunkt des „lower of cost and net realisable value" ist der tatsächliche oder voraussichtliche Verkaufspreis. Hiervon abzuziehen sind diejenigen Kosten, die das Unternehmen aufwenden musste, um den Gegenstand an seinen aktuellen Ort (z.B. Beförderungsaufwand) und in seinen derzeitigen Zustand (z.B. durch maschinelle Weiterverarbeitung) zu versetzen[131]. Mangels besonderer steuerlicher Vorschriften zur Bewertung des Vorratsvermögens akzeptieren die *Revenue Commissioners* die üblichen Methoden, mit denen die zu berücksichtigenden Unternehmenskosten handelsrechtlich ermittelt werden[132]. Insbesondere die FIFO-Methode ist als Bewertungsvereinfachung akzeptiert, obwohl dieses Verfahren bei steigenden Preisen zu Scheingewinnen in Höhe der Differenz zwischen Wiederbeschaffungskosten und den Anschaffungskosten der verbrauchten Güter führen kann. Die Möglichkeit von damit verbundenen Substanzsteuereffekten, falls infolge der FIFO-Bewertung die Erträge nach Abzug von Steuern auf den Gewinn nicht mehr ausreichen sollten, um Ersatzgüter zu beschaffen, stuft der irische Gesetzgeber jedoch mittlerweile in Zeiten moderater Geldentwertung[133] als unbeachtlich ein. Denn seit 1986 gewährt das irische Recht grundsätzlich keinen Ausgleich (sog. *stock relief*) mehr für solche Scheingewinne, die lediglich aus der Anwendung handelsrechtlicher Bewertungsverfahren resultieren[134].

4. Betriebsausgaben

a) Grundregel

Abziehbar sind nur solche Ausgaben, die ausschließlich zum Zwecke der gewerblichen Tätigkeit erfolgen bzw. allein dem freien Beruf dienen *(wholly and exclusively for the purposes of the trade or profession)*[135]. Indem sec. 81 (2) (a) TCA 1997

---

[131] *Feeney*, The Taxation of Companies, 3.201 (234). Anm.: Nur im Falle einer vollständigen Betriebseinstellung wird das noch vorhandene Vorratsvermögen mit demjenigen Wert herangezogen, für den es tatsächlich an einen späteren Erwerber veräußert wird, vgl. hierzu die Ausführungen von *Ward*, in: Taxation of Companies in Europe, Ireland, 2.6.1 (65), Suppl. No 159, October 2001.

[132] Lediglich das LIFO-Verfahren erkennen die *Revenue Commissioners* nicht an, vgl. *Ward*, in: Taxation of Companies in Europe, Ireland, 2.6.1 (64), Suppl. No 155, February 2001.

[133] Zur Entwicklung der Inflationsraten in Irland seit den 1980er Jahren siehe Kapitel 3 B I und die Hinweise bei *Ward*, in: Bulletin for International Fiscal Documentation 2000, 54 ff. [60].

[134] *Corrigan*, in: Ussher/O'Connor, Doing Business in Ireland, Vol. 1, § 5.03 [3b]. Lediglich Landwirte können noch gemäß TCA 1997 sec. 666 (1) inflationsbedingt gestiegene Wiederbeschaffungskosten ausgleichen, indem sie bis zu 25% des inflationären Wertzuwachses wie eine Betriebsausgabe abziehen. Hierzu auch *Cooney/Martyn/Reck*, Taxation Summary, 1.21.2 (166 f.).

[135] TCA 1997 sec. 81 (2) (a); *High Court* – 26 November 1999, Sean MacAonghusa (Inspector of Taxes) v Ringmahon Company, in: ITR 1999/2000, 81 ff. [86].

die „purposes“ hervorhebt, rückt das Gesetz finale Ziele der einzelnen Steuerpflichtigen für die Frage der steuerlichen Abzugsfähigkeit in den Vordergrund. Dass sich eine Ausgabe objektiv vollständig oder vornehmlich auf die Betriebs- oder Privatsphäre auswirkt, ist deshalb nur ein – allerdings gewichtiges – Indiz zur Bestimmung des mit ihr tatsächlich verfolgten subjektiven Zwecks[136]. Um zu verhindern, dass privat veranlasster Aufwand den Gewinn mindert, schließt prinzipiell jede nicht völlig unwesentliche persönlich motivierte Mitveranlassung den Abzug aus. Diese allerdings nur im Ansatz klar erscheinende Aussage hat in Irland zu zahlreichen gerichtlichen Streitfällen geführt, welche denen ähneln, die vor deutschen Finanzgerichten ausgetragen werden.

– In dem Streit *Mallalieu v. Drummond* versuchte eine irische Rechtsanwältin (*barrister*), die Kosten für ihre im Gerichtssaal verwendete Kleidung als Betriebsausgabe geltend zu machen. Sie argumentierte, der Umstand, dass sie die Kleidung sowohl beruflich als auch privat nutzen könne, sei nicht ihr Ziel, sondern ein bloßer Effekt ihrer Ausgabe. Mithin könne ihr die Anerkennung der Bekleidungskosten als Betriebsausgabe nicht verwehrt werden. Das Gericht wies demgegenüber darauf hin, dass das Ziel ihrer Ausgabe immerhin ein doppeltes sein könne. Eine klare und eindeutige Aufteilung der Nutzung in einen privaten und einen beruflich genutzten Teil sei daher nicht möglich, weshalb die Abzugsfähigkeit ihrer Aufwendungen versagt werden müsse[137].

– In *Allen v Farquharson Brothers and Co* entstanden einem Einzelunternehmer Kosten für rechtliche und steuerliche Beratung sowie eine anschließende gerichtliche Vertretung. Diese waren aus Sicht des Steuerpflichtigen notwendig geworden, um einen *appeal* gegen die Einkommensteuerfestsetzung der Revenue Commissioners durchzuführen. Für steuerlich absetzbar hielt das Gericht die Aufwendungen gleichwohl nicht: Sie seien nicht ausschließlich zugunsten seines Betriebes erfolgt. Anlass des Streits seien nämlich auch Elemente der Einkommensteuerbemessungsgrundlage gewesen, deren Ursache allein in der persönlichen Sphäre des Steuerpflichtigen gelegen haben.

– In *Mason v Tyson* versagten irische Richter den Abzug für Kosten von über dem Büro angemieteten Wohnraum, der es dem Steuerpflichtigen ermöglichen sollte, auch spät abends noch zu arbeiten. Zu dem gleichen Ergebnis gelangten sie in *Bowden v Russell and Russell*, weil die Teilnahme eines *solicitor* an einer Konfe-

---

[136] *Corrigan*, in: Ussher/O'Connor, Doing Business in Ireland, § 5.03 [6b].

[137] Sachverhalt dargestellt in *Corrigan*, in: Ussher/O`Connor, Doing Business in Ireland, Vol. 1, § 5.03 [6b]. Anm.: Der Sachverhalt bezieht sich zwar auf das irische Einkommensteuerrecht, gilt in der irländischen Steuerrechtsliteratur aber auch als Schulfall für die Abgrenzungsproblematik im Bereich des Körperschaftsteuerrechts.

renz der amerikanischen Anwaltsvereinigung (*American Bar Association*) in Washington zumindest auch Erholungs- und Urlaubszwecken gedient habe[138].

Wie diese Beispiele zeigen, ist eine Aufteilung zusammenhängender Ausgaben in einen betrieblichen und einen privaten Teil nur ausnahmsweise zulässig, soweit es möglich ist, sie eindeutig voneinander abzugrenzen[139]. Typisches Beispiel hierfür sind Strom- und Telefonkosten. Im Regelfall wird Aufwand hingegen entweder vollumfänglich der betrieblichen oder der privaten Sphäre der Steuerpflichtigen zugerechnet. Für Ausgaben mit doppelter Zweckrichtung formuliert *Corrigan* deshalb treffend, dass „the duality of purpose in the expenditure results in its being disallowed.[140]"

Aus diesem Grund ähnelt die steuerliche Behandlung gemischt veranlasster Aufwendungen derjenigen, welche entsprechende Ausgaben durch den Bundesfinanzhof in Deutschland erfahren[141]. Denn die höchstrichterliche Rechtsprechung entnimmt § 12 Nr. 1 S. 2 EStG ein konstitutives Abzugs- und Aufteilungsverbot für sämtliche gemischt veranlassten Aufwendungen, bei denen die Interessen privater Lebensführung gegenüber der betrieblichen Veranlassung nicht völlig unwesentlich sind, sondern ins Gewicht fallen und sich nicht leicht und einwandfrei in Privat- und Erwerbsaufwendungen aufteilen lassen[142]. Anders als in Deutschland, wo die Rechtsprechung im Schrifttum vielfach Kritik erfährt[143], scheint sich die steuerrechtliche Literatur in der Republik Irland hiermit jedoch arrangiert zu haben[144].

b) Nicht abziehbare Betriebsausgaben

Ferner hat der irische Gesetzgeber – ähnlich der allgemeinen (§ 8 Abs. 1 S. 1 KStG i.V.m. § 4 Abs. 5 EStG) und besonderen Regelung (§ 10 KStG) für Kapitalgesellschaften in Deutschland – die steuerliche Abzugsfähigkeit bestimmter Aufwendun-

---

[138] Zitiert nach *Corrigan*, in: Ussher/O'Connor, Doing Business in Ireland, § 5.03 [6b].

[139] *Feeney*, The Taxation of Companies, 3.210.2 (102); *Corrigan*, in: Ussher/O'Connor, Doing Business in Ireland, Vol. 1, § 5.03 [6b]; *Ward*, in: Taxation of Companies in Europe, Ireland, 2.7.1 (68-70), Suppl. No. 159 (October 2001).

[140] *Corrigan*, in: Ussher/O'Connor, Doing Business in Ireland, § 5.03 [6b].

[141] Ausführlich zu dieser Rechtsprechung *Völlmeke*, in: DStR 1995, 745 ff.

[142] Kritisch hierzu *Drenseck*, in: Schmidt, EStG, § 12, Rdnr. 14 f. sowie *Lang*, in: T/L, Steuerrecht, § 9, Rdnr. 250 unter Hinweis darauf, dass die technische Aufteilbarkeit kein geeignetes Kriterium sei, um das objektive Nettoprinzip sachgerecht auszufüllen.

[143] Siehe beispielsweise *Kottke*, in: DStR 1992, 129 ff. m.w.N.

[144] So rät *Feeney*, in: The Taxation of Companies, 3.201.2 (102) angesichts der auf sec. 81 (2) (a) TCA 1997 beruhenden ständigen Praxis der *Revenue Commissioners* schlicht dazu, bei Aufwendungen mit doppeltem Zweck von vornherein nur zu versuchen, einen Teilbetrag steuerlich geltend zu machen und diesen der Höhe nach „as fairly as possible" zu schätzen.

gen ausgeschlossen, obwohl sie betrieblich veranlasst sind. Hierzu zählen insbesondere:

- Kosten für die Bewirtung von Kunden,
- Geschenke zu Repräsentationszwecken, soweit sie gewisse Bagatellgrenzen überschreiten,
- Betrieblich veranlasste Geldbußen oder Geldstrafen,
- Zinsen, deren Ursachen in einer verspäteten Steuerzahlung liegen sowie
- Summen, die aufgrund eines Versicherungsvertrages oder sonst im Regresswege zurückerlangt werden können[145].

Insoweit weist das Steuerrecht Irlands deutliche Parallelen zu § 4 Abs. 5 S. 1 Nr. 1, Nr. 2, Nr. 8 EStG und § 10 Nr. 3 KStG auf, ohne allerdings den Umfang des § 4 Abs. 5 EStG zu erreichen. Die gesetzlich normierten „Durchbrechungen" der prinzipiellen Abzugsfähigkeit von Betriebsausgaben basieren dabei auch auf ähnlichen Gedanken, die den soeben genannten deutschen Vorschriften zugrunde liegen[146]. Insbesondere trägt der Umstand, dass Geldbußen und Geldstrafen nicht abziehbar sind, der Einheit der irischen Rechtsordnung Rechnung[147]. Bei dem Abzugsverbot für Bewirtungsaufwand und Geschenke geht der irische Gesetzgeber hingegen davon aus, es liege stets ein zumindest nicht völlig unerheblicher privater (Neben-) Zweck auf Seiten des Steuerpflichtigen vor.

Handelt es sich nach alledem um Ausgaben, die ausschließlich betrieblichen Zwecken dienen und nicht unter eines der irischen Abzugsverbote fallen, so sind sie grundsätzlich sofort und ohne weiteres in Irland abziehbar. Hierzu zählen beispielsweise Zinsen für angemietete Geschäftsräume, tatsächlich gezahlte Lizenzgebühren für die Nutzung von Patenten und technischem Know-how sowie Lohn- und Gehaltsaufwand. Demgegenüber gelten besondere Regeln für abnutzbare Wirtschaftsgüter, für die eine Kapitalgesellschaft über einen längeren Zeitraum hinweg einen Gegenwert erlangt. Denn obwohl auch diese Ausgaben „wholly and exclusively" für das Gewerbe entstehen, berechtigen sie nicht zum unmittelbaren Betriebsausgabenabzug[148]. Stattdessen gewährt *TCA 1997* den Kapitalgesellschaften *capital allowances*, also Abschreibungen, die sie über mehrere Veranlagungszeiträume hinweg vornehmen können.

---

[145] TCA 1997 sec. 81 (2) (b) – (m). Hierzu im Einzelnen *Corrigan*, in: Ussher/O'Connor, Doing Business in Ireland, Vol. 1, § 5.03 [6c].

[146] Ausführlich zur Dogmatik der Erwerbsaufwendungen in Deutschland *Lang*, in: T/L, § 9 Rdnr. 227 ff. [insbes. 239 f.] mit dem kritischen Hinweis, dass nicht wenige der speziellen deutschen Abzugsverbote aus „irgend einem tagespolitischen Anlass" geschaffen wurden.

[147] Vgl. hierzu *Ward*, Judge Irish Income Tax, 5.3 (703 ff.).

[148] *Feeney*, The Taxation of Companies, 3.201 (104).

Schließlich ist an dieser Stelle noch auf Besonderheiten im Falle von Aufwendungen hinzuweisen, die einer Gesellschaft vor der tatsächlichen Aufnahme ihres Geschäftsbetriebs entstehen. Zwar dürfen sie prinzipiell als Betriebsausgaben im Rahmen von *Schedule D Case I* abgezogen werden. Denn für die erfolgreiche Ingangsetzung eines Geschäftsbetriebs sind nicht selten jedenfalls in gewissem Umfang Ausgaben erforderlich, die schon vor der eigentlichen Geschäftsaufnahme anfallen. Voraussetzung für deren Abzugsfähigkeit ist jedoch, dass sie (1) zeitlich nicht früher als 3 Jahre vor Beginn des Geschäftsbetriebes entstanden sind, (2) nicht im Rahmen anderer Einkunftsarten berücksichtigt werden können und (3) rechtmäßig abziehbar wären, falls das Unternehmen sie zum Zeitpunkt des tatsächlichen Geschäftsbetriebs vorgenommen hätte. Liegen diese Erfordernisse vor, fingiert das Gesetz, dass die Vorabaufwendungen der Kapitalgesellschaft am Tag ihrer Geschäftsaufnahme entstanden seien[149].

5. Abschreibungen

Aufwendungen, die einer Kapitalgesellschaft für Anlagevermögen ihres Betriebes entstehen, können nicht unmittelbar als Betriebsausgabe, sondern lediglich im Wege der Abschreibung (*capital allowance*) pro rata temporis steuerlich geltend gemacht werden[150]. Die AfA-Vorschriften dienen als Mechanismus, um die Anschaffungs- und Herstellungskosten von Wirtschaftsgütern mit längerer Nutzungsdauer auf mehrere Veranlagungszeiträume zu verteilen. Weil die Wirtschaftsgüter regelmäßig über einen gewissen Zeitraum hinweg einen Gegenwert besitzen, sind nach sec. 397 (2) (a) TCA 1997 lediglich die jeweiligen AfA-Beträge im laufenden Wirtschaftsjahr wie eine Betriebsausgabe zu behandeln. Dabei sieht das irische Steuerrecht verbindliche Abschreibungssätze vor[151].

Ausgangspunkt jeder Abschreibung sind diejenigen Kosten, die ein Unternehmer tatsächlich aufwenden muss, um ein abnutzbares Wirtschaftsgut zu erwerben und in einen betriebsbereiten Zustand zu versetzen. Umsatzsteuer wird dabei nur berücksichtigt, falls die Gesellschaft ausnahmsweise einmal nicht zum Vorsteuerabzug berechtigt sein sollte[152]. Um einen möglichst weitgehenden Gleichlauf mit den

---

[149] TCA 1997 sec. 82 (2); *High Court* – 25 July 1997, Hibernian Insurance Company Limited v MacUimis (Inspector of Taxes), in: ITR 1999/2000, 113 ff. [113] ; *Cooney/Martyn/Reck*, Taxation Summary 1.7.1 (86); *Ward*, in: Taxation of Companies in Europe, Ireland, 2.7 (69-70), Suppl. No. 159 (October 2001).

[150] Sec. 81 (2) (f) TCA 1997.

[151] *Nathans*, Doing Business in Ireland, 17.

[152] *Feeney*, The Taxation of Companies, 5.102 (358). Anm.: Zuschüsse der öffentlichen Hand bleiben allerdings stets außen vor. Eine Abschreibung ist also bei geförderten Wirtschaftsgütern auf der Basis der Anschaffungskosten abzüglich des Zuschusses vorzunehmen, vgl. *DeloitteTouche Tohmatsu*, Ireland, 10.05; *Conolly/Bradley*, Capital Allowances, 15; *Corrigan*, in: Uss-

Vorschriften über den Abzug von Betriebsausgaben zu gewährleisten, müssen alle Wirtschaftsgüter „for the purposes of the trade“ angeschafft werden – andernfalls ist eine Abschreibung unzulässig[153]. Darüber hinaus muss es sich um „qualifying assets“ handeln, bei denen der Gesetzgeber die Abschreibung ausdrücklich zugelassen hat[154]. Hauptkategorien, nach denen TCA 1997 im Rahmen der Abschreibung differenziert, sind einerseits Sachanlagen (*plant and machinery*) und andererseits Industriegebäude (*industrial buildings*). An dieser Zweiteilung und den insoweit geltenden Regelabschreibungen orientieren sich die nachfolgenden Ausführungen. An geeigneter Stelle wird auch auf Sonderabschreibungen hingewiesen, die der Gesetzgeber als steuerliche *incentives* zur Wirtschaftsförderung einsetzt. Subjektiv abschreibungsberechtigt ist stets, wer die Anschaffungs- und Herstellungskosten tatsächlich trägt[155].

Wie in Deutschland, so führt auch in der Republik Irland grundsätzlich jeder Abgang von Wirtschaftsgütern des Anlagevermögens der Kapitalgesellschaft zu einem Gewinn (*balancing charge*) oder einem Verlust (*balancing allowance*). Deren Höhe folgt aus dem Unterschiedsbetrag zwischen Buchwert und Veräußerungspreis. Als Gewinne oder Verluste beeinflussen sie das Einkommen einer Kapitalgesellschaft[156]. Sofern auf diese Weise Verluste entstehen, können sie deshalb auch entsprechend den Verlustnutzungsregeln noch in späteren Veranlagungszeiträumen gewinnmindernd wirken. Das gilt nicht nur für den vom Gesetz angenommenen Regelfall eines Verkaufs, sondern auch für Konstellationen einer Entnahme oder einer teilweisen Zerstörung der Wirtschaftsgüter[157].

a) Bewegliche Wirtschaftsgüter

Eine gesetzliche Definition für den Terminus *machinery or plant* existiert in der Republik Irland nicht. Anerkannt ist jedoch, dass der Begriff grundsätzlich weit zu verstehen ist und daher sämtliche Rechte, Geräte, Werkzeuge, Maschinen und sonstige beweglichen oder unbeweglichen Wirtschaftsgüter umfasst, die nicht nur vorübergehend dem Betrieb des Unternehmens dienen[158]. Lediglich Kraftfahrzeuge

---

her/O'Connor, Doing Business in Ireland, Vol. 1, § 5.03 [6]; *Cooney/Martyn/Reck*, Taxation Summary 1.20 (142).

[153] *Feeney*, The Taxation of Companies, 5.105.1 (362).

[154] *Conolly/Bradley*, Capital Allowances, 15.

[155] *Feeney*, The Taxation of Companies, 5.304 (435) weist darauf hin, dass dies – bei sehr langfristigen Verträgen – auch einmal der Mieter oder Pächter sein kann. In diesen atypischen Fällen ist i.d.R. eine Nutzungszeit vereinbart, innerhalb der sich das Wirtschaftsgut abnutzt und deshalb notwendig vom Mieter/Pächter ersetzt oder wieder instand gesetzt werden muss.

[156] Sec. 307 (2) (a) TCA 1997.

[157] *Feeney*, The Taxation of Companies, 5.104 (361).

[158] *High Court* – 26 April 1988, Dunnes Stores (Oakville) Ltd v M C Cronin (Inspector of Taxes), in: ITR 1988 – 1993, 68 ff. [69]. Aus der Literatur hierzu *Corrigan*, in: Ussher/

sind vom allgemeinen Begriff „machinery or plant" ausgenommen, da TCA 1997 für sie spezielle Abschreibungsvorschriften bereithält.

Wie weit das begriffliche Verständnis im Einzelfall reicht, beweist der Umstand, dass auch bauliche Anlagen unter *plant* subsumiert werden können. Darauf, dass die einzelnen Wirtschaftsgüter u.U. mehr oder weniger fest mit einem Bauwerk verbunden sind und daher nicht ohne weiteres fortgeschafft werden können, kommt es nicht an. Nachvollziehbar wird das Bestreben, auch diese sog. „fixed structures" als *plant* anzusehen erst, wenn man sich vergegenwärtigt, dass Gebäude in Irland nur sehr begrenzt abschreibbar sind[159]. Aus diesem Grund hat sich im Laufe der Zeit eine umfangreiche Kasuistik zu der Frage entwickelt, wie eine abschreibungsberechtigte Anlage einerseits und die sie umschließenden Gebäude(-teile) voneinander abzugrenzen sind. Einen ersten Anhaltspunkt hierfür bietet die Formel, dass *a distinction has to be drawn between premises within which the trade is carried on, and the plant with which it is carried on*[160]. Denn *plant* kann nur ein Gegenstand sein, der zur Ausführung des Betriebs selbst eingesetzt wird. Mit Hilfe dieses Abgrenzungskriteriums sahen irische Gerichte beispielsweise das Trockendock der Schiffe bauenden und reparierenden *Barclay Curle & Co Ltd.* sowie die Silos der *R & H Hall Ltd*, die Getreide importierte und an Großproduzenten weiterverkaufte, als *plant* an[161]. Grenzfälle oder neuere technische Entwicklungen – das hat auch der Gesetzgeber Irlands erkannt – lassen sich mit dieser Faustformel indes nicht immer sachgerecht in den Griff bekommen. In manchen Zweifelsfällen bestimmen irische Steuergesetze deshalb ausdrücklich, dass es sich bei den fraglichen Wirtschaftsgütern um *machinery or plant* handelt. So zählt beispielsweise sec. 291 (1) TCA 1997 die käuflich erworbene unkörperliche EDV-Software zum abschreibungsfähigen Anlagevermögen einer Kapitalgesellschaft.

Die konkreten Abschreibungssätze hat Irland in der Vergangenheit mehrfach geändert. Für alle betrieblichen Wirtschaftsgüter, die als *machinery or plant* einzustufen sind, galt seit dem 01. Januar 2001 eine einheitliche lineare Abschreibungsrate i.H.v. 20%, so dass sie nach fünf Jahren vollständig abgeschrieben waren[162]. Für Kosten, die nach dem 04. 12. 2003 angefallen sind, sieht das Gesetz hingegen

---

O'Connor, Doing Business in Ireland, Vol. 1, § 5.03 [12b]; *Conolly/Bradley*, Capital Allowances, 85 f.

159 Hierzu sogleich Kapitel 2 C III 5 b).

160 Hinweise hierzu bei *Ward*, Judge Irish Income Tax, 6.202 (839) und *Conolly/Bradley*, Capital Allowances, 172 ff.

161 Ausführlich zu diesen und anderen Abgrenzungsfällen *Feeney*, The Taxation of Companies, 5.202.3 (374 ff.) und *Conolly/Bradley*, Capital Allowances, 85 ff.

162 *Ward*, in: Taxation of Companies in Europe, Ireland, 2.8.4 (82), Suppl. No 159, October 2001. Anm: Bis zum Veranlagungsjahr 2000 schrieb das irische Recht für sämtliche Sachanlagegüter des Betriebsvermögens während der ersten 6 Jahre 15% und im 7. Jahr 10% der Anschaffungs- bzw. Herstellungskosten als AfA-Raten vor.

nunmehr einen achtjährigen linearen Abschreibungszeitraum mit jährlichen Raten von 12,5% vor[163]. Diese stark typisierende AfA gilt unabhängig von einer im Einzelfall längeren oder kürzeren tatsächlichen Nutzungsdauer des Wirtschaftsgutes. Eine degressive AfA sieht das Gesetz nicht vor. Dabei kommt es gemäß sec. 316 (2) TCA 1997 für den AfA-Beginn ausschließlich darauf an, in welchem Jahr die Zahlungspflicht für das jeweilige Wirtschaftsgut fällig geworden ist. Unerheblich ist hingegen, ob die vollständige Zahlung erst zu einem späteren Zeitpunkt erfolgt. Erforderlich ist allerdings, dass das Wirtschaftsgut noch im nachfolgenden Geschäftsjahr dem Betrieb dient, so dass sich die Nutzungszeit mindestens auf zwei Veranlagungszeiträume erstrecken muss[164]. Dabei ist sowohl dem Gesetz als auch seiner Anwendung durch die *Revenue Commissioners* eine aus Deutschland bekannte Praxis fremd, die je nach Anschaffungszeitpunkt zwischen voller und halber Jahres-AfA differenziert[165]. Allerdings: Ist das von der *company* gewählte Wirtschaftsjahr ausnahmsweise kürzer als 12 Monate, so ist der Abschreibungsbetrag entsprechend anzupassen.

Beispiel[166]:

Die Vintage Products Ltd schaffte im Januar 2001 neue Maschinen an und nutzte sie noch im selben Monat erstmals für ihren Betrieb. Der Preis für Anschaffung und Installation betrug insgesamt € 40.000. Während ihr Geschäftsjahr 2001 noch am 31. Dezember endete, wählte sie anschließend ein vom Kalenderjahr abweichendes Wirtschaftsjahr, das bereits zum 31. März 2002 hin endete. In den nachfolgenden Jahren erstellte sie ihre Bilanzen jeweils für den Zeitraum von 01. April bis zum 31. März des Folgejahres. Ihre Abschreibungsbeträge für die Maschinen stellen sich deshalb für folgendermaßen dar:

	AfA-Betrag	
Wirtschaftsjahr 01 – 12 /01	(20% von € 40.000)	€ 8.000
Wirtschaftsjahr 01 – 03/ 02	(20% von € 40.000 * 3/12)	€ 2.000
Wirtschaftsjahr 04/02 – 03/03	(20% von € 40.000)	€ 8.000
Wirtschaftsjahr 04/03 – 03/04	(20% von € 40.000)	€ 8.000
Wirtschaftsjahr 04/04 – 03/05	(20% von € 40.000)	€ 8.000
Wirtschaftsjahr 04/05 – 03/06	(Rest)	€ 6.000
		€ 40.000

[163] Siehe *Cunniffee/Drencklan*, in: IStR 2004, 334 ff. [336].
[164] *Ward*, Judge Irish Income Tax, 6.203 (849).
[165] So bislang R 44 II EStR; hierzu *Drenseck*, in: Schmidt, EStG, § 7, Rdnr. 92.
[166] *Feeney*, The Taxation of Companies, 5.203.3.1 (383).

Bei Kraftfahrzeugen gilt eine weitere Besonderheit: Abgesehen von Pkw, die für eine Autovermietung oder einen Taxibetrieb verwendet werden[167], unterlagen auch sie einem linearen Abschreibungssatz i.H.v. 20%. Für Kosten, die nach dem 31. 12. 2002 anfallen, ist die jährliche AfA-Rate mittlerweile ebenfalls auf 12,5% abgesenkt worden[168]. Allerdings besteht für *motor vehicles* eine Obergrenze, die derzeit bei € 22.000 liegt und von der lediglich Lkw und Nutzfahrzeuge ausgenommen sind. Anschaffungskosten, die über diesem Wert liegen, lässt das Gesetz für Abschreibungszwecke unberücksichtigt[169]. Hintergrund dieser Regelung sind weniger verkehrs- oder umweltpolitische Belange. Vielmehr geht der Gesetzgeber bei einem Überschreiten von Anschaffungskosten i.H.v. € 22.000 davon aus, der Kraftfahrzeugkauf sei bei jedem darüber liegenden Cent aus privaten Gründen erfolgt und deshalb nicht absetzbar[170]. Insoweit entspricht die Vorschrift tendenziell § 4 Abs. 5 S. 1 Nr. 7 EStG. Denn danach sind auch in Deutschland – da die Norm Ausdruck des Angemessenheitsprinzips als allgemeiner steuerlicher Aufteilungsmaßstab ist – unangemessen hohe KFZ-Aufwendungen von den grundsätzlich abzugsfähigen Kraftfahrzeugkosten auszuscheiden[171]. Lediglich Irland legt jedoch den angemessenen Betrag, der (noch) betrieblich veranlasst ist, per Gesetz genauestens fest.

Im Falle des Ausscheidens von Wirtschaftsgütern aus der betrieblichen Sphäre bestimmt sec. 288 (1) TCA 1997, dass der Unterschiedsbetrag zwischen Buchwert und Verkaufspreis mit Hilfe von *balancing charges* (Gewinnen) und *balancing allowances* (Verlusten) steuerlich im Rahmen von Schedule D Case I zu berücksichtigen ist. Die Verkaufserlöse werden also wie anderer gewerblicher Ertrag oder Aufwand behandelt[172]. Dabei begrenzt sec. 288 (4) (b) TCA 1997 den nach Schedule D Case I zu versteuernden Gewinn aus dem Verkaufserlös von „maschinery or plant“ auf den Gesamtbetrag der tatsächlich von der Kapitalgesellschaft beanspruchten AfA. Denn ein Gewinn, der über die „Aufholung“ zwischenzeitlich geltend gemachter Abschreibungen hinausgeht, ist ein Kapitalgewinn (*capital gain*) und unterliegt der in die Körperschaftsteuer integrierten *capital gains tax*[173].

---

167 In diesem Fall gewährt sec. 286 TCA 1997 einen Abschreibungssatz i.H.v. 40%.

168 Siehe hierzu *Cunniffee/Drencklan*, in: IStR 2004, 334 ff. [336].

169 Ausführlich hierzu *Feeney*, The Taxation of Companies, 5.212.1 (423) und *Cooney/Martyn/ Reck*, Taxation Summary, 1.20.1 (143).

170 Ausführlich hierzu *Ward*, Judge Irish Income Tax, 5.312 (762 ff.).

171 Vgl. hierzu *Heinicke*, in: Schmidt, EStG, § 4, Rdnr. 601 f. sowie *Lang*, in: T/L, § 9, Rdnr. 252 und 263.

172 *Feeney*, The Taxation of Companies, 5.101 (355).

173 Vgl. hierzu etwa *Fischer-Zernin/Medlar*, in: Mennel/Förster, Irland, Rdnr. 94; *Lüdemann/Bruton/Hruschka*, Steuerfolgen gewerblicher Investitionen in Irland, Rdnr. 210 und *Grotherr*, in: IWB, Fach 5, Gruppe 2, Irland, 33 ff. [46 f.].

b) Industrielle Gebäude

Nicht nur Grund und Boden, der von vornherein weder abnutzbar noch abschreibungsfähig ist[174], sondern auch Gebäude dürfen in der Republik Irland jedenfalls im Grundsatz nicht abgeschrieben werden. Anders als § 8 Abs. 1 S. 1 KStG i.V.m. § 7 Abs. 4, Abs. 5 EStG in Deutschland kennt das irische Steuerrecht nämlich keine allgemeine Gebäude-AfA. Eine Abschreibung von Gebäuden ist deshalb nur zulässig, soweit es sich um bestimmte Industriegebäude bzw. industrielle Gebäudeteile oder um Häuser und Bauwerke in gesetzlich festgelegten, steuerlich geförderten Regionen handelt[175]. Aus diesem Grund hat der Steuergesetzgeber in sec. 268 (1) TCA 1997 exakt normiert, zu welchen Arten von „trade" die Bauwerke genutzt werden müssen, um als Industriegebäude von einer *company* abgeschrieben werden zu können. Hierzu zählen namentlich

- Gewerbe, die in Werken und Fabriken betrieben werden,
- Labore, die der Analyse und Verwertung von Rohstoffen dienen,
- Hafenanlagen,
- Komplexe, die zu Pflanzenbau oder Tierzucht bestimmt sind sowie
- Häuser des Gaststätten- und Hotelgewerbes.

Auffällig hieran ist, dass nicht etwa nur private Wohnhäuser, sondern auch Büroflächen, Ausstellungsräume und Räumlichkeiten, die dem Groß- und Einzelhandel dienen, nicht zur Abschreibung berechtigen. Obwohl sie für betriebliche Zwecke genutzt werden, schließt sec. 268 (7) (b) TCA 1997 sie ausdrücklich vom Kreis derjenigen Objekte aus, die als „industrial buildings or strcutures" abschreibungsfähig sind. Als Büro i.S.v. sec. 268 (7) (b) TCA 1997 ist hierbei insbesondere der Arbeitsraum anzusehen, in dem sich die Geschäftsführung und die Verwaltung eines Unternehmens befinden[176]. Den reinen Dienstleistungsgesellschaften kann eine Gebäude-AfA somit regelmäßig nur in Form einer Sonderabschreibung als „tax incentive" in bestimmten Regionen Irlands zustehen, wie dies insbesondere bei Unternehmen der Fall ist, die im Dubliner IFSC tätig sind[177].

---

[174] Siehe nur *Ward,* in: Taxation of Individuals in Europe, Ireland, 2.1.5.2 (19), Suppl. No. 25, October 2001.

[175] *Lüdemann/Bruton/Hruschka*, Steuerfolgen gewerblicher Investitionen in Irland, Rdnr. 107.

[176] Hinweise dazu, wie die Rechtsprechung den Begriff „office" i.S.v. sec. 268 (7) (b) TCA 1997 mehr und mehr mit einem „administrative centre" gleichsetzt, finden sich bei *Feeney*, The Taxation of Companies, 6.401 (916 f) und *Ward*, Judge Irish Income Tax, 5.401.10 (466).

[177] *Ward*, Judge Irish Income Tax, 19.502 (2182 f.) und *ders.* in: Taxation of Individuals in Europe, Ireland, 2.3.4.3 (34 – 36), Suppl. No. 25, October 2001. Daneben sieht das irische Recht nur noch im Rahmen der Modernisierung von Stadtteilen (*Urban Renewals*) sowie für Krankenhäuser, Universitäten, Kindergärten und andere, gemeinnützigen Zwecken dienende Bauwerke spezielle Abschreibungsmöglichkeiten vor.

Aus deutscher Sicht scheint dieser Rechtszustand einen evidenten Verstoß gegen das objektive Nettoprinzip darzustellen. In Irland hingegen wird der Ausschluss von bestimmten betrieblich genutzten Gebäuden noch nicht einmal kritisch hinterfragt, sondern als traditionell gewachsener status quo akzeptiert: Zum einen wird – ebenso wie bei der vergleichbaren Regelung in Großbritannien – unterstellt, dass separate Büro-, Verkaufs-, und Wohngebäude regelmäßig ihren Wert behalten[178]. Zum anderen ist irische Recht ist von der Vorstellung geprägt, nur einem „echten" (d.h. Güter selbst produzierenden) *manufacturer* sei die Gebäude-AfA zu gewähren. Infolgedessen versagten Richter in *Vibroplant Ltd v Holland* einer Kapitalgesellschaft die AfA für Gebäude, in denen sie nur Reparaturarbeiten durchführte, ohne dort eigene Güter herzustellen[179].

Darüber hinaus scheidet bei gemischt-genutzten Gebäuden eine Abschreibung desjenigen Gebäudeteils eines grundsätzlich abschreibbaren *industrial buildings* aus, falls dieser Teil des Gebäudes für andere als die vom Gesetz begünstigten industriellen Zwecke genutzt wird und die darauf entfallenden Anschaffungskosten mehr als 10% des Gesamtgebäudes ausmachen[180]. Liegt der nicht zur Abschreibung berechtigende Teil hingegen unterhalb dieser Grenze von 10%, so kann das gesamte Gebäude in die AfA einbezogen werden.

Beispiel:

Die Herstellungskosten für ein Industriegebäude, das zugleich auch Ausstellungs- und Büroräume enthält, betragen insgesamt 1.3 Mio. Euro. Sofern die anteilig auf Büro- und Ausstellungsfläche entfallenden Kosten die Summe von 130.000 Euro nicht überschreiten, kann die *company* die gesamten Herstellungskosten abschreiben. Belaufen sie sich indes auf 150.000 Euro, so wäre nur ein Betrag i.H.v. € 1.15 Mio. – der auf den „industriellen Teil" des Gebäudes entfällt – im Rahmen der AfA absetzbar. Für die übrigen € 150.000 käme ein AfA-Abzug somit nicht in Betracht.

Mithin ist das irische Recht von dem Streben geprägt, nur ein „industriell" genutztes Gebäude – bei dem es sich freilich auch bloß um einen Gebäudeteil als selbständiges Wirtschaftsgut handeln kann – in typisierender Betrachtungsweise zur Abschreibung zuzulassen. Die „10%-Regel" soll dabei lediglich einer vereinfachten Steueranwendung dienen. Ist das Objekt abschreibungsfähig und wird es im

---

178 Zur Begründung der entsprechenden Regelung in Großbritannien siehe *Grotherr*, in: RIW 1987, 693 ff. [700].

179 Hierzu *Feeney*, The Taxation of Companies, 5.401.2 (458) und *Conolly/Bradley*, Capital Allowances, 171.

180 TCA 1997 sec. 268 (8). Siehe hierzu auch *Lüdemann/Bruton/Hruschka*, Steuerfolgen gewerblicher Investitionen in Irland, Rdnr. 108.

fraglichen Veranlagungszeitraum auch tatsächlich industriell genutzt, darf die abschreibungsberechtigte *company* eine lineare AfA mit einer jährlichen Rate von 4 % geltend machen, so dass es nach 25 Jahren vollständig abgeschrieben ist[181]. Bezugsgröße ihrer Abschreibung sind entweder die von ihr getragenen Herstellungskosten oder, falls sie das Gebäude nicht selbst erstellt sondern erst später erworben hat, der von ihr gezahlte Kaufpreis. Sofern die steuerpflichtige Kapitalgesellschaft das Gebäude nachträglich veräußert oder es ihrer betrieblichen Sphäre entnimmt, greift sec. 274 TCA 1997 ein: Danach werden Veräußerungsgewinne (*balancing charges*) und Veräußerungsverluste (*balancing allowances*) körperschaftsteuerlich im Rahmen von Schedule D Case I erfasst[182].

c) Sonstige Abschreibungsmöglichkeiten

Während der Geschäftswert (*goodwill*) nicht abgeschrieben werden kann[183], sind Aufwendungen für Forschung und Entwicklung gemäß sec. 765 (1) TCA 1997 in voller Höhe (100%) in dem Jahr abschreibbar, in dem sie anfallen. Streng genommen handelt es sich daher nicht um eine echte Abschreibung – obgleich das irische Recht sie als *allowance* und nicht als *business expenses* bezeichnet – sondern um eine Betriebsausgabe. Ferner dürfen käuflich erworbene Patente linear über 17 Jahre hinweg abgeschrieben werden[184]. Sollte eine *company* das Patent lediglich für einen kürzeren Zeitraum erwerben, erhöht sich dementsprechend die jährliche Abschreibungsrate[185].

6. Berücksichtigung von Verlusten

Bemessungsgrundlage der irischen Körperschaftsteuer bilden die jeweiligen Einkünfte einer Kapitalgesellschaft aus den verschiedenen *Schedules* und *Cases*. Deren Höhe wird nicht zuletzt durch Verluste beeinflusst, die auf die gleiche Weise ermittelt werden wie Gewinne. In den Vorschriften zur Verlustnutzung zeigt sich – neben den Besonderheiten auf der Ebene des Steuertarifes – deutlich der schedulenartige Charakter des Körperschaftsteuerrechts in Irland, das keinen allgemeinen ver-

[181] TCA 1997 sec. 272 (3) (a). Deshalb führt der Erwerber eines bereits teilweise abgeschriebenen Industriegebäudes die Abschreibung lediglich fort, vgl. hierzu *Feeney*, The Taxation of Companies, 5.410.2 (496); *Cooney/Martyn/Reck*, Taxation Summary, 1.20.3 (145 f.).

[182] Sec. 274 (8) TCA 1997. Zu den für Veräußerungsgeschäfte geltenden Vorschriften siehe im Einzelnen Kapitel 2 C IV.

[183] *Jeffery*, in: Kesti, European Tax Handbook, Ireland, A, 1.3.1 (314). Anm.: Bedeutsam wird dieser Umstand i.d.R. erst bei Unternehmenskäufen bzw. –zusammenschlüssen.

[184] TCA 1997 sec. 755 (1) – (2).

[185] Vgl. *Cooney/Martyn/Reck*, Taxation Summary, 1.20.11 (147); *Feeney*, The Taxaxtion of Companies, 13.603 (1553 f.). Andere Abschreibungsmöglichkeiten wie beispielsweise die Kosten für Parkhäuser oder Einrichtungen für Zwecke der Kinder- und Jugendbetreuung sind hier aus unternehmensteuerlicher Sicht zu vernachlässigen.

tikalen Verlustausgleich vorsieht. Denn Einkünfte einer Kapitalgesellschaft sind grundsätzlich nicht einkunftsartübergreifend miteinander verrechenbar, sondern nur innerhalb der jeweiligen Schedule. Im einzelnen gilt[186]:

Schedule D Case I	– Verlustausgleich mit gewerblichen Gewinnen der gleichen Periode, dann Rücktrag auf gewerbliche Gewinne, die in der unmittelbar vorangegangenen Periode gleicher Länge entstanden sind und dann (zeitlich unbegrenzter) Vortrag auf gewerbliche Gewinne. – Minderung des Einkommens anderer *Schedules* durch Case I-Verluste ist nur für das gegenwärtige und das unmittelbar vorangegangene Wirtschaftsjahr nach ihren Verhältniswert (*value basis*) möglich[187]. Bei der *value basis* muss der Wert des Case I-Verlustes (12.5%) das Doppelte des zu mindernden Gewinns anderer passiver Einkünfte (25%) betragen[188].
Schedule D Case II	– Verlustausgleich mit freiberuflichen Gewinnen der gleichen Periode, dann Rücktrag auf freiberufliche Gewinne, die in der unmittelbar vorangegangenen Periode gleicher Länge entstanden sind und dann (zeitlich unbegrenzter) Vortrag auf freiberufliche Gewinne. – Minderung des Einkommens anderer *Schedules* durch Case II-Verluste ist nur für das gegenwärtige und das unmittelbar vorangegangene Wirtschaftsjahr nach ihren Verhältniswert (*value basis*) möglich. Bei dieser *value basis* muss der Wert des Case II-Verlustes (12.5%) das Doppelte des zu mindernden Gewinns anderer passiver Einkünfte (25%) betragen.
Schedule D Case III	Ausgleich und Verlustvortrag nur mit Gewinnen derselben Einkunftsart
Schedule D Case IV	Ausgleich und Verlustvortrag nur mit Gewinnen derselben Einkunftsart
Schedule D Case V	Verlustausgleich mit positiven inländischen Vermietungseinkünften der gleichen Periode, dann Rücktrag auf Vermietungseinkünfte, die in der unmittelbar vorangegangenen Periode gleicher Länge entstanden sind und dann: (zeitlich unbegrenzter) Vortrag auf Vermietungseinkünfte.
Schedule F	Kein Verlustausgleich, da Ausschüttungen von in Irland ansässigen companies *nicht* zur Körperschaftsteuer herangezogen werden.

[186] Übersicht bei *Cooney/Martyn/Reck*, Taxation Summary, 1.20.14 (13 f.); *Bruton*, in: PIStB 2002, 81 ff. [83] und *Lüdemann/Bruton/Hruschka*, Steuerfolgen gewerblicher Investitionen in Irland, Rdnr. 115 ff.

[187] TCA 1997 sec. 396 A.

[188] Vgl. *Cunniffee/Drenckhan*, in: IStR 2004, 334 ff. [336].

Auf das so ermittelte Einkommen der einzelnen Schedules und Cases wenden die *Revenue Commissioners* den für die jeweilige Einkunftsart geltenden Körperschaftsteuertarif an. Dieser differiert – wie nachfolgend noch zu zeigen sein wird – zwischen dem *trading income* und dem *non-trading income* einer Kapitalgesellschaft. Wegen des Schedulencharakters wird also kein umfassendes „gross income" aus der Summer aller Einkünfte gebildet.

a) Verlustrücktrag bei gewerblichen Einkünften

Ein Rücktrag von im Rahmen dieser Arbeit besonders interessierenden gewerblichen Verlusten ist gemäß sec. 396 (2) TCA 1997 nur in die unmittelbar dem jeweiligen Veranlagungszeitraum vorangegangene Periode zulässig. Erforderlich ist, dass die Kapitalgesellschaft den Rücktrag innerhalb von zwei Jahren nach Entstehen des Verlustes beantragt[189]. Eine großzügigere Regelung gewährt das irische Recht lediglich für sog. *terminal losses* – also wenn die Gesellschaft ihren Geschäftsbetrieb endgültig einstellt: Sofern sie zuvor sämtliche Ausgleichs- und Verlustverrechungsmöglichkeiten ausgeschöpft hat, darf eine *company* im letzten Geschäftsjahr sämtliche Verluste in die vorangegangenen drei Veranlagungszeiträume zurücktragen und mit seinerzeit erwirtschafteten Gewinnen verrechnen.

b) Verlustvortrag bei gewerblichen Einkünften

Gewerbliche Verluste von Kapitalgesellschaften können unbegrenzt vorgetragen werden. Allerdings ist dieses aus sec. 396 (1) TCA 1997 fließende Recht so auszuüben, dass ein Verlust immer und möglichst weitgehend mit positiven Einkünften der zeitlich unmittelbar nachfolgenden Periode ausgeglichen wird.

Beispiel[190]:

Die ersten drei Geschäftsjahre der im Jahr 1999 neu gegründeten gewerblich tätigen Apex Ltd stellen sich folgendermaßen dar:

31. Dezember 1999:	Verlust i.H.v.	€ 100.000
31. Dezember 2000:	Gewinn i.H.v.	€ 70.000
31. Dezember 2001:	Gewinn i.H.v.	€ 180.000

Im Jahr 2000 musste die Gesellschaft aufgrund eines unversicherten Brandes in einem ihrer Lager eine Vielzahl von Gütern neu anschaffen, weshalb der Gewinn infolge hoher Aufwendungen relativ moderat ausfiel. Da ihre steuerliche Belastung

[189] Sec. 396 (2) TCA 1997.
[190] Beispiel angelehnt an *Feeney*, The Taxation of Companies, 4.101.1 (276).

infolge des *manufacturing relief*[191] mit einem Steuersatz i.H.v. 10% ohnehin gering ausfiel, verzichtete sie darauf, einen Verlustvortrag geltend zu machen. Statt dessen beantragt sie diesen i.H.v. 100.000 erst im Veranlagungsjahr 2001. Der zuständige *inspector of taxes* lehnt dies jedoch ab, da die Apex Ltd € 70.000 bereits im Jahr zuvor den Verlust hätte vortragen können. Aus diesem Grund steht der *company* für das Jahr 2001 nur einen Verlustvortrag i.H.v. € 30.000 zu.

Um zu verhindern, dass Anteile an verlustbehafteten Kapitalgesellschaften bloß zu dem Zweck übertragen werden, die Verluste mit Gewinnen eines anderen Unternehmens zu verrechnen, ist ferner eine Identität zwischen dem „trade" erforderlich, welcher die Verluste erlitten hat und demjenigen, der den Vortrag geltend macht. Dabei weisen sec. 400 f. TCA 1997 sowohl in ihrer Zielsetzung als auch in ihrer Ausgestaltung weitgehende Ähnlichkeit mit § 8 Abs. 4 KStG i.V.m. § 10d EStG auf, die den sog. Mantelkauf in Deutschland unterbinden wollen[192]. Denn Voraussetzung für einen Verlustvortrag in der Republik Irland ist stets, dass es sich um Verluste desselben Betriebs handelt[193]. Im Einzelfall kann dieses Merkmal freilich schwierige Abgrenzungsfragen hervorrufen. Beispielsweise schloss in *Bolands Ltd v Davis* eine Großbäckerei zwei von ihr betriebene Getreidemühlen, die je zur Hälfte für ihren eigenen Backbetrieb und den freien Markt produzierten. Acht Monate später eröffnete sie beide Mühlen wieder, produzierte von nun an aber nur noch für eigene Zwecke. Gleichwohl nahmen irische Richter an, es handele sich nach wie vor um denselben „trade". Demgegenüber erblickten sie in *Gordon v Blair Ltd* in dem Umstand, dass eine Gesellschaft ihren Brauereibetrieb einstellte und fortan nur noch – wie sie es zuvor zwar nicht ausschließlich, aber immerhin auch getan hatte – Bier vertrieb, den Beginn eines neuen Betriebs mit der Folge, dass der *company* kein Verlustvortrag zustand[194].

Hält ein neuer Erwerber den bisherigen „trade" aufrecht, so garantiert sec. 400 TCA 1997, dass er die bereits unter seinem Rechtsvorgänger entstandenen Verluste vortragen darf. Um der hierin angelegten Gefahr eines „loss buying" entgegenzuwirken, untersagt das Gesetz einem Erwerber den Verlustvortrag, falls er innerhalb von drei Jahren nach Übernahme der Gesellschaft

- eine wesentliche Änderung in Art oder Ausführung des Betriebs vornimmt,

---

191 Aufgrund des *manufacturing relief* unterlag die Gesellschaft nicht dem normalen irischen Körperschaftsteuersatz, sondern einem Vorzugstarif i.H.v. 10%.

192 Danach muss nicht nur eine rechtliche, sondern auch eine wirtschaftliche Identität der verlusterleidenden und der den Verlustvortrag geltend machenden Kapitalgesellschaft vorliegen, vgl. hierzu nur *Pezzer*, in: T/L, § 11, Rdnr. 39.

193 *Cunniffee/Drenckhan*, in: IStR 2004, 334 ff. [336].

194 Nähere Hinweise zu beiden Fällen bei *Feeney*, The Taxation of Companies, 4.101 (276).

- oder der bisherige Geschäftsbetrieb auf einen zu vernachlässigenden Umfang herabsinkt[195].

Wann eine solche gravierende Änderung des Geschäftsbetriebs eintritt, ist Tatfrage. Anhaltspunkte für eine wertende Betrachtung im Einzelfall bieten insbesondere wesentliche Umgestaltungen des Anlagevermögens, erhebliche Änderung der vom Betrieb angebotenen Produkte und Leistungen oder eine signifikante Neuorientierung hinsichtlich des Kundestamms bzw. Absatzmarktes[196]. Klar definiert ist im Gesetz lediglich, in welchen Konstellationen von einem „change of ownership" auszugehen ist. In seinen Schlussvorschriften (Schedule 9) nimmt TCA 1997 einen Inhaberwechsel an, falls *mehr* als 50% der Gesellschaftsanteile übertragen werden. Sofern die Anteile auf zwei oder mehr Personen übergehen, ist zudem erforderlich, dass jede von ihnen mindestens 5% erwirbt.

Beispiel[197]:

An der Bellemont Ltd sind ursprünglich John Keams (99%) und David Cleary (1%) beteiligt. Als John Keams daraufhin 50% seiner Beteiligung an Cleary veräußert – der nun 51% an der Gesellschaft hält – hat noch kein „change of ownership" stattgefunden. Dieser tritt erst ein, als Jane Caroll ebenfalls 5% von John Keams erwirbt. Nunmehr haben mehr als 50% der Anteile den Inhaber gewechselt und jeder von ihnen hat mindestens 5% erworben.

Darüber hinaus schränkt sec. 455 TCA 1997 den Verlustvortrag noch für „manufacturing losses" ein. Hintergrund dieser Regelung ist der nachfolgend noch eingehend erläuterte Vorzugstarif, der Einkünfte von Kapitalgesellschaften in Irland nicht dem normalen Körperschaftsteuersatz unterwirft, sondern lediglich einem Tarif i.H.v. 10%. Soweit positive Einkünfte diesem Vorzugstarif unterliegen[198], sollen Verluste der Gesellschaft auch nur mit entsprechend niedrig besteuerten Gewinnen verrechnet werden[199].

---

[195] Sec. 401 TCA 1997; ausführlich hierzu *Cooney/Martyn/Reck*, Taxation Summary, 195. Damit stimmt das irländische Gesetz im Ergebnis weitgehend mit der Forderung über ein, die seine deutsche Parallele in § 8 Abs. 4 S. 1 und S. 2 KStG formuliert – nämlich dem *Gebot wirtschaftlicher Identität* zwischen der verlusterleidenden und der den Verlustvortrag beanspruchenden Kapitalgesellschaft.

[196] *Feeney*, The Taxation of Companies, 4.110 (308).

[197] *Feeney*, The Taxation of Companies, 4.110.2.1 (310).

[198] Hierzu Kapitel 2 C V 2.

[199] Eine Gesellschaft kann deshalb Verluste aus einem Geschäftsfeld, dessen Gewinne nur mit 10% besteuert werden, nicht auf solche Gewinne vortragen, die dem höheren, normalen Körperschaftsteuersatz unterliegen, vgl. *Cooney/Martyn/Reck*, Taxation Summary, 2.2.1 (222).

IV. Behandlung von Veräußerungsgewinnen

Veräußerungsgewinne zählen zwar nicht zu denjenigen Einkunftsarten von *companies*, für die TCA 1997 auf die Regeln der Einkommensteuer Bezug nimmt. Anders als bei natürlichen Personen und Personengesellschaften, die insoweit einer besonderen Steuer (*capital gains tax*) unterliegen, sieht sec. 21 (3) TCA 1997 jedoch vor, dass Gewinne und Verluste aus Veräußerungsgeschäften einer Kapitalgesellschaft prinzipiell im Rahmen der Körperschaftsteuer zu erheben sind. Einzige Ausnahme von diesem Grundsatz bilden „chargeable gains" aus der Veräußerung von Grundbesitz, der zur Erschließung bestimmt ist. Nur in diesem Falle unterliegen auch Kapitalgesellschaften unmittelbar den Vorschriften der *capital gains tax*[200]. Alle anderen Einkünfte aus Veräußerungsgeschäften sind – obgleich die nachfolgend skizzierten Besteuerungsregeln der *capital gains tax* gelten – in die Körperschaftsteuer integriert. Wörtlich heißt es in sec. 78 (7) TCA 1997 für Kapitalgesellschaften: ... *(although) „capital gains tax and corporation tax are distinct taxes ... (they) shall apply in relation to chargeable gains as if they were one tax"*. Infolgedessen ist es erforderlich, die Besteuerung von Veräußerungsgewinnen an dieser Stelle einer genaueren Betrachtung zu unterziehen.

1. Prinzipien der Besteuerung von Capital Gains

Der *Capital Gains Tax Act 1975* führte in Irland eine Steuer auf sämtliche Veräußerungsgewinne ein. Gesetzlichen Änderungen im *Capital Gains Tax (Amendment) Act 1978* folgten diverse *Finance Acts*, ehe die *capital gains tax* im Jahr 1997 gemeinsam mit Einkommen- und Körperschaftsteuer Eingang in den *Taxes Consolidation Act 1997* fand. Da diese Jahressteuer bei Kapitalgesellschaften in die Körperschaftsteuer integriert ist, gelten die Regeln über die beschränkte und unbeschränkte Steuerpflicht entsprechend[201]. Eine in der Republik Irland ansässige Kapitalgesellschaft ist daher unbeschränkt steuerpflichtig und unterliegt mit allen ihren weltweit erzielten *capital gains* der Körperschaftsteuer. An welchem in- oder ausländischen Ort sich die Wirtschaftsgüter zum Zeitpunkt ihrer Veräußerung befinden, ist gleichgültig[202]. Demgegenüber haben beschränkt steuerpflichtige, nicht in Irland ansässige *companies* nur ganz bestimmte Veräußerungsgewinne der iri-

---

[200] Sec. 649 (1) TCA 1997 spricht insoweit von "development land".

[201] Vgl. *Appleby/O'Hanlon*, The Taxation of Capital Gains, 955 f.; *Haccius*, Ireland in International Tax Planning, 371; *Grotherr*, in: IWB, Fach 5, Gruppe 2, Irland, 33 ff. [46]. Zur beschränkten und unbeschränkten Steuerpflicht von *companies* bereits Kapitel 2 C I.

[202] *Nathans*, Doing Business in Ireland, 24; *Haccius*, Ireland in International Tax Planning, 380; *DeloitteToucheTohmatsu*, Ireland, 15.01. Sofern bereits ein ausländischer Fiskus den Veräußerungsgewinn der Steuer unterwirft, vermeiden entweder irische DBA oder sec. 826 – 828 TCA 1997 eine steuerliche Doppelbelastung, vgl. *Feeney*, The Taxation of Companies, 9.102.17 (827 f.).

schen Körperschaftsteuer zu unterwerfen. Hierzu zählen positive oder negative Einkünfte aus der Veräußerung von

- im Inland belegenen Grundstücken und Gebäuden,
- inländischen Bodenschätzen (insbesondere Kohle und andere Rohstoffe) sowie den daran bestehenden Abbau- und Nutzungsrechten,
- Verwertungsrechten für bestimmte Gebiete Irlands,
- nicht börsennotierten Gesellschaftsanteilen, deren Wert sich überwiegend aus den vorgenannten Gütern und Rechten ableitet,
- Wirtschaftsgütern, welche die Gesellschaft zu Geschäftszwecken in einer inländischen Betriebsstätte (*branch*) oder Handelsvertretung (*agency*) nutzt[203].

Weil das irische Steuerrecht unter den Begriff *asset* prinzipiell jede Form von Vermögenswert fasst, können nicht nur aus der (Teil-)Veräußerung von Sacheigentum, sondern auch aus Forderungen aller Art, immateriellen Vermögensrechten und ausländischen Währungen „chargeable gains" resultieren[204]. Dabei umfasst der Veräußerungsvorgang mehr als nur die entgeltliche Übertragung vermögenswerter Güter, weshalb auch Tauschgeschäfte eine steuerbare Veräußerung darstellen. Problematisch ist in der letztgenannten Konstellationen freilich der Wert der Gegenleistung. Denn prinzipiell bemisst sich ein „chargeable gain" nach dem erlangten Entgelt, von dem allerdings

- Anschaffungs- und Herstellungskosten (einschließlich *inflation index*[205]),
- wertsteigernder Aufwand und
- Kosten, die im Zusammenhang mit der Veräußerung entstehen

abzuziehen sind[206]. Mangelt es an einer Gegenleistung oder ist diese in Form eines Tauschs erbracht worden, so fingiert sec. 547 (1) TCA 1997, die Veräußerung sei zum Marktpreis (*market value*) am Tag der Transaktion erfolgt. Als *market value* gilt der Preis, den das Wirtschaftsgut vernünftigerweise am Markt erzielt hätte[207]. Für börsennotierte Wertpapiere ist dies der Kurswert am Tag der Transaktion und für alle sonstigen Wirtschaftsgüter regelmäßig derjenige Preis, zu dem die sie auf-

---

203 Sec. 29 (1), (3), (6) TCA 1997.

204 TCA 1997 sec. 532. Lediglich sec. 601 TCA 1997 zählt Wirtschaftsgüter auf, die keinen steuerbaren Veräußerungsgewinn auslösen und bei denen es sich insbesondere um Lebensversicherungspolicen, irische Staatsanleihen und privat genutzte Eigenheime handelt – also Wirtschaftgüter, die für die Besteuerung einer Kapitalgesellschaft keine Relevanz besitzen.

205 Zum Inflations-Index siehe Kapitel 2 C IV 4.

206 *Feeney*, The Taxation of Companies, 9.102.3 (797); *Haccius*, Ireland in International Tax Planning, 371 f.

207 Sec. 548 (1) TCA 1997. Anm.: Besondere Relevanz hat diese Vorschrift bei verbundenen Unternehmen, bei denen es typischerweise an einem Interessengegensatz wie unter fremden Dritten mangelt.

grund ihrer betriebswirtschaftlichen Kalkulation einem Außenstehenden zum Kauf angeboten hätte[208].

Den entscheidenden Veräußerungszeitpunkt sieht das Gesetz nicht in der Übereignung oder dem tatsächlichen Gütertransfer, sondern im Vertragsabschluss. Nur falls dieser unter einer Bedingung geschlossen wurde, kommt es ausnahmsweise auf den Zeitpunkt an, in dem die Bedingung eintritt[209]. Sofern dabei Veräußerungverluste entstehen, dürfen diese nicht mit Gewinnen anderer Einkunftsarten, sondern nur mit Veräußerungsgewinnen verrechnet werden. Denn innerhalb der sog. *capital gains* ist vom Gesetz nur ein horizontaler Verlustausgleich vorgesehen[210]. Ein dann noch verbleibender Verlust kann nicht zurückgetragen, wohl aber zeitlich unbeschränkt vorgetragen werden[211]. Schließlich ist an dieser Stelle darauf hinzuweisen, dass Veräußerungen einzelner Wirtschaftsgüter im Rahmen der Liquidation einer Gesellschaft[212] sowie die Verlegung ihrer Ansässigkeit in eine andere Jurisdiktion[213] ebenfalls zu steuerpflichtigen *capital gains* führen, um eine umfassende Besteuerung stiller Reserven in Irland sicherzustellen.

2. Integration in die Körperschaftsteuer

Die Integration der Besteuerung von „capital gains“ in die Körperschaftsteuer zeigt sich nicht erst bei der Anwendung des Tarifs[214], sondern bereits bei der Ermittlung der Höhe von Gewinnen und Verlusten aus der Veräußerung von betrieblich genutzten Wirtschaftsgütern. Gemäß sec. 561 TCA 1997 ergibt sich der zu versteuernde Veräußerungserlös aus der Differenz zwischen den ursprünglichen Anschaffungs- und Herstellungskosten einerseits und sowie dem tatsächlich von der Gesellschaft erlangten Entgelt andererseits[215].

Beispiel:

Die Audio Sales Ltd erwirbt Anfang 2001 ein seltenes Equipment zum Preis von € 12.200. Für ihre jeweils am 31. Dezember endenden Geschäftsjahre nimmt die Gesellschaft Abschreibungen i.H.v. 20% vor. Anschließend möchte sie die Anlage

---

[208] *Feeney*, The Taxation of Companies, 9.102.13 (816).

[209] Sec. 542 (1) TCA 1997. Hierzu *Cooney/Martyn/Reck*, Taxation Summary, 6.2.8 (312) und *Appleby/O'Hanlon*, The Taxation of Capital Gains, 231.

[210] TCA 1997 sec. 546 (3).

[211] *Corrigan*, in: Ussher/O'Connor, Doing Business in Ireland, Vol. 1, § 5.07 [6e].

[212] Sec. 571 TCA 1997.

[213] Sec. 627 – 629 TCA 1997.

[214] Dazu sogleich Kapitel 2 C IV 5.

[215] *Fischer-Zernin/Medlar*, in: Mennel/Förster, Irland, Rdnr. 94. Umgekehrt entsteht ein Veräußerungsverlust, wenn der Netto-Erlös unter dem Buchwert liegt, der das noch vorhandene AfA-Volumen ausweist.

jedoch wieder verkaufen und schaltet zu diesem Zweck Verkaufsanzeigen, für die sie € 360 aufbringen muss. Daraufhin kommt es am 11. Januar 2003 zur Veräußerung, für die die Audio Sales Ltd exakt € 13.000 erhält. Zieht man hiervon die im Rahmen der Veräußerung angefallenen Kosten für die Verkaufsanzeigen ab, verbleibt ein Veräußerungserlös i.H.v. € 12.640.

Berechnung des körperschaftsteuerpflichtigen Veräußerungsgewinns:

Netto-Verkaufspreis	(abzgl. Werbeaufwand)	€ 12.640
– AfA im Wirtschaftsjahr 2001	(20% von € 12.200)	€ 2.440
– AfA im Wirtschaftsjahr 2002	(20% von € 12.200)	€ 2.440
– Restbuchwert im Jahr 2003	(12.200 – 2 * 2.440)	€ 7.320

Zu versteuernder Veräußerungsgewinn		€ 440[216]

Von diesen Kapitalgewinnen (*capital gains*) abzugrenzen sind diejenigen Beträge, die sich lediglich als wiedergewonnene Abschreibungen darstellen. Solche wiedergewonnenen Abschreibungen – also vormals vom steuerpflichtigen Gewinn abgesetzte Abschreibungen, die im Veräußerungsfall über den Veräußerungserlös für das Anlagegut rückvergütet werden – unterliegen der normalen körperschaftsteuerlichen Belastung nach Schedule D Case I[217]. Bei der Veräußerung von abschreibungsfähigen Wirtschaftsgütern ist der Veräußerungsgewinn i.w.S. deshalb in *capital gains* einerseits und wiedergewonnene Abschreibungen andererseits aufzuteilen. Letztere unterfallen als *balancing charges* (Ausgleichsbesteuerung) und *balancing allowances* (Ausgleichsabschreibung) Schedule D Case I. Die nachfolgenden Ausführungen beziehen sich daher nur auf denjenigen Teil des Veräußerungsgewinns, welcher die ursprünglichen Anschaffungs- und Herstellungskosten übersteigt und für den die besonderen Regeln der *capital gains* gelten.

3. Rollover Relief

Von besonderer Bedeutung für Kapitalgesellschaften ist der sog. *rollover relief*. Tendenziell ähnelt er der deutschen Vorschrift des § 6b EStG. Danach ist es möglich, die

---

216 Aus Vereinfachungsgründen wird an dieser Stelle noch nicht dargelegt, wie sich der *Inflation Index* auf den Veräußerungsgewinn auswirkt. Hierzu sogleich Kapitel 2 C IV 4.

217 Denn soweit der Gewinn nur auf der „Aufholung" zwischenzeitlich geltend gemachter AfA beruht, handelt es sich um normale gewerbliche Einkünfte, die der üblichen Besteuerung gemäß Schedule D Case I unterliegen, vgl. hierzu etwa *Fischer-Zernin/Medlar*, in: Mennel/Förster, Irland, Rdnr. 94; *Lüdemann/Bruton/Hruschka*, Steuerfolgen gewerblicher Investitionen in Irland, Rdnr. 210; *Grotherr*, in: IWB, Fach 5, Gruppe 2, Irland, 33 ff. [46 f.]. Anm.: Liegt der Veräußerungserlös hingegen unter dem Buchwert, so entsteht ein Verlust, der als sog. *balancinge allowance* bei der normalen gewerblichen Gewinnermittlung zu berücksichtigen ist.

bei einer Veräußerung bestimmter Anlagegüter aufgedeckten stillen Reserven ganz oder teilweise erfolgsneutral auf andere Wirtschaftsgüter zu übertragen[216]. Hierdurch wird erreicht, dass steuerliche Vorschriften einen betriebswirtschaftlich notwendigen Austausch von Wirtschaftsgütern nicht behindern. Denn häufig ist eine Veräußerung nicht darauf gerichtet, Gewinn zu erzielen. Sie dient vielmehr dazu, neue Wirtschaftsgüter anzuschaffen, um die Wettbewerbsfähigkeit des Unternehmens zu erhalten[217]. Deshalb schiebt sec. 597 TCA 1997 den steuerlichen Zugriff auf Veräußerungsgewinne auf, falls die *company*

(1) Wirtschaftsgüter veräußert, die zu ihrem Betrieb gehören *und*
(2) sie den Veräußerungserlös dazu verwendet, Ersatzgüter zu beschaffen.

Ein steuerpflichtiger Veräußerungsgewinn entsteht deshalb erst, sobald die ersatzweise angeschafften Wirtschaftsgüter ihrerseits aus der betrieblichen Sphäre ausscheiden[218]. Dabei müssen die neu erworbenen *assets* zwar demselben Betrieb dienen wie die veräußerten Güter[219]. Nicht erforderlich ist hingegen, dass es sich um gleichartige Gegenstände handelt, die denselben betrieblichen Zwecken dienen wie ihre „Vorgänger". Beantragt die Gesellschaft den *rollover relief* – der nicht ohne weiteres von Gesetzes wegen Anwendung findet – wird der Steuerzugriff hinausgeschoben, bis die neu erworbenen Wirtschaftsgüter aus dem Betrieb ausscheiden; es sei denn, es ergibt sich eine nochmalige Möglichkeit der Übertragung auf wiederum neu angeschaffte Wirtschaftsgüter. Allerdings muss die Ersatzbeschaffung entweder ein Jahr vor oder drei Jahre nach der Veräußerung erfolgen[220]. Geschieht dies, so sind nicht nur Grund und Boden sowie Gebäude begünstigt, sondern das gesamte Anlagevermögen des Unternehmens. Falls lediglich ein Teil des Veräußerungserlöses reinvestiert wird, kann der noch verbleibende Überschuss

---

216 Zum Telos des § 6b EStG siehe *Jachmann*, in: Kirchhof, EStG Kompaktkommentar, § 6b EStG, Rdnr. 1 und *Glanegger*, in Schmidt, EStG, § 6b, Rdnr. 1. Allerdings hat sich der ursprüngliche Anwendungsbereich des § 6bEStG mittlerweile insoweit von seinem irischen Pendant entfernt, als bewegliche Wirtschaftsgüter der Vorschrift nicht mehr unterfallen. Auf der anderen Seite gerät aber auch der Anwendungsbereich des irischen *rollover relief* zunehmend in die budgetpolitische Diskussion, vgl. nur *Pietrek*, in: IStR 2003, Länderbericht 1/2003, 3.

217 *Feeney*, The Taxation of Companies, 9.102.18 (829 f.).

218 Dabei bleibt der erste Veräußerungszeitpunkt jedoch bedeutsam, da sich auch im Falle des Vortrags mittels *rollover-relief* der Inflations-Index an diesem Datum orientiert, vgl. Hinweise hierzu bei *Corrigan*, in: Ussher/O`Connor, Doing Business in Ireland, Vol. 1, § 5.07 [7e].

219 Lediglich sec. 597 (11) (a), (b) sehen hiervon ganz enge Ausnahmen für Konstellationen vor, in denen eine Gesellschaft entweder über mehrere Betriebe an verschiedenen Orten verfügt oder einen Betrieb schließt und wenig später einen neuen eröffnet.

220 *Feeney*, The Taxation of Companies, 9.102.18 (830), der zudem darauf hinweist, dass die *Revenue Commissioners* den Zeitraum der Ersatzbeschaffung im Einzelfall verlängern können, soweit besondere Umstände vorliegen.

vorgetragen werden, sofern er geringer ist als der tatsächliche Veräußerungsgewinn.

Beispiel[221]:

Die X-Ltd. – eine *company limited by shares* – veräußert im Jahr 2000 eine Maschine für 20.000 IR £, die im Betrieb nicht mehr benötigt wird. Dabei erzielt die Gesellschaft einen Veräußerungsgewinn von 15.000 IR £. Anschließend erwirbt sie aus dem Erlös einen hochmodernen Computer für 6.000 IR £, so dass ihr noch 14.000 IR £ verbleiben. Dieser Betrag ist geringer ist als der Veräußerungsgewinn. Infolgedessen kann die Restrücklage i.H.v. 9.000 IR £ (15.000 IR £ - 6.000 IR £) noch auf die folgenden drei Veranlagungszeiträumen vorgetragen werden.

4. Inflation Index

Bemessungsgrundlage ist die durch die Veräußerung erlangte Gegenleistung, von der neben wertsteigerndem Aufwand und Kosten, die im Zusammenhang mit der Veräußerung anfielen, insbesondere die Anschaffungs- und Herstellungskosten abzuziehen sind. Bemerkenswert hieran ist, dass die Anschaffungs- und Herstellungskosten mit einem Inflationsfaktor zu multiplizieren sind, der ihre ursprüngliche Ausgangsgröße im Laufe der Zeit immer weiter steigert. Auf diese Weise wird einer inflationsbedingten Besteuerung von Scheingewinnen entgegengewirkt. Lediglich für Wirtschaftsgüter, die im Zeitpunkt ihrer Veräußerung nicht mindestens 12 Monate zum Betriebsvermögen der Kapitalgesellschaft gehörten, findet der *inflation index* keine Anwendung[222]. Gleiches gilt für Wirtschaftsgüter, die bereits vor Einführung der *capital gains tax* am 6. April 1974 zum Betriebsvermögen zählten. Für jene ist im Falle einer Veräußerung statt der Anschaffungs- und Herstellungskosten ihr Marktwert (*market value*) an diesem Stichtag anzusetzen[223]. Zweck des in sec. 556 (2) TCA 1997 normierten *inflation index* ist es, eine nur papierne Wertsteigerung aufgrund permanent existierender Geldentwertung auszugleichen oder jedenfalls abzumildern[224]. Damit der Gesetzgeber das Steuergesetz selbst nicht in jedem Jahr anpassen muss, konkretisieren die *Revenue Commissioners* sec. 556 (2) TCA 1997 durch *statutory regulations*, indem sie den Multiplikator der Anschaffungs- und Herstellungskosten jährlich neu festlegen. Dieser orientiert sich am

---

221 *Lüdemann/Bruton/Hruschka*, Steuerfolgen gewerblicher Investitionen in Irland, Rdnr. 198.
222 So schon sec. 3 (1) des Capital Gains Tax (Amendmend) Act 1978.
223 Revenue Notes, TCA 1997, Part 19, 548; *Corrigan*, in: Ussher/O'Connor, Doing Business in Ireland, Vol. 1, § 5.07 [6b]; *Appleby/O'Hanlon*, The Taxation of Capital Gains, 266; *Cooney/Martyn/Reck*, Taxation Summary, 6.1 (307); *Grotherr*, in: IWB, Fach 5, Gruppe 2, Irland, 33 ff. [47].
224 Revenue Notes, TCA 1997, Part 19, 556 . Siehe hierzu *Haccius*, Ireland in International Tax Planning, 373.

Consumer Price Index, den das irische *Central Statistics Office* ermittelt[227] und beispielsweise im Veranlagungsjahr 2001 zu folgenden Indexfaktoren führte[228]:

Jahr der Aufwendung	**Index-Faktor im Jahr 2001**
1979-80	3.445
1980-81	2.983
1981-82	2.465
1982-83	2.074
1983-84	1.844
1984-85	1.674
1985-86	1.577
1986-87	1.507
1987-88	1.457
1988-89	1.430
1989-90	1.384
1990-91	1.328
1991-92	1.294
1992-93	1.226
1994-95	1.205
1995-96	1.175
1996-97	1.152
1997-98	1.134
1998-99	1.115
1999-00	1.098
2000-01	1.053

Die Anwendung des Inflationsfaktors steht allerdings unter dem Vorbehalt, dass er einen Veräußerungsgewinn nicht in einen Veräußerungsverlust wandeln darf. Dann wird die Veräußerung nämlich insgesamt so behandelt, als habe sie weder einen Gewinn noch einen Verlust erzeugt, sei also steuerlich neutral erfolgt[229].

Für bestimmte Wirtschaftsgüter mit zeitlich begrenzter Nutzungsdauer (sog. *wasting assets*), für die ausnahmsweise keine Abschreibungen vorgenommen werden dürfen, ist zudem neben dem an die Verbraucherpreisentwicklung gekoppelten Faktor noch Folgendes zu beachten: Um zu verhindern, dass bei deren Verkauf regelmäßig hohe Kapitalverluste anfallen, sind diese Wirtschaftsgüter

---

227 Feney, The Taxation of Companies, 9.102.3 (797 f.); *Cooney/Martyn/Reck*, Taxation Summary, 6.2.1 (308).

228 *Ward*, in: Taxation of Individuals in Europe, Ireland, 2.4.1 (40), Suppl. No. 25, October 2001.

229 *Feeney*, The Taxation of Companies, 9.102.3 (798).

gemäß sec. 560 (3) TCA 1997 für Zwecke der Veräußerungsgewinnbesteuerung über die voraussichtlich betriebsgewöhnliche Nutzungsdauer gleichmäßig im Wert herabzusetzen. Auf diese Weise wird erreicht, dass nur der jeweilige Restwert als Abzugsposten bei der Ermittlung des Kapitalgewinns bzw. -verlustes heranzuziehen ist[230]. Nur dieser darf deshalb auch indexiert werden[231]. In der Praxis bezieht sich dies insbesondere auf solche immateriellen Wirtschaftsgüter, für die keine Abschreibungen vorgenommen werden können[232].

Beispiel[233]:

Die A-Ltd. erwirbt im Jahr 1995 zur Altersabsicherung ihrer beiden Hauptgesellschafter eine übertragbare und auf 30 Jahre befristete Jahresrente aus einem Investment (*annuity*) ohne zeitliche Verlängerungsoption für IR £ 25.000. Nach 6 Jahren (2001) gelingt es ihr, dieses Recht für 23.500 IR £ an die B-Partnership weiter zu veräußern.

Veräußerungserlös		23.500 IR £
Anschaffungspreis	25.000 IR £	
Kürzung um die „verbrauchte" Lebensdauer (6/30 * 25.000)	5.000 IR £	

	20.000 IR £	
Inflationsfaktor:	20.000 * 1.175	– (23.500 IR £)

Veräußerungsverlust:		0 IR £

D.h.: Infolge einer Anwendung der Regeln für sog. *wasting assets* hat die A-Ltd. keinen Veräußerungsverlust erlitten.

---

230 *Grotherr*, in: IWB, Fach 5, Gruppe 2, Irland, 33 ff. [47] betont, dass dies – obwohl der Begriff *wasting assets* seiner Definition nach grundsätzlich weit zu verstehen ist, infolge der Begrenzung auf nicht abschreibbare Wirtschaftsgüter i.d.R. nur noch für bestimmte immaterielle Wirtschaftsgüter praktische Relevanz erlangt. Denn, so *Appleby/O'Hanlon*, The Taxation of Capital Gains, 212, insbesondere für *plant and machinery* bestehe ja die Möglichkeit der AfA, so dass diese Ausgaben nicht „wasted" seien.

231 *Feeney*, The Taxation of Companies, 9.102.7 (804 f.).

232 *Grotherr*, in: IWB, Fach 5, Gruppe 2, Irland, 33 ff. [47].

233 Beispiel angelehnt an *Corrigan*, in: Ussher/O'Connor, Doing Business in Ireland, Vol. 1, § 5.07 [6].

5. Tarif der Capital Gains Tax

Schließlich steht man infolge der Integration der *capital gains tax* in die Körperschaftsteuer vor folgendem Problem: Veräußerungsgewinne von Kapitalgesellschaften sind zwar in die irische Körperschaftsteuer eingebunden. Ihre endgültige steuerliche Belastung soll aber nicht von dem Betrag abweichen, den sie im Falle einer unmittelbaren Anwendung der *capital gains tax* entrichten müsste[234]. Der Steuersatz der *capital gains tax* (20%) differiert aber infolge gesetzlicher Änderungen mittlerweile von dem Regelsteuersatz der Körperschaftsteuer (12.5% für das *trading income*). Aus diesem Grund ist ein steuerlicher Belastungsgleichlauf mit der Veräußerungsgewinnsteuer nur gewährleistet, soweit *companies* die in sec. 78 TCA 1997 vorgeschriebenen technischen Anpassungen vornehmen und ihre Veräußerungsgewinne fiktiv hochschrauben. Daher muss der in die körperschaftsteuerliche Bemessungsgrundlage einfließende Veräußerungsgewinn mit dem mathematischen Bruch

$$\frac{\textit{Tarif der capital gains tax (20 \%)}}{\textit{Tarif der Körperschaftsteuer (12.5\%)}}$$

multipliziert werden.

Beispiel:

Erzielt eine Ltd in 2003 einen Veräußerungsgewinn von € 100.000, müsste sie (unter isolierter Anwendung der capital gains tax) eine Steuerschuld von € 20.000 tragen, da der Regelsteuersatz der capital gains tax exakt 20% beträgt. Da sie jedoch der Körperschaftsteuer mit einem Satz von nur 12.5% unterliegt, hat sie bei der Ermittlung der von ihr geschuldeten Körperschaftsteuer folgende Anpassung vorzunehmen:

$$\frac{20}{12.5} \quad * \quad € \, 100.000 \quad = \quad 160.000 \, €$$

D.h.: Ihre Bemessungsgrundlage erhöht sich mittels „adjustment" auf einen (fiktiven) Veräußerungsgewinn von € 160.000. Nachdem sie hierauf ihren Steuersatz (12.5%) anwendet, gelangt sie zu einer Steuerschuld i.H.v. € 20.000. Diese stimmt genau mit demjenigen Betrag überein, der sich auch bei isolierter Anwendung der *capital gains tax* ergeben hätte.

---

234 Vgl. nur *Appleby/O'Hanlon*, The Taxation of Capital Gains, 962; *Feeney*, The Taxation of Companies, 9.101 (790 f.); *Haccius*, in: Bulletin for International Fiscal Documentation 2000, 122 ff. [128].

Lediglich im Falle eines Transfers von:

- zur Erschließung vorgesehenen inländischen Grundstücken,
- bestimmten Lebensversicherungspolicen und
- ausgewählten *Offshore-Fonds*,

sind „capital gains" nicht in die Körperschaftsteuer integriert, so dass die *capital gains tax* und ihr Steuersatz (20%) unmittelbare Anwendung finden.

V. Körperschaftsteuersätze in der Republik Irland

Den Körperschaftsteuertarif setzt der irische Gesetzgeber bereits seit Jahrzehnten als Instrument ein, um die eigene Volkswirtschaft durch ausländisches „inward investment" zu stimulieren. Neben Rückgriffen auf Anreize in Form von lokal und regional begrenzten Niedrigsteuersätzen ist er in der jüngeren Vergangenheit dazu übergegangen, insbesondere den allgemeinen Körperschaftsteuersatz zu wirtschaftspolitischen Zwecken zu nutzen.

1. Entwicklung des allgemeinen Steuersatzes

Noch gegen Ende er 1980er Jahre stellte Irland aus körperschaftsteuerlicher Sicht – von den sogleich zu besprechenden Ausnahmen abgesehen – eines von vielen europäischen Hochsteuerländern dar. Das Land praktizierte einen in zwei Stufen geteilten Tarif mit einer gleitend ansteigenden Verbindungsskala zwischen beiden Steuersätzen, um Härten beim Übergang von der ersten Stufe auf die nächste abzumildern[235]. Blendet man den für *capital gains* geltenden besonderen Steuersatz aus, so zog der irische Fiskus eine Kapitalgesellschaft beispielsweise im Jahr 1988 folgendermaßen zur Körperschaftsteuer heran[236].

1. Stufe: Einkommen unter 25.000 IR £ (ca. € 31.750) unterlag der Körperschaftsteuer mit einem proportionalen Steuersatz i.H.v. 40%.

Zwischenbereich: Bei steuerpflichtige Einkünften von 25.000 IR £ (ca. € 31.750) bis 35.000 IR £ (ca. € 44.450) stieg der Steuersatz bei steigender Bemessungsgrundlage kontinuierlich vom Steuersatz der ersten Stufe bis zur Tarifhöhe der zweiten Stufe an.

---

[235] *BDO*, Company Taxation in Europe, 61.

[236] Finance Act 1988 sec. 33 (1) – (3); *Grotherr*, in: IWB, Fach 5, Irland, Gruppe 2, 33 ff. [43] zeigt anhand eines Beispiels, wie der irische Gesetzgeber im Zwischenbereich mit einer Kürzungsquote arbeitete.

2. Stufe: Steuerpflichtige Einkünfte über 35.000 IR £ (ca. € 44.450) unterlagen einem proportionalen Steuersatz i.H.v. 50%.

Erst in den 1990er Jahren leitete Irland eine Steuerpolitik ein, für die das kontinuierliche Absenken des allgemeinen Körperschaftsteuersatzes *das* signifikante Merkmal schlechthin ist[237]:

1989:	47%
1991:	43%
1993:	40%,
1995:	38%,
1997:	36%
1998:	32%.

Dabei schlägt die im irischen Steuerrecht ohnehin angelegte Schedulisierung von Einkünften seit dem Jahr 2000 bis auf den Tarif durch: Nachdem zuvor sämtliche *profits* einer Kapitalgesellschaft ohne Rücksicht auf ihre Einkunftsart dem zweistufigen Steuersatz unterlagen, ist seither nicht nur der *marginal relief* im Zwischenbereich weggefallen. Vielmehr greift der irische Fiskus nunmehr auch mit unterschiedlichen Steuersätzen zu – je nachdem, ob es sich bei dem Einkommen der Gesellschaft um *trading income* oder um *non-trading income* handelt. Im Rahmen der körperschaftsteuerlichen Belastung muss man daher folgendermaßen differenzieren[238]:

Jahr	**Trading Income**	**Non-Trading Income**
2000	24%	25%
2001	20%	25%
2002	16%	25%
ab 2003	12.5%	25%

Es gibt also keinen einheitlichen Steuertarif mehr, der das gesamte zu versteuernde Einkommen von Kapitalgesellschaften erfasst. Stattdessen gewinnt die Einordnung von Einkünften in *Schedules* und *Cases* noch mehr an Bedeutung, da sie nun nicht mehr nur über Fragen der Gewinnermittlung und Verlustnutzung entscheidet, sondern auch über den einschlägigen Körperschaftsteuertarif.

---

[237] Vgl. *Brennan/Moore*, Corporation Tax, 1.4.1 (7) mit Bezug auf die zweite Tarifstufe. Ebenso *Ward*, in: Bulletin for International Fiscal Documentation 2000, 54 ff. [61]; *Haccius*, in: Bulletin for International Fiscal Documentation 2000, 122 ff. [128]; *Cooney/Martyn/Reck*, Taxation Summary, 2.1.3 (202); *Kischel*, in: IWB, Fach 5, Gruppe 2, Irland, 77 ff. [83].

[238] *Nathans*, Doing Business in Ireland, 17.

Zum *non-trading income* mit vermeintlich eher „passiver“ Natur zählen insbesondere sämtliche Einkünfte einer Kapitalgesellschaft, die unter Schedule D Case III, IV und V fallen[239]. Demgegenüber sind die gewerblichen Einkünfte einer Gesellschaft (Schedule D Case I) niedrig besteuertes *trading income*, auf das der irische Fiskus nur mit 12.5% zugreift. Da TCA 1997 nicht legal definiert, was ein Gewerbe ist und stattdessen mit einem Typusbegriff arbeitet, fallen hierunter auch Grundstücks- und Wertpapierhandel[240] sowie insbesondere der gesamte Dienstleistungssektor, der sich mittlerweile zum bedeutsamsten Wachstums- und Beschäftigungsmarkt in Irland entwickelt hat. Hintergrund des seit 1998 mit bemerkenswertem Tempo durchgeführten Senkungsprogramms ist eine Neubewertung der bisherigen steuerlichen Investitionsförderung Irlands durch spezielle Tarif-Anreize seitens der Kommission. Wie nachfolgend noch ausführlich erörtert wird, erblickte die Kommission 1998 im sog. *manufacturing relief* und in der Niedrigbesteuerung von international agierenden Dienstleistungsgesellschaften im Dubliner IFSC i.H.v. lediglich 10% eine nicht mehr genehmigungsfähige Beihilfe i.S.v. Art. 87 Abs. 1 EGV. Um die Hintergründe der Entwicklung des allgemeinen Steuersatzes in Irland korrekt einschätzen zu können, ist es deshalb erforderlich, zunächst die vorangegangene Praxis Irlands in der *Customs House Dock Area* genauer zu beleuchten. An dieser Stelle sei lediglich darauf hingewiesen, dass sämtliches Einkommen einer zuvor mittels Vorzugstarif niedrig besteuerten IFSC-Gesellschaft nunmehr zum *trading-income* zählt, das mit 12.5% Körperschaftsteuer belastet wird[241].

2. Vorzugstarif für Gesellschaften im IFSC

Der besondere Körperschaftsteuertarif für international agierende Finanzdienstleister im *International Financial Service Centre* (IFSC) in Dublin stellt den Höhepunkt einer langjährigen Steuerpolitik dar, die gezielt Anreize auf der Ebene des Körperschaftsteuertarifs bietet. Bereits im Jahr 1956 existierte ein *Export Sales Relief* (E.S.R.) für Wirtschaftsgüter, die in Irland hergestellt und anschließend exportiert wurden: Exportgewinne produzierender Kapitalgesellschaften unterlagen danach im Inland infolge einer *zero rate* überhaupt keiner körperschaftsteuerlichen Belastung. Hierdurch sollte die industrielle Entwicklung des Landes gefördert werden, dessen wichtigster Wirtschaftszweig in den 1950er Jahren noch immer die

---

239 *Haccius*, in: Bulletin for International Fiscal Documentation 2000, 122 ff. [122]. Anm.: Schedule C spielt in der Praxis kaum eine Rolle, während Einkünfte nach Schedule F als „franked investment income“ auf Ebene der Körperschaft steuerfrei sind und Einkommen gemäß Schedule E nur Arbeitnehmer betrifft.

240 Ausführlich zum Gewerbebegriff bereits Kapitel 2 C II 1.

241 Vgl. nur *Feeney*, The Taxation of Companies, 1.5.2 (13); *McNally*, in: ET 1999, 4 ff. [7]; *O'Mahony*, in: Intertax 2002, 43 f. [43]; *Lohan*, in: Irish Tax Review 2002, 487 ff. [491].

Landwirtschaft war[242]. Obwohl der E.S.R. ursprünglich nur für in Irland hergestellte Produkte konzipiert war, erweiterte man ihn nach und nach auch zugunsten anderer Gewerbe wie beispielsweise der Fischerei, der Schiffsreparatur in Werften und dem Druckereigewerbe. Als flankierende Maßnahme hierzu blieben Dividenden, welche die begünstigten Unternehmen aus ihren Exportgewinnen ausschütteten, in den Händen natürlicher Personen von der Einkommensteuer befreit[243]. Erst nach dem Beitritt Irlands zur Europäischen Gemeinschaft im Jahr 1973 bewirkte wachsender politischer Druck anderer Mitgliedstaaten ein Auslaufen der Vergünstigung am 31. Dezember 1980[244].

Als Ersatz für den E.S.R. schuf die Republik Irland ab dem 01. Januar 1981 einen Körperschaftsteuertarif i.H.v. lediglich 10% für Kapitalgesellschaften, die Güter in der Republik Irland produzierten (sog. *manufacturing relief*). Fortan war kein Export mehr notwendig, um den ermäßigten Steuersatz zu beanspruchen[245]. Zur selben Zeit weitete man diesen tariflichen Steueranreiz auf *companies* aus, die zwar nicht produzierten, aber Reparaturen und Wartungsarbeiten in der *Shannon Airport Zone* betrieben[246] und mit ihren Gewinnen bislang vollständig von der irischen Körperschaftsteuer befreit waren. Schließlich gelangten im Jahr 1987 auch die im Rahmen dieser Untersuchung besonders interessierenden Kapitalgesellschaften mit Sitz im Dubliner IFSC in den Genuss des Vorzugssteuersatzes i.H.v. lediglich 10%[247]. Gesetzestechnisch gelang dies, indem der Steuergesetzgeber in späteren *Finance Acts* den schon ursprünglich nicht allzu engen Katalog von *manufacturing activities* nicht mehr auf typischerweise produzierende Unternehmen beschränkte, sondern immer weiter ausdehnte und schließlich auch EDV-Service und international ausgerichtete Dienstleistungen einbezog[248]. Konsequenz dieser Politik war, dass

---

[242] *Valente*, in: Tax Planning International 1997, 6 ff. [10]; *McNally*, in: ET 1999, 4 ff. [5]; *Cunningham*, in: Bulletin for International Fiscal Documentation 1996, 394 ff. [394]; *Ward*, in: Bulletin for International Fiscal Documentation 2000, 54 ff. [59].

[243] *Cunningham*, in: Bulletin for International Fiscal Documentation 1996, 394 ff. [394]; *Ward*, in: Bulletin for International Fiscal Documentation 2000, 54 ff. [59]; *McNally*, in: ET 1999, 4 ff. [5].

[244] Sec. 42 FA 1980. *Feeney*, The Taxation of Companies, 7.101 (625 f.) weist allerdings darauf hin, dass infolge großzügiger Übergangsvorschriften der *export sales relief* endgültig erst am 05. April 1990 auslief.

[245] Finance Act 1980 sec. 38; sec. 41 (2). Eine Steuerbefreiung von Dividenden in den Händen der Anteilseigner für Gewinne, die dem *manufacturing relief* unterlagen, sah die Regelung indes nicht mehr vor, vgl. hierzu *Ward*, Judge Irish Income Tax, 1.4 (9); *McNally*, in: ET 1999, 394 ff. [394]; *Cooney/Martyn/Reck*, Taxation Summary, 2.2 (216).

[246] Finance Act 1981 sec. 17. Hierzu *Cooney/Martyn/Reck*, Taxation Summary, 2.2 (217).

[247] Finance Act 1987 sec. 30 (1) – (2).

[248] *Supreme Court* – 28 April 1998, Saatchi & Saatchi Advertising Limited v Kevin McGarry (Inspector of Taxes), in: ITR 1998, 99 ff. [102]; *Haccius*, in: Bulletin for International Fiscal Documentation 2000, 122 ff. [129]; *ders.*, in: Bulletin for International Fiscal Documentation 1998, 73 ff. [74]; *McNally*, in: ET 1999, 4 ff. [5]; *Cunningham*, in: Bulletin for International

der reguläre Körperschaftsteuersatz eine Vielzahl irischer Kapitalgesellschaften gar nicht mehr erfasste; sie profitierten stattdessen von dem großzügig gewährten Vorzugssteuersatz[249].

Durch das Ausdehnen des *manufacturing relief* auf Kapitalgesellschaften im IFSC wollte die Republik Irland im ehemaligen Dubliner Zollhafen ein international konkurrenzfähiges Finanzdienstleistungszentrum etablieren[250]. Denn das ehemals prosperierende Hafengebiet (sog. *Custom House Dock Area*) präsentierte sich Mitte der 1980er Jahre als ein von extrem hoher Arbeitslosigkeit und drohendem Verfall geprägtes Stadtviertel. Durch Steueranreize sollten ausländische Unternehmen dazu bewegt werden, sich im IFSC niederzulassen oder dort eine Tochtergesellschaft zu gründen. Diese Gesellschaften, so hoffte Irland, würden wiederum qualifizierte Arbeitsplätze schaffen und Dublin dauerhaft zu einem bedeutenden europäischen Zentrum für internationale Finanzdienstleistungen machen[251]. Retrospektiv ist festzustellen, dass sich die irische Steuerpolitik als überaus erfolgreich erwies. Seit seiner Gründung im Jahr 1987 hat sich das IFSC zu einem konkurrenzfähigen Versicherungsplatz und Dienstleistungszentrum entwickelt, an dem knapp 1.000 der führenden Bank-, Versicherungs- und Finanzdienstleistungsgesellschaften tätig sind und über 12.000 qualifizierte Arbeitsplätze geschaffen haben[252].

a) Zertifizierungsverfahren

Wesentlich zum Erfolg des IFSC beigetragen hat das bis zum 31. Dezember 1999 praktizierte irische Zertifizierungsverfahren[253]. Danach erhielten nur solche Kapitalgesellschaften eine Erlaubnis, sich im Bereich des IFSC niederzulassen und von dem Vorzugssteuersatz i.H.v. 10% zu profitieren, die über die vom Gesetzgeber

---

Fiscal Documentation 1996, 394 ff. [395] und *Grotherr*, in: IWB, Fach 5, Gruppe 2, Irland, 33 ff. [43].

249 Richtig insoweit die Feststellungen von *Hey*, Harmonisierung der Unternehmensbesteuerung in Europa, 50. Gerade die großzügige Vorzugsbehandlung gewerblicher *companies* stellte nämlich möglicherweise einen Grund dafür dar, dass die Kommission den *manufacturing relief* lange Zeit als „unspezifisch" und daher nicht als Beihilfe i.S.v. Art. 87 Abs. 1 EGV einstufte, vgl. hierzu auch die Hinweise bei *McNally*, in: ET 1999, 4 ff. [6].

250 Siehe nur *Hickson*, in: Offshore Investment 1994, 50 f. [50]; *Grotherr*, in: IWB, Fach 5, Irland, Gruppe 2, 51 ff. [51] und *Tulloch*, in: DB 1992, 1444 ff. [1446].

251 *Walley/Yunich/Byrne*, in: Journal of International Taxation 1994, 363 ff. [365]; *Tulloch*, in: DB 1992, 1444 ff. [1446]; *Leitner*, in: SWI 1996, 24 ff. [26]; *Cunningham*, in: Bulletin for International Fiscal Documentation 1996, 394 ff. [396].

252 Vgl. die Publication of the IDA Ireland, Stand 2004 sowie die Daten aus der speech by *Charlie McCreevy* (Minister for Finance), 27 March 2000, abrufbar im Internet unter www.finance.gov.ie.

253 Anm.: Auf Drängen der EG-Kommission hin vergibt Irland seither keine neuen Genehmigungen mehr, weshalb die bisherige Form der IFSC-Förderung im Jahr 2005 ausläuft.

aufgestellten Hürden sprangen. Dafür hatten die *companies* zunächst in einem Antrag die *Industrial Development Agency* (IDA) davon zu überzeugen, dass ihre Tätigkeit als förderungswürdig einzustufen ist. Dem Gesuch musste ein ausführlicher Geschäftsplan beigelegt werden, den die IDA nach einer ersten positiven Reaktion dem *Certification Advisory Commitee* vorlegte. Dieses Gremium bestand aus Vertretern des Finanz- und des Handelsministeriums, der IDA und der irischen Zentralbank. Nach nochmaliger Prüfung sprach das *Certification Advisory Commitee* eine Empfehlung aus, auf deren Basis der Finanzminister schließlich endgültig über die Vergabe des Zertifikats entschied[254]. Erst am Ende dieser *certification procedure* bescheinigte das irische Finanzministerium, dass es das Unternehmen für förderungswürdig erachtete und gewährte der Gesellschaft daraufhin zahlreiche Steuervorteile, von denen der Vorzugstarif i.H.v. 10% der bedeutsamste war[255]. Um das Zertifikat zu erhalten, musste eine *company* folgende Voraussetzungen erfüllen:

1. Sie hatte ihr Unternehmen innerhalb der *Custom House Dock Area* (CHDA) zu betreiben, die *TCA 1997 in Schedule 5 Paragraph 2* räumlich exakt eingrenzt. Nur sofern es einer Gesellschaft aufgrund von nicht durch sie zu verantwortenden Umstände (i.d.R. Raummangel) nicht gelang, sich dort niederzulassen, konnte das Finanzministerium hiervon abweichen[256].

2. Sie musste einen positiven Beitrag zur Entwicklung des IFSC zu einem internationalen Finanzdienstleistungszentrum leisten. Regelmäßig erfolgte dies durch die Zusage, innerhalb von 3 bis 5 Jahren eine bestimmte Zahl von Arbeitsplätzen zu schaffen[257].

3. Die Gesellschaft war verpflichtet, nur ganz bestimmte Dienstleistung zu erbringen, wozu insbesondere die nachfolgenden Aktivitäten zählten:

   - Typische Finanzdienstleistungen von Banken (z.B. Abschluss von Sicherungsgeschäften gegen Kursrisiken oder Devisenmanagement und Finanzberatung),

---

[254] *Walley/Yunich/*Byrne, in: Journal of International Taxation 1994, 363 ff. [366]; *Corrigan*, in: Ussher/O`Connor, Doing Business in Ireland, Vol. 1, § 5.06 [16a].

[255] FA 1987 sec. 30 (2), FA 1980 sec. 39B. Siehe hierzu *Cooney/Martyn/Reck*, Taxation Summary, 2.2 (221); *Cunningham*, in: Bulletin for International Fiscal Documentation 1996, 394 ff. [396]; *Fischer-Zernin*, in: IWB, Fach 5, Gruppe 2, Irland, 63 ff. [64]; *Tulloch*, in: DB 1992, 1444 ff. [14446]; *Walley/Yunich/Byrne*, in: Journal of International Taxation 1994, 363 ff. [366]; *Hickson*, in: Offshore Investment 1993, 50 f. [50]; *Valente*, in: Tax Planning International 1997, 6 ff. [10].

[256] TCA 1997 sec. 446 (9) (a).

[257] *Tulloch*, in: DB 1992, 1444 ff. [1446]. Anm.: Gleichzeitig gewährleistet dieses Erfordernis, dass ein genehmigtes Projekt über eine hinreichende geschäftliche Substanz verfügt und tatsächlich Finanzaktivitäten nachgeht.

- Internationaler Handel mit Optionen, Devisen und anderen Finanzanlagen, die auf ausländische Währung lauteten,
- Handel mit Beteiligungen und Wertpapieren, soweit sie in fremden Währungen ausgestellt waren,
- Versicherungstätigkeiten einschließlich der Rückversicherung und der konzerninternen Versicherungsleistung von *captives*, die als konzernangehörige Versicherungsgesellschaften dafür sorgten, dass das Prämienvolumen innerhalb des Konzerns blieb,
- Globales Finanzmanagement im Konzernverbund,
- Konzernfinanzierung und „back office" Leistungen (z.B. Buchhaltung oder Rechnungslegung) zugunsten des Konzerns und
- Entwicklung von Software zur Unterstützung von Buchführungsarbeiten sowie zur Verarbeitung und Analyse von Finanzinformationen[258].

4. Schließlich musste sie, um negative Auswirkungen auf die inländische Wirtschaft zu vermeiden, ihre Leistungen ganz überwiegend zugunsten von Personen erbringen, die nicht in der Republik Irland ansässig waren[259].

Auch nach der Zertifizierung überwachte Irland, ob die begünstigten Kapitalgesellschaften im IFSC diese Voraussetzungen einhielten. Falls daher eine Gesellschaft ihren Geschäftsbetrieb in der *Custom House Dock Area* einstellte, ihren Sitz in dem Gebiet aufgab oder das Finanzministerium nachträglich zu der Erkenntnis gelangte, die Voraussetzungen, unter denen man der Gesellschaft das Zertifikat erteilt hatte, seien nicht eingehalten worden, konnte der Finanzminister die Genehmigung gemäß sec. 446 TCA 1997 widerrufen.

b) Weitere Steuervorteile im IFSC

Mit Abstand wichtigster Steueranreiz für die im IFSC ansässigen Kapitalgesellschaften war und ist der niedrige Körperschaftsteuertarif i.H.v. lediglich 10%, der sich mit Ausnahme der *capital gains* auf das gesamte *income* erstreckt[260]. Darüber hinaus profitierten sie in der Vergangenheit aber noch von einer ganzen Reihe weiterer Steuervorteile[261]:

---

[258] TCA 1997 sec. 446 (7) (c) (i) – (vi).

[259] TCA 1997 sec. 446 (8). Hierzu *Feeney*, The Taxation of Companies, 7.206.3; *Cunningham*, in: Bulletin for International Fiscal Documentation 1996, 394 ff. [396 f.]; *Cooney/Martyn/ Reck*, Taxation Summary, 2.2. (220 f.); *Hickson*, in: Offshore Investment 1993, 50 f. [50].

[260] TCA 1997 sec. 448 (1).

[261] *Hickson*, in: Offshore Investment 1994, 50 f. [50]; *Corrigan*, Revenue Law, Vol. II, 16 – 08 (277 ff.); *ders.*, in: Ussher/O'Connor, Doing Business in Ireland, Vol. 1, § 5.06 [4]; *Cunningham*, in: Bulletin for International Fiscal Documentation 1996, 394 ff. [397]; *Deloitte-*

– Um die Sanierung des Hafenviertels voranzutreiben, wurden Gesellschaften im IFSC von der Stadt Dublin 10 Jahre lang (1987– 1997) von den grundsteuerähnlichen Kommunalabgaben (*rates*) befreit, die sonst sämtlichen nicht privat genutzten Grundbesitz belasten. Neben Neubauten profitierten hiervon nach dem *Urban Renewal Act 1986* auch betrieblich genutzte Gebäude, die ein Steuerpflichtiger bloß verbesserte bzw. vergrößerte.

– Die kontinuierliche Fortentwicklung des IFSC zu einem international konkurrenzfähigen Finanzdienstleistungszentrum förderte auch die *commercial premises allowance*[262]. Danach konnten IFSC-Gesellschaften die Anschaffungs- und Herstellungskosten der von ihnen selbst genutzten Gebäude im ersten Nutzungsjahr sofort i.H.v. 100% abschreiben. Besonders bemerkenswert hieran ist, dass diese vollständige Sofortabschreibung im IFSC Bürogebäude begünstigte, die ansonsten überhaupt nicht abgeschrieben werden können[263].

– Falls eine *company* nicht selbst über Eigentum im *International Financial Services Centre* verfügte, sondern entsprechende Räume anmietete, galt Folgendes: Während dem Vermieter eine Anfangsabschreibung i.H.v. 50% und eine anschließende Jahres-AfA i.H.v. 4% zustand, war es den die Büroräume anmietenden IFSC-Gesellschaften gestattet, den doppelten Betrag ihrer tatsächlich getragenen Miet- bzw. Pachtzinsen steuerwirksam abzusetzen (sog. *double rent allowance*)[264].

– Ferner unterlagen Zinsleistungen (*interest payments*) von IFSC-Gesellschaften an Personen mit Sitz außerhalb der Republik Irland entgegen dem sonst geltenden Grundsatz keiner Quellensteuer[265]. D.h.: Auch ohne dass ein Doppelbesteuerungsabkommen die Quellensteuer reduzierte oder ausschloss, konnten die begünstigten Finanzdienstleister die Zinsen ungemindert an *non-residents* überweisen.

Touche Tohmatsu, Ireland, 2.03 (10 f.); *Jeffery*, in: Kesti, European Tax Handbook, Ireland, 315; *Fischer-Zernin/Schwarz*, in: IWB, Fach 5, Gruppe 2, Irland, 63 ff. [70]; *Valente*, in: Tax Planning International 1997, 6 ff. [10].

262 FA 1986 sec. 42 (1) (b) (i) – (ii), (2) (a) und sec. 44 (1) (c) – (d).

263 Zur eingeschränkten Abschreibungsmöglichkeit von Gebäuden schon Kapitel 2 C III 5 b); *Ward*, in: Bulletin for International Fiscal Documentation 2000, 54 ff. [63]; *Nathans*, Doing Business in Ireland, 18; Corrigan, Revenue Law, Vol. II, 16 – 11 (277); *Cunningham*, in: Bulletin for International Fiscal Documentation 1996, 394 ff. [397 f.]; *Fischer-Zernin/Schwarz*, in: IWB, Fach 5, Gruppe 2, Irland, 63 ff. [70].

264 FA 1986 sec. 45 (2); *Corrigan*, Revenue Law, Vol. II, 16 – 18 (279).

265 TCA 1997 sec. 246 (3) (c) (i), (4) (a) – (b); erstmals eingeführt in: FA 1988 sec. 38. Die Höhe der Quellensteuer auf Zinsen orientiert sich an der *standard rate* irischer Einkommensteuer, betrug also beispielsweise im Jahr 1988 exakt 32%, vgl. *Nathans*, Doing Business in Ireland, 18.

– Im Verhältnis zu ihren ausländischen Muttergesellschaften genossen sie zudem einen Vorzug, der von den sonst üblichen Regeln der Gesellschafter-Fremdfinanzierung abwich. Denn prinzipiell betrachtet sec. 130 (2) (d) (iv) TCA 1997 Vergütungen für Fremdkapital an eine ausländische Gesellschaft, die 75% ihrer Anteile hält, als Ausschüttungen. Deswegen ist es der irischen Tochter verwehrt, diese Zinsen von ihrem Einkommen in Irland abzuziehen. Für IFSC-Gesellschaft bestand jedoch die Möglichkeit, bei den *Revenue Commissioners* einen Antrag zu stellen, nach dem ihre Fremdkapitalvergütungen ausnahmsweise doch als gewinnmindernde Betriebsausgaben anerkannt wurden[266].

– Schließlich hielt das irische Steuerrecht für Fonds- und Investmentgesellschaften besondere Vorzüge bereit: Als UCITS (*Undertakings for Collective Investment in Transferable Assets*) waren sie lange Zeit sowohl von der irischen Körperschaftsteuer als auch von der integrierten *capital gains tax* auf Veräußerungsgewinne vollständig befreit und brauchten keine Quellensteuer auf die von ihnen ausgeschütteten Beträge einzubehalten[267].

Dass es sich bei den soeben aufgeführten sonstigen Steuervorteilen um ungenehmigte Beihilfen i.S.v. Art. 87 Abs. 1 EGV handelte, wirkte sich nicht auf die tatsächliche Existenz der Regeln in Irland aus. Sie stellten vielmehr wirksames irisches Steuerrecht dar. Kapitalgesellschaften mit Sitz im Dubliner IFSC profitierten also jahrelang von diesen „tax incentives". Welche Folgen sich aus dem Konflikt der irischen Steuervergünstigungen mit dem europarechtlichen Beihilfenrecht des EG-Vertrags ergeben, wird erst im weiteren Verlauf dieser Arbeit Gegenstand näherer Untersuchungen sein.

---

[266] *Feeney*, The Taxation of Companies, 7.206.4 (684 f.); *Nathans*, Doing Business in Ireland, 18; *Corrigan*, in: Revenue Law, Vol. II, 16 – 08 (275 ff.). Die in sec 130 (2) (d) (iv) verankerte "debt to equity ratio" – deren bundesdeutsches Pendant in § 8a KStG normiert ist – konnte somit von der IFSC-Gesellschaft auf Antrag außer Kraft gesetzt werden. Anm.: Seit dem Finance Act 2003 ist diese Regelung auf Gesellschaften aus anderen EU-Mitgliedstaaten nicht mehr anwendbar, vgl. hierzu *Cunniffe/Drenckhan*, in: IStR 2004, 334 ff. [338].

[267] FA 1989 sec. 18 (2), (3), (5). Anm.: Erst seit April 2000 müssen auch die UCITS-Fonds eine Quellensteuer i.H.v. 20 v.H. einbehalten und an die Revenue Commissioners abführen, vgl. Revenue Notes, TCA 1997, Part 27, 734; *Ward*, in: Taxation of Individuals in Europe, Ireland, 2.3.2.1 (32), Suppl. No. 25, October 2001; *Cooney/Martyn/Reck*, Taxation Summary, 1.11.5 (102); *Loughlin*, in: Intertax 1994, 20 ff. [21]; *Wagner*, Die steuerliche Betriebsprüfung 1991, 1 ff. [2] und *Walley/Yunich/Byrne*, in: Journal of International Taxation 1994, 363 ff. [366].

c) Optionsmöglichkeit des Revised Relief

Für großes Erstaunen sorgt auf den ersten Blick der *revised relief.* Denn Sec. 448 (7) TCA 1997 ermöglichte es Gesellschaften mit Sitz im IFSC, auf den Vorzugssteuersatz von nur 10% zu verzichten. Stattdessen konnten sie seit 1992 zu einem höheren Steuersatz optieren, der für Kapitalgesellschaften deutscher Muttergesellschaften bei 30% lag[268]. Genehmigt hatte die Europäische Kommission ein solches Optionsrecht nicht, sondern Irland ausschließlich eine „starre" Herabsetzung des normalen Körperschaftsteuertarifs auf 10% gestattet[269]. Der *tax incentive* des Vorzugstarifs wurde also in einer Weise gewährt, die von der Kommissionsgenehmigung nicht gedeckt war. Sucht man nach Ursachen für diesen *revised relief,* so hilft ein isolierter Blick nach Irland nicht weiter. Hintergrund dieser zunächst höchst unverständlich klingenden Konstruktion ist nämlich eine bundesdeutsche Vorschrift: § 10 Abs. 6 AStG!

Mit dem StÄndG 1992 führte Deutschland durch § 10 Abs. 6 AStG eine verschärfte Hinzurechnungsbesteuerung ein. In Abkehr von § 10 Abs. 5 AStG a.F. schaltete der deutsche Gesetzgeber das DBA-Schachtelprivileg weitgehend aus und unterwarf Zwischeneinkünfte mit Kapitalanlagecharakter der inländischen Hinzurechnungsbesteuerung nach §§ 7 ff. AStG. Obwohl die neue Regelung allgemein formuliert wurde, betraf sie faktisch in erster Linie die Republik Irland und das *International Financial Services Centre* Dublin[270]. Denn vor 1992 galten *companies* mit Sitz im IFSC infolge des Vorzugssteuersatzes von nur 10% zwar als niedrig besteuerte Unternehmen i.S.v. § 8 Abs. 3 AStG, die aufgrund ihrer eher „passiven" Tätigkeit i.d.R. auch als Zwischengesellschaften i.S.v. § 8 Abs. 1 AStG einzustufen waren. Prinzipiell hätten ihre Einkünfte somit gemäß §§ 7 Abs. 1, 10 Abs. 1 AStG anteilig den hinter ihnen stehenden deutschen Gesellschaftern zugerechnet werden können. Allerdings verhinderte §10 Abs. 5 AStG a.F. mit seinem Verweis auf Art. 22 Abs. 2 Buchstabe a) Doppelbuchstabe aa) des DBA-Irland diese Rechtsfolge. Danach blieben Gewinnausschüttungen nämlich ohne Aktivitätsvorbehalt im DBA-Irland in der Bundesrepublik von einer Besteuerung ausgenommen. Infolge dieses Schachtelprivilegs lastete auf den nach Deutschland ausgeschütteten Dividenden von IFSC-Kapitalgesellschaften lediglich eine irische Körperschaftsteuer

---

[268] *Corrigan*, Revenue Law, Vol. II, 26 – 82; *Kischel*, in: IWB, Fach 5, Gruppe 2, Irland, 63 ff. [84].

[269] Vgl. die von der *Kommission* ausgesprochenen Genehmigungen im XVII. Bericht über die Wettbewerbspolitik der Kommission (1987), Rdnr. 249; XX. Bericht über die Wettbewerbspolitik der Kommission (1990), Rdnr. 327; Genehmigung vom 17. Mai 1991 (92/C 15/02), in: ABl. EG 1992 Nr. C 15/2 ff. [5] und Genehmigung der Kommission vom 07. Dezember 1994 (94/C 390/03), in: ABl. EG 1994 Nr. C 390/13 ff. [16].

[270] So insbesondere *Tulloch*, in: DB 1992, 1444 ff. [1444] und *Dreßler*, Gewinn- und Vermögensverlagerungen, 127.

von 10%[271]. Genau dieses Ergebnis war dem heimischen Fiskus ein Dorn im Auge. Deshalb entschloss sich Deutschland, § 10 Abs. 6 AStG einzuführen und so mittels unilateralem „treaty overriding“ das Schachtelprivileg ohne Aktivitätsvorbehalt für die Veranlagungszeiträume ab 1992 aufzuheben. Seither galt § 10 Abs. 5 AStG a.F.[272] nicht mehr für Zwischeneinkünfte mit Kapitalanlagecharakter, so dass Einkünfte deutscher Gesellschafter aus ihren Beteiligungen im IFSC fortan – jedenfalls im Prinzip – der Hinzurechnungsbesteuerung unterlagen.

An dieses einseitige „treaty overriding“ des deutschen Gesetzgebers knüpfte wiederum der als Gegenmaßnahme konzipierte *revised relief* an. Irland fürchtete, die nunmehr drohende hohe Gesamtsteuerbelastung von Gewinnen, die deutsche Tochtergesellschaften mit Sitz im IFSC für den Konzern erwirtschafteten, könne zu einer Reihe von Betriebseinstellungen in Dublin führen. Deshalb reagierte die Republik Irland folgendermaßen: Stellten die IFSC-Gesellschaften einen Antrag auf *revised relief*, so konnte das irische Finanzministerium auf der Basis von sec. 448 (7) TCA 1997 den für sie eigentlich geltenden Steuersatz von 10% auf einen höheren Tarif anheben. Für Kapitalgesellschaften deutscher Anteilseigner führte dies mit Rücksicht auf § 8 Abs. 3 AStG regelmäßig zu einem Tarif i.H.v. 30%[273]. Auf diese Weise schleusten irische Kapitalgesellschaften, deren Tätigkeit das deutsche AStG als „passiv“ einstufte, ihren Körperschaftsteuersatz zwar auf 30% hoch. Gleichzeitig führte diese Option jedoch dazu, dass ihre deutsche Mutter mangels niedriger Besteuerung der IFSC-Gesellschaft i.S.v. § 8 Abs. 3 AStG dem Anwendungsbereich der Hinzurechnungsbesteuerung entfloh[274]. Insgesamt bewirkte der *revised relief* daher trotz der Option zu

---

[271] Allerdings entbrannte in der Vergangenheit ein Streit zwischen Finanzverwaltung und Steuerpflichtigen um die Frage, ob sämtliche oder nur bestimmte Formen irischer *companies* von dem Wortlaut des Art. 22 Abs. 2 Buchstabe a) Doppelbuchstabe aa) des DBA-Irland erfasst sind, vgl. hierzu etwa die Anmerkungen von *Raupach/Burwitz*, in: IStR 2000, 385 ff.; *Clausen*, in: DB 2001, 2515 ff.; *Philipowski*, in: DB 2001, 1112 ff. Hierzu hat nunmehr der *BFH* in seinem Urteil vom 25. 02. 2004 (I R 42/02) ausführlich Stellung genommen, vgl. RIW 2004, 955 ff. [958 f.].

[272] Für Wirtschaftsjahre nach dem 31. Dezember 2002 versagt das StVergAbG den Schutz vor der Hinzurechnungsbesteuerung durch DBA nunmehr vollständig, indem es § 10 Abs. 5 und Abs. 6 AStG aufgehoben hat, vgl. zu diesem gesetzgeberischen Vorgehen die Hinweise bei *Sieker*, in: IStR 2003, 78 ff. [79 f.] und *Wiese/Klass*, in: GmbHR 2003, 557 ff. [560 f.].

[273] Denn seinerzeit lag die Schwelle für eine niedrige Besteuerung i.S.v. § 8 Abs. 3 AStG noch bei einer Ertragsteuerbelastung der ausländischen Gesellschaft von weniger als 30 vom Hundert. Ausführlich nimmt der im Internet veröffentlichte Bericht der Gruppe „Verhaltenskodex“ (Primarolo-Gruppe) vom 29. Februar 2000, Nr. 4901/99 in Anlage B001 (39) hierzu Stellung und gelangt zu der Annahme, es handele sich bei dieser irischen Maßnahme um einen „schädlichen“ Steuerwettbewerb.

[274] Revenue Notes, TCA 1997, Part 14, 448. Hierzu *Tscherning*, in: IStR Beihefter 3/1993, 2 f. [2]; *Fischer-Zernin/Schwarz*, in: IWB, Fach 5, Gruppe 2, Irland, 63 ff. [65]; *Dreßler*, Gewinn- und Vermögensverlagerungen, 127.

einem höheren Körperschaftsteuersatz in Irland eine geringere Gesamtsteuerbelastung im Konzernverbund.

Beispiel:

Eine im IFSC niedergelassene Kapitalgesellschaft, die Central Management Ltd. (C), ist eine Tochter der in Deutschland ansässigen Privatbank (P). Von dem irischen Offshore-Platz aus fungiert C als Wertpapierverwalter für ihre deutsche Muttergesellschaft. Zu diesem Zweck hat C – die im IFSC über angemietete Büroräume und einige Angestellte verfügt – mit der Moorman Ltd. (M) einen Managementvertrag geschlossen; danach übernimmt M das operative Tagesgeschäft. Auf Rechnung und Gefahr der C betreibt M einen internationalen Handel mit Devisen, Termingeschäften und anderen Finanzanlagen, wobei dem *board of directors* von C die eigentliche Entscheidung über das Ob und Wie der Kapitalanlage obliegt. Vereinfacht stellt sich das auf diese Weise erzielte Geschäftsergebnis von C im Jahr 1998 folgendermaßen dar:

Gesamtumsatz	1.000.000 IR £[275]
Geschuldete *management fees* gegenüber M	200.000 IR £
Double Rent Allowance (12 * 3000 IR £ * 2)	72.000 IR £

	728.000 IR £

Das irische Steuerrecht erkannte durch die *Double Rent Allowance* den doppelten Betrag des tatsächlich entrichteten Mietzinses als Betriebsausgabe der IFSC-Gesellschaft an, was der C auf Ebene der Bemessungsgrundlage einen Steuervorteil i.H.v. immerhin 36.000 IR £[276] einbrachte. Auf das so ermittelte zu versteuernde Einkommen hätte C nun eigentlich 10% von 728.000 IR £ – also exakt 72.800 IR £ – Körperschaftsteuer an den irischen Fiskus abführen müssen. Allerdings machte die Central Management Ltd. von der Option des *Revised Relief* Gebrauch und beantragte gemäß TCA 1997 sec. 448 (7) eine Heraufsetzung ihres Körperschaftsteuersatzes auf 30%. Tatsächlich zahlte sie deshalb in Irland 218.400 IR £ an die *Revenue Commissioners*. Das sind 145.600 IR £ mehr als sie eigentlich hätte entrichten müssen:

Vorzugssteuersatz	(10% von 728.000 IR £)	72.800 IR £
Revised Relief	(30% von 728.000 IR £)	218.400 IR £

Höhere Steuer infolge der Option		145.600 IR £

---

275 Zur Umrechnung: 1 IR £ entspricht exakt 1,2697381 €.

276 Das entspricht einem Betrag von knapp 45.710 €.

Dadurch zahlte C in der Republik Irland zwar eine höhere Körperschaftsteuer. Sie erreichte aber gleichzeitig, dass ihre deutsche Muttergesellschaft (P) der Hinzurechnungsbesteuerung entging. Denn § 8 Abs. 3 AStG a.F. knüpfte 1998 an eine Niedrigbesteuerung im Ausland von weniger als 30 vom Hundert an. Mit Blick auf das bestehende DBA-Schachtelprivileg und die in Deutschland ansässige Privatbank P – an die C sämtliche Gewinne ausschüttete – führte dies dazu, dass P die Differenz gegenüber der inländischen Gesamtsteuerbelastung einsparte. Diese setzte sich im Jahr 1998 immerhin aus 45% Körperschaftsteuer zuzüglich etwa 12% Gewerbesteuer[277] und 5.5% Solidaritätszuschlag (von der Körperschaftsteuerschuld) zusammen. Ohne den *Revised Relief* und die *Double Rent Allowance* hätte P nämlich in Deutschland der Hinzurechnungsbesteuerung unterlegen und gemäß §§ 7 ff. AStG folgende Steuern entrichten müssen:

Passive Einkünfte (§ 10 Abs. 6 S. 2 AStG)	764.000 IR £[278]
– Irische Steuern (ohne *Revised Relief*)	72.800 IR £

Maßgeblicher Hinzurechnungsbetrag	691.200 IR £
Auf den maßgeblichen Hinzurechnungsbetrag betrag entfallende Steuern in Deutschland	311.040 IR £ (KSt)
	82.944 IR £ (GewSt)
	17.107 IR £ (Solz)

	411.091 IR £

Indem also C die Option des *Revised Relief* nutzte und in Irland 218.400 IR £ Steuern zahlte, gelang es ihr, zugunsten der in Deutschland ansässigen Muttergesellschaft P – die insgesamt 411.091 IR £ an den deutschen Fiskus hätte entrichten müssen – 192.691 IR £ zu sparen.

In welchem Umfang die Praxis tatsächlich von dem seitens der Kommission nicht genehmigten *revised relief* Gebrauch machte, ist unklar: Während eine eigene Anfrage des Verfassers gegenüber den *Revenue Commissioners* ergab, dass „the number of relevant German owned IFSC companies using the revised relief after 1992

---

[277] Nach *Birk*, Steuerrecht, Rdnr. 1113 belastet die Gewerbesteuer – unter Berücksichtigung ihrer Abzugsfähigkeit als Betriebsausgabe – den Gewinn einer Körperschaft mit ca. 12%.

[278] Die Bemessungsgrundlage erhöht sich um 36.000 IR £, da § 10 Abs. 3 S. 1 AStG eine Ermittlung des Hinzurechnungsbetrags unter entsprechender Anwendung des deutschen Steuerrechts verlangt. Nach § 8 Abs. 1 KStG i.V.m. §§ 4, 5 EStG zählt dazu insbesondere der Betriebsausgabenabzug, vgl. *Wassermeyer*, in: Flick/Wassermeyer/Baumhoff, Band II, Lfg. 31 (Juli 1992), § 10 AStG, Rdnr. 71b, 72. Weil das deutsche Recht keine *Double Rent Allowance* kennt, kann nur der einfache Mietzins geltend gemacht werden.

was quite small", geht *Philipowski* davon aus, dass nahezu sämtliche Unternehmen im IFSC mit deutschen Anteilseignern die Optionsmöglichkeit genutzt haben[279]. Obwohl das BMF darauf hinwies, dass aus seiner Sicht eine steuerliche Belastung durch den *revised relief*, die über 10 v.H. hinausgehe, nicht anzuerkennen sei[280], scheint mittlerweile jedenfalls folgendes klar zu sein: Die Hoffnungen des deutschen Gesetzgebers, § 10 Abs. 6 AStG könnte eine rasche Erhöhung des nationalen Steueraufkommens herbeiführen, erfüllten sich nicht. Diese Einschätzung hat jüngst das FG Baden-Württemberg bestätigt, indem es den tatsächlich von der IFSC-Gesellschaft gezahlten Betrag von 30% der Einkünfte als Steuer i.S.v. § 3 AO ansah[281]. D.h.: Infolge der Option hat sich nicht etwa das deutsche, sondern vielmehr das irische Steueraufkommen in den Veranlagungszeiträumen ab 1992 erhöht[282]. Ob Deutschland diese Optionsmöglichkeit zugunsten von Unternehmen im IFSC – die Irland erst im Jahr 2000 per Gesetz aufhob[283] – aus europarechtlichem Blickwinkel uneingeschränkt akzeptieren musste, ist im weiteren Verlauf dieser Arbeit noch Gegenstand ausführlicher Erörterungen.

d) Auslaufen der Förderung im Jahr 2005

Die steuerliche Begünstigung von IFSC-Gesellschaften in der *Custom House Dock Area* nähert sich ihrem Ende. Grund hierfür ist massiver politischer Druck von Mitgliedstaaten der Europäischen Union, namentlich der Bundesrepublik Deutschland[284]. Der Vorwurf, Irland höhle mit seinen Fiskalanreizen das Steueraufkommen anderer Staaten aus, wurde gegen Ende der 1990er Jahre immer lauter und häufiger erhoben. Daraufhin erblickte die Kommission 1998 schließlich in dem Vorzugstarif i.H.v. 10% für Kapitalgesellschaften im IFSC eine Verzerrung des freien Wettbewerbs, die nicht mehr als Beihilfe zu genehmigen sei. Am 22. Juli 1998 erzielte sie mit der irischen Regierung eine Übereinkunft, an deren Ende das Auslaufen der bisherigen IFSC-Förderung steht. Danach unterliegen *companies*, die ihre staatliche Zertifizierung erst nach dem 31. Juli 1998 erhielten, seit dem Jahr 2003 dem allgemeinen irischen Körperschaftsteuertarif. Zuvor genehmigte Gesellschaften profitieren aus Gründen des Vertrauensschutzes noch bis zum 31. Dezember 2005 von

---

279 *Philipowski*, in: IStR 2000, 262 ff. [263].

280 Vgl. *BMF*, Schreiben vom 19. 03. 2001 – IV B 4 – S 1300 – 65/01, in: RIW 2001, 479 f. [480]. Zu dieser Problematik bereits *Flick/Wassermeyer/Baumhoff*, AStG, Band I, Lfg. 30 (März 1992), § 8, Rdnr. 127.

281 *FG Baden-Württemberg*, Urteil vom 28. 10. 2004 – 6 K 170/02, in: DStRE 2005, 336 ff. [338 f.]. Die vom Gericht zugelassene Revision ist unter Az. I R 124/04 eingelegt worden.

282 Zu diesem Ergebnis gelangen auch *Scherer*, Doppelbesteuerung und Gemeinschaftsrecht, 198 und *Dreßler*, Gewinn- und Vermögensverlagerungen, 127.

283 FA 2000 sec. 83 (1) (d) (ii), (2) (d).

284 Vgl. etwa die Hinweise bei *Corrigan*, Revenue Law, Vol. I, 1 – 47 (50) und *Lüdemann/ Bruton/Hruschka*, Steuerfolgen gewerblicher Investitionen in Irland, Rdnr. 170.

dem ermäßigten Tarif[285]. Sobald diese Übergangsfrist abläuft, greift der irische Fiskus auf die Gewinne von Kapitalgesellschaften in der *Custom House Dock Area* mit dem allgemeinen Standardtarif zu, der allerdings auch nur bei 12.5% für das *trading income* liegt.

VI. Sonderregeln

Um einen umfassenden Überblick über die Besteuerung von Kapitalgesellschaften und ihren Anteilseignern in Irland zu gewährleisten, sollen mit den *close companies* und der *capital duty* zwei Sonderregeln an dieser Stelle zumindest in ihren Grundzügen vorgestellt werden.

1. Vorschriften über Close Companies

Bei den sec. 430 – 441 TCA 1997 handelt es sich um *anti-avoidance*-Vorschriften, die zwei unterschiedliche Ziele verfolgen. Sie wollen nämlich zum einen verhindern, dass gesellschaftsrechtliche Beziehungen das Einkommen der Kapitalgesellschaft mindern. Soweit diese Komponente im Vordergrund steht, ähneln die irischen Vorschriften der deutschen v.G.A. gemäß § 8 Abs. 3 S. 2 KStG. Zum anderen wirken sie aber auch der Tendenz entgegen, Unternehmensgewinne langfristig in der Kapitalgesellschaft zu thesaurieren, statt sie an ihre Anteilseigner auszuschütten[286]. Denn die Gefahr eines „Lock in" ist – wie im Folgenden noch näher aufgezeigt wird – einem klassischen System wie dem der Republik Irland mit niedrigen Körperschaftsteuertarifen und vergleichsweise hohen Einkommensteuersätzen geradezu immanent. Aus diesem Grund statuieren sec. 430 – 441 TCA 1997 einen Steuerzuschlag (*surcharge*) für Gewinne aus Kapitalvermögen, Vermietung und Verpachtung sowie Erträge aus bestimmten Dienstleistungen, sofern die *company* sie nicht innerhalb von 18 Monaten nach Ablauf der Gewinnermittlungsperiode ausschüttet. Insoweit fehlt es für die Vorschriften der irischen *close companies* an einem entsprechenden „Spiegelbild" in Deutschland. Ursache für die zweite Zweckrichtung ist, dass aus Sicht des irischen Fiskus die Gefahr ausschüttungsvermeidender Steuergestaltung bei „geschlossenen" Kapitalgesellschaften – also

---

[285] *PricewaterhouseCoopers*, Doing Business and Investing in Ireland, 35; *Corrigan*, Revenue Law, Vol. I, 1 – 182 (64); *Kischel*, in: IWB, Fach 5, Gruppe 2, Irland, 77 ff. [84]. Zudem darf der irische Finanzminister bereits seit dem 31. Dezember 1999 keine neuen Genehmigungen mehr erteilen. Im Jahr 2005 wäre die IFSC-Förderung in ihrer bisherigen Form ohnehin ausgelaufen, vgl. *Cunningham*, in: Bulletin for International Fiscal Documentation 1996, 394 ff. [398] und *Haccius*, Ireland in International Tax Planning, 532 unter Verweis auf sec. 52 Finance Act 1992.

[286] *Feeney*, The Taxation of Companies, 10.101 (1021); *Cooney/Martyn/Reck*, Taxation Summary, 2.6 (235); *Corrigan*, in: Ussher/O'Connor, Doing Business in Ireland, Vol. 1, § 5.05 [8].

den typischen Familienunternehmen – naturgemäß größer ist als bei börsennotierten *companies*. Letztgenannte zählen deshalb von vornherein nicht zu den *close companies*.

Unter den Anwendungsbereich der *close company*-Normen fällt indes die große Mehrheit von Kapitalgesellschaften, die in Irland ansässig sind[287]. Nach dem Gesetz ist nämlich jede Kapitalgesellschaft eine *close company*, die fünf oder weniger Teilhaber (*participators*) kontrollieren[288]. Dabei rechnet TCA 1997 neben bestimmten Anleihegläubigern (*loan creditors*) auch die Anteile von *associates*, also nahen Angehörigen der Gesellschafter, den Teilhabern zu. Darüber hinaus ist eine Gesellschaft dann als *close company* anzusehen, falls sie ausschließlich von ihren mit dem Management beauftragen *directors*[289] beherrscht wird; in diesem Fall kommt es auf die Zahl der Gesellschafter nicht an. Ausdrücklich ausgenommen von den sec. 430 – 441 TCA 1997 bleiben hingegen – obwohl sie nach den soeben genannten Kriterien im Einzelfall durchaus auch „closely controlled" sein könnten – folgende Gesellschaften:

- Kapitalgesellschaften, die nicht in der Republik Irland ansässig sind,
- Körperschaften, die nach den *Industrial and Provident Societies Acts 1893 – 1978* oder den *Building Societies Acts 1874 – 1989* gegründet wurden,
- *Companies*, die unter der Kontrolle des irischen Staates stehen,
- Tochterunternehmen, deren Muttergesellschaften keine *close companies* sind,
- *public companies*, die an einer anerkannten Börse notieren, soweit mindestens 35% der stimmberechtigten Aktien von der Öffentlichkeit („the public") gehalten werden,
- Körperschaften, die von einer *non-close company* kontrolliert werden[290].

Ihren historischen Ursprung verdanken sec. 430 – 441 TCA 1997 der Divergenz von Einkommen- und Körperschaftsteuersätzen in den 1970er Jahren: Im Jahr 1976 lag beispielsweise der allgemeine Körperschaftsteuersatz in Irland bei 50%, während die Einkommensteuer natürliche Personen mit einer *top rate* von 77% (!) zur Steuer heranzog[291]. Infolgedessen neigten Steuerpflichtige insbesondere bei Kapitaleinkommen sowie Einkünften aus Vermietung und Verpachtung zu zivilrechtlichen Gestaltungen, mit denen sie Ausschüttungen vollständig vermieden. In den 1990er Jahren bewegten sich Körperschaftsteuertarif und Einkommensteuerspitzensatz zwar eine Zeit lang aufeinander zu, so dass Teile der Literatur bereits damit

---

[287] *Brennan/Moore*, Corporation Tax, 8.2.1 (254); *Corrigan*, in: Ussher/O'Connor, Doing Business in Ireland, Vol. 1, § 5.05 [8]; *Cooney/Martyn/Reck*, Taxation Summary, 2.6 (234).

[288] Sec. 430 (1) TCA 1997.

[289] Zum *director* einer Kapitalgesellschaft in Irland siehe Kapitel 2 B I.

[290] TCA 1997 sec. 430 (1).

[291] Siehe hierzu *Brennan/Moore*, Corporation Tax, 8.1 (253).

rechneten, die *close company*-Vorschriften würden mittelfristig abgeschafft oder jedenfalls deutlich modifiziert.[292]. Das ab 1998 eingeleitete massive körperschaftsteuerliche Senkungsprogramm rückte die Problematik jedoch wieder in den Fokus des Interesses. Um zu verhindern, dass Körperschaften zunehmend als „cash box" benutzt werden und um steuerliche Nachteile von Einzelhändlern und Personengesellschaften gegenüber *companies* abzumildern, behielt Irland die sec. 430 – 441 TCA 1997 bei[293]. Die Teilregelungen zur verdeckten Gewinnausschüttung und zum Zuschlag auf bestimmte, langfristig thesaurierte Gewinne sind deshalb nach wie vor aktuell.

a) Verdeckte Gewinnausschüttungen

Um zu verhindern, dass Steuerpflichtige das Einkommen der Kapitalgesellschaft unter dem Deckmantel von Betriebsausgaben verringern, obwohl es sich in Wirklichkeit um eine Verteilung von Einkünften handelt[294], erkennt sec. 436 (7) TCA 1997 beispielsweise Darlehenszinsen mit einem jährlichen Zinssatz von mehr als 13% nicht an. Gleiches gilt für besonders günstige Kredite, die Kapitalgesellschaften ihren Anteilseignern oder deren Angehörigen gewähren. Auch Ausgaben zugunsten von *participators* und *associates* können hierzu zählen. Folge der *close company*-Vorschriften ist, dass die geldwerten Leistungen an die Gesellschafter von Gesetzes wegen zu Gewinnausschüttungen führen. Jene erzielen einkommensteuerpflichtige Dividenden nach Schedule F, während der Körperschaft jeder Betriebsausgabenabzug verwehrt bleibt[295].

Beispiele[296]:

Die Travel Agency Ltd – eine *close company* – führt im Jahr 2002 folgende Transaktionen durch:

– Sie bezahlt Mr. Carroll, der 40% aller Gesellschaftsanteile hält, einen Auslandsurlaub, was Kosten i.H.v. € 5.000 verursacht. Als *participator* führt die Zahlung bei

---

292 Siehe nur *Lüdemann/Bruton/Hruschka*, Steuerfolgen gewerblicher Investitionen in Irland, Rdnr. 183.

293 Hinweise des irischen Department of Finance, abrufbar im Internet unter http://www. finance.gov.ie/ publications/tsg; hierzu *Haccius*, in: Bulletin for International Fiscal Documentation 2000, 122 ff. [132] und *Fennel*, in: Irish Tax Review 2000, 178 ff. [182], die darauf hinweisen, dass sogar erwogen wurde, den *surcharge* auf alle Einkünfte der Gesellschaft auszudehnen, um das Absenken der Körperschaftsteuertarife zu finanzieren.

294 Vgl. *Cooney/Martyn/Reck*, Taxation Summary, 2.6 (234 f.); *Feeney*, The Taxation of Companies, 10.203 (1038); *Corrigan*, in: Ussher/O'Connor, Doing Business in Ireland, Vol. 1, § 5.05 [8]; *Grotherr*, in: IWB, Fach 5, Gruppe 2, Irland, 33 ff. [46].

295 Sec. 436, 438 TCA 1997.

296 *Feeney*, The Taxation of Companies, 10.202 (1036).

ihm zu einer einkommensteuerpflichtigen Ausschüttung (Schedule F), wohingegen die Gesellschaft jene € 5.000 nicht als Betriebsausgabe abziehen darf.

– Ms. Dunn ist mit 10% an der Gesellschaft beteiligt. Sie erwirbt von der Blue Bayou Ltd – einer Tochtergesellschaft der Travel Agency Ltd – ein Auto zum Preis von € 10.000. Tatsächlich besitzt der Wagen zu diesem Zeitpunkt einen Verkehrswert i.H.v. € 28.000. Infolgedessen ist Ms. Dunn, die als Gesellschafterin der Travel Agency Ltd zugleich *participator* der Blue Bayou Ltd ist, mit Einkünften aus Schedule F i.H.v. € 18.000 einkommensteuerpflichtig.

– Mr. Murphy ist ein Anleihegläubiger und hat der Travel Agency Ltd ein Darlehen i.H.v. € 150.000 gewährt, weshalb er als *participator* gilt. Als sich die Körperschaft hierfür im Jahr 2002 „erkenntlich" zeigt und die Studiengebühren (€ 3.500) seiner Tochter übernimmt, führt dies bei der Travel Agency zu nicht abziehbaren Betriebsausgaben. Gleichzeitig erzielt Mr. Murphy steuerpflichtiges Einkommen, das er an seine Tochter weiterleitet.

Die von sec. 430 ff. TCA 1997 erfassten Sachverhalte entsprechen folglich inhaltlich denen, die § 8 Abs. 3 S. 2 KStG als gesellschaftsrechtlich veranlasst ansieht und als verdeckte Gewinnausschüttung behandelt.

b) Zuschlag auf nicht ausgeschüttete Gewinne

Mit einem *surcharge* auf ausschüttbares, aber nicht ausgeschüttetes Einkommen will das Gesetz verhindern, dass Kapitalgesellschaften dauerhaft als „cash box" benutzt werden und Einkünfte von der einkommensteuerpflichtigen Ebene ihrer Anteilseigner fernhalten. Allerdings sieht Irland die Gefahr eines „indefinite postponement" nicht für das *trading income* (Schedule D Case I) von Gesellschaften, sondern nur für „passive" Einkünfte[297]. Unterhält die Kapitalgesellschaft nämlich einen Gewerbebetrieb, ist das Speichern von Einkommen ohne Einschränkungen gestattet, da man unterstellt, das Unternehmen benötige die liquiden Mittel für zukünftige Investitionen[298]. Für vermeintlich passive Zins- und Kapitaleinkünfte sowie für Einkünfte aus Vermietung und Verpachtung und bestimmten Dienstleistungen sehen sec. 440 – 441 TCA 1997 hingegen Steuerzuschläge vor: Übersteigt das hieraus resultierende Einkommen der Gesellschaft die Bagatellgrenze von € 635[299], muss sie es innerhalb von 18 Monaten nach Ablauf der Gewinnermitt-

---

[297] *Friel*, in: Irish Tax Review 2000, 347 ff. [347]; *Cooney/Martyn/Reck*, Taxation Summary, 2.6 (234 f.); *Fennel*, in: Irish Tax Review 2000, 178 ff. [181] und *Grotherr*, in: IWB, Fach 5, Gruppe 2, Irland, 33 ff. [46].

[298] Hinweise des irischen Department of Finance, abrufbar im Internet unter http://www. finance.gov.ie/ publications/tsg.

[299] Sec. 440 (1) (b) TCA 1997.

lungsperiode ausschütten. Andernfalls wird auf das ausschüttbare, aber nicht ausgeschüttete *investment* und *rental income* ein Zuschlag i.H.v. 20% und auf bestimmte *services* ein Zuschlag i.H.v. 15% erhoben. Als *distributable income* – auf welches der Zuschlag angewendet wird – gilt dabei das gesamte Nettoeinkommen aus *investment* und *estate* sowie ½ des Einkommens aus *services*, für das nach Berücksichtigung abziehbarer Aufwendungen bereits Körperschaftsteuer entrichtet wurde[300]. Weil solche „passiven" Einkünfte bei einer ansonsten gewerblich tätigen Kapitalgesellschaft regelmäßig nur einen Teil des Einkommens ausmachen, gewährt ihnen das irische Steuerrecht pauschal eine Ermäßigung i.H.v. 7.5%[301]. Damit will das Gesetz wiederum dem Umstand Rechnung tragen, dass gewerbliche Gesellschaften zwar häufig auch „passive" Einkünfte erzielen, diese in späteren Zeiträumen aber zu Investitionszwecken im Gewerbebetrieb nutzen[302].

Beispiel:

Die Dacca Ltd ist eine *close company* und erzielt im Jahr 2001 folgende Einkünfte:

Rental Income	€ 50.000
Interest Income	€ 30.000
Dividends from Irish resident companies	€ 15.000
Trading Income	€ 120.000

Eine Ausschüttung nimmt sie weder im Veranlagungszeitraum 2001 noch in den anschließenden 18 Monaten vor. Infolgedessen ziehen die Vorschriften über die *close companies* folgenden Zuschlag nach sich:

Rental Income (€ 50.000 – 25% KSt)	€ 37.500	
Interest Income (€ 30.000 – 25% KSt)	€ 22.500	
Dividends (als franked investment income steuerfrei)	€ 15.000	

	€ 75.000	
	– € 5.625	(7.5% von € 75.000)

	€ 69.375	(Basis *surcharge*)

Endgültiger Zuschlag auf das ausschüttbare, aber nicht ausgeschüttete Einkommen	€ 13.875	(20% von € 69.375)

---

300 Vgl. *Brennan/Moore*, Corporation Tax, 8.17 (281 f.) und *Friel*, in: Irish Tax Review 2000, 347 ff. [349], die darauf hinweisen, dass es sich bei den *services* aus einer „profession" eigentlich um aktive Einkünfte gemäß Schedule D Case II handelt. Zum Begriff „profession" siehe bereits Kapitel 2 C II 1 a).

301 Sec. 434 (5A) (b) TCA 1997. Hierzu *Brennan/Moore*, Corporation Tax, 8.12 (276 f.).

302 *Feeney*, The Taxation of Companies, 10.302 (1054).

Schuldner dieses Steuerzuschlages ist die Kapitalgesellschaft[303]. Dabei ist der *surcharge* endgültig; d.h.: selbst wenn die Kapitalgesellschaft im Jahr darauf das fragliche Einkommen ausschüttet, hält das irische Recht keine Vorschrift bereit, nach der sie einen Teil des gezahlten Zuschlags zurückverlangen könnte[304]. In der irischen Rechtswirklichkeit hat diese Regelung dazu geführt, dass die Inhaber von körperschaftlich verfassten Familiengesellschaften Kapital und Gebäude, mit denen sie *investment* oder *rental income* erzielen, regelmäßig persönlich und nur noch ausnahmsweise im Namen der Gesellschaft erwerben.

2. Capital Duty

Die *capital duty* ist ein Relikt des britischen Steuersystems und geht auf den *Stamp Act 1891* zurück. Sie wurde in Irland bereits erhoben, als das Land noch zur englischen Krone gehörte. Zwar handelt es sich bei der *capital duty* um eine sog. Stempelsteuer, die als Kapitalverkehrssteuer *neben* die Körperschaftsteuer tritt und keinen ertragsteuerlichen Charakter besitzt. Da sie aber ausschließlich bei Gesellschaften anfällt, soll sie nicht völlig unerwähnt bleiben, zumal aufgrund der *capital duty* mehr als 2/3 aller deutschen Tochtergesellschaften im IFSC die Rechtsform einer *unlimited company* aufweisen[305]. Kapitalgesellschaften mit Haftungsbeschränkungen[306] müssen nämlich sowohl bei ihrer Gründung als auch im Falle einer späteren Aufstockung ihres Stammkapitals 1% des von ihnen eingesetzten Wertes an die *Revenue Commissioners* abführen[307]. Demgegenüber bleiben *unlimited companies* von dieser Stempelsteuer verschont.

VII. Konzernsteuerliche Besonderheiten

Eine Möglichkeit für Konzerngesellschaften, sich gemeinschaftlich auf der Basis einer konsolidierten Erklärung veranlagen zu lassen, besteht in der Republik Irland nicht. Jede Kapitalgesellschaft eines Unternehmensverbundes bleibt selbständiges Steuersubjekt mit eigenem zu versteuernden Einkommen und unterliegt separat der

---

303 *Ward*, in: Taxation of Companies in Europe, Ireland, 7.1.3 (151), Suppl. No 159, October 2001; *Corrigan*, in: Ussher/O'Connor, Doing Business in Ireland, Vol. 1, § 5.05 [8].

304 *Feeney*, The Taxation of Companies, 10.302 (1056).

305 *Raupach/Burwitz*, in: IStR 2000, 385 ff. [386]. Hierin liegt wiederum die Ursache dafür, dass ein Streit um das Verständnis und den Anwendungsbereich des in Art. 22 Abs. 2 a) aa) S. 3 DBA Deutschland-Irland geregelten Schachtelprivilegs entstanden ist, vgl. hierzu etwa *Philipowski*, in: DB 2001, 1112 ff.; *Häuselmann*, in: IStR 2000, 8 ff. ; *Schroer*, in: IStR 2000, 711 ff.; *Raupach*, in: IStR 2000, 385 ff. und *Fromm*, in: IStR 2000, 706 ff.

306 Zu den Kapitalgesellschaftsformen in Irland siehe Kapitel 2 B II.

307 FA 1973 sec. 67 (a). Ausführlich zur *capital duty* die Hinweise bei *Rice*, in: Ussher/O'Connor, Doing Business in Ireland, Vol. 1, § 5.10 [4d] und *Feeney*, The Taxation of Companies, 9.410 (1016).

Körperschaftsteuer[308]. Gleichwohl berücksichtigt der irische Gesetzgeber die ökonomische Realität, in der Unternehmen ihre Geschäftstätigkeit zunehmend in Konzernstrukturen statt in verschiedenen unselbständigen Einheiten ein- und derselben Kapitalgesellschaft ausüben[309]. Infolge konzernspezifischer Erleichterungen können verbundene Kapitalgesellschaften daher (1) durch Verlustübertrag ihre Steuerschuld mindern, (2) den Steuerzugriff des Staates bei der Veräußerung von Anlagevermögen hinausschieben und sind (3) von Teilen des sonst obligatorischen Quellensteuerabzugs befreit. Die vorhandenen Regeln erfordern aber zum Teil voneinander abweichende (Beteiligungs-)Voraussetzungen, so dass der Kreis begünstigter Gesellschaften je nach Art des „relief" differieren kann. Gemeinsam ist ihnen lediglich, dass es sich bei der jeweils notwendigen Mindestbeteiligung an anderen Kapitalgesellschaften um *ordinary share capital* i.S.v. section 2 (1) TCA 1997 handeln muss. Die Anteile müssen daher einen vermögensrechtlichen Anspruch auf den Gewinn vermitteln bzw. im Falle der Abwicklung auf den Liquidationserlös. Auf Stimmrechtsanteile kommt es hingegen nicht an[310].

1. Group Relief

Innerhalb von Unternehmensgruppen ist es möglich, Verluste einer Kapitalgesellschaft auf eine andere zu übertragen. Allerdings gilt das nur, soweit die Veranlagungszeiträume, in denen die eine Gesellschaft den Verlust erleidet und die andere den Gewinn erzielt, übereinstimmen[311]. Voraussetzung für eine Inanspruchnahme des *group relief* ist ferner, dass

- sowohl die verlustübertragende als auch die verlustübernehmende Gesellschaft in der Republik Irland oder einem Mitgliedstaat der Europäischen Union ansässig ist,
- entweder die eine an der anderen zu mindestens 75% (unmittelbar oder mittelbar) beteiligt ist oder beide Gesellschaften (unmittelbar oder mittelbar) 75%ige Töchter einer dritten *company* sind und
- die Beteiligung im unmittelbaren eigenen Interesse gehalten wird[312].

---

[308] BDO, Company Taxation in Europe, 65; *Jeffery*, in: Kesti, European Tax Handbook, Ireland, A, 2.1 (316); *Corrigan*, in: Ussher/O'Connor, Doing Business in Ireland, Vol. 1, § 5.[9].

[309] *Feeney*, The Taxation of Companies, 9.201 (895).

[310] *Corrigan*, in: Ussher/O`Connor, Doing Business in Ireland, Vol. 1, § 5.05 [9d].

[311] TCA 1992 sec. 422 (1); *Corrigan*, in: Ussher/O`Connor, Doing Business in Ireland, Vol. 1, § 5.05 [9 f.]. Soweit sich die maßgeblichen Zeiträume nur teilweise decken, ist lediglich eine anteilige Verrechnung gestattet.

[312] Sec. 411 (1) (c) TC 1997. An einem unmittelbaren eigenen Interesse fehlt es beispielsweise, falls die Gesellschaft eine (unbedingte) Verpflichtung eingeht, ihre Anteile auf Anfordern hin an eine andere Person zu übertragen, *Feeney*, The Taxation of Companies, 8.302.4 (730).

Ferner muss die den Verlust übernehmende Gesellschaft zuvor selbst alle ihr zustehenden Möglichkeiten der AfA, des Verlustausgleichs und des Verlustrück- und -vortrags genutzt haben, ehe sie ihren Gewinn mit Hilfe der negativen Einkünfte des verbundenen Unternehmens minimiert[313]. Darüber hinaus ist der *group relief* auf gewerbliche Verluste (Schedule D Case I) beschränkt, die nicht aus der Veräußerung von Anlagevermögen resultieren dürfen[314]. Liegen diese Voraussetzungen vor, so besteht zwischen der übernehmenden Gesellschaft (*claimant company*) und der den von Verlust übertragenden Gesellschaft (*surrendering company*) eine „Verlustausgleichsgemeinschaft".

Um die grenzüberschreitende Zusammenarbeit von Kapitalgesellschaften zu erleichtern[315], betrachtet TCA 1997 auch ein *consortium* als begünstigte Unternehmensgruppe. Bei einem *consortium* gibt es keine alleinige Obergesellschaft, sondern bis zu fünf Unternehmen, die untereinander verbunden und gemeinsam zu mindestens 75% an der verlustübertragenden Gesellschaft beteiligt sind. Eine Verlustübernahme muss das *consortium* gemäß sec. 429 (1) (c) TCA 1997 innerhalb von zwei Jahren nach Ablauf des verlustbringenden Veranlagungszeitraums beantragen. Dabei hat es allerdings ebenso wie die normale *group of companies* zu beachten, dass Verluste einer Kapitalgesellschaft, deren Gewinne dem körperschaftsteuerlichen Vorzugstarif i.H.v. 10% unterliegen, gemäß sec. 456 TCA 1997 nur dann übertragen werden können, falls die übernehmende *company* ihrerseits positive Einkünfte erzielt, die in gleicher Weise begünstigt sind[316].

2. Group Gains Relief

Der *group gains relief* ermöglicht es verbundenen Kapitalgesellschaften, Anlagevermögen innerhalb ihrer Unternehmensgruppe zu übertragen[317], ohne dass

---

313 Sec. 421 (2) TCA 1997; *Feeney*, The Taxation of Companies, 8.307.3 (765 f.); *Cooney/Martyn/Reck*, Taxation Summary, 2.3 (227 f.); *Lüdemann/Bruton/Hruschka*, Steuerfolgen gewerblicher Investitionen in Irland, Rdnr. 186.

314 Großzügigere Sonderregeln existieren lediglich für Vermietungsgesellschaften mit AfA-Verlusten und Investmentgesellschaften, die infolge hoher Verwaltungskosten negative Einkünfte erzielen, vgl. ausführlich hierzu *Feeney*, The Taxation of Companies, 8.305 (744 ff.). Dass Verluste aus Veräußerungsgeschäften auszuklammern sind, folgt daraus, dass das Gesetz insoweit den speziellen *group gains relief* bereithält, der sogleich näher erläutert wird.

315 *Feeney*, The Taxation of Companies, 8.303.1 (733); *Corrigan*, in: Ussher/O'Connor, Doing Business in Ireland, Vol. 1, § 5.05 [9b].

316 Vgl. *Cooney/Martyn/Reck*, Taxation Summary, 2.4 (228). Eine Rückausnahme hiervon gestattet jedoch sec. 456 (4) TCA 1997 für die Verluste von IFSC-Gesellschaften, die aus einer (Sofort-)Abschreibung der von ihnen zu betrieblichen Zwecken genutzten Büroräume resultieren.

317 Erfolgt die Transaktion nicht „at arm's length", ordnet sec. 583 (2) TCA 1997 an, dass die das Wirtschaftsgut erwerbende Kapitalgesellschaft so zu behandeln ist, als habe sie einen Teil

die sonst in die Körperschaftsteuer integrierte *capital gains tax* anfällt[318]. Das Gesetz lässt „intra-group“ Transfers außer Betracht, indem es in sec. 617 (1) TCA 1997 annimmt, das erwerbende Unternehmen entrichte einen Betrag, der exakt so bemessen ist, dass dem überlassenden Unternehmen weder ein Gewinn noch ein Verlust entsteht. Steuerlich relevant ist deshalb regelmäßig erst derjenige Vorgang, bei dem das fragliche Wirtschaftsgut den Konzern verlässt. Dann bildet die Differenz zwischen dem Betrag, den eine der verbundenen Kapitalgesellschaften für den ursprünglichen Erwerb des *asset* aufwenden musste und dem Entgelt für dessen Ausscheiden aus der Gruppe die Bemessungsgrundlage für einen Veräußerungsgewinn oder -verlust.

Voraussetzung für den *group gains relief* ist, dass es sich um eine Unternehmensgruppe i.S.v. sec. 616 TCA 1997 handelt. Von der Regelung profitieren daher nur die Muttergesellschaft, ihre Tochtergesellschaften, an denen sie zu mindestens 75% beteiligt ist und deren Töchter, sofern wiederum eine 75%ige Beteiligung vorliegt. Zwischen Mutter- und Enkelgesellschaft muss deshalb wenigstens eine mittelbare Beteiligungsquote von 56.25% bestehen[319]. Ferner ist erforderlich, dass sämtliche verbundenen Gesellschaften entweder in Irland oder einem anderen Mitgliedstaat der Europäischen Gemeinschaft ansässig sind[320]. Liegen diese Voraussetzungen vor, ist der Gewinn aus einer Veräußerung von Wirtschaftsgütern des Anlagevermögens innerhalb der „group“ nur zu versteuern, wenn

- anschließend das Wirtschaftsgut an Personen außerhalb der Gruppe veräußert wird, oder
- die übertragenen Güter für die empfangende oder die veräußernde Kapitalgesellschaft zum betrieblichen Warenumlaufbestand zählen, oder

---

ihrer an der übertragenden Gesellschaft gehaltenen Beteiligung veräußert. Auf diese Weise fingiert das Gesetz einen Gewinn in Höhe des Unterschiedsbetrags zwischen tatsächlichem Wert des Wirtschaftsguts und dem gezahlten Entgelt, vgl. *Feeney*, The Taxation of Companies, 9.203.1 (914).

318 Zur *capital gains tax* siehe Kapitel 2 C IV.

319 *Feeney*, The Taxation of Companies, 9.202.1 (897).

320 Zuvor war der *group gains relief* auf in Irland ansässige Kapitalgesellschaften beschränkt, was jedoch mit dem geltenden Gemeinschaftsrecht nicht mehr in Einklang stand, vgl. hierzu die Hinweise bei *Ward*, in: Taxation of Companies in Europe, Ireland, 9.4 (204), Suppl. No 159, October 2001. Denn die irischen Regeln stimmten weitgehend mit denen des Vereinigten Königreichs überein, die der EuGH in seiner ICI-Entscheidung als unvereinbar mit den Grundfreiheiten eingestuft hatte.

- eine Kapitalgesellschaft, die innerhalb der letzten 10 Jahre von einer anderen verbundenen Gesellschaft Wirtschaftsgüter aufgrund des *group gains relief* steuerneutral erworben hat, aus der Gruppe ausscheidet[321].

In den beiden letztgenannten Konstellationen bildet der Marktwert des Wirtschaftsgutes zum Zeitpunkt des konzerninternen Transfers die Bemessungsgrundlage für die in die Körperschaftsteuer integrierte *capital gains tax*[322]. In dem gesetzgeberischen Leitbild der ersten Variante ist hingegen das erzielte Entgelt maßgeblich. Im Hinblick auf den *inflation index* ordnet sec. 619 (2) TCA 1997 an, dass alle Mitglieder der Gruppe wie eine einzige Person zu behandeln sind. D.h.: Der Multiplikator, mit dem das Gesetz zum Zwecke des Ausschlusses der Besteuerung von Scheingewinnen einer bloß „papiernen" Wertsteigerung von Wirtschaftsgütern Rechnung trägt, ist auf der Basis des Besitzzeitraums sämtlicher *companies* der Gruppe zu ermitteln[323].

Beispiel[324]:

Lempira Ltd und Quetzal Ltd gehören beide zu einer irischen „capital gains tax group". Lempira Ltd erwirbt 1989 für € 60.000 Aktien an einer anderen Gesellschaft, die sie 1999 auf die Quetzal Ltd überträgt. Zu diesem Zeitpunkt betrug der Marktwert der Anteile bereits € 130.000. Im Jahr 2001 veräußert Quetzal Ltd die Aktien an einen außenstehenden Dritten, wofür die Gesellschaft ein Entgelt von € 210.000 erlangt. Darauf, dass die Aktien einen Wert von € 130.000 aufwiesen, als sie an die Quetzdal Ltd gelangten, kommt es nicht an. Auszugehen ist vielmehr von den ursprünglichen Anschaffungskosten der Lempira Ltd (€ 60.000). Hierauf ist der Multiplikator (1.314) im Rahmen des *inflation index* anzuwenden, was zu fiktiven Anschaffungskosten i.H.v. € 78.840 führt. Der letztlich von der Quetzal Ltd zu versteuerende Veräußerungsgewinn beläuft sich infolgedessen auf € 131.160 (€ 210.000 – € 78.840).

Darüber hinaus profitieren die verbundenen Kapitalgesellschaften von dem *roll over relief*[325]. Danach kann die Steuerpflicht eines Veräußerungsgewinns nicht nur durch eine Reinvestition derselben Kapitalgesellschaft aufgeschoben werden. Vielmehr wird der Steuerzugriff auch dadurch vorläufig hinausgeschoben, dass eine *company* Wirtschaftsgüter für den Betrieb anderer verbundener Kapitalgesell-

---

321 TCA 1997 sec. 618 (1), (2), 623 (2). Vgl. insoweit auch Revenue Notes, TCA 1997, Part 20, 623; *Cooney/Martyn/Reck*, Taxation Summary, 2.4.1 (229 f.); *Grotherr*, in: RIW 1995, 231 ff. [235].

322 TCA 1997 sec. 623 (4) (b).

323 Zum *inflation index* siehe bereits Kapitel 2 C IV 4.

324 *Feeney*, The Taxation of Companies, 9.203.4 (917).

325 Hierzu bereits Kapitel 2 C IV 3.

schaften anschafft[326]. Der irische Fiskus greift erst dann zu, sobald das Ersatzgut die Sphäre der Gruppe verlässt. Diesen Vorzug des *group gains relief* müssen sich die Mitglieder der Gruppe allerdings mit einem haftungsrechtlichen Nachteil „erkaufen“: Sofern die den Veräußerungsgewinn erzielende Kapitalgesellschaft nicht innerhalb von 6 Monaten nach Eintritt der Fälligkeit ihre Steuerschuld zahlt, haften sowohl die Mutter als auch alle anderen Gesellschaften der *group* zwei Jahre lang für deren Steuerschuld[327].

3. Group payments

Schließlich sind verbundene Kapitalgesellschaften bei der Zahlung konzerninterner Leistungsentgelte von der Pflicht befreit, einen Quellensteuerabzug durchführen zu müssen. Denn während gemäß sec. 238 TCA 1997 für Miet- und Pachtzinsen, Lizenzgebühren und andere regelmäßig wiederkehrenden Zahlungsströme grundsätzlich ein Betrag in Höhe der *standard rate* irischer Einkommensteuer einzubehalten und an die *Revenue Commissioners* abzuführen ist, bleiben *group payments* hiervon befreit[328]. Von der Vorschrift für *group payments* profitieren neben sämtlichen Mehrheitsbeteiligungen (sog. 51% *subsidiaries*) auch Konsortien. Diese werden hier jedoch anders definiert als im Rahmen des *group relief*. Sie umfassen nur Unternehmen, bei denen das Konsortium direkt oder indirekt mindestens 75% des Nennkapitals besitzt, die Gesellschaften des Konsortiums in Irland oder einem anderen EG-Mitgliedstaat ansässig sind und jede einzelne von ihnen nicht weniger als 5% der Anteile an derjenigen *company* hält, welche die Zahlungen vornimmt.

D. Besteuerung der Anteilseigner

Hinsichtlich der Art und Weise, wie Ausschüttungen einer Kapitalgesellschaft an ihre Anteilseigner zu besteuern sind, hat das irische Steuerrecht in jüngerer Vergangenheit einen Paradigmenwechsel vollzogen: Eingebettet in das Gesamtkonzept massiver Steuersatzsenkungen gab Irland durch sec. 51 Finance Act 1998 mit Wirkung ab dem 06. April 1999 das jahrzehntelang praktizierte Teilanrechnungsverfahren auf. Stattdessen führte man ein klassisches System ein, in dem die Gewinne sowohl auf der Ebene der Körperschaft als auch in den Händen der Gesellschafter

---

[326] TCA 1997 sec. 620 i.V.m. sec. 597. Hierzu *Corrigan*, in: Ussher/O´Connor, Doing Business in Ireland, Vol. 1, § 5.05 [9g].

[327] TCA 1997 sec. 626 (1) (a) – (b); Revenue Notes, TCA 1997, Part 20, 614. Lediglich im Innenverhältnis können sie die aufgebrachte Steuerschuld von der vorrangigen Schuldnergesellschaft zurückfordern, vgl. die Ausführungen bei *Ward*, in: Taxation of Companies in Europe, Ireland, 9.6 (205), Suppl. No 159, October 2001 und *Corrigan*, in: Ussher/O´Connor, Doing Business in Ireland, Vol. 1, § 5.05 [9g].

[328] Sec. 410 (4) TCA 1997. Hierzu *Grotherr*, in: RIW 1995, 231 ff. [235].

einer ungemilderten Doppelbelastung unterliegen[329]. Obgleich im Rahmen dieser Arbeit natürlich das aktuelle System im Vordergrund steht, soll auch das frühere Teilanrechnungsverfahren in seinen Grundzügen vorgestellt werden. Anlass hierfür ist weniger die Tatsache, dass es zumindest für Altfälle noch Relevanz besitzt[330], sondern vielmehr der Umstand, dass der Systemwechsel fester Bestandteil des seit 1998 durchgeführten Prozesses ist, den Teile der Literatur als „Irish Corporation Tax Revolution" bezeichnen[331]. Denn die Reform ist maßgeblich dadurch geprägt, dass Irland seine bisherigen besonderen Steueranreize auf die allgemeine steuersystematische Ebene verlagert hat.

I. Früheres Teilanrechnungsverfahren

Das durch Finance Act 1983 eingeführte und bis zum 05. April 1999 geltende Teilanrechnungsverfahren milderte die doppelte Besteuerung von Unternehmensgewinnen im Falle der Ausschüttung mit Körperschaft- und Einkommensteuer. Die Kapitalgesellschaft musste im Zeitpunkt der Ausschüttung *advance corporation tax* (ACT) an die *Revenue Commissioners* abführen, die am Jahresende auf ihre endgültig festgesetzte definitive Körperschaftsteuer angerechnet wurde. Damit wirkte diese Ausschüttungskörperschaftsteuer im Ergebnis wie eine Steuervorauszahlung, weshalb sie den Namen *advance corporation tax* trug. Die Pflicht, ACT abzuführen hing davon ab, ob die ausschüttende Kapitalgesellschaft in Irland ansässig war. Denn Körperschaften, die dort lediglich durch *branches* oder *agencies* operierten, brauchten gemäß sec. 8 (2) (a) Corporation Tax Act 1976 keine *advance corporation tax* einzubehalten und abzuführen[332]. Im Gegenzug waren deren Anteilseigner freilich vom Teilanrechnungsverfahren ausgeschlossen[333].

Für natürliche Personen als Anteilseigner bildeten gemäß sec. 20 (1), (3) TCA 1997 a.F. sowohl die erlangte Dividende als auch ein *tax credit* in Höhe der ACT die Bemessungsgrundlage ihrer nach Schedule F zu versteuernden Einkünfte. Es wurde also nicht die gesamte Körperschaftsteuer, sondern nur die *advance corporation tax* beim Anteilseigner berücksichtigt (Teilanrechnungsverfahren). Für in Irland ansässige Dividendenempfänger galt es danach zu differenzieren, welchem Körper-

---

[329] Damit liegt Irland mitten im internationalen Trend der Abkehr von Anrechnungssystemen hin zu Steuersystemen mit niedriger Definitivbelastung auf der Ebene der Körperschaften, vgl. hierzu *Lang*, in: DStJG 2001 (Band 24), 49 ff. [71; 90]; *ders.*, in: T/L, § 8, Rdnr. 77.

[330] So *Pflüger*, in: PIStB 2002, 96 f. [97].

[331] *Haccius*, in: Bulletin for International Fiscal Documentation 2000, 122 ff. [122].

[332] *Corrigan*, in: Ussher/O'Connor, Doing Business in Ireland, Vol. 1, § 5.05 [7].

[333] Sec. 153 TCA 1997 a.F.; *Haccius*, in: Bulletin for International Fiscal Documentation 1998, 73 ff. [75] weist darauf hin, dass es infolge der Freistellung häufig ausschließlich bei der irischen Körperschaftsteuerbelastung von Unternehmensgewinnen blieb, da nicht wenige DBA die empfangenen Dividenden ebenfalls von der Steuer befreiten.

schaftsteuersatz das Einkommen auf der Ebene der Kapitalgesellschaft unterlag, weil hiervon die Höhe des *tax credit* abhing. Soweit der Fiskus die Einkünfte mit dem normalen Tarif zur Körperschaftsteuer heranzog – was gegen Mitte der 1990er Jahre infolge der großzügig gewährten Vorzugssteuersätze allerdings immer seltener geschah – existierte folgendes Verhältnis zwischen dem jeweiligen Steuersatz und der Steuergutschrift[334]:

Jahr	Kst-Tarif	Tax Credit
1976	50%	35/65
1981	45%	30/70
1988	47%	32/68
1989	43%	28/72
1991	40%	25/75
1995	38%	23/77
1997	36%	21/79
1998	32%	11/89

Wie das Zusammenspiel von ACT und Steuergutschrift funktionierte, verdeutlicht folgendes Beispiel[335]: Im Jahr 1993 erwirtschaftete die B-Ltd einen Gewinn i.H.v. 10.000 IR £. Den hiervon nach Steuern verbleibenden Betrag von 6.000 IR £ schüttete sie vollständig an ihren Gesellschafter B aus.

Ebene der B-Ltd:		
Gewinn (vor KSt)	10.000 IR £	
- Körperschaftsteuer (40%)	4.000 IR £ [336]	

Ausgeschütteter Gewinn	6.000 IR £	
Ebene des Anteilseigners B:		
Erhaltene Dividende	6.000 IR £	
+ tax credit (25/75 der Ausschüttung)	2.000 IR £	

	8.000 IR £	(Einkünfte nach Schedule F)

---

334 *Cunningham*, in: Bulletin for International Fiscal Documentation 1998, 186 ff. [186]. Anm.: Während sich die reguläre Steuergutschrift im Jahr 1998 auf 11/89 belief, erhielten Anteilseigner für *manufacturing profits* ihrer Gesellschaft nur einen *tax credit* i.H.v. 1/18, da solche Einkünfte lediglich dem körperschaftsteuerlichen Vorzugstarif (10%) unterlagen.

335 Angelehnt an *Haccius*, Ireland in International Tax Plannung, 26 f.

336 Anm.: Dieser Steuerbetrag wurde mit ACT (i.H.v. 25/75 des ausgeschütteten Betrags von IR £ 6.000 – also insgesamt IR £ 2.000 – verrechnet), so dass die Kapitalgesellschaft am Jahresende nur noch IR £ 4.000 an die *Revenue Commissioners* abführen musste.

- Einkommensteuer (48% von 8.000 IR £)	3.840 IR £	
- tax credit (s.o.)	2.000 IR £	

	1.840 IR £	(noch zu zahlende ESt)[337]
Netto-Einkommen des Anteilseigners:	4.160 IR £	
Effektive Gesamtsteuerbelastung:	58.40 %	

Empfing eine in der Republik Irland ansässige Kapitalgesellschaft Dividenden von einer anderen irischen Körperschaft, so stellte die Ausschüttung in ihren Händen steuerfreies Einkommen (sog. *franked investment income*) dar, um in Beteiligungsketten keine Mehrfachbelastung zu verursachen[338]. Gelangte die Dividende hingegen an eine ausländische Gesellschaft, wurde die ausschüttende Körperschaft auf Antrag von der *advance corporation tax* befreit. Einkünfte transparenter irischer Personengesellschaften waren ausschließlich auf der Ebene ihrer Gesellschafter körperschaft- bzw. einkommensteuerpflichtig – je nachdem, ob es sich um natürliche oder juristische Personen handelte[339].

II. Heute geltendes klassisches System

Am 06. April 1999 ging die Republik Irland vom Teilanrechnungsverfahren zum klassischen System über. Sowohl die jahrzehntelang praktizierte *advance corporation tax* (ACT) als auch ihre korrespondierende Steuergutschrift auf der Ebene der Anteilseigner verschwanden aus der steuerlichen Rechtswirklichkeit, um auf diese Weise die finanziellen Ausfälle infolge des massiven Absenkens der Körperschaftsteuersätze zu kompensieren[340]. Im Zuge des gesamteuropäischen Trends zu niedrigen Körperschaftsteuertarifen optierte Irland zum klassischen System mit Quellensteuer. Auf ausgeschüttete Unternehmensgewinne greift der Fiskus daher

---

337 Überstieg (anders als in dem hier gewählten Beispiel) der *tax credit* die persönliche Einkommensteuerschuld des inländischen Anteilseigners, so stand ihm in entsprechender Höhe ein Anspruch auf Steuererstattung zu.

338 *Feeney*, The Taxation of Companies, 3.205 (154). Falls die Dividenden empfangende Kapitalgesellschaft anschließend ihrerseits Ausschüttungen vornahm, durfte sie den *tax credit* mit der nun von ihr selbst geschuldeten *advance corporation tax* verrechnen, vgl. *Corrigan*, in: Ussher/O´Connor, Doing Business in Ireland, Vol. 1, § 5.05 [7].

339 TCA 1997 sec. 1008 (1) und sec. 1009 (2).

340 *Maher*, in: IFA, Cahiers de droit internationale LXXXVIIIa (2003), 487 ff. [488]; *Cooney/Martyn/Reck*, Taxation Summary, 220. Deshalb nähert sich trotz des signifikanten Absenkens der irischen Körperschaftsteuertarife die steuerliche Gesamtbelastung durch den doppelten Steuerzugriff letztlich dem Betrag an, der auch unter dem alten Teilanrechnungsverfahren „definitiv" wurde, vgl. *Hey*, in: Herrmann/Heuer/Raupach, Einkommensteuer- und Körperschaftsteuergesetz, Einf. KSt, Lfg. 196, September 1999, Rdnr. 292.

sowohl bei der Kapitalgesellschaft (Körperschaftsteuer) als auch bei ihren Anteilseignern (Einkommensteuer) ungemildert zu.

Dividenden und andere Ausschüttungen von in der Republik Irland ansässigen Kapitalgesellschaften unterliegen nunmehr einer Quellensteuer (*dividend withholding tax*), deren Höhe sich an der jeweils geltenden *standard rate* irischer Einkommensteuer orientiert. Seit dem Jahr 2000 beträgt die *dividend withholding tax* – die keine Abgeltungswirkung hat[341] – daher exakt 20% des ausgeschütteten Betrags[342]. Die *company* hat die Summe einzubehalten und innerhalb von 14 Tagen nach Ablauf des Monats, in dem sie die Ausschüttung vornimmt, an den *Collector General* abzuführen[343]. Auf der anderen Seite ist die Quellensteuer bei den einkommensteuerpflichtigen Anteilseignern auf ihr Einkommen nach Schedule F anzurechnen. Während eine verbleibende Steuerschuld die Pflicht zur Nachzahlung auslöst, berechtigt ein Saldo zugunsten des Steuerpflichtigen zur Steuererstattung[344]. Allerdings gewährt das irische Steuerrecht in großzügigem Umfang Ausnahmen von der prinzipiellen Pflicht einer Kapitalgesellschaft, *dividend withholding tax* einbehalten und abführen zu müssen. Hiervon befreit sind nämlich als sog. „automatic exemption" Ausschüttungen an:

- alle in Irland ansässigen Kapitalgesellschaften (sog. *franked investment income*),
- ausländische Muttergesellschaften, soweit die Mutter-Tochter-Richtlinie eine Quellensteuer verbietet,
- natürliche Personen oder *trusts*, die in einem anderen Mitgliedstaat der EG oder einem Land ansässig sind, mit dem Irland ein DBA geschlossen hat,
- *companies*, die nicht in Irland ansässig sind und von Personen (direkt oder indirekt über Beteiligungsketten) kontrolliert werden, die in DBA-Staaten oder einem EG-Mitgliedstaat ihren Sitz haben,
- Kapitalgesellschaften, deren Aktien an einer anerkannten Wertpapierbörse eines DBA-Partners oder EG-Mitgliedstaates gehandelt werden. Dabei genügt es auch, falls die Dividendenempfängerin eine 75%ige Tochter eines

[341] Denn „individual shareholders liable to tax at the higher rate will be required to ... pay the balance of income tax due to the exchequer", wie *Cooney/Martyn/Reck*, Taxation Summary, 220 ausdrücklich betonen.

[342] TCA 1997 sec. 172A, eingeführt durch FA 1999 sec. 27; *Jeffery*, in: Kesti, European Tax Handbook 2001, Ireland, A, 6.1 (317); *Haccius*, in: Bulletin for International Fiscal Documentation 2000, 122 ff. [123]; *Ward*, in: Bulletin for International Fiscal Documentation 2000, 54 ff. [62]; *ders.*, in: Taxation of Individuals in Europe, Ireland, 2.3.2 (31 f.); *Brennan/Moore*, Corporation Tax, 6.1 (211). Zum irischen Einkommensteuertarif siehe Kapitel 2 D II 1 a).

[343] TCA 1997 sec. 172B, eingeführt durch FA 1999 sec. 27.

[344] *Feeney*, The Taxation of Companies, 11.116.10 (1178).

Unternehmens ist, welches seinerseits an einer solchermaßen anerkannten Börse notiert[345].

In all diesen Fällen betrachtet Irland das mit der DWT verfolgte Hauptanliegen als nicht gefährdet. Die neue Quellensteuer soll nämlich vornehmlich verhindern, dass sich „Irish residents" der Einkommensteuer entziehen, indem sie sich hinter Kapitalgesellschaften mit Sitz in Steueroasen zurückziehen[346]. Bei Ausschüttungen an inländische Kapitalgesellschaften oder Personen mit Sitz in DBA-Partnerländern oder EU-Staaten soll dieser Regelungszweck nicht tangiert sein. Erforderlich ist aber stets, dass die Gesellschaften den *Revenue Commissioners* darlegen, dass es sich tatsächlich um einen Empfänger handelt, bei dem von einer *dividend withholding tax* abgesehen werden darf[347]. Im übrigen muss auf der Ebene der Anteilseigner zwischen natürlichen Personen, Körperschaften und Personengesellschaften differenziert werden.

1. Ausschüttung an natürliche Personen

Handelt es sich bei dem Dividendenempfänger um eine natürliche Person, so erzielt er gemäß sec. 20 TCA 1997 einkommensteuerpflichtige Einkünfte nach Schedule F. Das gilt nicht nur für unbeschränkt Steuerpflichtige, sondern auch für beschränkt Steuerpflichtige, die entsprechend dem Territorialitätsgrundsatz nur mit Einkünften aus Quellen in Irland einkommensteuerpflichtig sind[348]. Gleichwohl ist es aufgrund der *dividend withholding tax* wichtig, zwischen unbeschränkt und beschränkt steuerpflichtigen Einkommensteuersubjekten in Irland zu unterscheiden. Denn hiervon hängt ab, ob eine Befreiung von der DWT möglich ist und die Quellensteuer im Rahmen der Einkommensteuerveranlagung des einzelnen Anteilseigners – die sich seit dem 01. Januar 2002 am Kalenderjahr orientiert[349] – mit seiner Steuerschuld verrechnet werden kann.

---

[345] TCA 1997 sec. 172D, eingeführt durch FA 1999 sec. 27; *PricewaterhouseCoopers*, Doing Business and Investing in Ireland, 40, 56; *Brennan/Moore*, Corporation Tax, 6.3 (129 f.); *Ward*, in: Bulletin for International Fiscal Documentation 2000, 54 ff. [62]; *Haccius*, in: Bulletin for International Fiscal Documentation 2000, 122 ff. [131 f.].

[346] *Ward*, in: Bulletin for International Fiscal Documentation 2000, 54 ff. [62]. Anm.: Darüber hinaus sind Einkünfte von der DWT befreit, die in den Händen ihrer Gesellschafter von der Einkommensteuerpflicht ausgenommen sind. Da es sich hierbei insbesondere um die praktisch wenig relevanten Einkünfte aus einer Windhund- oder Jungbullenzucht handelt, bedarf es insoweit keiner ausführlichen Darstellung.

[347] Vgl. *Cooney/Martyn/Reck*, Taxation Summary, 2.8.1 (241 ff.); *Feeney*, The Taxation of Companies, 11.116.6 (1158); *Lüdemann/Bruton/Hruschka*, Steuerfolgen gewerblicher Investitionen in Irland, Rdnr. 184.

[348] *Jeffery*, in: Kesti, European Tax Handbook 2001, Ireland, B, 1.1 (321).

[349] Zuvor galt ein vom 6. April bis zum 5. April laufendes Steuerjahr. Im Jahr 2001 gab es als Folge der vorgenommenen Umstellung ein verkürztes „Steuerjahr" vom 06 April bis zum 31.

Dabei sind die Kriterien, nach denen sich die Ansässigkeit in Irland bestimmt, nur z.T. mit dem Begriff des gewöhnlichen Aufenthaltsort i.S.v. § 9 AO in Deutschland vergleichbar. Ansässig und damit *resident* ist, wer sich entweder an mindestens 183 Tagen des fraglichen Veranlagungszeitraums im Inland aufhält oder im aktuellen und dem vorangegangenen Jahr zusammen wenigstens 280 Tage dort verbracht hat[350]. Ansässig und unbeschränkt einkommensteuerpflichtig ist auch, wer als *ordinary resident* gilt: Nach drei aufeinanderfolgenden Jahren der Ansässigkeit fingiert sec. 820 TCA 1997 eine solche *ordinary residence* selbst dann, wenn der Steuerpflichtige das Land dauerhaft verlässt und hält insgesamt drei Jahre nach dem Wechsel in eine andere Jurisdiktion noch an diesem Status fest[351].

a) Unbeschränkt Steuerpflichtige

Empfangene Dividenden führen bei unbeschränkt Steuerpflichtigen zu Einkommen i.S.v. Schedule F[352]. Wichtiger als einzelne Details der Veranlagung ist an dieser Stelle, welche Frei*grenzen* das Einkommensteuerrecht seinen unbeschränkt Steuerpflichtigen gewährt, da hiervon die tatsächliche steuerliche Belastung abhängt. Die Freigrenzen beziehen sich allerdings nicht nur auf Einkünfte aus Schedule F, sondern auf die gesamte Summe der Einkünfte eines Steuerpflichtigen. Dabei differenziert das Steuerrecht der Republik Irland anhand des Kriteriums „Alter" sowie des „familienrechtlichen Status" des Steuerpflichtigen. Derzeit sind folgende Beträge – falls sie nicht überschritten werden – als *low income exemption* vollständig von der Einkommensteuer ausgenommen:

Dezember 2001. Während dieses Zeitraums wurden alle Freibeträge, *tax credits* und Steuergrenzen auf 74% gekürzt.

350 Sec. 819 (1), (2) TCA 1997. Anm.: Allerdings steht die zweite Alternative unter dem Vorbehalt, dass in jedem Veranlagungsjahr eine *residence* von mindestens 30 Tagen vorliegt. Zudem besitzt sie keinen rückwirkenden Effekt, d.h., sie vermag nur den Steuerstatus des zweiten Jahres zu determinieren.

351 Der Begriff des *domicile*, der grundsätzlich in allen Staaten mit britischer Rechtstradition eine Rolle spielt, ist hingegen für die steuerliche Behandlung von Ausschüttungen irischer Kapitalgesellschaften bedeutungslos. Hiernach kann lediglich für Einkünfte aus ausländischen Quellen ausnahmsweise eine besondere Form der Besteuerung nach der sog. „remittance base" erfolgen, bei der der Fiskus ausländisches Einkommen nur besteuert, soweit es nach Irland überwiesen ("remitted") wird, vgl. hierzu *Ward*, Judge Irish Income Tax, 1.505 (84).

352 Dabei muss hier auf eine ausführliche Darstellung der für Ehegatten in Irland geltenden Veranlagung verzichtet werden. Hinzuweisen ist allenfalls darauf, dass zusammenlebende Ehegatten gemäß sec. 1017 TCA 1997 grundsätzlich – und insoweit ähnelt die Regelung ihrem deutschen Pendant in § 26 Abs. 3 EStG – auf der Basis ihres gemeinsam erwirtschafteten Einkommens besteuert werden, sofern sie nicht eine getrennte Besteuerung wählen, vgl. die Hinweise bei *Ward*, Judge Irish Income Tax, 3.503 (409).

Verheiratete unter 65 Jahren	10.420,00 €
Ledige unter 65 Jahren	5.210,00 €
Verheiratete über 65 Jahren[353]	26.000,00 €
Ledige über 65 Jahren	13.000,00 €

Die hohen Freigrenzen für Senioren dienen dazu, Renten und Pensionen (typisierend) überhaupt nicht der Einkommensteuer zu unterwerfen. Ferner erhöhen sich die Freigrenzen gemäß sec. 187 (2) TCA 1997 um jeweils € 575 für die ersten beiden unterhaltspflichtigen Kinder unter 18 Jahren und um € 830 für das dritte und jedes weitere Kind[354]. Idealiter soll der „tax entry point“ dort beginnen, wo bei typisierender Betrachtung der gesetzliche bzw. tarifvertraglich festgelegte Mindestlohn eines Arbeitnehmers in Irland liegt[355]. Allerdings sind nur diejenigen Einkommen, welche unterhalb der für sie einschlägigen Freigrenzen liegen, von der irischen Einkommensteuer befreit. Sobald man diese Freigrenzen überschreitet, unterliegt das gesamte – und nicht nur der Betrag oberhalb der Grenze – der Einkommensteuer. Um dadurch möglicherweise eintretende Unbilligkeiten zu vermeiden, gewähren sec. 187 (4) und 188 (5) TCA 1997 als eine Art Härteausgleich den sog. *marginal relief*, um den staatlichen Steuerzugriff zu begrenzen. Denn sofern das steuerpflichtige Einkommen zwar die Freigrenze, nicht aber den doppelten Betrag der Freigrenze übersteigt, stellt der *marginal relief* sicher, dass die Steuerschuld ihrerseits nicht mehr als 40% derjenigen Summe beträgt, die über der Freigrenze liegt[356].

Beispiel[357]:

Mr. Antler (67 Jahre alt) erzielt im Jahr 2002 Einkünfte i.H.v. € 25.000. Seine Ehefrau – mit der er gemeinsam zur Einkommensteuer veranlagt wird – erwirtschaftet weitere € 5.100. In ihrem Haus-halt lebt noch ihr gemeinsamer Sohn Duncan, der soeben sein 16. Lebensjahr vollendet hat.

Steuerpfl. Einkommen:	€ 30.100	
ESt-Freigrenzen	€ 26.000	(verheiratet und älter als 65 Jahre)

---

[353] Erforderlich ist lediglich, dass mindestens ein Ehegatte das 65. Lebensjahr vollendet hat, vgl. *Jeffery*, in: Kesti, European Tax Handbook 2001, Ireland, B, 1.2.1.3 (322).

[354] *Cooney/Martyn/Reck*, Taxation Summary, 1.4 (79); *Jeffery*, in: Kesti, European Tax Handbook 2001, Ireland, B, 1.2.1.3 (322).

[355] IBFD, Annual Reports (2001 – 2002), Ireland, 118.

[356] *Ward*, in: Taxation of Individuals in Europe, Ireland, 1.2.2 (11), Suppl. No. 25, October 2001; *Cooney/Martyn/Reck*, Taxation Summary, 1.4.3 (79).

[357] Angelehnt an *Ward*, Judge Irish Income Tax, 3.322 (381).

€ 575	(ein unterhaltspflichtiges Kind)

€ 26.575	

Grundsätzlich müssten Mr. und Ms. Antler daher € 6.020 (standard rate i.H.v. 20 % von € 30.100) abzüglich des allgemeinen „marriage tax credit" (€ 3.040) und eines „old age credit" (€ 410), also insgesamt € 2.570 an Einkommensteuer zahlen. Da ihr oberhalb der Freigrenze liegendes Einkommen aber lediglich € 3.525 und somit weitaus weniger als den doppelten Betrag der Freigrenze ausmacht (2 * 26.575 = 53.150), profitieren sie von dem *marginal relief*. Dieser begrenzt die Einkommensteuerschuld folgendermaßen:

Einkommen:		€ 30.100	
Freigrenze:		€ 26.575	

Einkommen oberhalb der Freigrenze		€ 3.525	
Maximale ESt bei 40% von € 3.525:		€ 1.410	
D.h.:	ESt ohne marginal relief	€ 2.570	
	Begrenzung der ESt	€ 1.410	

		€ 1.160	(*marginal relief*)

Infolge des *marginal relief* müssen die Eheleute Antler also lediglich € 1.410 an die *Revenue Commissioners* entrichten. Effektiv hat die Regelung daher dazu geführt, dass sich ihre Einkommensteuerschuld, die ohne jenen „Abfederungsmechanismus" immerhin € 2.570 betragen hätte, um insgesamt € 1.160 reduziert.

Neben diesen Frei*grenzen* stehen natürlichen Personen in Irland noch eine Reihe von persönlichen Frei*beträgen* zu. Mit ihnen will TCA 1997 eine verminderte Leistungsfähigkeit der Steuerpflichtigen infolge unvermeidbarer Ausgaben berücksichtigen, die ihre Ursache in der persönlicher Lebenssphäre haben. Seit dem 06. April 2001 werden sie nicht mehr als Sonderausgaben im Rahmen der Summe der Einkünfte berücksichtigt, sondern ausschließlich als *tax credits* gewährt und von der Steuerschuld abgezogen[358]. Dadurch soll der Entlastungseffekt endgültig und unabhängig von der Höhe des individuellen Steuersatzes eintreten. Sofern die tatsäch-

[358] *Ward*, in: Bulletin for International Fiscal Documentation 2000, 54 ff. [55]; *ders.*, Judge Irish Income Tax, 3.601 (427 ff.); *Jeffery*, in: Kesti, European Tax Handbook 2001, Ireland, B, 1.4.2 (323); *Lüdemann/Bruton/Hruschka*, Steuerfolgen gewerblicher Investitionen in Irland, Rdnr. 151 ff.

liche Steuerschuld ausreicht, um den *tax credit* auszuschöpfen, entspricht jedem € der *allowance* ein echter € an Steuerersparnis. Hieraus folgt zugleich, dass die Höhe der *tax credits* auf die Steuerschuld begrenzt ist, sie also keine Erstattung zugunsten der Steuerpflichtigen herbeiführen können. Dabei muss wiederum zwischen allgemeinen und besonderen „personal tax credits" unterschieden werden, die an ganz bestimmte Belastungssituationen anknüpfen[359]. Für in der Ausbildung befindliche Kinder bis zum 18. Lebensjahr sieht das Recht der Republik Irland zudem einen *child benefit* vor, der als Kindergeld ausgestaltet ist und sich monatlich auf € 85.71 für die ersten beiden und € 109.20 für jedes weitere Kind beläuft. Gleichzeitig stellt sec. 194 TCA 1997 sicher, dass diese *child benefits* von der Einkommensteuer befreit bleiben[360]. Der allgemeine persönliche Freibetrag (*basic personal allowance*) gewährt seit dem Jahr 2003 jedermann eine Entlastung von seiner Steuerschuld in folgender Höhe:

Für Ledige	€ 1.520,
Für Verheiratete	€ 3.040.

Der Einkommensteuertarif, dem irische Anteilseigner ihre Dividenden und sonstigen einkommensteuerpflichtigen Einkünfte zu unterwerfen haben, ist in der Republik Irland als Teilmengenstaffeltarif mit zwei Stufen ausgestaltet. Beim Übergang von der ersten Stufe (*standard rate*) i.H.v. 20% auf die zweite Tarifstufe (*higher rate*) i.H.v. 42% erhöht sich der anzuwendende Steuersatz um 22%. Es handelt sich – im Gegensatz zu dem nach *trading* und *non-trading income* differenzierenden Körperschaftsteuersatz – um einen Steuertarif, der einheitlich für das gesamte zu versteuernde Einkommen natürlicher Personen gilt. Es ist also gleichgültig, welcher Einkunftsart das Einkommen entspringt. Im einzelnen gilt für Ledige und Verheiratete seit dem 01. Januar 2003:

Ledige/Verwitwete: (ohne unterhaltspflichtige Kinder)	*standard rate* (20%) bis € 28.000, darüber hinaus *higher rate* (42%).
Ledige/Verwitwete: (mit unterhaltspflichtigen Kindern)	*standard rate* (20%) bis € 32.000, darüber hinaus *higher rate* (42%).

359 Eingehend zu den besonderen persönlichen Freibeträgen *Ward*, in: Taxation of Individuals in Europe, Ireland, ii, suppl. No. 26, March 2002 und *Cooney/Martyn/Reck*, Taxation Summary, 1.3 (61 ff.). Hierzu zählen beispielsweise die credits für „blind persons", „widowed persons", „incapacitated children" sowie der „olde age credit" und der „home carer's credit".

360 Die „krummen" Beträge resultieren aus dem Umstand, dass Irland 1:1 von IR £ auf den Euro als neue Währung umgestellt hat. Insgesamt ist anzumerken, dass der Staat infolge zunehmender Verwahrlosung von Kindern und Verarmung von Familien das Kindergeld in den letzten Jahren deutlich erhöht hat.

Verheiratete Paare: (mit einem Einkommen)	*standard rate* (20%) bis € 37.000, darüber hinaus *higher rate* (42%).
Verheiratete Paare (mit zwei Einkommen)	*standard rate* (20%) bis € 37.000, darüber hinaus grundsätzlich *higher rate* (42%), wobei sich die Grenze bis zur Anwendung der *higher rate* bei dem zweiten Einkommen um bis zu € 19.000 nach oben verschieben kann[361].

Dabei ist der höhere Steuersatz keineswegs auf das gesamte zu versteuernde Einkommen anzuwenden, sobald es den Schwellenwert der ersten Teilmenge überschreitet. Vielmehr unterliegt nur derjenige Teil des Einkommens, der oberhalb des Bereichs der *standard rate* liegt, dem höheren Steuersatz[362]. Verfügt beispielsweise ein Alleinstehender über steuerpflichtige Einkünfte i.H.v. € 40.000, so gehen diese zwar deutlich über die Schwelle von € 28.000 hinaus, an welcher der Tarif für ihn von der ersten auf die zweite Stufe wechselt. Gleichwohl unterliegen € 28.000 dem Steuersatz i.H.v. 20% und nur die übrigen € 12.000 der *higher rate* i.H.v. 42%[363]. Soweit sich sein Einkommen aus Einkünften i.S.v. *Schedule F* zusammensetzt, ist zudem die von der Kapitalgesellschaft einbehaltene und abgeführte *dividend withholding tax* mit seiner Einkommensteuerschuld zu verrechnen[364].

Abschließendes Beispiel einer Dividendenausschüttung im Jahr 2003:

Mr. und Ms. Tollgate – ein verheiratetes Ehepaar – leben gemeinsam mit ihrer 15jährigen Tochter und ihrem Sohn (12 Jahre) in Dublin. Während Ms. Tollgate des Haushalt führt und kein Einkommen bezieht, verfügt der 43jährige Mr. Tollgate über Einkommen aus seinem Einzelhandelsgeschäft (€ 50.000) und Dividenden (€ 15.000), die er von einer in Irland ansässigen Kapitalgesellschaft erhalten hat.

---

361 Verdient z.B. die Ehefrau € 39.000 und der Ehemann € 4.500, so werden bei der Ehefrau die ersten € 37.000 mit 20% und die weiteren € 2.000 mit 42% besteuert. Die € 4.500 des Ehemannes sind aber – und darin liegt die zusätzliche Steigerung des der *standard rate* unterliegenden Betrages – ebenfalls mit 20% zur Einkommensteuer herangezogen. Denn seine Jahreseinkünfte betragen weniger als € 19.000.

362 *Ward*, Judge Irish Income Tax, 3.106 (319).

363 Aufgrund der im europäischen Kontext vergleichsweise moderaten Einkommensverhältnisse in Irland führen die Schwellenwerte beider Stufen dazu, dass 4/5 der Steuerpflichtigen nur in Höhe der *standard rate* zur Einkommensteuer herangezogen werden, vgl. hierzu die Hinweise in der *speech by Charlie McCreevy* (Minister for Finance), 24 September 2001, abrufbar im Internet unter www.finance.gov.ie.

364 Anders als die *tax credits* kann diese Quellensteuer bei den Steuerpflichtigen auch zu einer Steuererstattung führen, vgl. sec. 172A TCA 1997, eingeführt durch sec. 27 FA 1999. Hierzu *Ward*, in: Taxation of Individuals in Europe, Ireland, 6.3 (66 – 68), Suppl. No. 25, October 2001.

Einkünfte aus Schedule D Case I	€ 50.000	
Einkünfte aus Schedule F	€ 15.000	(*dividend withholding tax*: € 3.000)

	€ 65.000	
Freigrenze	€ 10.420	(Verheiratete unter 65 Jahren)
	€ 1.150	(2 unterhaltspfl. Kinder á € 575)

	€ 11.570	

Das Einkommen von Mr. Tollgate liegt nicht nur deutlich oberhalb der für ihn geltenden Freigrenze, weshalb es vom Fiskus zur irischen Einkommensteuer herangezogen wird. Es überschreitet auch den doppelten Betrag der Freigrenze, so dass eine Anwendung des *marginal relief* ausgeschlossen bleibt. Wendet man den Einkommensteuertarif auf seine persönliche Situation an, so bedeutet das für Mr. Tollgate:

Die ersten € 37.000 unterliegen der *standard rate*	€ 7.400	(20%)
Die weiteren € 28.000 unterliegen der higher rate	€ 11.760	(42%)

	€ 19.160	
Hiervon sind noch folgende Beträge abzuziehen	€ 3.040	(„general tax credit“)
	€ 3.000	(anrechenbare DWT)

	€ 13.120	(ESt-Schuld)

D.h.: Mr. Tollgate hat noch € 13.120 an Einkommensteuer an den Collector General zu zahlen.

Bereits dieses Beispiel verdeutlicht, dass die überaus günstigen Körperschaftsteuertarife im Falle einer Ausschüttung der Gewinne an irische Anteilseigner spürbar an Reiz verlieren, sofern deren Einkünfte der *higher rate* unterliegen. Diese Tendenz belegt auch die nachfolgende Übersicht für das klassische System Irlands.

Ebene der Kapitalgesellschaft

Gewinn vor Steuern	1.000, 00 €
Körperschaftsteuer (12.5%)	- 125, 00 €
Gewinn nach Steuern	875, 00 €
Quellensteuer (20%)	175, 00 €
Nettoausschüttung	700, 00 €

Ebene des Anteilseigners

Nettoausschüttung		700, 00 €
Anrechenbare Quellensteuer	+	175, 00 €
Bruttoausschüttung		875, 00 €
Einkommensteuerschuld (42%)		367, 50 €
Anrechenbare Quellensteuer	-	175, 00 €
Einkommensteuerzahllast		192, 50 €

Gesamtsteuerbelastung	492, 50 €	(ingesamt € 125 KSt und € 367, 50 ESt)

b) Beschränkt Steuerpflichtige

Die von irischen Kapitalgesellschaften an ausländische, beschränkt Steuerpflichtige ausgeschütteten Dividenden unterliegen gemäß sec. 20 TCA 1997 ebenfalls der irländischen Einkommensteuer. Mangels Veranlagungsverfahren hat die *dividend withholding tax* für ihre Einkünfte nach Schedule F grundsätzlich endgültigen Abgeltungscharakter[365]. Allerdings handelt es sich hierbei nur um den gesetzlichen Grundsatz, von dem zahlreiche Ausnahmen bestehen. Falls es sich nämlich bei dem Empfänger um eine natürliche Person handelt, die

- weder *resident* noch *ordinary resident* in Irland ist und
- nach dem Recht eines DBA-Vertragspartners oder eines EG-Mitgliedstaates als dort ansässig gilt und
- beide Umstände in schriftlicher Form gegenüber den *Revenue Commissioners* nachgewiesen werden,

bleibt sie von der *dividend withholding tax* (DWT) und damit ingesamt mit ihren Dividendeneinkünften von der irischen Einkommensteuer befreit[366]. Obwohl die Republik Irland infolge dieser großzügigen Freistellung Steueraufkommen verliert, stimmt die gesetzliche Methode sowohl mit dem Zweck der DWT als auch mit den übergeordneten steuerpolitischen Zielen Irlands überein. Denn zum einen will die Quellensteuer – worauf ihre im Gesetz angelegte dynamische Orientierung an der

---

365 *Brennan/Moore*, Corporation Tax, 6.4.4 (227); *Haccius*, in: Bulletin for International Fiscal Documentation 2000, 122 ff. [131]; *Cooney/Martyn/Reck*, Taxation Summary, 2.8 (242) und *Feeney*, The Taxation of Companies, 9.101 (1149), der insoweit exemplarisch auf eine natürliche Person mit Sitz in Hong-Kong verweist.

366 Sec. 172 (D) TCA 1997. Zu den inhaltlichen Erfordernissen der gegenüber den *Revenue Commissioners* abzugebenden Erklärung *Feeney*, The Taxation of Companies, 9.106 (1158 f.); *Brennan/Moore*, Corporation Tax, 6.3 (219 f.).

Höhe der einkommensteuerlichen *standard rate* hinweist – vornehmlich sicherstellen, dass *Irish residents* nicht der Einkommensteuer entfliehen, indem sie zwischen sich und die ausschüttende Körperschaft eine ausländische Kapitalgesellschaft schalten[367]. Darüber hinaus würde eine hohe Quellensteuer mit definitiver Wirkung kontraproduktiv auf die auf „inward investment" gerichtete Steuerpolitik Irlands wirken. Das gilt insbesondere im Hinblick auf DBA-Länder und EG-Mitgliedstaaten, in denen das Gros ausländischer Investoren beheimatet ist. Faktisch bleibt es deshalb dabei, dass viele beschränkt steuerpflichtige natürliche Personen mit ihren Dividendeneinkünften keiner Einkommensteuer in Irland unterliegen[368].

2. Ausschüttung an Kapitalgesellschaften

Im Falle der Ausschüttung an eine inländische Körperschaft gilt nach wie vor die Regelung des *franked investment income*: Die Dividenden bleiben gemäß sec. 129 TCA 1997 unabhängig von ihrer Höhe und der Dauer ihrer Beteiligung körperschaftsteuerfrei, um eine Mehrfachbelastung von Unternehmensgewinnen mit irischer Körperschaftsteuer in Konzernstrukturen zu verhindern. Freilich besteht das *franked investment income* nach dem Auslaufen der *advance corporation tax* (ACT) seit dem 06. April 1999 nur noch in dem Ausschüttungsbetrag selbst.

Hinsichtlich der *dividend withholding tax* (DWT) muss man beachten, dass prinzipiell lediglich für Ausschüttungen an *Irish resident companies* eine Ausnahme von der generellen Pflicht besteht, DWT einzubehalten und abzuführen. Demgegenüber sollen Ausschüttungen an ausländische Gesellschaften grundsätzlich mit Quellensteuer belastet werden und (mangels einer Anrechnungsmöglichkeit) den Charakter einer Definitiv-Steuer besitzen[369]. Allerdings wird auch dieser Grundsatz erheblich dadurch aufgeweicht, dass das irische Recht in einer Reihe von Konstellationen Ausschüttungen inländischer Kapitalgesellschaften an ausländische Körperschaften von der *dividend withholding tax* befreit. Hierzu zählen (als „exemptions on apply") insbesondere Dividendenzahlungen an

- ausländische Muttergesellschaften, soweit die in sec. 831 TCA 1997 umgesetzte Mutter-Tochter-Richtlinie einen Quellensteuerabzug verbietet,

---

367 *Ward*, in: Bulletin for International Fiscal Documentation 2000, 54 ff. [62] geht davon aus, dass dieser „Anreiz" seit 1999 spürbar gestiegen ist, weil keine Teilanrechnung ausgeschütteter Beträge mehr erfolgt.

368 Ebenso die Feststellungen von *Maher*, in: IFA, Cahiers de droit fiscal international, LXXXVIIIa (2003), 487 ff. [496].

369 *Jeffery*, in: Kesti, European Tax Handbook 2001, Ireland, A, 6.1 (317); *Brennan/Moore*, Corporation Tax, 6.3 (225); *Cooney/Martyn/Reck*, Taxation Summary, 2.8 (242 f.).

- *companies*, die nicht in Irland ansässig sind und von Personen (direkt oder indirekt über Beteiligungsketten) kontrolliert werden, die in DBA-Staaten oder einem EU-Mitgliedstaat ihren Sitz haben,
- Kapitalgesellschaften, deren Aktien an einer anerkannten Wertpapierbörse eines DBA-Partners oder EG-Mitgliedstaates gehandelt werden. Dabei genügt es, dass der Dividendenempfänger eine 75%ige Tochter eines Unternehmens ist, welches seinerseits an einer solchermaßen anerkannten Börse notiert.

Erforderlich ist lediglich ein Nachweis gegenüber den *Revenue Commissioners* gemäß Schedule 2A par. 9 TCA 1997 aus dem hervorgeht, dass aufgrund dieser Ausnahmen tatsächlich keine *dividend withholding tax* abgeführt werden muss. Grund für die gesetzliche Regelung ist wiederum, dass der mittels DWT verfolgte Zweck – eine Besteuerung der Gewinnausschüttungen von Kapitalgesellschaften mit Einkommensteuer auf der Ebene ihrer irischen Anteilseigner sicher zu stellen – in diesen Fällen nicht gefährdet ist[370]. Angesichts der Vielzahl von Ausnahmetatbeständen, stellt sich *Michael Feeney* sogar auf den Standpunkt, dass „the tax is normally not charged on distributions made to companies – whether or not the recipient company is resident in Ireland“[371].

3. Ausschüttung an Personengesellschaften

Im Falle von Dividendenausschüttungen an Personengesellschaften ist wie schon unter dem früheren Teilanrechnungsverfahren danach zu differenzieren, ob es sich bei ihren Gesellschaftern um Kapitalgesellschaften oder natürliche Personen handelt. Ist das Einkommen der *partnership* einer in Irland ansässigen Körperschaft als Teilhaber der Personengesellschaft zuzurechnen, greifen die Regeln über das *franked investment income* ein. Die Dividenden bleiben also steuerfrei. Ferner ist die ausschüttende Kapitalgesellschaft von der *dividend withholding tax* befreit, was – unter allerdings engeren Voraussetzungen – auch für Kapitalgesellschaften mit Sitz außerhalb der Republik Irland gilt (s.o.). Sollte die Dividende hingegen einer natürlichen Person als Gesellschafter der Personengesellschaft zugute kommen, so gilt für *residents* oder *ordinary residents*: Die Ausschüttung führt zu Einkünften gemäß Schedule F und die *dividend withholding tax* (DWT) ist mit der persönlichen Einkommensteuerschuld zu verrechnen. Natürliche Personen, die nach dem Recht eines DBA-Vertragspartners oder eines Mitgliedstaates der Europäischen

---

[370] Vgl. *Ward*, in: Taxation of Companies in Europe, Ireland, 5.1 (181); *Cooney/Martyn/Reck*, Taxation Summary, 2.8.1 (242 f.); *Brennan/Moore*, Corporation Tax, 6.4 (226 f.).

[371] *Feeney*, The Taxation of Companies, 11.110 (1107). In der Realität bilden daher natürliche Personen, die in Irland unbeschränkt einkommensteuerpflichtig sind, den typischen Anwendungsbereich der DWT, vgl. hierzu etwa *Maher*, in: IFA, Cahiers de droit international LXXXVIIIa (2003), 487 ff. [491].

Gemeinschaft als dort ansässig gelten und dies gegenüber den *Revenue Commissioners* nachweisen, sind von der *dividend withholding tax* (DWT) befreit. Andernfalls weist die DWT in Höhe der *standard rate* irischer Einkommensteuer den Charakter einer Abgeltungssteuer auf.

E. Zusammenfassung

Bevor im nächsten Kapitel ausgewählte Unterschiede zwischen der Besteuerung von Körperschaften und ihren Anteilseignern in Irland und Deutschland miteinander verglichen werden, ist zusammenfassend festzustellen: Das irische Schedulensteuersystem begünstigt gewerbliche Gewinne von Kapitalgesellschaften seit dem Jahr 2003 in erheblichem Maße durch einen niedrigen Tarif i.H.v. 12.5%. Dieses massive Absenken des allgemeinen Körperschaftsteuersatzes ist allerdings nur ein Bestandteil der „Corporation Tax Revolution“[372], die Irland 1998 einleitete. Hiermit verbunden war zugleich die Abschaffung des alten Teilanrechnungsverfahrens und die Einführung eines klassischen Systems mit ungemilderter Doppelbelastung. Dadurch verlagerte die Republik Irland den über viele Jahre hinweg als spezifische Vergünstigung für *manufacturing companies* und Kapitalgesellschaften mit Sitz im Dubliner IFSC ausgestalteten Steuervorteil des Niedrigtarifs (10%) faktisch auf die allgemeine steuersystematische Ebene.[373]

Mit der Körperschaftsteuerreform gelang es dem irischen Gesetzgeber, seine auf *inward investment* abzielende Anreizpolitik zugunsten ausländischer Investoren aufrechtzuerhalten[374]. Während jene in der Vergangenheit spezifische Vorzugstarife nutzen konnten, profitieren sie heute von einem nur geringfügig höheren allgemeinen Körperschaftsteuersatz. Demgegenüber beließ Irland die Einkommensteuertarife auf einem im Vergleich zu Körperschaftsteuer hohen Niveau und bestätigte so die bereits im Eingangskapitel getroffene Feststellung, dass der internationale Steuerwettbewerb tendenziell zu einer höheren Belastung der sozial gebundenen menschlichen Arbeitskraft gegenüber mobilen Kapitalgesellschaften führt. Irische Anteilseigner profitieren daher im Ausschüttungsfalle kaum von den niedrigen Körperschaftsteuersätzen.

---

[372] *Haccius*, in: Bulletin for International Fiscal Documentation 2000, 122 ff. [122].

[373] In dem Steuersatz wurde allgemein der Hauptanreiz der irischen Steuerrechtsordnung gesehen. Daher waren es auch nicht die Vorschriften über Gewinnermittlung, Verlustnutzung oder AfA, sondern in erster Linie die niedrigen Körperschaftsteuertarife, die Irland den Vorwurf des „Steuerdumpings“ einbrachten.

[374] Deshalb gelangt beispielsweise *Ward*, in: Bulletin for International Fiscal Documentation 2000, 54 ff. [66] zu der Erkenntnis, dass „... it seems that Ireland´s mutual love affair with inward investment is likely to persist for the indefinite future ...“

3. Kapitel: **Signifikante Besteuerungsunterschiede zwischen Irland und der Bundesrepublik Deutschland**

Nachfolgend sollen signifikante Unterschiede in der Besteuerung von Kapitalgesellschaften und ihren Anteilseignern in Irland und Deutschland miteinander verglichen werden. Dabei geht es neben einem Belastungsvergleich insbesondere um systematische Unterschiede, die es vor dem Hintergrund ihrer jeweiligen nationalen ratio kritisch zu beleuchten gilt. Sofern dies möglich ist, wird auch der Frage nachgegangen, inwiefern die eine oder andere irische Regelung de lege ferenda als Vorbild für Deutschland taugen könnte.

A. Bedeutsame Gegensätze auf Ebene der Kapitalgesellschaft

I. Gewerblichkeitsfiktion

Ebenso wie TCA 1997 in Irland verweist auch das deutsche Körperschaftsteuerrecht für die Frage, was als Einkommen anzusehen ist, in § 8 Abs. 1 S. 1 KStG auf die Einkommensteuer. Darüber hinaus ordnet § 8 Abs. 2 KStG für Steuerpflichtige, die handelsrechtlich zur Führung von Büchern verpflichtet sind, an, dass alle Einkünfte als Einkünfte aus Gewerbebetrieb gelten. Hierzu zählen aufgrund von § 238 Abs. 1 S. 1 i.V.m. §§ 1, 6 HGB sämtliche Kapitalgesellschaften. Demgegenüber ist dem irischen TCA 1997 sowohl eine Gewerblichkeitsfiktion als auch die Subsidiarität von Überschuss- gegenüber Gewinneinkünften fremd. Infolgedessen können Kapitalgesellschaften in der Republik Irland (mit Ausnahme von Einkünften aus nichtselbständiger Tätigkeit i.S.v. Schedule E) sämtliche Einkunftsarten verwirklichen.

Zwar besitzt die deutsche Vorschrift des § 8 Abs. 2 KStG, deren Existenz auf die Rechtsprechung des Reichsfinanzhofs zurückgeht[1] und ursprünglich über die Körperschaftsteuer-Durchführungsverordnung (KStDV) Einzug in das heimische Steuerrecht hielt[2], eine lange Tradition. Gleichwohl beweist das irische Recht, dass eine solche Norm zumindest nicht selbstverständlich erscheint. Diese Erkenntnis wirft die Frage auf, ob § 8 Abs. 2 KStG tatsächlich notwendig ist. Denn im Grundsatz wollen sowohl sec. 76 (1) TCA 1997 als auch § 8 Abs. 1 S. 1 KStG das Objekt der Körperschaftsteuer anhand der Vorschriften der jeweiligen nationalen Einkommensteuer ermitteln. Während jedoch Irland streng an dem Verweis festhält, kon-

---

[1] *RFH*, Urteil vom 13. März 1928 IA 395/27 S, in: RStBl 1929, 134.

[2] Ausführlich zur historischen Entwicklung und den Vorläufern des heutigen § 8 Abs. 2 KStG siehe *Wrede*, in: Herrmann/Heuer/Raupach, § 8 KStG, Lfg. 208 (November 2002), Rdnr. 27; *Winter*, in: DStR 1997, 146 ff. [148 f.].

zentriert der deutsche Gesetzgeber die Einkünfte von Kapitalgesellschaften auf die Einkunftsart des Gewerbebetriebs. Vorzug der Regelung in § 8 Abs. 2 KStG ist aus Sicht des heimischen Fiskus, dass Buchführungs- und Abschlussergebnisse umfassend genutzt werden können, um das Besteuerungsverfahren zu vereinfachen[3]. Allerdings erschöpft sich der Nutzen dieser Vorschrift nicht bloß in einer ermittlungstechnischen Vereinfachung. Ein vergleichender Blick auf sec. 76 (1) TCA 1997 verdeutlicht vielmehr, dass § 8 Abs. 2 KStG – wie sich bei der unterschiedlichen Besteuerung verschiedener Einkunftsarten in Irland zeigt – zugleich eine „ordnende" Funktion erfüllt. Denn obgleich dies nicht der vorrangige Zweck der Norm sein mag, so garantiert die Gewerblichkeitsfiktion doch eine steuerliche Gleichwertigkeit sämtlicher Einkünfte einer Kapitalgesellschaft.

II. Körperschaftsteuerliches Schedulensystem

Das in der Republik Irland für Kapitalgesellschaften praktizierte *schedular system* stellt sich als typische Schedule dar. Es separiert einzelne Einkunftsarten, formt aus den daraus fließenden Einkünften besondere Steuerbemessungsgrundlagen und knüpft hieran – und gerade nicht an ein Gesamteinkommen – unterschiedliche Rechtsfolgen bis hin zu voneinander abweichenden Tarifen. Die lange Zeit weit verbreitete Einschätzung und Bewertung einer Schedule von Autoren des deutschen Rechtskreises ist indes ein wenig überraschend: Sie sei veraltet und aufgrund ihrer ungleichmäßigen Belastung rückständig. Teile der Literatur behaupteten sogar, dieses System existiere in reiner Form nur noch in Entwicklungsländern und sei in modernen Staaten vornehmlich für Steuerhistoriker von Interesse[4].

Als Folge des Wettbewerbs der Steuersysteme ist jedoch in jüngster Zeit ein Trend unübersehbar, nach dem sich erfolgreiche Industrienationen der „global tax" ab- und dem Schedulensteuersystem zuwenden. Während die Schedule eine Renaissance erlebt, scheinen synthetische Systeme international „außer Mode zu geraten"[5]. Das vorliegend untersuchte irische Körperschaftsteuerrecht ist nicht erst neuerdings, sondern traditionell in *Schedules* und *Cases* gegliedert. Neben unterschiedlichen Gewinnermittlungsvorschriften und Verlustnutzungsregeln bewirkt es, dass einzelne Einkunftsarten einer Kapitalgesellschaft in Irland unterschiedlichen Steu-

---

[3] Vgl. *Geiger*, in: Dötsch/Eversberg/Jost/Witt, Die Körperschaftsteuer, Band I, § 8 KStG, EL 45 (Juli 2002), Rdnr. 1 f.; *Rengers*, in: Blümich, Band 4, § 8 KStG, EL 74 (März 2002), Rdnr. 57; *Wrede*, in: Herrmann/Heuer/Raupach, § 8 KStG, Lfg. 208 (November 2002), Rdnr. 29; ebenso bereits zur „Vorgängernorm" des § 16 KStDV *Winter*, in: DStR 1971, 146 ff. [148].

[4] So beispielsweise *Mennel*, in: StuW 1973, 1 ff. [5]; *Flockermann*, in: FS Klein, 393 ff. [400]; *Kanzler*, in: FR 1999, 363 ff. [366 f.].

[5] Vgl. hierzu die Hinweise bei *Faltlhauser*, in: FS Ritter, 511 ff. [517 f.]; *Mutén*, in: RIW 1993, 119 ff. [120] und *Lang*, in: DStJG 24 (2001), 49 ff. [60].

ersätzen unterliegen. Während der Fiskus das *trading income* mit 12.5% besteuert, greift er auf Veräußerungsgewinne mit 20% zu. Ferner werden *non-trading* Einkünfte mit 25% besteuert, wobei im Falle einer langfristigen Thesaurierung bei *close companies* noch ein Zuschlag i.H.v. 20% hinzutreten kann[6].

Demgegenüber ist die deutsche Körperschaftsteuer in Bezug auf Kapitalgesellschaften eine synthetische Steuer. Sie fasst alle steuerbaren Einkünfte zusammen und lässt einen Ausgleich positiver und negativer Einkünfte zu[7], ehe § 23 Abs. 1 KStG darauf einen einheitlichen Tarif anwendet. Dass es sich dabei aufgrund von § 8 Abs. 2 KStG nicht um einen vertikalen Verlustausgleich handelt, ist unerheblich. Die Fiktion, nach der sämtliche Einkünfte als gewerblich gelten, bewirkt mithin, dass alle Erträge und Aufwendungen einer Kapitalgesellschaft miteinander saldiert werden können[8], so dass sich das Körperschaftsteuergesetz als echte Einheitssteuer darstellt. Insoweit hebt sich das KStG positiv von der „zerklüfteten" deutschen Einkommensteuer ab[9], die mittlerweile deutliche schedulenartige Züge aufweist.

Das irländische Schedulensteuersystem bietet zwar aus der Sicht eines Steuergesetzgebers den großen Vorzug, flexibler auf neue Entwicklungen reagieren zu können als in einem synthetischen Steuerrecht. Denn das Spannungsverhältnis zwischen der Gleichwertigkeit aller Einkunftsarten und dem Wunsch nach Sozialzwecknormen, an deren Ende ein faktischer Einkünftepluralismus steht, existiert in einem Schedulensystem nicht[10]. Aus diesem Grund wird in Irland auch nur ganz vereinzelt das geltende Steuerrecht kritisch am Leistungsfähigkeitsprinzip („equality of taxation") gemessen[11]. Eine juristische Überprüfung steuerlicher Normen an-

---

[6] Hierzu ausführlich Kapitel 2 C V 1 und Kapitel 2 C VI 1b).

[7] Verfassungsrechtliche Fragen, mit denen sich der Bundesfinanzhof in seinem Beschluss zur Mindestbesteuerung nach § 2 Abs. 3 EStG vom 06. März 2003 (XI B 7/02), in: DStR 2003, 927 ff. beschäftigen musste, stellen sich daher für Kapitalgesellschaften von vornherein nicht.

[8] *Scheffler*, Besteuerung von Unternehmen, Band I, 155 betont, dass dieses Ergebnis nur für Kapitalgesellschaften gilt. Andere Körperschaften, wie z.B. eine Stiftung, können nämlich verschiedene Einkunftsarten verwirklichen; aufgrund von § 8 Abs. 1 S. 1 KStG i.V.m. § 2 Abs. 3 EStG führt dies aber auch dazu, dass ihr externer Verlustausgleich nur eingeschränkt zulässig ist.

[9] *Tipke*, Die Steuerrechtsordnung, Band II, 594; *Lang*, in: DStJG 2001 (Band 24), 49 ff. [51]; *Kanzler*, in: FR 1999, 363 ff. [364 f.]; Zur Durchbrechung des Grundsatzes der synthetischen Einkommensteuer auch *BFH*, Urteil vom 24. Februar 1999 X R 171/96, in: BStBl II 1999, 450 ff. [459 ff.].

[10] *Kanzler*, in: FR 1999, 363 ff. [366].

[11] So etwa der im Internet unter http://econserv2.bess.tcd.ie/SER/1998/Essay8.htm abrufbare Beitrag von *Ronan Clark* („Irish Income Tax – Is it a Good System"), der sich zwar primär auf die Einkommensteuer bezieht, aber auch Gedanken zur *corporation tax* enthält. Dagegen macht sich *Haccius*, in: ET 1998, 114 ff. [115] zwar Gedanken zu den irischen Verfassungs-

hand verfassungsrechtlicher Gleichheitsmaßstäbe findet im Prinzip nicht statt. Lediglich Gesetze, die Ehepaare gegenüber unverheirateten Paaren benachteiligten, befand der *Supreme Court* in der Vergangenheit wegen Verstoßes gegen Art. 40 der *Constitution* für verfassungswidrig[12]. Ein allgemeines „principle of equality in tax law" lässt sich demgegenüber aus der irischen *Constitution* nicht herleiten. Es besteht kein verfassungsrechtliches Postulat, welches die gleiche Besteuerung verschiedener Einkunftsarten verlangt. Ein entsprechender Gleichbehandlungsauftrag lässt sich auch dem einfachen Steuerrecht nicht entnehmen. Denn Irland behielt nach seiner Unabhängigkeit das materielle Steuerrecht des Vereinigten Königreichs bei, mit dem es noch heute weitgehend übereinstimmt[13]. Als Großbritannien 1803 das Schedulensystem schuf, besaßen Steuerbelastung und Steuersätze noch Bagatell-Charakter und das Prinzip der Gleichbehandlung von Einkunftsarten wurde nicht als Problem empfunden[14]. Weil diese schedularen Grundsätze im Einklang mit ihrer historischen Tradition noch immer in Irland fortwirken, unterliegt der Gesetzgeber nicht dem Zwang, eine unterschiedliche Besteuerung von Einkünften rechtfertigen zu müssen. Nicht zuletzt dieser Umstand ermöglichte es dem irischen Gesetzgeber, zügig auf die veränderte Position der Kommission zur bislang praktizierten Beihilfenpolitik zu reagieren und ein umfassendes „Reformpaket" zu schnüren.

Ob es verfassungsrechtlich möglich wäre, ein Schedulensteuersystem für Kapitalgesellschaften in Deutschland einzuführen[15], soll hier nicht thematisiert werden. In jedem Fall ist es nicht empfehlenswert, das deutsche KStG zukünftig an seinem irischen Pendant zu orientieren. Denn die aus Art. 3 Abs. 1 GG fließende Pflicht, sämtliche Einkunftsarten gleich zu behandeln[16], erstreckt sich auch auf Körper-

---

prinzipien der „rationality" und „proportionality", zieht hieraus aber keine Schlüsse für die unterschiedliche Behandlung von Einkunftsarten.

[12] Ausführlich hierzu *Ward*, Judge Irish Income Tax, 1.409 (60 f.) und die Untersuchungsergebnisse des DCU Master Course in Taxation Students, abgedruckt in: Irish Tax Review 2000, 459 ff.

[13] Siehe hierzu Kapitel 2 A; *Baker*, in: Meussen, The Principle of Equality in European Taxation, 165 ff. und *Lang*, in: DStJG 2001 (Band 24), 49 ff. [55] weisen darauf hin, dass auch das Verfassungsrecht Großbritanniens mit dem dem Steuerrecht praktisch nicht in Verbindung gebracht wird.

[14] *Weisflog*, in: FS Tipke, 537 ff. [547], der zutreffend darauf hinweist, dass Schedulen damals gerade deshalb als besonders vorzugswürdig angesehen wurden, weil sie mit ihrer Begrenzung auf eine Einkunftsart die umfassende Einmischung des Staates in die Einkommensverhältnisse der Steuerpflichtigen verhinderten.

[15] Gedanken machen sich hierzu beispielsweise *Jacobs*, Internationale Unternehmensbesteuerung, 335 und mit Bezug zum EStG *Seeger*, in: Schmidt, EStG, § 2, Rdnr. 78 sowie *Wagner*, in: DB 1999, 1520 ff. [1522].

[16] *BVerfG*, Beschluss vom 30. September 1998 – 2 BvR 1818/91, in: DB 1998, 2247 ff. [2248]; *BVerfG*, Beschluss des Zweiten Senats vom 10. April 1997 – 2 BvL 77/92, in: BStBl

schaften[17]. Ungleichbehandlungen können zwar durch wirtschaftspolitische Zwecke gerechtfertigt sein[18]. Allerdings hält das deutsche EStG deutlich vor Augen, zu welchem Ausmaß an Unterschieden dies führen kann. Um eine Vielzahl von dort existierenden Streit-, Abgrenzungs- und Zuordnungsfragen nicht in das Körperschaftsteuerrecht hineinzutragen, sollte deshalb an § 8 Abs. 2 KStG festgehalten werden.

III. Regel-AfA für bewegliche Anlagegüter

Obgleich die Anreizwirkung eines Steuersystems in erster Linie von seinen Tarifen ausgeht, können auch Elemente der Bemessungsgrundlage wie insbesondere die Regelabschreibung für bewegliche Wirtschaftsgüter die Standortwahl von Unternehmen beeinflussen[19]. In der Republik Irland müssen Kapitalgesellschaften „plant and machinery", das sie länger als ein Veranlagungsjahr nutzen, linear abschreiben. Ausgangsgröße der AfA bilden die Anschaffungs- und Herstellungskosten, für die das Gesetz im Falle einer Anschaffung zwischen Anfang 2001 und Ende 2003 eine jährliche Abschreibungsrate i.H.v. 20% und für Anschaffungen nach dem 04. 12. 2003 eine AfA von jährlich 12, 5 % festlegt. Daher sind sämtliche Anlagegüter einheitlich nach 5 Jahren (20%) bzw. 8 Jahren (12, 5%) abgeschrieben.

Demgegenüber gehen § 8 Abs. 1 S. 1 KStG i.V.m. § 7 Abs. 1 S. 1 EStG in Deutschland zwar ebenfalls von den Anschaffungs- und Herstellungskosten als Basis der AfA aus. Neben der linearen gewährt das Gesetz den Gesellschaften aber noch eine degressive Methode und bietet insofern mit § 7 Abs. 2 EStG ein zusätzliches Instrument, dessen Einsatz sich aus Sicht des Steuerpflichtigen anbietet, falls

---

II 1997, 518 ff. [518]. Aus der Literatur siehe nur *Tipke*, Die Steuerrechtsordnung Band, 1, 499 ff.; *Lang*, in: DStJG 2001 (Band 24), 49 ff. [57 ff.]; *ders.*, in: T/L, § 4, Rdnr. 81 ff.; *Seer*, in: DStJG 1999 (Band 23), 87 ff. [90 f.] zur Grundrechtsberechtigung sowie *Birk*, in: StuW 2000, 328 ff. [329]; *ders.*, Steuerrecht, Rdnr. 1090; *Hey*, in: DStJG 2001 (Band 24), 155 ff. [166 ff.].

17 *Lang*, in: T/L, § 8, Rdnr. 80; *Scheffler*, Besteuerung von Unternehmen, Band I, 133.

18 *BFH*, Beschluss vom 24. Februar 1999 X R 171/96, in: BStBl II 1999, 450 ff. [460]. Allein die systematische Differenzierung der Einkunftsarten durch den einfachen Gesetzgeber genügt hierfür jedoch nicht, vgl. *BVerfG*, Beschluss vom 30. September 1998 – 2 BvR 1818/91, in: DB 1998, 2247 ff. [2248]; *Lang*, in: T/L, § 4, Rdnr. 124 ff.; *Hey*, in: DStJG 2001 (Band 24), 175 ff.; *Tipke*, Die Steuerrechtsordnung, Band I, 499 ff.; *Birk*, in: StuW 2000, 328 ff. [330].

19 *Jacobs*, Internationale Unternehmensbesteuerung, 155; *Oestreicher/Spengel*, in: BB 2003, 926 ff. [926]. Eingehend zur Anreizwirkung von Rückstellungen und AfA *Wagner*, in: BB 2002, 1885 ff. [1891 f.].

das Wirtschaftsgut in den ersten Jahren besonders schnell abnutzt[20]. Darüber hinaus weicht die Abschreibungsdauer in beiden Ländern voneinander ab. Während das irländische Recht eine einheitliche Periode von 5 bzw. 8 Jahren vorschreibt, bemisst sich der AfA-Zeitraum in der Bundesrepublik gemäß § 7 Abs. 1 S. 2 EStG nach der betriebsgewöhnlichen Nutzungsdauer eines Wirtschaftsgutes. Mangels gesetzlicher Konkretisierung richtet sich die betriebsgewöhnliche Nutzungsdauer in der Praxis ganz überwiegend nach den AfA-Tabellen des Bundesministeriums der Finanzen (BMF)[21]. Legt man jene „Empfehlungen" zugrunde, so liegt die Abschreibungsdauer von Wirtschaftsgütern wie Windkraftanlagen (16 Jahre), Lichtreklame (9 Jahre), Fernsprech-Nebenstellenanlagen (10 Jahre) oder Großrechnern (7 Jahre) z.T. deutlich über der in Irland praktizierten Fristen. Andererseits können insbesondere Computer und PC-Zubehör wie Drucker, Bildschirme und Scanner in Deutschland schneller, nämlich in nur 3 Jahren, abgeschrieben werden[22].

Damit drängt sich die Frage auf, inwiefern die irische Regelung de lege ferenda als Vorbild für Deutschland taugt. Dass eine gesetzliche Fiktion der Abschreibungsdauer auch dem heimischen Rechtskreis nicht unbekannt ist, beweist § 7 Abs. 1 S. 3 EStG: Für den Geschäfts- oder Firmenwert eines Gewerbebetriebs oder LuF-Betriebs ordnet das Gesetz ohne Rücksicht auf eine tatsächlich kürzere oder längere Nutzungsdauer eine lineare AfA über 15 Jahre an[23]. Gegen eine Übernahme der irischen Regelung in ein deutsches Steuergesetz spricht jedoch, dass sie ein sehr hohes Maß an Typisierung aufweist, indem sämtliche Wirtschaftsgüter des Anla-

---

[20] *Drenseck*, in: Schmidt, EStG, § 7, Rdnr. 130; *Lang*, in: T/L, § 9, Rdnr. 391; *Lambrecht*, in: Kirchhof, EStG-Kompaktkommentar, § 7, Rdnr. 110 f.; *Werndl*, in: Kirchhof/Söhn, EStG, Band 7, § 7, EL 8 (Juni 1988), Rdnr. C 4.

[21] AfA-Tabelle des *BMF*, in: BStBl I 2000, 1533 ff. In der Rechtsprechung stellen *BFH*, Urteil vom 26. Juli 1991 VI R 82/89, in: BStBl II 1992, 1000 ff. [1003]; *BFH*, Beschluss vom 20. Juni 1997 VI R 74/91, in: BStBl II 1998, 59 ff. [60]; *BFH*, Urteil vom 09. Dezember 1999 III R 74/97, in: BStBl II 2001, 311 ff. [314] zwar klar, dass die AfA-Tabellen für die Finanzgerichte nicht bindend sind. Gleichwohl gestehen sie ihnen zu, zunächst einmal die Vermutung der Richtigkeit für sich zu haben. So auch *Drenseck*, in: Schmidt, EStG, § 7, Rdnr. 84; *Lambrecht*, in: Kirchhof, EStG-Kompaktkommentar, § 7, Rdnr. 72; *Werndl*, in: Kirchhof/Söhn, EStG, Band 7, § 7, EL 8 (Juni 1988), Rdnr. B 80.

[22] Siehe AfA-Tabelle des *BMF* für die allgemein verwendbaren Anlagegüter („AV"), abgedruckt in: BStBl I 2000, 1533 ff. Hierzu *Lang*, in: T/L, § 9, Rdnr. 389; *Hommel*, in: BB 2001, 247 ff. [249] und *Heil*, in: StuB 2001, 105 ff. [106].

[23] Hintergrund dieses ausnahmsweise per Gesetz vorgeschriebenen AfA-Zeitraums ist zum einen, dass sich die Nutzungsdauer bei immateriellen Wirtschaftsgütern kaum schätzen lässt, vgl. *Lang*, in: T/L, § 9, Rdnr. 387, 389; *Lambrecht*, in: Kirchhof, EStG-Kompaktkommentar, § 7, Rdnr. 74. Zum anderen wollte der Gesetzgeber entgegen dem Urteil des *BFH* vom 12. August 1982 IV R 43/79, in: BStBl II 1982, 652 ff. [654 f.], das die Unabnutzbarkeit des Firmenwertes angenommen hatte, einen Gleichlauf zwischen Handels- und Steuerrecht herstellen, siehe *Werndl*, in: Kirchhof/Söhn, EStG, Band 7, § 7, EL 8 (Juni 1988), Rdnr. B 187.

gevermögens in einer einzigen Gruppe („plant and machinery") zusammengefasst und einer identischen Abschreibungsdauer unterworfen werden. Ein solche gesetzliche Regelung gelangt allenfalls mehr oder weniger zufällig einmal zu der im Einzelfall angemessenen Nutzungs- und Abschreibungsdauer. Stattdessen tritt der jeder typisierenden Vorschrift immanente Konflikt zwischen Vereinfachung und Einzelfallgerechtigkeit spätestens bei solchen Gütern offen zu Tage, die dem Betrieb einer Kapitalgesellschaft besonders langfristig dienen. Der Sinn und Zweck von AfA-Vorschriften, den Aufwand für angeschaffte Wirtschaftsgüter mit Nutzungsdauer von mehr als einem Jahr periodengerecht zu verteilen[24], wird dann nämlich nicht erreicht[25]. Vielmehr rückt eine achtjährige oder sogar nur fünfjährige AfA bei langfristig nutzbaren Wirtschaftsgütern in die Nähe einer Steuervergünstigung. Sofern bestimmte Branchen hiervon in besonderem Maße profitierten, bedarf die aus der kurzen Abschreibungsdauer resultierende Vorzugsbehandlung jener Unternehmenszweige zu ihrer Rechtfertigung eines nachvollziehbaren sachlichen Grundes[26]. Deshalb müsste der deutsche Gesetzgeber zwischen verschiedenen Gruppen (z.B. allgemeine Betriebsanlagen, Grundstückseinrichtungen, Verarbeitungsmaschinen und Büroausstattung) differenzieren. Im Ergebnis liefe dies jedoch darauf hinaus, die AfA-Tabellen lediglich in ein Gesetz zu gießen. Ein echter Vorteil für die heimische Rechtsordnung folgt hieraus nicht. Aus diesen Erwägungen bietet sich eine Übernahme der in Irland geltenden Abschreibungsregeln für „machinery und plant" nicht an.

IV. Indexierung von Veräußerungsgewinnen

Hintergrund der Indexierung von Veräußerungsgewinnen ist, dass das technische Nominalwertprinzip die wirtschaftliche Leistungsfähigkeit eines Steuerpflichtigen häufig nicht realitätsgerecht wiederspiegelt. Denn nationale Volkswirtschaften sind nicht von absoluter Geldwertstabilität geprägt[27]. Eine ständige – wenn auch moderate Inflation – führt dazu, dass Einkommen besteuert wird, obgleich es nur nomi-

---

[24] Vgl. nur *Werndl*, in: Kirchhof/Söhn, EStG, Band 7, § 7, EL 7 (Mai 1988), Rdnr. A 1; *Lambrecht*, in: Kirchhof, EStG-Kompaktkommentar, § 7, Rdnr. 6; *Drenseck*, in: Schmidt, EStG, § 7, Rdnr. 2 f.; *Oestreicher/Spengel*, in: BB 2003, 926 ff. [932]; *Lang*, in: T/L, § 9, Rdnr. 386, die auch auf den Streit zwischen Aufwandsverteilungsthese und Wertverzehrthese hinweisen.

[25] Ein evtl. eingesparter Verwaltungsaufwand durch empirische Ermittlung der Nutzungszeiträume und das Herausgeben von AfA-Tabellen ist hierfür m.E. – wenn überhaupt – ein nur sehr geringer Vorteil, weshalb dieser Gedanke von vornherein nicht als Rechtfertigungsgrund in Betracht kommt.

[26] In diese Richtung gehen auch die Feststellungen von *Oestreicher/Spengel*, in: BB 2003, 926 ff. [935].

[27] *Seicht*, in: FS Fischer, 207 ff. [211 f., 228].

nal, nicht aber real die wirtschaftliche Leistungsfähigkeit erhöht[28]. Aus diesem Grund will der irische Fiskus nicht auf „Scheingewinne“ aus Veräußerungsgeschäften zugreifen, deren Ursachen ausschließlich in dem Zusammenspiel von Nominalwertprinzip und Geldentwertung liegen und setzt daher einen jährlich neu angepassten *inflation index* ein[29].

Vor der Frage, ob sich der *inflation index* für Deutschland anbietet, ist dieser allerdings selbst kritisch zu würdigen. Zum einen erscheint fraglich, ob eine Orientierung des *inflation index* am Preisindex für die Lebenshaltung tatsächlich der geeignete Maßstab zur Quantifizierung von Scheingewinnen ist. Denn seine Anknüpfung an Güter der täglichen Lebensführung vermag lediglich eine sehr allgemeine Tendenz der Preisentwicklung wiederzugeben. Für einzelne, insbesondere langfristig genutzte Objekte hätte es deshalb näher gelegen, spezielle Indizes zu entwickeln, um die Höhe von Scheingewinnen möglichst genau zu erfassen[30]. Zum anderen trägt er dem Umstand nicht hinreichend Rechnung, dass die Inflation auch Verbindlichkeiten einer *company* beeinflusst[31]. Im Falle der Veräußerung eines fremdfinanzierten Wirtschaftsgutes werden Kapitalgesellschaften nämlich nicht nur durch die inflationsbedingte Besteuerung von Scheingewinnen belastet. Regelmäßig werden sie zugleich auch von der inflationsbedingten Nichtbesteuerung nominal auf der Passivseite ihrer Bilanz unerfasster Realgewinne begünstigt[32]. Indem die Republik Irland den vorrangig für private Veräußerungsgeschäfte entwickelten *inflation index* auf Unternehmen überträgt[33], kommt deshalb der Umstand zu kurz, dass anders als im privaten Bereich in der unternehmerischen Sphäre i.d.R. das Fremdkapital deutlich gegenüber dem Eigenkapital überwiegt. Sachgemäßer er-

---

[28] *Tipke*, in: StuW 1986, 150 ff. [168]; *ders.*, Die Steuerrechtsordnung, Band 1, 503 ff.; *Seicht*, in: FS Fischer, 207 ff. [215]; *Kröger*, in: JZ 1979, 631 ff. [633].

[29] Ausführlich zur Besteuerung von *capital gains* und zum *inflation index* in Irland siehe Kapitel 2 C IV.

[30] Zu diesem Ergebnis gelangt – allerdings bezogen auf die Bundesrepublik Deutschland – insbesondere *Durchlaub*, Zur Steuerpflicht der Gewinne aus der Veräußerung von Privatvermögen, 75 ff., nach dessen Ansicht es vornehmlich für Bauleistungen und die Preisentwicklung unbebauter Grundstücke eigener Indizes bedarf, sofern man Scheingewinne beziffern will.

[31] Mit dieser „zweiten Seite“ der Inflation bei der Besteuerung von Veräußerungsgewinnen beschäftigt sich insbesondere *Durchlaub*, Zur Steuerpflicht der Gewinne aus der Veräußerung von Privatvermögen, 82, 103.

[32] Hierdurch entsteht jedenfalls im Grundsatz ein „Schuldnergewinn“ in Höhe des Produktes aus Inflationsrate und Fremdkapital der jeweiligen Periode, vgl. hierzu die Ausführungen von *Grotherr*, Die Scheingewinnbesteuerung im internationalen Vergleich, 68.

[33] Das gilt ohne Beschränkung auf das unternehmerische Eigenkapital, da „indexation is applied to expentidure which is allowed as a deduction“, vgl. Appleby/O'Hanlon, 215.

schiene es daher, die Finanzierungsart und die durchschnittliche unternehmerische Eigenkapitalausstattung bei der Indexierung mit zu berücksichtigen[34].

Löst man seinen Blick von der Republik Irland, stellt man fest, dass es in Deutschland vollständig an einer Vorschrift mangelt, die inflationäre Anteile von Veräußerungsgewinnen „herausrechnet“[35]. Entgegen dem Leistungsfähigkeitsprinzip, das in seiner objektiven Ausprägung auch für Kapitalgesellschaften zu beachten ist[36], werden bei Veräußerungen somit nicht selten Scheingewinne besteuert. Denn § 6 Abs. 1 Nr. 1 EStG i.V.m. § 255 Abs. 1 HGB stellt auf die historischen Anschaffungskosten der veräußerten Wirtschaftsgüter des Betriebsvermögens ab. Insbesondere bei langfristig genutzten Wirtschaftsgütern besitzt der eingesetzte Aufwand aber im Zeitpunkt der Anschaffung einen deutlich höheren Realwert als in dem Augenblick, in dem die Gesellschaft den Gewinn erzielt[37]. Obwohl sich in der deutschen Rechtsliteratur seit Jahren Stimmen mehren, die sich für eine Indexierung der ursprünglichen Anschaffungskosten aussprechen[38], besteht hierzu aus Sicht des Bundesverfassungsgerichts keine grundgesetzliche Pflicht. Denn die gesetzgeberische Entscheidungsfreiheit ende erst dort, wo es an einem nachvollziehbaren sachlichen Grund für das Festhalten am Nominalwertprinzip überhaupt mangele. Praktikabilitätserwägungen, Schwierigkeiten, die tatsächliche steuerliche Belastung im Falle einer Indexierung im voraus bestimmen zu können und eine mögliche Inflationsbeschleunigung sprächen deshalb dafür, dass sich der Gesetzgeber innerhalb des ihm zustehenden Gestaltungsspielraums bewege[39]. Dogmatisch abgesichert wird dieser Befund durch die Feststellung, der Nominalwertgrundsatz sei ein hochrangiges Ordnungsprinzip. Die für das Nominalwertprinzip sprechenden

---

[34] Aus den gleichen Gründen kritisch zum identisch ausgestalteten *inflation index* in Großbritannien *Grotherr*, Die Scheingewinnbesteuerung im internationalen Vergleich, 288, 327.

[35] Lediglich die Lifo-Methode für das Vorratsvermögen nach § 6 Abs. 1 Nr. 2a EStG und die Reinvestitionsvorschriften der §§ 6b, 6c EStG tragen der Geldentwertung in eingeschränktem Umfang Rechnung, vgl. *Tipke*, Die Steuerrechtsordnung, Band 1, 504.

[36] Nur eine Beachtung subjektiver Merkmale fordert das Leistungsfähigkeitsprinzip für Körperschaften nicht, vgl. *Lang*, in: T/L, § 8, Rdnr. 80; *Birk*, Steuerrecht, Rdnr. 1090; *ders.*, in: StuW 2000, 328 ff. [329].

[37] *BVerfG*, Beschluss des Ersten Senats vom 19. Dezember 1978 – 1 BvR 335, 427, 811/76, in: BVerfGE 50, 57 ff. [95], das die Urteile des BFH vom 14. Mai 1974 VIII R 95/72 und VIII R 162/73, in: BStBl II 1974, 572 ff., 582 ff. bestätigte. Siehe hierzu *Lang*, Die Bemessungsgrundlage der Einkommensteuer, 178 f.; *Seicht*, in: FS Fischer, 207 ff. [214 f.]; *Durchlaub*, Zur Steuerpflicht der Gewinne aus der Veräußerung von Privatvermögen, 73 f.

[38] So etwa *Lang*, Die Bemessungsgrundlage der Einkommensteuer, 177; *Tipke*, in: StuW 1986, 150 ff. [168]; *ders.*, Die Steuerrechtsordnung, Band 1, 503 ff.; *Seicht*, in: FS Fischer, 207 ff. [222]; *Arndt/Schumacher*, in: AöR 1993, 513 ff. [542 f.]; *Kröger*, in: JZ 1979, 631 ff. [633 f.].

[39] So insbesondere *BVerfG*, Beschluss des Ersten Senats vom 19. Dezember 1978 – 1 BvR 335, 427, 811/16, in: BVerfGE 50, 57 ff. [82, 93 f., 99].

Gründe rechtfertigten daher als sachgerechte Erwägungen einen Verstoß gegen das Leistungsfähigkeitsprinzip, weshalb es an einer Verletzung von Verfassungsrecht mangele[40].

Unabhängig von der Frage, ob eine verfassungsrechtliche Pflicht zur Beseitigung inflationärer Scheingewinne aus Veräußerungsgeschäften besteht, erscheint es aber durchaus bedenkenswert, einen *inflation index* einzuführen. Denn Veräußerungsgewinne, die unter eine solche Regelung fallen, werden in einer Weise besteuert, die dem aus Art. 3 Abs. 1 GG fließenden Ideal einer Besteuerung nach der tatsächlich in ihnen verkörperten Leistungsfähigkeit zwar vielleicht auch nicht vollständig entspricht, aber doch immerhin einen Schritt näher kommt[41].

V. Belastungsvergleich auf Ebene der Kapitalgesellschaft

Der Körperschaftsteuersatz ist häufig *das* entscheidende „Argument" für internationale Investitionsentscheidungen, denen i.d.R. ein Belastungsvergleich vorangeht und zugrunde gelegt wird. Um für in- und ausländische Investoren attraktiv zu sein, haben sich die Tarife beider Länder in der jüngeren Vergangenheit signifikant verändert, indem sie spürbare Steuersatzsenkungen vornahmen. In der Bundesrepublik hat das StSenkG ab dem 01. Januar 2001 in § 23 Abs. 1 KStG einen von Ausschüttungen und Einkommenshöhe unabhängigen Definitivsteuersatz i.H.v. 25% eingeführt[42]. Mit dem Absenken um 15 v.H. wollte der Gesetzgeber die Wettbewerbsfähigkeit der heimischen Wirtschaft und des Standortes Deutschland verbessern[43]. Auch Irland setzt seit Jahren auf eine Senkung von Körperschaftsteuersätzen: Während der allgemeine Tarif 1998 noch 32% betrug, liegt er heute für das *trading in-*

---

[40] So insbesondere *Durchlaub*, Zur Steuerpflicht der Gewinne aus der Veräußerung von Privatvermögen, 85 f.

[41] Ebenso *Arndt/Schumacher*, in: AöR 1993, 513 ff. [544] unter Hinweis darauf, dass die Verfassung die Einführung zwar nicht gebietet, ihr aber auch nicht im Wege steht. Zudem beweist TCA 1997 und seine Konkretisierung durch die *Revenue Commissioners* in Irland, dass eine solche Indexierung entgegen den Befürchtungen des Bundesverfassungsgerichts keineswegs unpraktikabel sein muss.

[42] Gesetz zur Senkung der Steuersätze und zur Unternehmensbesteuerung vom 23. Oktober 2000 (StSenkG), in: BStBl I 2000, 1428 ff. [1448]. Nur im Veranlagungszeitraum 2003 erhöht das Flutopfersolidaritätsgesetz vom 19. September 2002 den Körperschaftsteuersatz einmalig auf 26.5%, BGBl I 2002, 3651 ff. [3651].

[43] So die Begründung im Entwurf eines Gesetzes zur Senkung der Steuersätze und zur Reform der Unternehmensbesteuerung vom 15. Februar 2000, in: BT-Drucksache 14/2683, 95. Demgegenüber bestand in dem zuvor praktizierten Vollanrechnungsverfahrens eine gespaltene Belastung für thesaurierte (40%) und ausgeschüttete Gewinne (30%). Dabei stellte der Tarif i.H.v. 40% nur das letzte Stadium dar, weil bereits zuvor der Körperschaftsteuersatz für thesaurierte Gewinne von ehemals 56% (1977) auf 50% (1994) und 45% (1990) gesenkt wurde, vgl. Hinweise hierzu bei *Pezzer*, in: T/L, § 9, Rdnr. 130; *Lang*, in: DStJG 24 (2001), 49 ff. [54].

come einer nur noch bei 12.5%[44]. Hintergrund des massiven Absenkens ist eine Neubewertung der irischen Anreizpolitik durch die Kommission im Jahr 1998, die den *manufacturing relief* und den Vorzugssteuersatz für IFCS-Gesellschaften als nicht mehr mit dem Gemeinsamen Markt vereinbar angesehen hatte[45]. Dabei ist der von dem niedrigen Körperschaftsteuertarif ausgehende Investitionsanreiz um so bemerkenswerter, als für *companies* in Irland keine nennenswerten Zusatzabgaben entstehen, wie sie Kapitalgesellschaften in Deutschland mit der Gewerbesteuer und dem Solidaritätszuschlag zu tragen haben. Um die steuerliche Belastungsdivergenz auf Ebene der Kapitalgesellschaft zu verdeutlichen, genügt bereits das einfache Beispiel, in dem eine gewerblich tätige Gesellschaft im Jahr 2003 einen Gewinn von € 100.000 erzielt. Daraus resultiert in Irland und Deutschland folgende Besteuerung:

Irland		*Deutschland*	
Gewinn vor KSt	100.000 €	Gewinn vor KSt	100.000 €
– KSt (i.H.v. 12.5%)	12.500 €	– GewSt (12%)[46]	12.000 €
	------------		------------
Endgültige Belastung	87.500 €		88.000 €
		– KSt (25%)[47]	22.000 €

			66.000 €
		– Solz	1.210 €

		Endgültige Belastung	64.790 €

---

[44] Zur Entwicklung der Körperschaftsteuersätze in Irland siehe Kapitel 2 C V 1. Vor diesem Hintergrund wird bereits darauf hingewiesen, dass Irland zukünftig als Trendsetter fungieren könnte und sich die Körperschaftsteuersätze durch den Wettbewerb der Systeme mittelfristig in Richtung 10 bis 15 Prozent entwickeln, vgl. *Lang*, in: DStJG 24 (2001), 49 ff. [91]. Stützen lässt sich diese Annahme neuerdings auf die Steuerpolitik der am 01. Mai 2004 der EU neu beigetretenen Mitgliedstaaten. Denn sowohl Ungarn (24%) als auch Polen (19%), die Slowakei (19%) und Tschechien (24%) planen, ihre Körperschaftsteuersätze deutlich zu senken. In Ungarn sollen sogar bereits Pläne existieren, nach denen ein Absinken auf 12 – 15 Prozentpunkte realistisch ist, vgl. IStR 15/2003, Länderbericht, 1 ff. [4].

[45] Vorschlag der Kommission für zweckdienliche Maßnahmen vom 18. Dezember 1998 (98/C 395/08), in: ABl. EG 1998 Nr. C 395/14 ff. [15] sowie Vorschlag der Kommission für zweckdienliche Maßnahmen vom 18. Dezember 1998 (98/C 395/09), in: ABl. EG 1998 Nr. C 395/19 ff. [20].

[46] Obwohl die Höhe der Gewerbesteuer natürlich lokal deutlich voneinander abweicht, wird sie – unter Berücksichtigung ihrer Abzugsfähigkeit als Betriebsausgabe – regelmäßig typisierend mit 12% angesetzt, vgl. nur *Birk*, Steuerrecht, Rdnr. 1132; *Scheffler*, Besteuerung von Unternehmen, Band I, 249.

[47] Die auf ein Jahr befristete Erhöhung des Körperschaftsteuersatzes in 2003 durch das Flutopfersolidaritätsgesetz auf 26.5% wird hier nicht berücksichtigt.

Das Steuergefälle zugunsten der Republik Irland führt zu einer Ersparnis der in Irland ansässigen Körperschaft gegenüber der deutschen Kapitalgesellschaft i.H.v. € 22.710 (€ 87.500 – € 64.790) bzw. 22.71%. Infolge von § 8b Abs. 1 S. 1 KStG in Deutschland und sec. 129 TCA 1997, der Vorschrift über das *franked investment income* in Irland[48], bleibt dieser Unterschied auch bei einer Weiterleitung des Gewinns innerhalb von Konzernstrukturen bestehen. Ursache für den Belastungsunterschied ist also nicht nur der doppelt so hohe Körperschaftsteuertarif in der Bundesrepublik, sondern insbesondere die kumulierte Belastung des Gesellschaftsgewinns mit Gewerbesteuer, Körperschaftsteuer und Solidaritätszuschlag. In Konstellationen, in denen eine irische Kapitalgesellschaft ausschließlich *non-trading income* erwirtschaftet, machen die deutsche Gewerbesteuer und der Solidaritätszuschlag sogar allein den Belastungsunterschied aus. Denn in diesem Fall beträgt der Körperschaftsteuertarif sowohl in Irland als auch in Deutschland gleichermaßen 25%.

VI. Sonderregeln für Close Companies

Interessant aus vergleichender Sicht erscheinen die in Irland geltenden Regeln für *close companies*. Dabei muss allerdings zwischen den unterschiedlichen Zielen der Vorschriften differenziert werden. Die *sections 430 – 441 TCA 1997* wollen nämlich zum einen verhindern, dass gesellschaftsrechtliche Beziehungen das Einkommen der Kapitalgesellschaft mindern. Zum anderen wirken sie der Tendenz entgegen, bestimmte „passive" Unternehmensgewinne langfristig in der Kapitalgesellschaft zu thesaurieren, statt sie an ihre Anteilseigner auszuschütten[49].

Soweit die erste Komponente im Vordergrund steht, ähneln die irischen Vorschriften der deutschen v.G.A. gemäß § 8 Abs. 3 S. 2 KStG. Ausgaben für Wohnung, Bewirtung oder andere gesellschaftsrechtlich veranlasste Leistungen an Anteilseigner und das Gewähren kostenloser Vorteile an eine dem Gesellschafter nahestehende Person werden in Irland ebenso wenig als Betriebsausgaben der Kapitalgesellschaft anerkannt wie Darlehenszinsen, die einen Zinssatz von 13% überschreiten und deshalb als unangemessen gelten. Im letztgenannten Fall geht das Gesetz nämlich davon aus, dass die *company* einen solchen Kredit bei einem unabhängigen Dritten nicht aufgenommen hätte. Deshalb wird es der *company* verwehrt, insoweit betrieblichen Aufwand geltend zu machen. Gleichzeitig bestimmt TCA 1997, dass die Gesellschafter steuerpflichtiges Einkommen gemäß Schedule F erzielen. Den gleichen Ansatz verfolgt in Deutschland § 8 Abs. 3 S. 2 KStG. Denn sofern eine Vermögensminderung oder verhinderte Vermögensmehrung durch das Gesellschaftsverhältnis veranlasst ist, sich auf die Höhe des Einkommens auswirkt

[48] Zum *franked investment income* bereits Kapitel 2 C II 5.

[49] Siehe zu den *close company*-Vorschriften Kapitel 2 C VI 1.

und in keinem Zusammenhang mit einer offenen Ausschüttung steht[50], liegt eine verdeckte Gewinnausschüttung vor. Da nicht schuldrechtliche, sondern gesellschaftsrechtliche Beziehungen den Vorgang bestimmen, mindern sie das Einkommen der Kapitalgesellschaft nicht[51]. Auch die von § 8 Abs. 3 S. 2 KStG typischerweise erfassten Sachverhalte ähneln denen, die TCA 1997 unter die *close company*-Vorschriften subsumiert. Neben dem Überlassen eines Wohnhauses an Anteilseigner zu einem unangemessen niedrigen Preis[52] führen beispielsweise auch ein überhöhtes Beratungshonorar für den Ehemann der GmbH-Geschäftsführerin[53] oder Darlehenszinsen an Gesellschafter, die erheblich über den allgemein üblichen Prozentsätzen liegen[54], in Deutschland zur Annahme einer verdeckten Gewinnausschüttung.

Daneben verfolgt der Vorschriftenkomplex der *close companies* noch einen Zweck, der im deutschen Recht kein Spiegelbild besitzt. Um zu verhindern, dass insbesondere Kapital- und Mieteinkünfte dauerhaft in der Gesellschaft verbleiben und nicht an ihre Anteilseigner ausgeschüttet werden, sehen sec. 440 – 441 TCA 1997 nach 18 Monaten einen Steuerzuschlag i.H.v. 20 v.H. auf das ausschüttbare, aber nicht ausgeschüttete *distributable after tax income* vor[55]. Grund hierfür ist die dem klassischen System in Irland mit niedrigen Körperschaftsteuertarifen und vergleichsweise hohen Einkommensteuersätzen innewohnende Gefahr des „Lock-in“ Effekts[56]. Darüber hinaus soll der Zuschlag einen Beitrag zur Steuergerechtigkeit leisten[57]. Denn obwohl die Unternehmensstruktur in Irland in einem stärkeren Maße als in Deutschland von Körperschaften geprägt ist, überwiegen auch dort Einzelhändler und Personengesellschaften (ca. 150.000) deutlich gegenüber den rund

---

50 *BFH*, Urteil vom 09. August 1989 IR 4/84, in: BStBl II 1990, 237 ff. [239]; *BFH*, Urteil vom 02. Februar 1994 IR 78/92, in: BStBl II 1994, 479 ff. [480]; *BFH*, Urteil vom 06. Dezember 1995 IR 88/94, in: BStBl II 1996, 383 ff. [383]; *Schwedhelm*, in: Streck, KStG, § 8, Rdnr. 65; *Wochinger*, in: Dötsch/Eversberg/Jost/Witt, KStG, § 8 Abs. 3, EL 46 (Oktober 2003), Rdnr. 4 f.; *Pezzer*, in: T/L, § 11, Rdnr. 54.

51 Hält der Empfänger seine Beteiligung im Privatvermögen, erzielt er durch den Zufluss Einkünfte aus Kapitalvermögen (§ 20 Abs. 1 Nr. 1 S. 2 EStG), die gemäß § 3 Nr. 40 S. 1 lit.) d EStG nur zur Hälfte steuerfrei sind.

52 *Renger*, in: Blümich, Band 4, § 8 KStG, EL 56 (Juni 1997), Rdnr. 535.

53 *BHF*, Urteil vom 02. März 1988 IR 103/86, in: BStBl II 1988, 786 ff. [788].

54 *Renger*, in: Blümich, Band 4, § 8 KStG, EL 56 (Juni 1997), Rdnr. 593.

55 Das *trading income* einer Kapitalgesellschaft bleibt hiervon unberührt, vgl. Kapitel 2 C VI 1 b).

56 Denn speziell Kapitalgesellschaften mit eher passiven Einkünften neigen dazu, durch eine langfristige Thesaurierung Zinsvorteile zu erzielen, statt erwirtschaftete Gewinne auszuschütten, vgl. *Müller*, Verwirklichung von Gerechtigkeit und Entscheidungsneutralität, 166; *Friel*, in: Irish Tax Review 2000, 347 ff. [352].

57 *Fennel*, in: Irish Tax Review 2000, 178 ff. [182]; *Ward*, in: Bulletin for International Fiscal Documentation 2000, 54 ff. [62]; *Haccius*, in: Bulletin for International Fiscal Documentation 2000, 122 ff. [132].

60.000 *companies*[58]. Ohne dass das irische Verfassungsrecht es erfordern würde, sehen Regierung und Gesetzgeber in dieser Belastungsdivergenz zwischen Kapitalgesellschaften und Personenunternehmen ein Gerechtigkeitsproblem[59]. Denn in der Praxis ist ein Wechsel in körperschaftliche Strukturen für Personenunternehmen aufgrund der damit verbundenen *stamp duty*[60], höheren Buchführungs- und Jahresabschlusskosten[61], der gesetzlichen Pflicht zur Offenlegung ihrer jährlichen Geschäftsergebnisse und einer *capital gains tax* beim Einbringen von Wirtschaftsgütern in die neu zu gründende Kapitalgesellschaft nicht unproblematisch. Daher wird der auf dem nationalen irischen Markt ausgetragene Wettbewerb zwischen Einzelhändlern und *partnerships* einerseits sowie den Kapitalgesellschaften andererseits infolge der praktizierten Tarifspreizung zwischen Einkommen- und Körperschaftsteuer nicht unerheblich verzerrt[62].

Allerdings gelten die Vorschriften nicht für das *trading income* einer Gesellschaft, weshalb sie ihren Zweck nur fragmentarisch erfüllen. Ferner erhebt das auf *inward investment* ausgerichtete Irland den Zuschlag nur bei kleinen, „geschlossenen" Kapitalgesellschaften, während ausländische, auf dem Kapitalmarkt agierende Körperschaften trotz langfristiger Thesaurierung keinen Steuerzuschlag fürchten müssen[63]. Aus vergleichender Perspektive[64] ist deshalb voranzuschicken, dass dieser Normenkomplex für die Bundesrepublik keinen Modellcharakter besitzen kann. Obwohl das Verhindern von Lock-in Effekten in erster Linie ein ökonomisches Postulat darstellt, nach dem Steuern das Entscheidungsverhalten von Wirtschaftssubjekten möglichst nicht beeinflussen sollen[65], weist es auch einen juristischen

---

58 Angaben des „Tax Strategy Group Papers" zum Budget 2000, abrufbar im Internet unter www.finance.gov.ie/ publications/tsg.

59 Ausführlich hierzu die Hinweise des irischen Finanzministeriums in den „Tax Strategy Group Papers" zum Budget 2000, abrufbar im Internet unter www.finance.gov.ie/ publications/tsg; *Fennel*, in: Irish Tax Review 2000, 178 ff. [181 f.].

60 Siehe zur *capital duty* als besonderen Fall der *stamp duty* Kapitel 2 C VI 2.

61 Zu den Rechnungslegungspflichten in Irland *Feeney*, The Taxation of Companies, 3.3 (231 ff.); *Cooney/Martyn/Reck*, Taxation Summary, 2.1.6 (205 f.); *Scholtissek*, in: RIW 1987, 437 ff. [438 ff.].

62 Vgl. *Ward*, in: Bulletin for International Fiscal Documentation 2000, 54 ff. [61]; „Tax Strategy Group Papers" zum Budget 2000, 1 ff. [4] abrufbar im Internet unter www.finance.gov.ie/ publications/tsg.

63 Ihnen eine zusätzliche Last aufzubürden, stünde im Widerspruch zu zu der generellen Anreizpolitik des Landes, vgl. *Ward*, in: Bulletin for International Fiscal Documentation 2000, 54 ff. [61].

64 Im Zuge der Unternehmenssteuerreform befürchtete man auch in Deutschland, das Halbeinkünfteverfahren könne zu einem „Einsperren" der Gesellschaftsgewinne führen, vgl. etwa *Birk*, Steuerrecht, Rdnr. 1007 und *Dötsch/Pung*, in: DB 2000, Beilage 4, 1 ff.

65 Siehe nur *Kiesewetter*, in: StuW 1997, 24 ff. [24]; *Schreiber*, in: Jacobs/Spengel, Aspekte der Unternehmensbesteuerung in Europa, 85 ff. [104 f.].

Bezug auf. Denn die unternehmerische Wahl zwischen Thesaurierung und Ausschüttung als wirtschaftliche Verwendungsentscheidung wird nicht selten durch die Rechtsform eines Unternehmens determiniert[66]. Dabei liegt es vom deutschen Standpunkt her betrachtet zwar noch innerhalb der gesetzgeberischen Entscheidungsfreiheit, bestimmte Gewinne zu begünstigen bzw. andere nachteilig zu behandeln, um beispielsweise Investitionen oder Arbeitsplätze zu fördern[67]. Problematisch ist jedoch, dass Irland wiederum zwischen Einkunftsarten differenziert und nur vermeintlich passive Einkünfte einem besonderen Ausschüttungsdruck aussetzt. Obgleich dies in einem stark schedulisierten System rechtlich zulässig sein mag, belegen sec. 440 – 441 TCA 997 doch eindrucksvoll, dass die steuerliche Belastungsdivergenz zwischen Kapitalgesellschaften und Personenunternehmen auch in Irland Gerechtigkeitsprobleme aufwirft. Statt jedoch das Grundproblem – nämlich die Belastungsdivergenz zwischen Personenunternehmen und Kapitalgesellschaften – zu lösen, weicht der irländische Gesetzgeber auf einen Zuschlag mit Sanktionscharakter aus, der aufgrund seines fragmentarischen Anwendungsbereichs seinerseits neue Gerechtigkeitsfragen stellt.

B. Wesentliche Unterschiede auf Ebene der Anteilseigner

Vergleicht man die Art und Weise, wie Irland und Deutschland die Anteilseigner von Körperschaften besteuern, so fällt zunächst auf, dass Ausschüttungen an Kapitalgesellschaften entweder als *franked investment income* (Irland) oder gemäß § 8b Abs. 1 S. 1 KStG (Deutschland) unbelastet bleiben, um Kumulationseffekte zu vermeiden. Sofern Dividenden hingegen an natürliche Personen gelangen, hält Irland strikt am klassischen System und der damit verbundenen ungemilderten Doppelbelastung fest[68]. Das deutsche Halbeinkünfteverfahren hingegen berücksichtigt die vorherige körperschaftsteuerliche Definitivbelastung von Unternehmensgewinnen pauschal, indem Anteilseigner die an sie ausgeschütteten Gewinne nach § 3 Nr. 40 lit. d) – i) EStG lediglich zur Hälfte als Einkommen aus Kapitalvermögen anzusetzen haben.

---

[66] Zum Grundsatz rechtsformneutraler Besteuerung *BVerfG*, Beschluss des Zweiten Senats vom 10. November 1999 – 2 BvR 2861/93 – in: BVerfGE 101, 151 ff. [156 f.]; *Hey*, in: DStJG 24 (2001), 155 ff. [157]; *dies.*, Harmonisierung der Unternehmensbesteuerung in Europa, 127 ff.; *Lang*, in: T/L, § 8, Rdnr. 82; *Reiß*, in: DStJG 1994 (Band 17), 3 ff [6 ff.]; *Englisch*, in: DStZ 1997, 778 ff. [779 f.].

[67] *BVerfG*, Beschluss des Zweiten Senats vom 22. Juni 1995 – 2 BvL 37/91 – in: BVerfGE 93, 121 ff. [148]; *Jachmann*, in: DStJG 23 (2000), 9 ff. [31 f.] und *Wendt*, in: StuW 1992, 66 ff. (74 f.).

[68] Allerdings – und darauf weist *Lang*, in: DStJG 24 (2001), 49 ff. [97] ausdrücklich hin – ist es bei Körperschaftsteuersätzen unter 15 Prozent auch eher möglich, auf den shareholder relief zu verzichten.

I. Belastungsvergleich auf Anteilseignerebene

Die Nachbelastung einer Dividendenausschüttung auf Anteilseignerebene hängt maßgeblich vom Einkommensteuertarif ab[69]. Die irische Einkommensteuer besitzt einen Teilmengenstaffeltarif mit lediglich zwei Stufen (20% und 42%)[70]. Sobald ein Steuerpflichtiger die Freigrenzen überschreitet, greift daher die *standard rate* und bei einem zu versteuernden Einkommen von über € 28.000 (Singles), € 32.000 (One parent family) oder € 37. 000 (Married persons) die *higher rate* ein. Gleichwohl relativiert sich der hiervon ausgehende Charme der Einfachheit, sofern ein Steuerpflichtiger zwar die für ihn geltende Einkommensfreigrenze – nicht aber deren doppelten Betrag überschreitet. Um finanzielle Härten abzufedern, wendet TCA 1997 auf solche Sachverhalte nämlich den nicht einfach zu handhabenden *marginal relief* an[71]. Trotzdem ist der Republik Irland zuzugestehen, dass ihr zweistufiger Teilmengenstaffeltarif sehr transparent ist und keine höhere Mathematik erfordert, um seine Belastungswirkung nachzuvollziehen.

Damit ist zugleich ein kritikwürdiger Aspekt des deutschen Einkommensteuertarifs angesprochen. Zwar ist einem Vergleich vorauszuschicken, dass sich rechtswissenschaftlich nicht beweisen lässt, welcher Einkommensteuertarif der „richtige" ist. Sofern der Gesetzgeber die verfassungsrechtlichen Erfordernisse hinsichtlich des Existenzminimums, des Übermaßverbotes und der Willkürfreiheit beachtet, bleibt seine konkrete Ausgestaltung eine politische Entscheidung[72]. Gleichwohl schärft eine Gegenüberstellung den Blick für Schwächen des deutschen Einkommensteuertarifs, der sich im Jahr 2003 gemäß § 32a Abs. 1 S. 2 EStG in

- *Nullzone* mit einem Grundfreibetrag bis € 7.426,
- *Übergangszone* bis zur linear-progressiven Zone von € 7.427 bis € 12.755,
- *Linear-progressive Zone* zwischen € 12.756 und € 52.292 und
- *Obere Proportionalzone* mit einem Spitzensteuersatz von 47 % ab € 52.293

gliederte. Damit erweist sich der deutsche Einkommensteuertarif im Vergleich zu seinem irischen Pendant als wesentlich komplexer, was die Durchschaubarkeit für den Steuerpflichtigen erschwert und dem Gedanken der Steuervereinfachung zuwi-

---

[69] Dabei ist hier eine natürliche Person als Anteilseigner gemeint. Zu Ausschüttungen in Konzernstrukturen siehe bereits Kapitel 2C II 5 und Kapitel 2 D II 2.

[70] Ausführlich hierzu Kapitel 2 D II 1. Mittelfristig sind auch keine politischen Bestrebungen in Irland erkennbar, den geltenden Einkommensteuertarif in seiner Struktur und Höhe zu verändern.

[71] Hierzu bereits mit einem Beispiel Kapitel 2 D 1 a).

[72] *Lang*, in: T/L, § 9, Rdnr. 741 und *Dziadkowski*, in: BB 1997, 1018 ff. [1018]; *Eilicker*, in: StuW 2000, 3 ff. [10 ff.]; *Flockermann*, in: FS Klein, 393 ff. [396 ff.].

derläuft[73]. Welche konkreten Ergebnisse hieraus für die Belastung einer Ausschüttung von Kapitalgesellschaften an ihre Anteilseigner in Deutschland und Irland folgen, verdeutlichen die nachfolgenden Beispiele[74]. Da es letztlich um die Gesamtbelastung von Unternehmensgewinnen auf Ebene der Körperschaft und ihrer Anteilseigner geht, wird auf das soeben erörterte Beispiel zurückgegriffen, nach dem ein Gewinn einer Kapitalgesellschaft i.H.v. € 100.000 in Irland mit € 12.500 (Körperschaftsteuer) und in Deutschland mit € 35.210 (Gewerbesteuer, Körperschaftsteuer und Solidaritätszuschlag) belastet wird. Nach einer Besteuerung der Körperschaft bleiben also in Irland € 87.500 und in Deutschland € 64.790 übrig, die ausgeschüttet werden können. Diese Beträge sollen an vier Anteilseigner (Beispiel 1), zwei Anteilseigner (Beispiel 2) und einen einzigen Anteilseigner (Beispiel 3) ausgeschüttet werden. Soweit es sich dabei um die einzigen Einkünfte der Gesellschafter handelt, ergeben sich daraus für das Jahr 2003 folgende Konsequenzen.

Beispiel 1: **Ausschüttung an vier Anteilseigner zu gleichen Teilen**

Irland		**Deutschland**	
¼ von € 87.500 =	€ 21.875	¼ von € 64.790 =	€ 16.197, 50
Bruttodividende	€ 21.875	Bruttodividende	€ 16.197, 50
– DWT (20%)	€ 4.375	– KapErtrSt (20%)	€ 3.239, 50
Nettodividende	€ 17.500	Nettodividende	€ 12.958, 00
+ DWT (20%)	€ 4.375	+ KapErtrSt (20%)	€ 3.239, 50
Zufließende Einnahme	€ 21.875	Zufließende Einnahme	€ 16.197, 50[75]
Stpfl. Einkünfte	€ 21.875	Stpfl. Einkünfte (§ 3 Nr. 40 EStG)	€ 8.098, 75
ESt-Tarif (20%)	€ 4.375		
– basic personal allowance	€ 1.520		
ESt-Schuld	€ 2.855[76]	ESt-Schuld laut Grundtabelle	€ 181, 00[77]

[73] *Dziadkowski*, in: BB 1997, 1018 ff. [1021]; *Esser*, in: IFSt-Schrift Nr. 383 (2000), 1 ff. [18 ff.]; ähnlich *Hauser*, in: DStZ 1998, 202 ff. [202 f.], der allerdings Stufentarife je nach deren Ausgestaltung ebenfalls für kompliziert hält.

[74] Dabei wird eine Ausschüttung an inländische Gesellschafter unterstellt. Denn sofern die Dividende an ausländische Empfänger fließt, verzichtet Irland auf eine Erhebung der *dividend withholding tax*, so dass die weitere Belastung vom Einkommensteuerrecht des Staates abhängt, in dem der Anteilseigner ansässig ist. Schüttet eine deutsche Körperschaft an einen ausländischen Anteilseigner aus, hat die Kapitalertragsteuer abgeltende Wirkung nach §§ 43 Abs. 1 Nr. 1, 43a Abs. 1 Nr. 1, 50 Abs. 5 S. 1 EStG.

[75] Der Sparerfreibetrag i.H.v. € 51 gemäß § 9 Nr. 2 EStG bleibt hier außer Betracht.

[76] Aufgrund der *dividend withholding tax* (DWT) i.H.v. € 4.375 erhält jeder irische Anteilseigner eine Erstattung im Rahmen seiner Einkommensteuerveranlagung von € 1.520.

Belastung KapG	€ 12.500	(12.50%)	Belastung KapG	€ 35.210	(35.21%)
Belastung Ges' er	€ 11.420	(11.42%)	Belastung Ges' er	€ 724	(0.72%)
(4 * € 2.855)	----------		(4 * € 181)	----------	
Gesamtbelastung	€ 23.920	(23.92%)	Gesamtbelastung	€ 35.934	(35.93%)

Beispiel 2: **Ausschüttung an zwei Anteilseigner zu gleichen Teilen**

Irland		**Deutschland**	
½ von € 87.500 =	€ 43.750	½ von € 64.790 =	€ 32.395
Bruttodividende	€ 43.750	Bruttodividende	€ 32.395
– DWT (20%)	€ 8.750	– KapErtrSt (20%)	€ 6.479
	----------		----------
Nettodividende	€ 35.000	Nettodividende	€ 25.916
+ DWT (20%)	€ 8.750	+ KapErtrSt (20%)	€ 6.479
	----------		----------
Zufließende Einnahme	€ 43.750	Zufließende Einnahme	€ 32.395[78]
Stpfl. Einkünfte	€ 43.750	Stpfl. Einkünfte (§ 3 Nr. 40 EStG)	€ 16.197, 50
ESt-Tarif (20% auf 28.000)	€ 5.600		
(42% auf Rest)	€ 6.615		

	€ 12.215		
– basic personal allowance	€ 1.520		

ESt-Schuld	€ 10.695[79]	ESt-Schuld laut Grundtabelle	€ 2.169[80]

Belastung KapG	€ 12.500	(12.50%)	Belastung KapG	€ 35.210	(35.21%)
Belastung Ges' er	€ 21.390	(21.39%)	Belastung Ges' er	€ 4.338	(4.33%)
(2 * € 10.695)	----------		(2 * € 2.169)	----------	
Gesamtbelastung	€ 33.890	(33.89%)	Gesamtbelastung	€ 39.548	(39.54%)

---

[77] Der Solidaritätszuschlag des Anteilseigners wird hier vernachlässigt. Im übrigen erhält der deutsche Anteilseigner aufgrund der Kapitalertragsteuer eine Erstattung i.H.v. € 3.058, 50.

[78] Der Sparerfreibetrag i.H.v. € 51 gemäß § 9 Nr. 2 EStG bleibt wiederum außer Betracht.

[79] Da die *dividend withholding tax* (DWT) die Einkommensteuerschuld nicht abdeckt, müssen beide irischen Anteilseigner noch je € 1.945 an die *Revenue Commissioners* zahlen.

[80] Der Solidaritätszuschlag wird hier vernachlässigt. Im übrigen erhalten beide deutschen Anteilseigner aufgrund der Kapitalertragsteuer eine Erstattung i.H.v. je € 4.310.

Beispiel 3: **Vollausschüttung an einen einzigen Anteilseigner**

Irland	€ 87.500		**Deutschland**	€ 64.790	
Bruttodividende	€ 87.500		Bruttodividende	€ 64.790	
– DWT (20%)	€ 17.500		– KapErtrSt (20%)	€ 12.958	
Nettodividende	€ 70.000		Nettodividende	€ 51.832	
+ DWT (20%)	€ 17.500		+ KapErtrSt (20%)	€ 12.958	
Zufließende Einnahme	€ 87.500		Zufließende Einnahme	€ 64.790[81]	
Stpfl. Einkünfte	€ 87.500		Stpfl. Einkünfte (§ 3 Nr. 40 EStG	€ 32.395	
ESt-Tarif (20% auf 28.000)	€ 5.600				
(42% auf Rest)	€ 24.990				
	€ 30.590				
– basic personal allowance	€ 1.520				
ESt-Schuld	€ 29.070[82]		ESt-Schuld laut Grundtabelle	€ 7.255[83]	
Belastung KapG	€ 12.500	(12.50%)	Belastung KapG	€ 35.210	(35.21%)
Belastung Ges' er (2 * € 10.695)	€ 29.070	(29.07%)	Belastung Ges' er (2 * € 2.169)	€ 7.255	(7.25%)
Gesamtbelastung	€ 41.570	(41.57%)	Gesamtbelastung	€ 42.465	(42.46%)

Bereits diesen drei Beispielen lässt sich folgende Tendenz entnehmen: Während die Belastung auf Ebene der Kapitalgesellschaft in Irland um ein Vielfaches günstiger ist als in Deutschland, dreht sich das Bild auf Ebene der Anteilseigner um. Denn die Einkommensteuerschuld der irischen Gesellschafter übertrifft in allen drei Konstellationen diejenige der deutschen Anteilseigner. Stellt man einen Gesamtbelastungsvergleich an, so fällt auf, dass sich die steuerliche Gesamtbelastung von ausgeschütteten Unternehmensgewinnen in beiden Staaten einander annähert. Die im Thesaurierungsfalle bestehenden Belastungsnachteile nehmen aus deutscher

[81] Der Sparerfreibetrag bleibt aus Gründen der Übersichtlichkeit außer Betracht.

[82] Da die *dividend withholding tax* (DWT) die Einkommensteuerschuld nicht abdeckt, muss der irische Anteilseigner noch € 11.570 an die *Revenue Commissioners* zahlen.

[83] Der Solidaritätszuschlag wird wiederum vernachlässigt. Im übrigen erhält der deutsche Anteilseigner aufgrund der Kapitalertragsteuer eine Erstattung i.H.v. € 5.703.

Sicht spürbar ab. Insbesondere bei hohen Ausschüttungsbeträgen wirkt sich die Teilbefreiung des deutschen Halbeinkünfteverfahrens positiv für die Gesellschafter aus, während in Irland der überwiegende Teil ihrer Dividende der ***higher rate*** unterliegt. Wenn die deutsche Gesamtbesteuerung auch in dieser Konstellation noch ein wenig ungünstiger ausfällt als in Irland, so liegt das in erster Linie an der hohen Steuerlast, die Kapitalgesellschaften in Deutschland zu tragen haben. Ursächlich hierfür ist neben dem doppelt so hohen Körperschaftsteuersatz insbesondere die Gewerbesteuer und der Solidaritätszuschlag, da vergleichbare Ertragsbelastungen für Körperschaften in Irland nicht anfallen.

Hinter der Besteuerung von Kapitalgesellschaften und ihren Anteilseignern stehen insoweit grundverschiedene Konzepte. Während die Bundesrepublik die wirtschaftliche Doppelbelastung von Unternehmensgewinnen im Ausschüttungsfalle durch § 3 Nr. 40 lit. d) – i) EStG pauschal mildert, nimmt Irland die wirtschaftliche Doppelbesteuerung bewusst in Kauf. Dabei verteilt es die Steuerlast nicht etwa zu gleichen Teilen auf beide Ebenen, sondern – was sich insbesondere bei höheren Ausschüttungsbeträgen an wenige Empfänger zeigt – in erster Linie auf die Anteilseigner[84]. Damit verfolgt der irländische Gesetzgeber das Ziel, für Kapitalgesellschaften steuerlich attraktiv zu sein. Hingegen profitieren die irländischen Anteilseigner kaum von der Ausgestaltung des klassischen Systems. Indem der Gesetzgeber bei der Ausschüttung an ausländische Anteilseigner zudem auf das Erheben einer Quellensteuer verzichtet[85], wird die Steuerpolitik Irlands noch eine Nuance klarer: Das geltende Recht bezweckt vornehmlich, ausländische Investoren anzuziehen, um so für „inward investment" zu sorgen. Für einen in Irland ansässigen Anteilseigner verliert die niedrige Besteuerung auf der Ebene der Kapitalgesellschaft nämlich spätestens mit der Ausschüttung ihren Reiz.

---

[84] Vgl. zu dieser bewussten Entscheidung etwa das Interview des irischen Finanzministers *Charly McCreevy* in der Welt am Sonntag (1998), der die höhere Belastung der Anteilseigner mit der Bemerkung kommentiert, die Iren hätten „mehr als 40 Jahre Zeit gehabt, sich an niedrige Unternehmens- und hohe Einkommensteuersätze zu gewöhnen".

[85] So jedenfalls in den ganz überwiegenden Fällen der Ausschüttung an ausländische Gesellschafter, vgl. Kapitel 2 D II 2. Anm.: Diese Ungleichbehandlung von In- und Ausländern kann von vornherein nicht mit europarechtlichen Grundsätzen in Konflikt geraten, weil sie den beschränkt Steuerpflichtigen bevorzugt, was jedenfalls nach der Rechtsprechung des EuGH mit dem Grundgedanken des Gemeinsamen Marktes vereinbar ist. Siehe hierzu auch *Jaeger*, Die Körperschaftsteuersysteme in Europa, 165.

II. Inflationsberücksichtigung beim Einkommensteuertarif

Geldentwertung erschwert es, natürliche Personen entsprechend ihrer tatsächlichen wirtschaftlichen Leistungsfähigkeit zu besteuern[86]. Mangels absoluter Geldwertstabilität besteht die Gefahr, dass bloß nominale, aber nicht reale Gewinne der Einkommensteuer unterworfen werden, sofern der Steuergesetzgeber die Geldentwertung nicht berücksichtigt. Progressionszonen, die mit einer inflatorisch bedingt von Jahr zu Jahr wachsenden Bemessungsgrundlage nicht Schritt halten, verlieren deshalb schnell an Wirkung. Auf den Einkommensteuertarif kann sich dies insoweit auswirken, als ein vormals als gerecht empfundener Tarif ohne Anpassung an die Geldentwertung aus der Steuergerechtigkeit hinauswächst und immer mehr Steuerpflichtige in eine höhere Progressionszone drückt[87]. In der Bundesrepublik Deutschland trifft diese Entwicklung insbesondere auf den Einkommensteuerspitzensatz zu. Denn die obere Proportionalzone blieb seit 1958 nahezu unverändert, während sich der Preisindex für die Lebenshaltung bis Ende der 1990er Jahre um 334,4 % (!) erhöhte[88]. Folge dieser gesetzgeberischen Untätigkeit ist eine steigende Zahl „optischer Spitzenverdiener", die im Laufe der Zeit in die obere Proportionalzone hineingeraten sind, ohne dass sich ihre reale Leistungsfähigkeit tatsächlich in entsprechendem Maße erhöht hätte[89].

In der Republik Irland besitzen einkommensteuerpflichtige Anteilseigner zwar ebenfalls keinen juristisch verbindlichen, wohl aber einen nicht zu unterschätzenden faktischen Schutz vor solchen „heimlichen Steuererhöhungen". Ohne dass der Gesetzgeber verfassungsrechtlich hierzu gezwungen wäre, versucht er nämlich, die Inflation in seinen jährlichen *Finance Acts* durch Anhebung der Tarifzonen zu berücksichtigen[90]. Diese tatsächlich geübte Praxis ermöglicht es, Geldentwertung,

---

[86] Siehe nur *Tipke*, Die Steuerrechtsordnung, Band I, 504; *Lang*, in: T/L, § 9, Rdnr. 744; *Bareis*, in: FS Offerhaus, 1053 ff. [1069]; *Stern*, in: DStZ 2003, 294 ff. [295].

[87] *Becker*, in: FS Klein, 379 ff. [387]. In Deutschland beherrscht das Nominalwertprinzip die Steuerrechtsordnung, von dem weder Finanzverwaltung noch Rechtsprechung befugt sind abzuweichen, falls die Inflation nicht ein exorbitantes Ausmaß annimmt, vgl. *BFH*, Urteil vom 27. Juli 1969 IV 300/64, in: BStBl III 1967, 690 ff. [696 f.]; *BFH*, Urteil vom 14. Mai 1974 VIII R 95/72, in: BStBl II 1974, 572 ff. [579 f.]; *BVerfG*, Beschluss des Zweiten Senats vom 19. Dezember 1978 – 1 BvR 335, 427, 811/76, in: BVerfGE 50, 57 ff. [77 ff.].

[88] Bereits 1999 hätte daher bei einer realitätsgerechten Fortentwicklung der ursprünglichen Tarifzonen die obere Proportionalzone erst bei € 189.100 beginnen dürfen, vgl. hierzu *Seer*, in: FR 1999, 1296 f. [1297] m.w.N.

[89] *Dziadkowski*, in: FR 2000, 558 f. [559]; *Lang*, in: T/L, § 9, Rz. 744; *Becker*, in: FS Klein, 379 ff. [387]; *Stern*, in: DStZ 2003, 294 ff. [295]; *Bareis*, in: FS Offerhaus, 1053 ff. [1069]; *Seer*, in: FR 1999, 1296 f. [1297].

[90] *Corrigan*, in: Ussher/O'Connor, Doing Business in Ireland, Vol. 1, § 5.02 [8]; *Lang*, in: T/L, § 9, Rz. 744.

Aufgaben des Gemeinwesens und Steueraufkommen jedes Jahr in ein aus seiner Sicht angemessenes Verhältnis zu setzen. In den 1970er und frühen 1980er Jahren gelang es dem Gesetzgeber zwar nicht, mit der seinerzeit hohen Inflation Schritt zu halten. Im vergangenen Jahrzehnt, als sich die Rate der Geldentwertung in Irland zwischen 2.1% – 3.9% bewegte, hob der Gesetzgeber die *higher rate* jedoch kontinuierlich und in einem Maße an, das z.T. sogar über der Inflationsrate lag[91]:

1992	higher rate ab 7.475 IR £ = 48 v.H.	
1993	higher rate ab 7.675 IR £ = 48 v.H.	(2.67%)
1994	higher rate ab 8.200 IR £ = 48 v.H.	(6.84%)
1995	higher rate ab 8.900 IR £ = 48 v.H.	(8.53%)
1996	higher rate ab 9.400 IR £ = 48 v.H.	(5.61%)
1997	higher rate ab 9.900 IR £ = 48 v.H.	(5.31%)
1998	higher rate ab 10.000 IR £ = 46 v.H.	(1.01%)

Im Vergleich hierzu blieb der deutsche Einkommensteuersatz für sog. Spitzenverdiener in den 1990er Jahren, bei zwar moderater aber doch stets vorhandener Inflation, lange Zeit unverändert:

1990	Obere Proportionalzone ab 120.042 DM = 53%	
1991	Obere Proportionalzone ab 120.042 DM = 53%	(0 %)
1992	Obere Proportionalzone ab 120.042 DM = 53%	(0 %)
1993	Obere Proportionalzone ab 120.042 DM = 53%	(0 %)
1994	Obere Proportionalzone ab 120.042 DM = 53%	(0 %)
1995	Obere Proportionalzone ab 120.042 DM = 53%	(0 %)
1996	Obere Proportionalzone ab 120.042 DM = 53%	(0 %)
1997	Obere Proportionalzone ab 120.042 DM = 53%	(0 %)
1998	Obere Proportionalzone ab 120.042 DM = 53%	(0 %)[92].

[91] Zur Inflationsentwicklung in Irland siehe OECD, Economic Surveys 2000 – 2001, Ireland, 36 f.. Anm.: Die Zeit bis 1991 lässt sich hier nicht darstellen, weil Irland bis zu diesem Zeitpunkt noch mit einem dreistufigen Tarif operierte. Auch nach 1999 ist die Vergleichbarkeit nicht gegeben, da sich infolge der Umstellung von Abzugsposten im Rahmen der Einkommensermittlung auf steuerschuldbezogene *tax credits* die Einkommensteuergrenzen erheblich verschoben haben, was aber nicht mit der Berücksichtigung von Geldentwertung zusammenhängt, vgl. *Ward*, in: Bulletin for International Fiscal Documentation 2000, 54 ff. [55].

[92] Lediglich den Grundfreibetrag hob der Gesetzgeber 1996 (von 5.616 auf 12.095 DM) an. Grund hierfür war jedoch kein Bemühen um einen „Inflationsausgleich“, sondern die Forderung des Bundesverfassungsgerichts, den sozialhilferechtlichen Existenzbedarf auch steuerrechtlich unangetastet zu lassen, *BVerfG*, Beschluss des Zweiten Senats vom 25. September 1992 – 2 BvL 5, 8, 14/91, in: BVerfGE 87, 153 ff. [177 ff.]. Hierzu auch *Laux*, in: BB 1996, 567 ff. [567]; *Bareis*, in: FS Offerhaus, 1053 ff. [1062]; *Lang*, in: T/L, § 9, Rdnr. 81 ff.

Erst seit dem StSenkG sinkt der Spitzensteuersatz schrittweise, wobei sich allerdings gleichzeitig die Einkommensgrenze reduziert, ab der Steuerpflichtige mit ihrem Einkommen in die obere Proportionalzone fallen. Aus diesem Grund bietet sich das „irische Modell“ durchaus für Deutschland an. Es besitzt den Vorteil, ohne rechtlichen Zwang zur jährlichen Anpassung der Tarifzonen an die Geldentwertung ausgestaltet zu sein und so den gesetzgeberischen Handlungsspielraum nicht verbindlich einzuengen. Gleichzeitig würde es ihm aber einen gewissen Erklärungsdruck auferlegen und zu einem ernsthaften Erwägen entsprechender Korrekturen auffordern[93]. Auf diese Weise könnte es gelingen, zumindest das Bewusstsein für – oder besser gesagt – gegen eine „schleichende Steuererhöhung“ durch mangelnde Tarifanpassungen zu schärfen.

III. Tarifspreizung zwischen Einkommensteuer und Körperschaftsteuer

Eng verknüpft mit Besteuerung von Kapitalgesellschaften und ihren Anteilseignern ist die Frage, wie sich die steuerliche Belastung von Körperschaften und Personenunternehmen voneinander unterscheiden. Denn hiervon hängt häufig ab, in welcher Rechtsform ein Unternehmen betrieben wird. Aus diesem Grund lohnt es sich, einen kurzen Blick auf die in beiden Ländern bestehenden Divergenzen zwischen der Besteuerung von Kapitalgesellschaften einerseits und Einzelunternehmen bzw. Personengesellschaften andererseits zu werfen.

Irland

Personenunternehmen	(Gewinn: 100)	Kapitalgesellschaft	(Gewinn: 100)
		KapG	12.50 (KSt)

			87.50
ESt		ESt	
- 20% auf ersten 28:	5.60	- 20% auf ersten 28:	5.60
- 42% auf restl. 72:	30.24	- 42% auf restl. 59.5:	24.99
	-------		-------
	35.84		30.59
- basic personal allowance	1.52	- basic personal allowance	1.52
	-------		-------
	34.32		29.07
Gesamtbelastung:	34.32	Gesamtbelastung:	41.57

[93] *Grotherr*, Die Scheingewinnbesteuerung im internationalen Vergleich, 422 will den Gesetzgeber sogar verfassungsrechtlich dazu verpflichten, Anpassungen des Einkommensteuertarifs an die Inflation regelmäßig zu überprüfen.

Bei thesaurierten Gewinnen besteht also ein Vorteil i.H.v. 21.82% für Kapitalgesellschaften und bei ausgeschütteten Gewinnen ein Vorteil i.H.v. 7.25% zugunsten von Personenunternehmen.

Deutschland[94]

Personenunternehmen	(Gewinn: 100)	Kapitalgesellschaft	(Gewinn: 100)	
		KapG	12.27	(GewSt)
			25.00	(KSt)
			1.38	(Solz)

			38.65	
ESt.	47.00	ESt.		
Solz	2.58	Ausschüttungsbetrag	61.35	
	-------	Steuerpfl. Betrag	30.68	
	49.58			
		- Einkommensteuer	14.41	
		- Solz	0.79	

			15.20	
Gesamtbelastung:	49.58	Gesamtbelastung:	53.85	

D.h.: Für thesaurierte Gewinne besteht ein Vorteil i.H.v. 10.93% für Kapitalgesellschaften, während bei ausgeschütteten Gewinnen ein Vorteil i.H.v. 4.27% zugunsten von Personenunternehmen existiert.

Aus dieser Gegenüberstellung folgt zunächst einmal, dass sowohl in Irland als auch in Deutschland die Kapitalgesellschaft im Thesaurierungsfalle und das Personenunternehmen im Ausschüttungsfalle einer günstigeren Gesamtsteuerbelastung unterliegen. Allerdings fallen die Vor- und Nachteile in der Republik Irland jeweils deutlich höher aus. Ursache hierfür ist, dass TCA 1997 den internationalen Trend, Körperschaftsteuer- und Einkommensteuerspitzensatz immer weiter zu spreizen[95], sehr vorangetrieben hat. Denn dem niedrigen Körperschaftsteuertarif i.H.v. 12.5% für das *trading income* steht ein Einkommensteuersatz gegenüber, der auf der *higher rate* immerhin 42% beträgt. Zwischen der grenzsteuerlichen Belastung von the-

[94] Hierbei wird von einem gemeindlichen Hebesatz von 350% ausgegangen, bei dem § 35 Abs. 1 Nr. 1 EStG die Gewerbesteuer für das Personenunternehmen vollständig kompensiert, vgl. *Scheffler*, Die Besteuerung von Unternehmen, Band I, 248. Im übrigen liegt der Berechnung nicht der niedrigere Durchschnittssteuersatz, sondern der Grenzsteuersatz zugrunde, da es hier lediglich darum geht, Tendenzen aufzuzeigen.
[95] Hinweise hierzu bei *Lang*, in: T/L, § 8, Rdnr. 77.

saurierten Gewinnen einer Kapitalgesellschaft und der Grenzsteuerbelastung von Personengesellschaften sowie Einzelunternehmern besteht daher ein Unterschied i.H.v. 29.5%.

Angesichts dieser Größenverhältnisse scheint das Ausmaß von knapp 11%, in dem sich in Deutschland die körperschaftliche Belastung (GewSt, KSt und Solidaritätszuschlag) thesaurierter Gewinne von der Einkommenspitzenbelastung (Grenzsteuersatz und Solidaritätszuschlag) unterscheidet, vergleichsweise moderat zu sein, zumal § 35 EStG im Hinblick auf die Gewerbesteuer kompensierend wirkt[96]. Nach der kurz vor dem Jahreswechsel erzielten Einigung im Vermittlungsausschuss schmilzt die Spreizung im Jahr 2004 weiter ab[97] und wird beim Eintritt der letzten Stufe der Steuerreform (2005) typisierend nur noch bei 5 – 6.5 Prozentpunkten liegen[98]. In der Bundesrepublik wird allerdings bereits diese Divergenz von Teilen der Literatur als verfassungsrechtlich bedenklich eingestuft[99]. Art. 3 Abs. 1 GG verlange, Steuerlasten gleichmäßig auf alle Wirtschaftssubjekte zu verteilen. Da Einkommen- und Körperschaftsteuer nicht Rechtsformen besteuern, sondern das Ergebnis wirtschaftlicher Betätigung, erfordere ein gleich großer unternehmerischer Erfolg auch eine identische Steuerlast[100]. Demgegenüber nehmen in der Republik Irland an einer doppelt so hohen Belastungsdivergenz (21.82% in Irland gegenüber 10.93% in der BRD) weder Verfassungsjudikatur noch Literatur großen Anstoß. Überraschend ist diese Erkenntnis insofern, als in beiden Staaten Personengesell-

---

[96] In der Literatur ist allerdings umstritten, ob § 35 EStG in diesen Vergleich einzubeziehen ist. Bejahend wohl *Dautzenberg*, in: StuB 2000, 863 ff. [864]; a.A. insbesondere *Lang*, in: DStJG 24 (2001), 49 ff. [104] und *Kirchhof*, in: Stbg 2000, 552 ff. [556].

[97] Danach sinkt der Spitzensteuersatz der Einkommensteuer, der sämtliches Einkommen oberhalb von € 52.151 erfasst, auf 45% ab.

[98] *Hey*, in: DStJG 24 (2001), 155 ff. [185]. Anm.: Sofern man die Abzugsfähigkeit der Gewerbesteuer bei der körperschaftsteuerlichen Bemessungsgrundlage berücksichtigt, geht z.B. *Birk*, in: StuW 2000, 328 ff. [335] davon aus, dass der Gewinn einer Kapitalgesellschaft mit rund 37% Steuern belastet ist.

[99] Vgl. etwa *Pezzer*, in: StuW 2000, 144 ff. [149]; *Hey*, in: DStJG 24 (2001), 155 ff. [212; 222]. Ebenso nach heutigen Maßstäben wohl auch *Uelner*, in: JbFSt 1990/91, 51 ff. [65], der unter dem alten körperschaftsteuerlichen Vollanrechnungsverfahrens eine Spanne von 3% - 4% zwischen thesauriertem Körperschaftsteuertarif und Einkommensteuerspitzensatz als äußerstenfalls tolerierbare Grenze ansah. Zum Problem der Steuersatzspreizung auch *Wendt*, in: FS Klein, 859 ff. [876 ff.] und *Dorenkamp*, in: DStJG 2001 (Sonderband), 61 ff.

[100] Hierzu schon *BVerfG*, Urteil des Ersten Senats vom 20. Dezember 1966 – 1 BvR 320/57, 70/63, in: BVerfGE 21, 12 ff. [27 f.]; *BVerfG*, Beschluss des Ersten Senats vom 28. Januar 1970 – 1 BvL 4/67, in: BVerfGE 27, 375 ff. [389]; *BVerfG*, Urteil des Ersten Senats vom 05. März – 1 BvR 712/68, in: BVerfGE 36, 321 ff. [334] und aus der Literatur *Wendt*, in: FR 1993, 1 ff. [6]; *Wagner/Bar/Wader*, in: BB 1999, 1296 ff. [1299]; *Lang*, in: T/L, § 4, Rdnr. 90 ff.

schaften und Einzelunternehmen gegenüber Kapitalgesellschaften dominieren[101]. Ursache hierfür ist zum einen wiederum die Tatsache, dass die irische *Constitution* dem Steuergesetzgeber kaum verbindliche Vorgaben macht[102]. Zum anderen sind diese Gesetzgebung und das klassische System in seiner aktuellen Ausgestaltung lediglich die konsequente Fortsetzung einer seit Jahrzehnten betriebenen irländischen Strategie, ausländische Großunternehmen zu begünstigen. Denn von der spürbar niedrigeren Besteuerung thesaurierter Gewinne können nur *companies* profitieren, die durch mittel- oder langfristiges Halten ihrer Erträge Liquiditätsvorteile gegenüber Personenunternehmen erzielen oder ihre Gewinne an ausländische Anteilseigner ausschütten. Kleinere irische Unternehmer, die von ihren betrieblichen Gewinnen leben und daher zwingend Ausschüttungen vornehmen müssen, können den günstigen Körperschaftsteuertarif hingegen kaum nutzen. Angesichts des begrenzten irländischen Wirtschaftsmarktes mit nur 3,5 Mio. Einwohnern handelt es sich bei den Gewinnern des klassischen Systems in Irland daher nicht selten um Tochtergesellschaften internationaler Konzerne. Infolgedessen belegt auch der Belastungsvergleich zwischen Personenunternehmen und Kapitalgesellschaften, dass die Steuergesetzgebung Irlands in besonderem Maße darauf gerichtet ist, für *inward investment* durch ausländische Investoren zu sorgen.

---

[101] In der Bundesrepublik Deutschland stellen Personengesellschaften und Einzelunternehmen ca. 85% – 90% aller Unternehmen, vgl. *Pezzer*, in: StuW 2000, 144 ff. [147]; *Wendt*, in: FS Klein, 859 ff. [886]. Allerdings dürften in dieser Zahl auch zahlreiche GmbH & Co. KG's enthalten sein, bei denen es sich gesellschaftsrechtlich zwar um Personengesellschaften handelt, deren „personalisiertes" Element aber deutlich schwächer ausgeprägt ist als beispielsweise bei einer GbR. In Irland werden immerhin rund 70% der Unternehmungen als *sole trader* oder *partnership* betrieben.

[102] Es erscheint irischen Rechtsanwendern umgekehrt geradezu erstaunlich, dass der Grundsatz gleichmäßiger Besteuerung aus zahlreichen Verfassungen kontinentaleuropäischer Staaten folgt. Vgl. zu dem insoweit übereinstimmenden Befund in Großbritannien *Baker*, in: Meussen, The Principle of Equality in Taxation in Europe, 165 ff. [166].

4. Kapitel: Kritische Würdigung der Steueranreize im IFSC unter Berücksichtigung des EG-Beihilfenrechts

Bislang stand die Besteuerung von Kapitalgesellschaften und ihren Anteilseignern in Irland mit ihren gezielten Anreizen auf ausländische Investoren im Vordergrund. Nunmehr soll erörtert werden, ob sich die günstige irische Besteuerung innerhalb des europarechtlich zulässigen Rahmens bewegt. Kern der Kritik ist die Förderung internationaler Finanzdienstleistungsgesellschaften im Dubliner IFSC. Die in der Diskussion immer wieder verwendeten Begriffe des „Steuerdumpings" oder eines „schädlichen Steuerwettbewerbs" tragen zur Klärung dieser Frage wenig bei. Denn sie sind in wertender Weise von solchen Fisci besetzt, die in den vergangenen Jahren Steuersubstrat an die Republik Irland verloren haben. Erkenntnisse über justitiable Grenzen des Steuerwettbewerbs innerhalb der Europäischen Union verspricht allein ein Ansatz, der sich an den primärrechtlichen Vorschriften des EG-Vertrags orientiert und das Gefüge zwischen der Gemeinschaft und den Mitgliedstaaten auf dem Gebiet der direkten Unternehmenssteuern sorgfältig auslotet. Da sekundärrechtliche Schranken bislang kaum existieren und auch zukünftig nicht in breitem Umfang zu erwarten sind[1], kann nur der EG-Vertrag selbst der irischen Steuerpolitik verbindliche Grenzen setzen. Weil im Wettbewerb der Systeme von den Körperschaftsteuersätzen die entscheidende Signalwirkung für Investoren ausgeht, stehen sie im Mittelpunkt der nachfolgenden Untersuchung. Dabei muss zwischen dem spezifischen Vorzugstarif zugunsten des IFSC einerseits und dem seit 2003 geltenden allgemeinen niedrigen Körperschaftsteuertarif in Irland differenziert werden. Mit Blick auf das *International Financial Service Centre* liegt der Schlüssel für eine sachgerechte Lösung im EG-vertraglichen Beihilfenrecht.

A. Steuerrecht und Art. 87 ff. EGV

Originäres Ziel des EG-Beihilfenrechts ist es, Verzerrungen im zwischengemeinschaftlichen Handel zu beseitigen. Die Art. 87 ff. EGV sollen verhindern, dass die Wettbewerbsbedingungen konkurrierender Unternehmen aus verschiedenen Mitgliedstaaten durch Beihilfen verfälscht werden. Aus diesem Grund erklärt Art. 87 Abs. 1 EGV staatliche Beihilfen prinzipiell für unvereinbar mit dem Gemeinsamen Markt. Die Vorschrift konkretisiert das in Art. 2 EGV und Art. 3 Abs. 1 lit g) EGV formulierte Ziel der Gemeinschaft, ein System zu schaffen, das den Wettbewerb innerhalb des Binnenmarktes vor Verfälschungen schützt. Nur in engen Grenzen sehen Art. 87 Abs. 2 EGV (Legalausnahmen) und Art. 87 Abs. 3 EGV (Ermessensausnahmen) Möglichkeiten vor, von diesem Grundsatz abzuweichen.

---

[1] Zur Gemeinschaftspolitik siehe bereits Kapitel 1 C.

Längst beanspruchen die Art. 87 ff. EGV auch auf dem Feld des mitgliedstaatlichen Steuerrechts Beachtung. Denn obwohl die direkten Steuern noch immer in der Kompetenz der Mitgliedstaaten liegen, haben jene bei der Wahrnehmung ihrer Befugnisse das Gemeinschaftsrecht zu beachten[2]. Hiervon betroffen sind nicht zuletzt die in sämtlichen Mitgliedstaaten anzutreffenden spezifischen Steuervergünstigungen. Diese dienen nicht nur Fiskalzwecken, sondern verfolgen in erster Linie wirtschaftspolitisch motivierte Ziele[3]. Welche Formen staatlicher Förderung genau eine Beihilfe darstellen, sagt der EG-Vertrag selbst zwar nicht. Kommission, EuGI und EuGH haben dem Tatbestand des Art. 87 Abs. 1 EGV jedoch im Laufe der Zeit immer schärfere Konturen verliehen.

B. Begriff der Beihilfe

Nach Art. 87 Abs. 1 EGV ist eine steuerliche Maßnahme als staatliche Beihilfe zu qualifizieren, wenn sie die nachfolgenden Voraussetzungen erfüllt.

I. Begünstigung

Die Maßnahme muss dem Begünstigten einen unmittelbaren oder mittelbaren Vorteil verschaffen, indem sie seine üblicherweise zu tragende Last mindert[4]. Erfasst sind hiervon nicht nur Geld- und Sachleistungen, sondern sämtliche Vorteile, die der Marktteilnehmer im freien Wettbewerb nicht oder jedenfalls nicht unter denselben Konditionen erlangt hätte[5]. Auf dem Gebiet des Steuerrechts besteht die Begünstigung regelmäßig darin, dass ein Mitgliedstaat die von einem Unternehmen

---

[2] Ständige Rspr., siehe nur *EuGH*, Urteil vom 28. April 1998, Rs. C-118/96 (Jessica Safir gegen Skattemyndigheten i Dalarnas län, zuvor Skattemyndigheten i Kopparbergs län), in: Slg. 1998 I, 1919 ff. [1925], Rdnr. 21; *EuGH*, Urteil vom 16. Juli 1998, Rs. C-264/96 (ICI gegen HM Inspector of Taxes), in: Slg. 1998 I, 4711 ff. [4721], Rdnr. 19; *Visser*, in: EC Tax Review 1999, 224 ff. [224]; *Valente/Roccatagliata*, Tax Notes International 1998, 259 ff. [259]; *Blumenberg*, in: Grother, Handbuch der internationalen Steuerplanung, 1787 ff. [1788].

[3] Siehe exemplarisch für einige steuerrechtlich relevante Beihilfen innerhalb der Europäischen Union die in Kapitel 1 B vorgestellten „Oasen".

[4] *EuGH*, Urteil vom 08. März 1988, verb. Rs. 62 und 72/87 (Exécutif régional wallon und SA Glaverbel gegen Kommission der EG), in: Slg. 1988, 1589 ff. [1593], Rdnr. 13; *EuGH*, Urteil vom 15. März 1994, Rs. C-387/92 (Banco de Credito Industrial SA gegen Ayuntamiento de Valencia), in: Slg. 1994 I – 902 ff. [907], Rdnr. 13; Mitteilung der Kommission vom 10. Dezember 1998 (98/C 384/03), in: ABl. EG 1998 Nr. C 384/3 ff. [4]; *Blumenberg*, in: Grotherr, Handbuch der internationalen Steuerplanung, 1787 ff. [1788]; *Nowak*, in: EuZW 2001, 293 ff. [294 f.]; *Koenig/Kühling*, in: NJW 2000, 1065 ff. [1066]; *dies.*, in: Streinz, EUV/EGV, Art. 87 EGV, Rdnr. 28; *Visser*, in: EC Tax Review 1999, 224 ff. [225].

[5] *Cremer*, in: Calliess/Ruffert, Art. 87 EGV, Rdnr. 7; *Bär-Bouyssière*, in: Schwarze, EU-Kommentar, Art. 87 EGV, Rdnr. 27; *Vanistendael*, in: DStJG 23 (2000), 299 ff. [313]; *Koenig/Kühling*, in: NJW 2000, 1065 ff. [1066]; *dies.*, in: Streinz, EUV/EGV, Art. 87 EGV, Rdnr. 28 f.; *Hakenberg/Erlbacher*, in: EWS 2001, 208 ff. [210].

regulär zu tragende Steuerbelastung reduziert, weshalb die Kommission insbesondere folgende Vorteile als Begünstigung einstuft:

- Jedes Absenken der Steuerbemessungsgrundlage (z.B. durch besonderen Steuerabzug, beschleunigte Abschreibungen oder die Zulässigkeit außergewöhnlicher Rücklagen),
- eine vollständige oder teilweise Ermäßigung des geschuldeten Steuerbetrags (insbesondere durch Steuerbefreiung oder Steuergutschrift),
- sonstige Vergünstigungen wie das Gewähren von Zahlungsaufschüben, einer Aufhebung der Steuerschuld oder besondere Vereinbarungen über das Abzahlen der Steuerschuld[6].

II. Staatliche Zurechenbarkeit

Nur Vorteile aus staatlichen Mitteln können eine Beihilfe darstellen, wobei ein staatlicher Steuereinnahmeverlust der Ausgabe entsprechender Mittel gleichsteht[7]. Denn Steuervorteile mindern die Last, die ein Marktteilnehmer normalerweise zu tragen hat. Gründe, Formen und Ziele staatlicher Interventionen sind im Rahmen des Art. 87 Abs. 1 EGV nicht maßgeblich, sondern ausschließlich deren Wirkung auf den freien Wettbewerb[8]. Gleichgültig ist deshalb, ob zentrale, regionale oder lokale Einheiten die Vorteile gewähren bzw. ob sie unmittelbar vom Mitgliedstaat selbst oder mittelbar durch eine seiner öffentlichen oder privaten Institutionen bewilligt werden[9]. Ein zurechenbares staatliches Handeln setzt zudem keineswegs ein förmliches Steuergesetz voraus; auch Verordnungen, Verwaltungsvorschriften oder eine tatsächlich geübte Behördenpraxis sind den Mitgliedstaaten zuzurechnen.

---

[6] Mitteilung der Kommission vom 10. Dezember 1998 (98/C 384/03), in: ABl. EG 1998 Nr. C 384/3 ff. [4]; *Bär-Bouyssière*, in: Schwarze, EU-Kommentar, Art. 87 EGV, Rdnr. 35; *Mederer*, in: von der Groeben/Thiesing/Ehlermann, Band 2/II, Art. 92 EGV, Rdnr. 13.

[7] *EuGH*, Urteil vom 24. Januar 1978, Rs. 82/77 (Staatsanwaltschaft des Königreichs der Niederlande gegen Jacobs Philippus van Tiggele), in: Slg. 1988, 25 ff. [40 f.], Rdnr. 23/25; *EuGH*, Urteil vom 17. März 1993, verb. Rs. C-72/91 und C-73/91 (Sloman Neptun Schiffahrts AG gegen Seebetriebsrat Bodo Ziesemer der Sloman Neptung Schiffahrts AG), in: Slg. 1993 I – 927 ff. [933 f.], Rdnr. 19. Mitteilung der Kommission vom 10. Dezember 1998 (98/C 384/03), in: ABl. EG 1998 Nr. C 384/3 ff. [4]. Hierzu *Koenig/Kühling*, in: EuZW 1999, 517 ff. [521]; *dies.*, in: Streinz, EUV/EGV, Art. 87 EGV, Rdnr. 43 f.; *Nowak*, in: EuZW 2001, 293 ff. [294].

[8] *EuGI*, Urteil vom 10. Mai 2000, Rs. T-46/97 (Sociedade Indepente de Comunicacao, SA gegen Kommission der EG), in: Slg. 2000 II, 2129 ff. [2155], Rdnr. 83; *Koenig/Kühling*, in: Streinz, EUV/EGV, Art. 87 EGV, Rdnr. 29.

[9] *EuGH*, Urteil vom 14. Oktober 1987, Rs. C-248/84 (Bundesrepublik Deutschland gegen Kommission der EG), in: Slg. 1987, 4036 ff. [4041], Rdnr. 17; *EuGI*, Urteil vom 14. Dezember 2000, Rs. T-613/97 (Ufex, DHL, Federal express international, CRIE gegen Kommission der EG), in: Slg. 2000 II, 4058 ff. [4090], Rdnr. 105.

Um den Anwendungsbereich von Art. 87 Abs. 1 EGV nicht uferlos auszuweiten, liest der EuGH in das Erfordernis staatlicher Zurechenbarkeit zusätzlich hinein, dass die Begünstigung den öffentlichen Haushalt belasten müsse[10]. Vor diesem Hintergrund zieht *Visser* die allgemeine Ansicht in Zweifel, nach der gezielte Steuervergünstigungen zugunsten ausländischer Marktteilnehmer dem Beihilfeverbot unterfallen[11]. Denn, so sein Ansatz, im Ergebnis würden solche Präferenzsysteme das Steueraufkommen des inländischen Fiskus nicht belasten, sondern steigern. Angesichts der Zielvorgabe von Art. 3 Abs. 1 lit. g) EGV – wonach die Gemeinschaft den Wettbewerb im Binnenmarkt vor Verfälschungen zu schützen hat – vermag dieser Einwand indes nicht zu überzeugen. An dem Vorbringen ist zwar richtig, dass neu angesiedelte Unternehmen, die in einem Mitgliedstaat erstmals Steuern zahlen, dessen Steueraufkommen zunächst mehren. Der für Art. 87 Abs. 1 EGV entscheidende Gesichtspunkt gerät bei dieser Argumentation allerdings aus dem Blick: Um einen möglichst unverzerrten Wettbewerb zu gewährleisten, sind die besonderen Anreize zugunsten ausländischer Marktteilnehmer nicht in einen „vorher – nachher" Vergleich einzustellen. Sie müssen sich vielmehr mit denjenigen steuerlichen Regeln vergleichen lassen, welche in dem betreffenden Mitgliedstaat für die übrigen Unternehmen gelten. Infolgedessen führt die Begünstigung gebietsfremder Marktteilnehmer zu einer Belastung des mitgliedstaatlichen Haushaltes. Denn in demjenigen Mitgliedstaat, in dem sie fortan tätig werden und Kapital anlegen, führen Vorzugstarife und andere Präferenzregeln – im Verhältnis zu derjenigen Steuerlast, die Kapitalgesellschaften üblicherweise dort zu tragen haben – zu Verlusten auf der steuerlichen Einnahmenseite. Unterstellt man nämlich ein identisches Investitionsverhalten der Marktteilnehmer, so führen die Alternativen mit und ohne staatliche Steueranreize dazu, dass ausländische Unternehmen nur im zweiten Fall die üblichen (höheren) Steuern im betreffenden Mitgliedstaat zahlen, während die erste Variante zu einer entsprechend geringeren Belastung führt. Dieser Differenzbetrag stellt den staatlichen Steuereinnahmeverlust dar, der spiegelbildlich einer unmittelbar ausgekehrten Zahlung des Staates entspricht und ihm somit zugerechnet werden muss.

---

[10] *EuGH*, Urteil vom 17. März 1993, verb. Rs. C-72/91, C-73/91 (Sloman Neptun Schiffahrts AG gegen Seebetriebsrat Bodo Ziesemer der Sloman Neptun Schiffahrts AG), in: Slg. 1993 I, 927 ff. [934], Rdnr. 21; *EuGH*, Urteil vom 30. November 1993, Rs. C-189/91 (Petra Kirsammer-Hack gegen Nurhan Sidal), in: Slg. 1993 I, 6215 ff. [6220], Rdnr. 16 f.; kritisch *Koenig/Kühling*, in: EuZW 1999, 517 ff. [521], die eine extensive Anwendung der Norm allein durch das Merkmal der Selektivität verhindern wollen. Hierzu ausführlich *Soltész*, in: EuZW 1998, 747 ff. [750] und *Heidenhain*, in: EuZW 2000, 729 f. [730].

[11] *Visser*, in: EC Tax Review 1999, 224 ff. [226].

III. Wettbewerbsverfälschung und Handelsbeeinträchtigung

Steuerliche Maßnahmen gelten nur dann als Beihilfe i.S.v. Art. 87 Abs. 1 EGV, wenn sie den Wettbewerb verfälschen oder ernsthaft zu verfälschen drohen und den mitgliedstaatlichen Handel beeinträchtigen. Angesichts des Wortlauts („verfälschen oder zu verfälschen drohen") genügt bereits jede konkrete Möglichkeit hierzu. Folglich muss die staatliche Maßnahme bloß geeignet sein, den grenzüberschreitenden Wettbewerb zu verfälschen und dadurch den Handel zwischen einzelnen Mitgliedstaaten zu beeinträchtigen[12]. Soweit ein Marktteilnehmer einer Tätigkeit nachgeht, die Gegenstand des mitgliedstaatlichen Handels sein kann und der ihm gewährte Vorteil seine Position gegenüber Konkurrenten auf dem Gemeinsamen Markt verbessert, wird eine Handelsbeeinträchtigung deshalb widerlegbar vermutet[13]. In ihrer mittlerweile gefestigten Praxis legen sowohl Gerichtshof als auch Kommission dieses Kriterium ausgesprochen weit aus: Für die Annahme einer Beeinträchtigung oder Verfälschung des innergemeinschaftlichen Wettbewerbs ist es ohne Belang, ob der zugewendete Vorteil lediglich einen geringen Umfang besitzt[14] oder das begünstigte Unternehmen nahezu seine gesamten Erzeugnisse aus dem Gemeinschaftsgebiet in Drittstaaten ausführt[15]. Auch ein nur äußerst geringer

[12] Mitteilung der Kommission vom 10. Dezember 1998 (98/C 384/03), in: ABl. EG 1998 Nr. C 384/3 ff. [4]; *Wartenburger*, in: IStR 2001, 397 ff. [398]; *Nowak*, in: EuZW 2001, 293 ff. [296]; *Koenig/Kühling*, in: NJW 2000, 1065 ff. [1069]. Lediglich Vergünstigungen, die sich in keiner Weise auf die Volkswirtschaft eines anderen Mitgliedstaates auswirken, bleiben von Art. 87 Abs. 1 EGV unberührt, vgl. *Mederer*, in: von der Groeben/Thiesing/Ehlermann, Band 2/II, Art. 92 EGV, Rdnr. 36, der deshalb davon ausgeht, dass aufgrund stetig zunehmender Verflechtung nationaler Märkte die Handelsbeeinträchtigungen durch Beihilfemaßnahmen künftig noch deutlich zunehmen werden.

[13] *EuGH*, Urteil vom 17. November 1980, Rs. C-730/79 (Philip Morris Holland BV gegen Kommission der EG), in: Slg. 1980, 2671 ff. [2688 f.], Rdnr. 11; *EuGH*, Urteil vom 21. März 1990, Rs. C-142/87 (Königreich Belgien gegen Kommission der EG), in: Slg. 1990 I – 1005 ff. [1015], Rdnr. 40 f.; Mitteilung der Kommission vom 10. Dezember 1998 (98/C 384/03), in: ABl. EG 1998 Nr. C 384/3 ff. [4].

[14] *EuGI*, Urteil vom 25. September 1997, Rs. T-214/95 (Vlaams Gewest gegen Kommission der EG), in: Slg. 1998 II, 722 ff. [738], Rdnr. 48 f.; *EuGH*, Urteil vom 21. März 1990, Rs. C-142/87 (Königreich Belgien gegen Kommission der EG), in: Slg. 1990 I, 1005 ff. [1015], Rdnr. 43. Etwas anderes gilt nach Ansicht der Kommission nur, falls die Beihilfe Bagatellcharakter besitzt und nicht spürbar ist („de minimis"). Diese Grenze, die insbesondere kleinen und mittleren Unternehmen zugute kommt und der Verwaltungsvereinfachung dient, liegt bei € 100.000 pro Unternehmen während eines Dreijahreszeitraums, vgl. hierzu die Mitteilung der Kommission vom 06. März 1996 (96/C 68/06), in: ABl. EG 1996 Nr. C 68/9 ff. [9].

[15] *EuGH*, Urteil vom 24. Februar 1987, Rs. 310/85 (Deufil GmbH & Co. KG gegen Kommission der EG), in: Slg. 1987, 921 ff. [924], Rdnr. 9; *EuGH*, Urteil vom 21. März 1990, Rs. C-142/87 (Königreich Belgien gegen Kommission der EG), in: Slg. 1990 I, 1005 ff. [1013 f.], Rdnr. 35. Hierzu u.a. *Blumenberg*, in: Grotherr, Handbuch der internationalen Steuerplanung, 1787 ff. [1796]; *Bär-Bouyssière*, in: Schwarze, EU-Kommentar, Art. 87 EGV, Rdnr. 38; *Rawlinson*, in: Lenz, EG-Vertrag, Art. 87 EGV, Rdnr. 10.

Anteil des Begünstigten am Gemeinschaftsmarkt[16] stellt die Vermutung für eine Beeinträchtigung von Wettbewerb und Handel nicht in Frage.

IV. Selektivität der staatlichen Maßnahme

Ferner muss die betreffende Maßnahme selektiv sein, also nur bestimmte Unternehmen oder Produktionszweige fördern. Selektiv ist ein Vorteil immer dann, wenn er eine Ausnahme von den allgemeinen steuerlichen Rechts- und Verwaltungsvorschriften darstellt oder ein Mitgliedstaat ihn als Ermessensentscheidung gewährt[17]. Letzteres gilt allerdings nur, sofern die Finanzbehörden nach freiem Ermessen handeln und Steuervorteile unter undurchsichtigen Kriterien gewähren, die von objektiven Gesichtspunkten abweichen[18]. Da international agierende Gesellschaften zum Zwecke ihrer Steuerplanung klare und verlässliche Kriterien nachsuchen, sind in der Praxis gezielte steuerliche Anreize durch die Mitgliedstaaten in Form von „Vorzugsgesetzen" der Regelfall. Ein besonders wichtiger Anwendungsbereich, der zugleich regelmäßig als unfairer Steuerwettbewerb angesehen wird, ist das sog. „ring fencing", bei dem ein Mitgliedstaat steuerliche Vorteile von der heimischen Wirtschaft abschottet und sie ausschließlich Gebietsfremden gewährt[19]. Hierunter fallen deshalb sämtliche Maßnahmen, die *nicht* allen Wirtschaftssubjekten mit Sitz oder Betriebsstätte im jeweiligen Mitgliedstaat zugute kommen. Denn das Beihilfenrecht der Gemeinschaft will nur Wettbewerbsverzerrungen infolge von Sondervorteilen verhindern[20]. Allgemeine, unspezifische Maßnahmen mit Wirkung für und gegen alle Marktteilnehmer sind hingegen vom Anwendungsbereich des Art. 87 Abs. 1 EGV ausgeschlossen. Zu den nicht vom Bei-

---

[16] *EuGH*, Urteil vom 14. September 1994, verb. Rs. C-278/92, C-279/92, C-280/92 (Königreich Spanien gegen Kommission der EG), in: Slg. 1994 I, 4146 ff. [4158], Rdnr. 40.

[17] Mitteilung der Kommission vom 10. Dezember 1998 (98/C 384/03), in: ABl. EG 1998 Nr. C 384/3 ff. [4]. Hierzu *Koenig/Kühling*, in: Streinz, EUV/EGV, Art. 87 EGV, Rdnr. 47-50; *Cremer*, in: Calliess/Ruffert, Art. 87 EGV, Rdnr. 8; *Rawlinson*, in: Lenz, EG-Vertrag, Art. 87 EGV, Rdnr. 8 f.; *Bär-Bouyssière*, in: Schwarze, EU-Kommentar, Art. 87 EGV, Rdnr. 34; *Mederer*, in: von der Groeben/Thiesing/Ehlermann, Band 2/II, Art. 92 EGV, Rdnr. 20 ff.

[18] *EuGH*, Urteil vom 26. September 1996, Rs. C-241/94 (Französische Republik gegen Kommission der EG), in: Slg. 1996 I, 4570 ff. [4576], Rdnr. 23 f.; ebenso die Kommission in ihrer Mitteilung vom 10. Dezember 1998 (98/C 384/03), in: ABl. EG 1998 Nr. C 384/3 ff. [6].

[19] Zum Begriff „ring fencing" siehe insbesondere *Schön*, in: Schön (Hrsg.), Tax Competition in Europe, 1 ff. [7f.].

[20] *Koenig/Kühling*, in: NJW 2000, 1065 ff. [1068]; *Blumenberg*, in: Grotherr, Handbuch der internationalen Steuerplanung, 1787 ff. [1797 f.]; *Mederer*, in: von der Groeben/Thiesing/Ehlermann, Band 2/II, Art. 92 EGV, Rdnr. 20. In Betracht kommt allerdings, dass diese allgemeinen Maßnahmen als gesamtwirtschaftliche Vorteile einzustufen sind, welche den Wettbewerb verzerren und daher gemäß Art. 96 EGV zu beseitigen sind, vgl. *Valente/Roccatagliata*, in: Tax Notes International 1998, 259 ff. [261]; *Blumenberg/Lausterer*, in: FS-Rädler, 1 ff. [15]; *Bär-Bouyssière*, in: Schwarze, EU-Kommentar, Art. 87 EGV, Rdnr. 35; *Koenig/Kühling*, in: Streinz, EUV/EGV, Art. 87 EGV, Rdnr. 51.

hilfenrecht erfassten, generellen Maßnahmen rechnet die Europäische Kommission insbesondere:

- Die Festlegung von (generellen) Steuersätzen,
- Allgemeine Vorschriften über Wertminderung und Abschreibung,
- Regeln zur Vermeidung von Doppelbesteuerung und Steuerumgehung,
- Maßnahmen, die Ziele allgemeiner Wirtschaftspolitik verfolgen (z.B. Förderung von Forschung und Entwicklung oder Umweltschutz)[21].

Denn solche allgemeinen Maßnahmen sind regelmäßig Ausdruck der mitgliedstaatlichen Souveränität, eine eigenständige Wirtschafts- und Steuerpolitik betreiben zu können. Auf diesem Feld – so die hinter Art. 87 Abs. 1 EGV stehende Wertung – dürfen die Mitgliedstaaten deshalb grundsätzlich in freie Konkurrenz treten und steuerlich attraktive Rahmenbedingungen für die in ihrem Land ansässigen Unternehmen schaffen[22]. Allerdings kann eine potentiell allen juristischen und natürlichen Personen zugängliche Maßnahme Beihilfecharakter aufweisen, soweit sie trotz ihrer allgemeinen Formulierung tatsächlich nur ganz bestimmte Sektoren oder Unternehmen in ausgewählten Regionen begünstigt[23].

V. Keine Ausnahme gemäß Art. 87 Abs. 2 und Abs. 3 EGV

Erfüllt eine steuerliche Maßnahme sämtliche Merkmale des Art. 87 Abs. 1 EGV, handelt es sich um eine Beihilfe, die grundsätzlich mit dem Gemeinsamen Markt unvereinbar ist. Etwas anderes kann sich allerdings aus Art. 87 Abs. 2, Abs. 3 EGV ergeben. Die Kommission hat nämlich stets zu prüfen, ob die mitgliedstaatliche Steuervergünstigung im Einzelfall doch zuzulassen ist[24]. Aus dem Blickwinkel des

---

[21] Mitteilung der Kommission vom 10. Dezember 1998 (98/C 384/03), in: ABl. EG 1998 Nr. C 384/3 ff. [5].

[22] Hierzu *Gross*, in: RIW 2002, 46 ff. [49] und *Schön*, in: DStJG 23 (2000), 191 ff. [215].

[23] *EuGH*, Urteil vom 24. Februar 1987, Rs. 310/85 (Deufil GmbH & Co. KG gegen Kommission der EG), in: Slg. 1987, 921 ff. [924], Rdnr. 8; *Mederer*, in: von der Groeben/Thiesing/Ehlermann, Band 2/II, Art. 92 EGV, Rdnr. 28. Etwas anderes gilt nur in Ausnahmefällen, soweit Logik und Aufbau des nationalen Steuerrechts die begünstigende Sonderbehandlung erfordern, vgl. *EuGH*, Urteil vom 02. Juli 1974, Rs. 173/73, (Italienische Republik gegen Kommission der EG), Slg. 1974, 709 ff. [719], Rdnr. 33-35, wofür der Mitgliedstaat aber die Beweislast trägt. Dass einige Gesellschaften mehr als andere von den allgemeinen Vorschriften profitieren, lässt sie gleichwohl nicht ohne weiteres als Beihilfe erscheinen, vgl. Mitteilung der Kommission vom 10. Dezember 1998 (98/C 384/03), in: ABl. EG 1998 Nr. C 384/3 ff. [5], wo die Kommission eine Regelung anführt, welche die Besteuerung des Faktors Arbeit mindert und dabei arbeitsintensive Industriezweige verhältnismäßig stärker entlastet als kapitalintensive Unternehmensbereiche.

[24] *Mederer*, in: von der Groeben/Thiesing/Ehlermann, Band 2/II, Art. 92 EGV, Rdnr. 3; *Hakenberg*/Erlbacher, in: EWS 2001, 208 ff. [213]; *Koenig/Kühling*, NJW 2000, 1065 ff. [1071];

internationalen Steuerrechts stehen die Ausnahmen nach Art. 87 Abs. 3 EGV im Mittelpunkt des Interesses. Im Rahmen der dort normierten Ermessensausnahmen verfügt die Kommission über einen weiten administrativen Spielraum. Komplexe wirtschaftliche und soziale Gründe, die den Kommissionsentscheidungen zugrunde liegen, überprüft der EuGH nur in sehr engen Grenzen, indem er seine Kontrolle auf Fragen ordnungsmäßiger Sachverhaltsermittlung und das Einhalten der Verfahrensvorschriften beschränkt. Die von der Kommission angestellten Überlegungen müssen lediglich in sich schlüssig bzw. nicht offensichtlich irrig sein, dürfen nicht an evidenten Fehlern leiden und sich nicht als ermessensmissbräuchlich darstellen[25]. Eine sachgerechte Ermessensausübung setzt voraus, dass die Beihilfe dazu dient, eines der in Art. 87 Abs. 3 EGV genannten Ziele zu verwirklichen. Sie muss ferner notwendig sein, um die gewünschte wirtschaftliche Entwicklung herbeizuführen und hat dabei in einem angemessenen Verhältnis zu dem mit ihr verfolgten Zweck zu stehen[26].

C. Genehmigter Vorzugssteuersatz im IFSC

Ob die steuerlichen Maßnahmen der Republik Irland zugunsten von Gesellschaften im IFSC mit Art. 87 Abs. 1, Abs. 3 EGV im Einklang stehen, ist Gegenstand der nachfolgenden Untersuchung.

I. Beihilfe i.S.v. Art. 87 Abs. 1 EGV

Die Gewinne internationaler Finanzdienstleistungsgesellschaften mit Sitz im IFSC unterliegen noch bis zum Jahr 2005 einem Körperschaftsteuersatz i.H.v. lediglich 10%. Anderen, nicht in der Dubliner *Custom House Dock Area* angesiedelten Unternehmen blieb der Zugang zu diesem Steuervorteil in der Vergangenheit verschlossen[27]. Sie hatten deshalb im Vergleich zu IFSC-Gesellschaften eine deutlich höhere Steuerlast zu tragen und konnten nur einen geringeren Teil ihrer Gewinne ausschütten oder für neue Investitionen nutzen. Ergebnis dieses Vorzugssteuersatzes war, dass zahlreiche kontinentaleuropäische Unternehmen im IFSC Tochterge-

---

dies., in: EuZW 1999, 517 ff. [519]; *Nowak*, in: EuZW 2001, 293 ff. [297]; *Valente/Roccatagliata*, in: Tax Notes International 1998, 259 ff. [260].

[25] *Koenig/Kühling*, in: EuZW 1999, 517 ff. [519]; *Mederer*, in: von der Groeben/Thiesing/Ehlermann, Band 2/II, Art. 92 EGV, Rdnr. 67.

[26] Zu den Kontrollgrenzen des Gerichtshofs siehe *EuGH*, Urteil vom 08. März 1988, Rs. 62 und 72/87 (Exécutif régional wallon und SA Glaverbel gegen Kommission der EG), in: Slg. 1988, 1589 ff. [1595], Rdnr. 21; *EuGH*, Urteil 24. Februar 1987, Rs. 310/85 (Deufil GmbH & Co. KG gegen Kommission der EG), in: Slg. 1987, 921 ff. [926], Rdnr. 18; *Bär-Bouyssière*, in: Schwarze, EU-Kommentar, Art. 87 EGV, Rdnr. 52; *Cremer*, in: Calliess/Ruffert, Art. 87 EGV, Rdnr. 26.

[27] Sie unterliegen vielmehr dem normalen irischen Körperschaftsteuersatz, der zu Beginn der IFSC-Förderung im Jahr 1988 noch 50% betrug, vgl. Kapitel 2 C V 1.

sellschaften gründeten oder gänzlich nach Dublin übersiedelten. Mittlerweile operieren mehr als 600 der weltweit führenden Banken, Versicherungen und Finanzdienstleister vom IFSC aus und haben dort über 8.500 qualifizierte Arbeitsplätze geschaffen[28]. Hauptgrund hierfür war der niedrige Körperschaftsteuersatz in Irland. Dieser Anreiz beeinflusste also das Verhalten von Marktteilnehmern aus anderen Mitgliedstaaten und war folglich geeignet, den grenzüberschreitenden Wettbewerb zu verfälschen sowie den innergemeinschaftlichen Handel zu beeinträchtigen. Zudem war und ist der Vorzugssteuersatz i.H.v. 10% auch selektiv, da er sowohl in sektoraler (internationale Finanzdienstleistungen) als auch in regionaler Hinsicht (Gebiet der *Custom House Dock Area* in Dublin) begrenzt ist. Mithin liegen sämtliche Tatbestandsmerkmale des Art. 87 Abs. 1 EGV vor, so dass es sich um eine Beihilfe handelt. Aufgrund der gesetzlichen Wertung war es deshalb nur ausnahmsweise möglich, sie gemäß Art. 87 Abs. 2, Abs. 3 EGV als mit dem Gemeinsamen Markt vereinbar anzusehen. Da Art. 87 Abs. 2 EGV offenkundig nicht eingreift, können sich sowohl die ursprüngliche Genehmigung der Kommission aus dem Jahr 1987 als auch deren spätere Verlängerungen nur auf Art. 87 Abs. 3 EGV stützen.

II. Vereinbarkeit mit dem Gemeinsamen Markt

Art. 87 Abs. 3 EGV umfasst mehrere Ermessensausnahmen, die jeweils unterschiedliche Voraussetzungen vorsehen. Es ist daher erforderlich, genau zu bestimmen, auf welche Vorschrift sich die Kommission bei ihrer Entscheidung zugunsten des IFSC stützte. Exakt über diese Frage herrschte lange Zeit Unklarheit. Denn die Kommission veröffentlicht erst seit Beginn der 1990er Jahre ihre Stellungnahmen zu Beihilfen in der Reihe C des EG-Amtsblatts und benennt dort den angewandten Ausnahmetatbestand[29]. Im Fall des IFSC hat die Kommission dies allerdings weder für die ursprüngliche Genehmigung im Jahr 1987 noch für die erste Verlängerung (1990) getan[30]. Die mit der Genehmigung verfolgten Ziele – Arbeitsplätze zu schaffen und die regionale Entwicklung Dublins voranzutreiben – legten es jedoch

---

[28] Statistische Information der IDA Ireland, Dublin 2002.

[29] Verpflichtet war sie hierzu bis weit in die 1990er Jahre hinein nicht, weshalb eine entsprechende Publikation lange Zeit lediglich gutem Verwaltungsstil entsprach, vgl. *Oppermann*, Europarecht, Rdnr. 1142. Erst seit 1999 bestimmt die auf der Grundlage von Art. 89 EGV ergangene Verordnung Nr. 659/1999 in Artikel 26, dass Beihilfe-Entscheidungen der Kommission im EG-Amtsblatt zu veröffentlichen sind. Zur neuen Verfahrensverordnung *Mederer*, in: von der Groeben/Thiesing/Ehlermann, Band 2/II, Art. 93 EGV, Rdnr. 46 ff.; *Koenig/Kühling*, in: EuZW 1999, 517 ff. [522].

[30] Vielmehr erfolgte lediglich eine Veröffentlichung im XVII. Bericht über die Wettbewerbspolitik der Kommission (1987), Rdnr. 249 und im XX. Bericht über die Wettbewerbspolitik der Kommission (1990), Rdnr. 327.

nahe, von einer Genehmigung gemäß Art. 87 Abs. 3 lit. a) EGV auszugehen[31], was die Kommission mittlerweile bestätigt hat. Denn als sie die Beihilfe im Jahr 1998 neuerdings überprüfte, gab sie an, die Vorteile zugunsten des IFSC in den vergangenen Jahren stets nach Art. 87 Abs. 3 lit a) EGV genehmigt zu haben[32].

1. Erfordernisse des Art. 87 Abs. 3 lit. a) EGV

Erforderlich für eine Genehmigung nach Art. 87 Abs. 3 lit. a) EGV ist, dass das geförderte Gebiet schwerwiegende ökonomische Probleme aufweist und sich im Vergleich zur gesamten Gemeinschaft in einer äußerst ungünstigen wirtschaftlichen Lage befindet[33]. Nach Ansicht der Kommission liegt diese Voraussetzung grundsätzlich vor, sofern der fragliche Staatsbereich ein Bruttoinlandsprodukt erwirtschaftet, das 75% des Gemeinschaftsdurchschnitts nicht übersteigt[34]. Das ehemalige Dubliner Hafenviertel unterfiel dem Begriff eines Gebietes i.S.v. Art. 87 Abs. 3 lit. a) EGV, in dem die Lebenshaltung außergewöhnlich niedrig ist oder eine erhebliche Unterbeschäftigung herrscht. Denn zum Zeitpunkt der ursprünglichen Genehmigung im Jahr 1987 befand sich die gesamte Republik Irland in einer schwierigen sozio-ökonomischen Situation[35]. Nicht nur das Hafengebiet prägten leerstehende Gebäude und aufgelöste Gesellschaften der See- und Schiffindustrie, weshalb gut ausgebildete Hochschulabsolventen in großer Zahl das Land verließen, um der drohenden Arbeitslosigkeit zu entgehen. Ein modernes, ihre Qualifikationen

---

31 So im Ergebnis auch *Koschyk*, Steuervergünstigungen als Beihilfen nach Art. 92 EG-Vertrag, 267, der für den IFSC jedoch prinzipiell auch die Ausnahmeregelung des Art. 87 Abs. 3 lit c) 2. Var. EGV in Betracht zieht.

32 Vorschlag der Kommission vom 18. Dezember 1998 (C/395/08), in: ABl. EG 1998 Nr. C 395/14 ff. [14].

33 *EuGH*, Urteil vom 17. September 1980, Rs. 730/79 (Philip Morris BV gegen Kommission der EG), in: Slg. 1980, 2671 ff. [2691 f.], Rdnr. 25; *EuGH*, Urteil vom 14. Oktober 1987, Rs. 248/84 (Bundesrepublik Deutschland gegen Kommission der EG), in: Slg. 1987, 4036 ff. [4042], Rdnr. 19; Leitlinien der Kommission vom 10. März 1998 (98/C 74/06), in: ABl. EG 1998 Nr. C 74/9 ff. [11], Rz. 3.3; *Nowak*, in: EuZW 2001, 293 ff. [298]; *Visser*, in: EC Tax Review 1999, 224 ff. [227]; *Koenig/Kühling*, in: NJW 2000, 1065 ff. [1071]; *Cremer*, in: Calliess/Ruffert, Art. 87 EGV, Rdnr. 31 und *Bär-Bouyssière*, in: Schwarze, EU-Kommentar, Art. 87, Rdnr. 53.

34 Leitlinien der Kommission vom 10. März 1998 (98/C 74/06), in: ABl. EG 1998 Nr. C 74/9 ff. [11], Rz. 3.5. Hierzu *Bär-Bouyssière*, in: Schwarze, EU-Kommentar, Art. 87 EGV, Rdnr. 53; *Cremer*, in: Calliess/Ruffert, Art. 87 EGV, Rdnr. 31; *Mederer*, in: von der Groeben/Thiesing/Ehlermann, Band 2/II, Art. 92 EGV, Rdnr. 86 f.

35 Vgl. den XVII. Bericht über die Wettbewerbspolitik der Kommission (1987), Rdnr. 249. Siehe hierzu auch die Hinweise im Vorschlag der Kommission vom 18. Dezember 1998 (98/C 395/08), in: ABl. EG 1998 Nr. C 395/14 ff. [15] sowie bei *Mederer*, in: von der Groeben/ Thiesing/Ehlermann, Band 2/II, Art. 92 EGV, Rdnr. 88 und *Oppermann*, Europarecht, Rdnr. 1130, die für Irland gegen Ende der 1980er Jahre eine außergewöhnlich niedrige Lebenshaltung und erhebliche Unterbeschäftigung konstatieren.

nachfragendes Finanzdienstleistungszentrum existierte weder in Dublin noch in einer anderen irischen Stadt. Die Ansiedlung von ausländischen Unternehmen und damit verbunden das Schaffen neuer Arbeitsplätze im IFSC würde – so die seinerzeitige Einschätzung der Kommission – eine positive wirtschaftliche Entwicklung in ganz Irland einleiten. Retrospektiv betrachtet erwies sich diese Annahme als richtig. Denn aufgrund von Investitionen durch Marktteilnehmer aus anderen Mitgliedstaaten erlebte Irland im vergangenen Jahrzehnt einen beispiellosen ökonomischen Aufschwung und schaffte es Mitte der 1990er Jahre, mit seinem Bruttoinlandsprodukt die Förderungsschwelle von 75% des Gemeinschaftsdurchschnitts zu überschreiten[36]. Zur Zeit der erstmaligen Genehmigung und ihren Verlängerungen lagen die schwerwiegenden wirtschaftlichen Nachteile i.S.v. Art. 87 Abs. 3 lit. a) EGV allerdings noch vor.

2. Ermessensausübung durch die Kommission

Aus dem Vorliegen der tatbestandlichen Erfordernisse des Art. 87 Abs. 3 lit. a) EGV folgt noch nicht die Rechtmäßigkeit der IFSC-Beihilfe. Weitere Voraussetzung hierfür ist, dass die Kommission von dem ihr eingeräumten Ermessen pflichtgemäß Gebrauch gemacht hat. Hierzu muss sie insbesondere die Wirkung einer Fördermaßnahme auf die Märkte der gesamten Gemeinschaft berücksichtigen und darauf achten, dass das von ihr geförderte Gebiet den freien Wettbewerb innerhalb der Gemeinschaft nicht unangemessen beeinträchtigt[37]. Erforderlich ist daher ein schonender Ausgleich zwischen den Zielen des Art. 3 Abs. 1 lit. g) EGV einerseits und des Art. 158 Abs. 2 EGV andererseits. Nach Art. 158 Abs. 2 EGV wirkt die Gemeinschaft als Ausfluss der gemeinschaftlichen Solidarität darauf hin, den wirtschaftlichen Rückstand benachteiligter Regionen zu verringern. Gleichzeitig will sie aber auch ein System schaffen, das freien, unverfälschten Wettbewerb auf dem Binnenmarkt schützt. Aus diesem Grund muss die Beihilfe nicht nur den Zielen des Art. 87 Abs. 3 lit. a) EGV förderlich sein, sondern sich zugleich als notwendige und angemessene Maßnahme darstellen[38]. Die jeder begünstigenden Beihilfe immanente wettbewerbsverzerrende Wirkung für das übrige Gemeinschaftsgebiet muss also in einem angemessenen Verhältnis zu ihrem ökonomischen Nutzen im Fördergebiet stehen[39].

---

[36] So die Kommissionsfeststellung in ihrem Vorschlag vom 18. Dezember 1998 (98/C 395/08), in: ABl. EG 1998 Nr. C 395/14 ff. [15].

[37] Vgl. *Cremer*, in: Calliess/Ruffert, Art. 87 EGV, Rdnr. 31; *Oppermann*, Europacht, Rdnr. 1128; *Mederer*, in: von der Groeben/Thiesing/Ehlermann, Band 2/II, Art. 92 EGV, Rdnr. 72.

[38] *Bär-Bouyssière*, in: Schwarze, EU-Kommentar, Art. 87 EGV, Rdnr. 53; *Mederer*, in: von der Groeben/Thiesing/Ehlermann, Band 2/II, Art. 92 EGV, Rdnr. 71-73.

[39] *Klein/Haratsch*, in: EWS 1997, 410 ff. [418]; *Geiger*, EUV/EGV, Art. 87 EGV, Rdnr. 21.

Die steuerliche Beihilfe zugunsten des IFSC stimmte mit den Zielvorgaben des Art. 87 Abs. 3 lit. a) EGV überein und hat maßgeblich dazu beigetragen, Lebenshaltung und Beschäftigung in Dublin zu steigern. Sie war auch notwendig für die wirtschaftliche Entwicklung der irländischen Hauptstadt. Denn das freie Spiel der Marktkräfte allein hätte ausländische Marktteilnehmer nicht dazu veranlasst, im Fördergebiet zu investieren; ohne den Anreiz des niedrigen Körperschaftsteuertarifs hätte Irland kein international konkurrenzfähiges Finanzdienstleistungszentrum aufbauen können. Fraglich ist daher allein, ob diese steuerliche Vergünstigung in einem angemessenen Verhältnis zu den von ihr hervorgerufenen Verzerrungen des gemeinschaftlichen Wettbewerbs steht.

Da Art. 3 Abs. 1 lit. g) EGV grundsätzlich ein System postuliert, das den Wettbewerb auf dem Binnenmarkt vor Verfälschungen schützt, musste die Kommission bei ihrer Entscheidung auch dem Umstand Rechnung tragen, dass Steuervorteile zugunsten internationaler Finanzdienstleister einen Sektor betreffen, der sich durch ein hohes Maß an Produkthomogenität und Mobilität auszeichnet. Mehr als in anderen Branchen beeinflussen deshalb Steuervorteile die Standortwahl von Unternehmen[40]. Schließlich können steuerliche Vorzüge bei gleicher Produktqualität die Renditechancen deutlich erhöhen und den begünstigten Gesellschaften einen spürbaren Wettbewerbsvorteil verschaffen. An dieser Stelle setzt die Kritik von Teilen der Literatur an, welche die Beihilfe zugunsten des Dubliner IFSC als zu großzügig ansehen. Die von anderen Mitgliedstaaten hinzunehmenden Nachteile, so ihre Argumentation, würden nicht durch positive Effekte in Irland aufgewogen. Der Schutz des freien Wettbewerbs würde zugunsten von Arbeitsplätzen im IFSC zu sehr in den Hintergrund gedrängt, weshalb die Entscheidung unangemessen sei und die Kommission ihr Ermessen fehlerhaft ausgeübt habe[41].

Im Ergebnis können diese Bedenken m.E. jedoch nicht überzeugen. Zwar hat die IFSC-Förderung auf das übrige Gemeinschaftsgebiet zurückgewirkt, indem Unternehmen anderer Mitgliedstaaten – insbesondere aus Frankreich, Großbritannien und Deutschland – Geschäftsbereiche nach Dublin ausgliederten. Die Allokation von Kapital erfolgte insoweit nicht nach den Gesetzen des freien Wettbewerbs, sondern in einer durch niedrige irische Steuersätze beeinflussten Weise. Allerdings ist die Kommission trotz der marktwirtschaftlichen Verfasstheit der Gemeinschaft keineswegs verpflichtet, dem Prinzip des freien Wettbewerbs prinzipiellen Vorrang vor anderen Vertragszielen einzuräumen. Schon der Einleitungssatz von Art. 3 Abs. 1 EGV verlangt, das in Art. 3 Abs. 1 lit. g) EGV niedergelegte Ziel eines möglichst unverfälschten Wettbewerbs im Lichte der Vorgaben aus Art. 2 EGV zu

---

[40] Ausführlich hierzu *Sapusek*, Ökonomische und juristische Analyse der Steuerharmonisierung in der Europäischen Union, Teil 1, 181.

[41] So im Ergebnis insbesondere *Rädler*, in: StbJB 1992/93, 31 ff. [41 f.] und *Koschyk*, Steuervergünstigungen als Beihilfe nach Art. 92 EG-Vertrag, 267.

interpretieren[42]. Nach Art. 2 EGV, der als fundamentale Zielbestimmung des EG-Vertrags die Auslegung und Anwendung sämtlicher primärrechtlicher Vorschriften beeinflusst, haben die Gemeinschaftsorgane auch eine möglichst harmonische Entwicklung der Gemeinschaft als Ganzes zu fördern. Hieraus kann im Einzelfall folgen, dass ein Anheben von Lebenshaltung und Beschäftigungsniveau in Teilen des Gemeinschaftsgebiets Vorrang vor dem freien, unverfälschten Wettbewerb genießt. Negative Folgen für die übrigen Teile des Gemeinsamen Marktes sind dann, sofern die Kommission sie in ihren Abwägungsprozess einbezogen hat, hinzunehmen.

Diesen Erfordernissen hat die Kommission im Hinblick auf den irischen Vorzugssteuertarif Rechnung getragen, indem sie diese Beihilfe immer nur befristet für einige Jahre genehmigte. Anschließend prüfte sie stets erneut, ob der Tarif i.H.v. 10% weiterhin notwendig und angemessen war[43]. Als dies ihrer Ansicht nach nicht mehr zutraf, nahm sie Gespräche mit der irischen Regierung auf und sorgte so letztlich für das Auslaufen der IFSC-Förderung[44]. Weder die konkrete Ausgestaltung der Beihilfe noch ihre Laufzeit erscheinen deshalb von vornherein unangemessen, offensichtlich fehlerhaft oder gar missbräuchlich. Infolgedessen hat die Kommission ihr Ermessen pflichtgemäß ausgeübt, weshalb die Genehmigung des Vorzugstarifs i.H.v. 10% im IFSC insgesamt in rechtmäßiger Weise erfolgte.

D. Ungenehmigte Steuervorteile im IFSC

Zu untersuchen bleibt, ob Irland den *companies* mit Sitz im Dubliner IFSC auch die übrigen Steuervorteile gewähren durfte.

I. Beihilfen i.S.v. Art. 87 Abs. 1 EGV

Der günstige Körperschaftsteuersatz i.H.v. 10% stellte nicht den einzigen Vorteil dar, von dem Gesellschaften im IFSC profitierten. Vielmehr gewährte ihnen die Republik Irland noch weitere Vergünstigungen, wie namentlich

- den *Revised Relief*, mit dem die im IFSC ansässigen Gesellschaften zu einem höheren Steuersatz optieren konnten und so die Steuerlast ihrer auslän-

---

[42] Ebenso *Rawlinson*, in: Lenz, EG-Vertrag, Art. 83 EGV, Rdnr. 26 f. und *Cremer*, in: Calliess/Ruffert, Art. 87 EGV, Rdnr. 30, der klarstellt, dass dem Wettbewerb auch im Rahmen der Beihilfenaufsicht kein prinzipieller Vorrang vor anderen Gemeinschaftszielen einzuräumen ist.

[43] So bereits die Ausführungen der Kommission zur ursprünglichen Genehmigung im Jahr 1987, abgedruckt im XVII. Bericht über die Wettbewerbspolitik der Kommission, 185.

[44] Siehe Vorschlag der Kommission für zweckdienliche Maßnahmen, in: ABl. EG 1998 Nr. C 395/14 ff. [15].

dischen Muttergesellschaft insgesamt reduzierten, indem sie halfen, den Anwendungsbereich des deutschen AStG zu umgehen,
- die zehnjährige Befreiung von den grundsteuerlichen *rates* der Stadt Dublin,
- die Sofortabschreibung für selbstgenutzte Gebäude im ersten Nutzungsjahr sowie das Recht, im Falle angemieteter Büroräume, die doppelte Höhe des tatsächlich gezahlten Mietzinses als Betriebsausgabe abzuziehen[45].

Diese Maßnahmen ermöglichten es den IFSC-Gesellschaften, ihre aufgrund des Vorzugstarifs ohnehin geringe Steuerlast weiter zu senken, was den Einfluss der IFSC-Förderung auf den Gemeinsamen Markt nochmals verstärkte. Ob die Kommission auch diese Beihilfen im Rahmen eines geordneten Beihilfenverfahrens nach Art. 87 Abs. 3 lit. a) EGV für mit dem Gemeinsamen Markt vereinbar hätte erklären können, braucht hier nicht entschieden zu werden. Denn tatsächlich genehmigt hatte sie *nur* den Körperschaftsteuertarif i.H.v. 10% als „Corporation Tax Incentive"[46]. Bei allen übrigen Vergünstigungen handelte es sich daher – auch wenn sie in ihrer Bedeutung hinter den Vorzugstarif zurücktreten – um *un*genehmigte Beihilfen.

II. Folgen einer fehlenden Kommissionsgenehmigung

Art. 87 Abs. 1 EGV enthält zwar einen Verbotstatbestand. Allerdings zeitigt die Norm keine unmittelbaren Wirkungen und Rechtsfolgen, so dass sich weder der einzelne Marktteilnehmer noch die Mitgliedstaaten ohne weiteres darauf berufen können, eine Beihilfe sei unvereinbar mit dem EG-Vertrag[47]. Grund hierfür ist, dass nur die Kommission und nicht etwa einzelne Mitgliedstaaten über die Anwendbarkeit der Ausnahmen nach Art. 87 Abs. 2, Abs. 3 EGV befinden soll[48]. Lediglich Art. 88 Abs. 3 S. 3 EGV entfaltet während eines Hauptprüfungsverfahrens sowie – über seinen Wortlaut hinaus – auch während des Vorprüfungsverfahrens unmittelbare Wirkung[49]. Danach ist es den Mitgliedstaaten untersagt, eine noch nicht genehmigte Beihilfe zu gewähren. Entsprechende Vor- oder Hauptprüfungsverfahren hat die Europäische Kommission im Hinblick auf die zusätzlichen Steu-

---

[45] Ausführlich zum Inhalt der einzelnen ungenehmigten Vorteile siehe Kapitel 2 C V 2 b).

[46] Das gilt sowohl für die ursprüngliche Genehmigung, abgedruckt im XVII. Bericht über die Wettbewerbspolitik der Kommission (1987), S. 185 als auch für deren spätere Verlängerungen. Korrespondierend hierzu war auch *nur* der Tarif-Vorteil Gegenstand des Vorschlags zweckdienlicher Maßnahmen gegenüber der irischen Regierung im Jahr 1998, siehe ABl. EG 1998 Nr. C 395/14 ff. – nicht aber auch die übrigen steuerlichen Vergünstigungen.

[47] *Cremer*, in: Calliess/Ruffert, Art. 87 EGV, Rdnr. 5; *Bär-Bouyssière*, in: Schwarze, EU-Kommentar, Art. 87 EGV, Rdnr. 2; *Mederer*, in: von der Groeben/Thiesing/Ehlermann, Band 2/II, Art. 92 EGV, Rdnr. 3

[48] *Rawlinson*, in: Lenz, EG-Vertrag, Vorbem. Art. 87-89 EGV, Rdnr. 21.

[49] *Nowak*, in: EuZW 2001, 293 ff. [299].

ervorteile zugunsten von Kapitalgesellschaften mit Sitz im Dubliner IFSC jedoch niemals eingeleitet oder durchgeführt.

Art. 88 Abs. 3 S. 1 EGV verlangt, dass die Mitgliedstaaten eine geplante Beihilfe rechtzeitig gegenüber der Kommission notifizieren und nach Art. 2 Abs. 2 Beihilfeverfahrensverordnung sämtliche Auskünfte übermitteln, die für eine abschließende Kommissionsentscheidung notwendig sind. Soweit die Kommission eine beabsichtigte Vergünstigung für nicht genehmigungsfähig hält, gibt sie dem betreffenden Mitgliedstaat auf, die Beihilfe nicht in Kraft zu setzen und bereits gewährte Vorteile zurückzufordern[50]. Allerdings: Für eine nicht angezeigte Beihilfe folgt daraus ohne eine Entscheidung der Kommission zunächst nicht mehr, als dass sie gemeinschaftsrechtswidrig ist. Es existiert keine Pflicht, Beihilfen auszusetzen oder zurückzufordern, sobald lediglich ein anderer Mitgliedstaat sie als rechtswidrig einstuft. Grund hierfür ist nicht zuletzt, dass selbst die Kommission die Rückforderung i.d.R. nur verlangt, wenn die Beihilfe nicht bloß formell rechtswidrig ist, sondern auch gegen die materiellen Vorschriften der Art. 87 – 89 EGV verstößt[51]. Bei lediglich formell rechtswidrigen Beihilfen wegen Verstoßes gegen Art. 88 Abs. 3 S. 3 EGV fordert sie grundsätzlich nur, dass zukünftig noch ausstehende Beihilfenzahlungen vorerst auszusetzen sind[52].

Der Umstand, dass die Republik Irland die Kommission über ihre sonstigen Steuervorzüge zugunsten von Kapitalgesellschaften im Dubliner IFSC nicht unterrichtete und sie deshalb in gemeinschaftsrechtswidriger Weise gewährte, gestattet es anderen Mitgliedstaaten daher *nicht*, ihre Wirksamkeit in Frage zu stellen oder sie eigenmächtig als verbotene Beihilfe zu behandeln. Vielmehr bleibt es bei dem Grundsatz, dass Beihilfen so lange gewährt werden dürfen, bis die Kommission sie für unvereinbar mit dem Gemeinsamen Markt erklärt[53]. Mangelt es an einer solchen Kommissions-Entscheidung, besteht auch kein Durchführungsverbot i.S.v. Art. 88 Abs. 3 S. 3 EGV.

---

[50] Hierzu *Cremer*, in: Calliess/Ruffert, Art. 88 EGV, Rdnr. 21; *Blumenberg/Lausterer*, in: FS Rädler, 1 ff. [20 f.]; *Visser*, in: EC Tax Review 1999, 224 ff. [227]; *Nowak*, in: EuZW 2001, 293 ff. [302 f.]; *Koenig/Kühling*, in: NJW 2000, 1065 ff. [1072 f.].

[51] So bereits *EuGH*, Urteil vom 14. Februar 1990, Rs. C-301/87 (Französische Republik gegen Kommission der EG), in: Slg. 1990 I – 351 ff. [356], Rdnr. 19 f. Hierzu *Blumenberg*, in: Grotherr, Handbuch der internationalen Steuerplanung, 1787 ff. [1800; 1802]; *Bär-Bouyssière*, in: Schwarze, EU-Kommentar, Art. 88 EGV, Rdnr. 28; *Rawlinson*, in: Lenz, EG-Vertrag, Art. 88 EGV, Rdnr. 19.

[52] *Cremer*, in: Calliess/Ruffert, Art. 88 EGV, Rdnr. 27.

[53] *EuGH*, Urteil vom 30. Juni 1992, Rs. C-47/91 (Italienische Republik gegen Kommission der EG), in: Slg. 1992 I – 4154 ff. [4161], Rdnr. 25; *EuGH*, Urteil vom 15. März 1994, Rs. C-387/92 (Banco de Credito Industrial SA gegen Ayuntamiento de Valencia), in: Slg. 1994 I – 902 ff. [909], Rdnr. 20; *Mederer*, in: von der Groeben/Thiesing/Ehlermann, Band 2/II, Art. 93 EGV, Rdnr. 56.

D.h.: Obwohl die Beihilfen rechtswidrig und u.U. mit dem Gemeinsamen Markt unvereinbar sind, bleiben sie bestehen[54]. Bei den ungenehmigten Vergünstigungen zugunsten von *companies* im IFSC handelte es sich infolgedessen jederzeit um gültiges irisches Recht. Die fehlende Genehmigung durch die Kommission und ihre daraus resultierende EG-vertragliche Rechtswidrigkeit ändern hieran nichts.

[54] Umfassend zu diesem Fragenkreis *v. Wallenberg*, in: Grabitz/Hilf, Band I, Art. 88 EGV, EL 15 (Januar 2000), Rdnr. 122 und *Cremer*, in: Calliess/Ruffert, Art. 87 EGV, Rdnr. 21. Im übrigen steht das Recht, eine bereits gewährte Beihilfe zurückzufordern, selbst im Falle einer Entscheidung gemäß Art. 249 Abs. 4 EGV – welche die Unvereinbarkeit einer Maßnahme mit dem Gemeinsamen Markt feststellt – ausschließlich der Kommission zu, vgl. *Mederer*, in: von der Groeben/Thiesing/Ehlermann, Band 2/II, Art. 93 EGV, Rdnr. 63 und *v. Wallenberg*, in: Grabitz/Hilf, Band I, Art. 88 EGV, EL 15 (Januar 2000), Rdnr. 83.

5. Kapitel: **Grenzen des Steuerwettbewerbs aus dem EG-Vertrag für den allgemeinen Körperschaftsteuertarif in der Republik Irland?**

Sowohl in der nationalen als auch in der ausländischen Literatur ist bislang kaum diskutiert worden, ob aus dem EG-Vertrag auch Grenzen für einen Steuerwettbewerb fließen, den die Mitgliedstaaten auf der Ebene ihrer allgemeinen Steuersätze austragen. Bisher stellte sich diese Frage in der Praxis nicht, da die Mitgliedstaaten dazu neigten, spezielle Ausnahmevorschriften für einzelne Branchen und Gebiete einzuführen[1]. Mit Nischen lockten sie gezielt ausländische Investoren an – blieben insgesamt aber weiterhin „Hochsteuerländer". Diese Praxis stößt jedoch zunehmend auf europarechtliche Grenzen. Denn die Kommission geht mittlerweile unter Rückgriff auf die Art. 87 ff. EGV entschieden gegen Steueroasen innerhalb der Gemeinschaft vor und auch der Code of Conduct[2] hält die Mitgliedstaaten auf politischer Ebene davon ab, neue Präferenzsysteme einzurichten. Insbesondere kleinere Mitgliedstaaten mit einer überschaubaren Unternehmenslandschaft, die bislang in erheblichem Ausmaß von steuerlichen Beihilfen profitierten, könnten deshalb zukünftig versucht sein, ihre bislang spezifisch ausgestalteten Anreize auf die allgemeine steuersystematische Ebene zu verlagern. Unternehmen, die man in der Vergangenheit mit speziellen Fördermaßnahmen erfolgreich ins eigene Staatsgebiet gelockt hat, könnten so dazu bewegt werden, im Land zu bleiben und dort nach wie vor zu investieren[3]. Vor diesem Hintergrund könnte der internationale Steuerwettbewerb zukünftig neue Dimensionen erreichen[4]. Dass entsprechende Überlegungen keineswegs rein theoretischer Natur sind, zeigt in besonderem Maße das Beispiel der Republik Irland.

A. Hintergrund der massiven irischen Steuersatz-Senkung

Seit dem 01. Januar 2003 existiert in der Republik Irland ein regulärer Körperschaftsteuersatz i.H.v. 12.5% für das gesamte *trading income* einer Kapitalgesellschaft. In welchem Sektor und in welcher Region das Unternehmen tätig ist, spielt hierfür keine Rolle. Vor der EU-Erweiterung am 01. Mai 2004 stellte dieser Tarif

---

[1] Vgl. hierzu die exemplarischen „Oasen" innerhalb der Europäischen Union die Hinweise in Kapitel 1 B.

[2] Ausführlich zum Code of Conduct siehe Kapitel 1 B II 2.

[3] Neue Beitrittsländer könnten von vornherein versuchen, Anreize auf allgemeiner Tarifebene zu schaffen. Dies könnte beispielsweise in Polen und anderen Staaten Osteuropas dazu führen, allgemeine Steuersätze auf ein vergleichbares oder sogar niedriges Niveau zu senken, um Unternehmen aus Westeuropa dazu zu bewegen, im jeweiligen Land zu investieren, vgl. hierzu einen Beitrag im Handelsblatt (S. 5) vom 16. Juni 2003. Nach dem IStR-Länderbericht 15/2003, 1 ff. [4] sollen in Ungarn bereits Pläne für ein schrittweises Absenken auf 15% oder vielleicht gar nur 12% existieren.

[4] Hinweise auf diesen bislang nur vereinzelt geäußerten Gedanken finden sich bei *Schön*, in: Schön (Hrsg.), Tax Competition in Europe, 1 ff. [16].

mit deutlichem Abstand den niedrigsten Körperschaftsteuersatz innerhalb der Europäischen Union dar[5].

Allgemeine Körperschaftsteuersätze in der EU[6]

Belgien	33%	Spanien	35%
BRD	25%	Irland	12.50%
Frankreich	33.33%	Österreich	34%
Italien	34%	Portugal	30%
Luxemburg	22.88%	Finnland	29%
Niederlande	34.50%	Schweden	28%
Dänemark	30%	Großbritannien	30%
Griechenland	35%		

Zwar besitzt ein bloßer Vergleich nationaler Steuersätze für die Frage, ob ein Staat als Niedrigsteuergebiet zu qualifizieren ist, lediglich indiziellen Charakter[7]. Allerdings weist der irländische Körperschaftsteuertarif i.H.v. 12.5% nicht nur Signalwirkung für Investoren auf, sondern ist gerade *der* wesentlichen Grund für die geringe steuerliche Belastung von Unternehmen in Irland[8]. Einzelne Elemente der Steuerbemessungsgrundlage treten sowohl in der Diskussion um den europäischen Steuerwettbewerb als auch bei der unternehmerischen Standortwahl hinter Fragen des Steuersatzes zurück. Darüber hinaus hat die vorangegangene Analyse des irischen Körperschaftsteuerrechts gezeigt, dass zwischen Irland und Deutschland zwar auch auf Ebene der Bemessungsgrundlage Unterschiede bestehen. Sie sind im Vergleich zum Unterschied der allgemeinen Steuersätze aber eher zu vernachlässigen und machen nicht den entscheidenden Reiz aus, in Irland zu investieren. Aus diesem Grund geht die Anziehungskraft des irischen Steuersystems von dessen signifikant niedrigem Körperschaftsteuersatz aus, weshalb dieser unter dem Blickwinkel des europäischen Rechts besonders zu würdigen ist.

Hintergrund des extremen Absenkens des allgemeinen Körperschaftsteuersatzes ist eine Neubewertung der irischen Steueranreize durch die Kommission im Jahr 1998.

---

[5] *Schön*, in: Schön (Hrsg.), Tax Competition in Europe, 1 ff. [20] bezeichnet Irland deshalb auch als den „present leader" dieser Entwicklung.

[6] Stand Ende 2003. In Deutschland, Luxemburg, Spanien, Österreich und Portugal erhöht sich die steuerliche Belastung von Kapitalgesellschaften noch um gemeindliche Steuern. Insofern wird die signifikant niedrige irische Tarifbelastung nochmals gesteigert und hebt sich auch von Luxemburg, dem Land mit dem zweitniedrigsten Tarif, deutlich ab.

[7] Zum Aussagegehalt von Steuerbelastungsvergleichen *Treisch*, in: Kellersmann/Treisch, Europäische Unternehmensbesteuerung, 2.2.4 (130 f.); *Spengel*, in: Jacobs/Spengel, Aspekte der Unternehmensbesteuerung in Europa, 37 ff.; *Oestreicher/Spengel*, in: BB 2003, 926 ff. [926].

[8] Zu der gleichen Feststellung gelangt *Jacobs*, Internationale Unternehmensbesteuerung, 149, 152, der die Steuerbelastung von Unternehmen sämtlicher EG-Mitgliedstaaten untersucht.

Nachdem sie den *manufacturing relief* mit einem Tarif i.H.v. 10% für eine Vielzahl gewerblicher Tätigkeiten[9] und die Einkünfte von Kapitalgesellschaften im IFSC[10] überprüft und daraufhin als nicht mehr mit dem Gemeinsamen Markt vereinbar angesehen hatte, musste der irische Steuergesetzgeber einen Weg finden, der zwei Ziele gleichzeitig erreicht: Zum einen galt es, den vorgeschlagenen Maßnahmen (Art. 88 Abs. 1 S. 2 EGV) der Kommission Rechnung zu tragen. Danach musste die bisherige Förderung auslaufen, weil Irland mittlerweile nicht mehr die Voraussetzungen des Art. 87 Abs. 3 lit. a) EGV erfüllte. Der Tarif i.H.v 10% durfte grundsätzlich nur noch bis zum 31. Dezember 2002 gewährt werden, falls Unternehmen das Zertifizierungsverfahren für den IFSC erst nach dem 31. Juli 1998 durchlaufen hatten[11]. Lediglich Gesellschaften, die vor diesem Stichtag ihre Lizenz erhielten, profitieren aus Gründen des Vertrauensschutzes noch bis zum 31. Dezember 2005 von dem Vorzugstarif. Zum anderen sollte den IFSC-Gesellschaften trotz des absehbaren Endes der bisherigen Förderung ein steuerlich derart günstiges „Angebot" unterbreitet werden, das sie dazu veranlasst, weiterhin in Irland ansässig zu bleiben. Aus diesem Grund beschloss Irland, den allgemeinen Körperschaftsteuersatz in fünf Jahresschritten massiv zu reduzieren[12]. Seit 1998 wurde der Steuersatz für das *trading income* daher in vier Jahresschritten um jeweils 4% und im fünften Jahr des Senkungsprogramms um 3.5% herabgesetzt[13]

1998	32%
1999	28%
2000	24%
2001	20%
2002	16%
2003	12.5%

Die irischen *Revenue Commissioners* gehen davon aus, dass der allgemeine Körperschaftsteuersatz von 12.5% ein hervorragendes steuerliches Umfeld für eine erfolgreiche Weiterentwicklung des IFSC bietet. Garantiert werde nicht nur eine

---

9 Vorschlag der Kommission für zweckdienliche Maßnahmen vom 18. Dezember 1998 (98/C 395/09), in: ABl. EG 1998 Nr. C 395/19 ff. [20].

10 Vorschlag der Kommission für zweckdienliche Maßnahmen vom 18. Dezember 1998 (98/C 395/08), in: ABl. EG 1998 Nr. C 395/14 ff. [15]. Hierzu *Lohan*, in: Irish Tax Review 2002, 487 ff. [491]; *Ward*, in: Bulletin for International Fiscal Documentation 2000, 54 ff. [61]; *Lüdemann/Bruton/Hruschka*, Steuerfolgen gewerblicher Investitionen in Irland, Rdnr. 168.

11 Vorschlag der Kommission für zweckdienliche Maßnahmen vom 18. Dezember 1998 (98/C 395/08), in: ABl. EG 1998 Nr. C 395/14 ff.; zum Zertifizierungsverfahren in Irland siehe Kapitel 2 C V 2 a).

12 Vgl. *O'Mahony*, in: International Tax Review 2002, 43 f. [44]; *Bruton*, in: PIStB 2002, 81 ff. [84]; *Lohan*, in: Irish Tax Review 2002, 487 ff. [491]; *McNally*, in: ET 1999, 4 ff. [6]; *Thömmes*, in: FS 50 Jahre Fachanwälte für Steuerrecht, 587 ff. [601].

13 *Jeffery*, in: Kesti (Hrsg.), European Tax Handbook 2001, Ireland, A, 1.5.2 (315).

niedrige Besteuerung der Unternehmensgewinne. Vielmehr sei auch sichergestellt, dass die geschaffene Maßnahme nicht mit Art. 87 ff. EGV oder anderen Vorschriften des EG-Vertrags in Konflikt gerate[14]. Schließlich sei anerkannt, dass divergierende Steuersätze in den einzelnen Mitgliedstaaten der Gemeinschaft ohne weiteres zulässig sind. Das gelte – so die *Revenue Commissioners* – selbst dann, falls die niedrigen irischen Körperschaftsteuersätze negative Folgen für das Steueraufkommen anderer Mitgliedstaaten zeitigen sollten[15]. Ob diese apodiktisch anmutende Einschätzung tatsächlich vollumfänglich zutrifft und der allgemeine irische Körperschaftsteuersatz i.H.v. 12.5% für das *trading income* von Kapitalgesellschaften uneingeschränkt mit dem EG-Vertrag in Einklang steht, ist Gegenstand der nachfolgenden Untersuchung.

B. Unanwendbare Normenkomplexe

Vor einer Analyse der relevanten Vorschriften des EG-Vertrags sind diejenigen Normenbereiche auszuklammern, die von vornherein nicht geeignet sind, der irischen Anreizpolitik auf der Ebene des allgemeinen Körperschaftsteuertarifs verbindliche Grenzen zu setzen.

I. Keine Beihilfe i.S.v. Art. 87 Abs. 1 EGV

Um unter Art. 87 Abs. 1 EGV zu fallen, müsste die Einführung eines Körperschaftsteuerstandardsatzes i.H.v. 12.5% sämtliche Merkmale des Beihilfebegriffs erfüllen. Entscheidendes Tatbestandsmerkmal, um eine allgemeine Maßnahme von einer nach Art. 87 Abs. 1 EGV verbotenen Beihilfe abzugrenzen, ist die Selektivität[16]. Als Grundregel gilt dabei: Je konkreter eine steuerliche Maßnahme das von ihr verfolgte Förderziel definiert und je abgeschlossener sie den Kreis der Begünstigten festlegt, desto eher handelt es sich um eine selektive Maßnahme i.S.v. Art. 87

---

[14] Vgl. speech by *Dermot B. Quigley* (Chairman of the Revenue Commissioners), 28 March 2001, abrufbar im Internet unter www.revenue.ie. Geteilt wird dessen Auffassung in einem statement vom irischen Finanzminister *Charlie McCreevy* (22 July 1998), der zudem davon ausgeht, dass die Neuregelung mit dem code of conduct on business taxation vereinbar ist, abrufbar im Internet unter www.gov.ie.

[15] Vgl. speech by *Dermot B. Quigley* (Chairman of the Revenue Commissioners), 29 March 2000, abrufbar im Internet unter www.revenue.ie. Ebenso *Heffernan*, in: Irish Tax Review 2002, 260 ff. und wohl auch *McNally*, in: ET 1999, 4 ff. [5 f.]. Siehe auch die Hinweise bei *Thömmes*, in: FS 50 Jahre Fachanwälte für Steuerrecht, 587 ff. [601].

[16] Dahinter steht die Vermutung, eine allen Wirtschaftsteilnehmern zugängliche Vergünstigung habe – jedenfalls regelmäßig – keine oder allenfalls eine geringe verzerrende Wirkung, vgl., *Rawlinson*, in: Lenz, EG-Vertrag, Art. 87 EGV, Rdnr. 8; *Gross*, in: RIW 2002, 46 ff. [49] und *Frick*, Einkommensteuerliche Steuervergünstigungen und Beihilfeverbot nach dem EG-Vertrag, 101.

Abs. 1 EGV[17]. In negativer Hinsicht kann man daher feststellen, dass eine allgemeine (und deshalb nicht von Art. 87 Abs. 1 EGV erfasste) Maßnahme vorliegt, falls sämtliche Unternehmen eines Mitgliedstaates sie beanspruchen können[18]. Da der irische Körperschaftsteuersatz für das *trading income* seit dem 01. Januar 2003 weder nach dem Typ der Kapitalgesellschaft noch nach deren Größe, Umsatz, Sitz oder Branchenzugehörigkeit differenziert, handelt es sich um eine allgemeine Maßnahme[19], die mangels Selektivität außerhalb des Anwendungsbereich von Art. 87 Abs. 1 EGV liegt.

II. Kein Gegenstand der Grundfreiheiten

Dass sich die direkten Steuern in der Souveränität der Mitgliedstaaten befinden, steht einer Anwendung der Grundfreiheiten nicht entgegen. Sofern ihr Anwendungsbereich eröffnet ist, gelten sie unabhängig davon, ob sich die tangierten Rechtsmaterien in der Kompetenz der Gemeinschaft oder ihrer Mitgliedstaaten befinden[20]. Sie wirken ohne Unterschied auf generelle und spezifische Steuermaßnahmen ein. Nationale Gesetzgeber haben die Grundfreiheiten des EG-Vertrags deshalb bei der Ausgestaltung ihrer gesamten Steuerrechtsordnung zu beachten[21]. Für die Unternehmensbesteuerung sind insbesondere die Niederlassungsfreiheit (Art. 43 ff. EGV) und die Freiheit des grenzüberschreitenden Kapital- und Zahlungsverkehrs (Art. 56 ff. EGV) bedeutsam.

---

[17] *Koschyk*, Steuervergünstigungen als Beihilfen nach Art. 92 EG-Vertrag, 180.

[18] *Heskamp*, Die Vereinbarkeit allgemeiner und horizontaler Beihilfen und Beihilferegelungen mit Art. 87 EGV, 146 f.

[19] Die noch bis Ende des Jahres 2005 laufenden Übergangsregeln für IFSC-Gesellschaften, deren Engagement vor 1998 genehmigt wurde, sind keine „echten" Ausnahmen von dem allgemeinen Tarif. Sie stellen lediglich eine zeitlich begrenzte Folge von Vertrauensschutz gegenüber einer genehmigten Beihilfe der Kommission dar.

[20] Vgl. nur *EuGH*, Urteil vom 01. Juli 1993, Rs. C-20/92 (Anthony Hubbard gegen Peter Hamburger), in: Slg. 1993 I – 3777 ff. [3795], Rdnr. 19; *EuGH*, Urteil vom 14. Februar 1995, Rs. 279/93 (Finanzamt Köln-Altstadt gegen Roland Schumacker), in: Slg. 1995 I – 249 ff. [257], Rdnr. 21; *EuGH*, Urteil vom 04. Oktober 1991, Rs. C-246/89 (Kommission der EG gegen Königreich Spanien), in: Slg. 1991 I 4607 ff. [4611], Rdnr. 12; *Streinz*, Europarecht, Rdnr. 705; Randelszhofer Forsthoff, in: Grabitz/Hilf, Band I, Vor Art. 39-55 EGV, EL 18 (Mai 2001), Rdnr. 46; *Dautzenberg*, Unternehmensbesteuerung im EG-Vertrag, 1. Halbband, 112 ff.; Zum Vorrang des Gemeinschaftsrechts siehe *Cordewener*, Europäische Grundfreiheiten und nationales Steuerrecht, 53 ff.

[21] Ständige Rspr., siehe nur *EuGH*, Urteil vom 16. Juli 1998, Rs. C-264/96 (Imperial Chemical Industries plc gegen Kenneth Hall Colmer), in: Slg. 1998 I – 4711 ff. [4721], Rdnr. 19; *EuGH*, Urteil vom 29. April 1999, Rs. C-311/97 (Royal Bank of Scotland plc gegen Elliniko Dimosio), in: Slg. 1999 I – 2664 ff. [2671], Rdnr. 19; *EuGH*, Urteil vom 26. September 2000, Rs. C-478/98 (Kommission der EG gegen Königreich Belgien), in: Slg. 2000 I – 7613 ff. [7619], Rdnr. 16; *EuGH*, Urteil vom 21. November 2002, Rs. C-436/00 (X und Y gegen Riksskateverk), in: IStR 2003, 23 ff. [25], Rdnr. 32.

Aber: Als Diskriminierungs- und Beschränkungsverbote schützen sie einzelne Marktteilnehmer, nicht hingegen Mitgliedstaaten, die untereinander im Wettbewerb um steuerpflichtige Wirtschaftssubjekte stehen. Die primärrechtlich verbürgten Freiheiten sind vielmehr an die Staaten selbst gerichtet und untersagen es ihnen, Konstellationen mit Gemeinschaftsbezug offen zu diskriminieren oder in verdeckter Weise schlechter zu behandeln als reine Inlandssachverhalte[22]. Grenzen für den mitgliedstaatlichen Steuerwettbewerb innerhalb der Gemeinschaft – die ohnehin kein Mitgliedstaat, sondern nur ein betroffener Marktbürger geltend machen könnte[23] – folgen daraus jedoch nicht. Denn die Republik Irland wendet einheitlich auf sämtliche Kapitalgesellschaften einen niedrigen Steuersatz an, so dass Diskriminierungs- oder Beschränkungsverbote von vornherein nicht berührt sind. Irland erschwert also die Nutzung der Grundfreiheiten nicht, sondern regt durch seine Steuerpolitik Gesellschaften mit Sitz in anderen Mitgliedstaaten vielmehr gerade dazu an, in Form von Neugründungen oder Unternehmensumsiedlungen von ihren Grundfreiheiten – namentlich der Niederlassungsfreiheit – Gebrauch zu machen. Infolgedessen können die Grundfreiheiten des EG-Vertrags die steuerrechtliche Autonomie der Republik Irland in keiner Weise begrenzen. Nationale Steuerbelastungsunterschiede aufgrund differierender Steuertarife tangieren nicht den Anwendungsbereich der Grundfreiheiten[24].

III. Einstimmigkeitserfordernis nach Art. 94 EGV

Es besteht zwar weitgehende Einigkeit darüber, dass ein Gemeinsamer Markt langfristig verlangt, die nationalen Unternehmenssteuern innerhalb der Europäischen Union einander zumindest anzunähern. Allerdings existiert, anders als im Bereich der indirekten Steuern (Art. 93 EGV), kein ausdrücklicher Harmonisierungsauftrag. Daher kann die Gemeinschaft zur systematischen Angleichung der mitgliedstaatlichen Unternehmenssteuern und ihrer Körperschaftsteuersätze[25] nur auf die allgemeine Vorschrift des Art. 94 EGV zurückgreifen[26]. Ein Erlass entsprechender

---

[22] *Bröhmer*, in: Calliess/Ruffert, Art. 43 EGV, Rdnr. 19; Geiger, EUV/EGV, Art. 43 EGV, Rdnr. 15 ff.; *Kellersmann*, in: Kellersmann/Treisch, Europäische Unternehmensbesteuerung, 2.3.1.9 (177).

[23] Berechtigte der Grundfreiheiten sind lediglich Staatsangehörige der Mitgliedstaaten, juristische Personen und Personenmehrheiten innerhalb der Gemeinschaft sowie ggf. Drittstaatler, vgl. *Ehlers*, in: Ehlers, Europäische Grundrechte und Grundfreiheiten, § 7, Rdnr. 35 – 38.

[24] *Birk*, in: DStJG Band 19 (1996), 63 ff. [76 f.]; *Schön*, in: DStJG Band 23 (2000), 191 ff. [211]; *Kokott*, in: Münchener Schriften zum Internationalen Steuerrecht (Heft 23) 2000, 1 ff. [18]; *Englisch*, in: StuW 2003, 88 ff. [94].

[25] Vgl. hierzu insbesondere *Schön*, in: DStJG (23) 2000, 191 ff. [224], nach dessen Ansicht das Subsidiaritätsprinzip einer Harmonisierung der Körperschaftsteuersätze zumindest nicht von vornherein im Wege steht.

[26] *Birk*, Steuerrecht, Rdnr. 194 f.; *Hey*, Harmonisierung der Unternehmensbesteuerung in Europa, 80 f. Dass Art. 94 EGV tatsächlich als Rechtsgrundlage für Harmonisierungsmaßnah-

Richtlinien erfordert jedoch Einstimmigkeit im Rat. In diesem Gemeinschaftsorgan ist gemäß Art. 203 Abs. 1 EGV die Regierung jedes Mitgliedstaates vertreten, weshalb es im vorliegenden Kontext nicht überrascht, dass insbesondere die Republik Irland jegliches Streben nach Harmonisierung auf dem Feld der direkten Unternehmensbesteuerung kategorisch zurückweist[27]. Aufgrund des Einstimmigkeitserfordernisses verspricht die Hoffnung auf eine Richtlinie, die z.B. Mindest-Tarife für die nationalen Körperschaftsteuersysteme vorschreiben und so den irischen Steuersatz „heraufschleusen" könnte, keinen Erfolg[28].

IV. Fehlende Justitiabilität des Code of Conduct

Auch der Europäische Verhaltenskodex zur Bekämpfung des als unfair empfundenen Steuerwettbewerbs innerhalb der Gemeinschaft kann nicht herangezogen werden, um dem irischen Steuersenkungsprozess Fesseln anzulegen. Grund hierfür ist zum einen, dass der ohne Kompetenzgrundlage im EG-Vertrag zustande gekommene Kodex keine rechtliche Bindungswirkung gegenüber den nationalen Steuergesetzgebern entfaltet[29]. Zum anderen ist aber auch der Anwendungsbereich dieser „politischen Übereinkunft" beschränkt: Zu den möglicherweise schädlichen und somit unter den Code of Conduct fallenden Maßnahmen zählen nach Buchstabe B Unterabsatz 2 des Kodex nämlich nur Regeln, die gemessen am üblicherweise im jeweiligen Mitgliedstaat geltenden Besteuerungsniveau zu einer deutlich niedrigeren Effektivbesteuerung führen[30]. Zu berücksichtigen ist dabei unter anderem, ob

- die steuerlichen Vorteile ausschließlich Gebietsfremden gewährt werden,
- sie von der inländischen Wirtschaft isoliert sind, so dass sie keine Auswirkungen auf die innerstaatliche Steuerbasis haben,
- steuerliche Vorteile gewährt werden, ohne dass ihnen eine tatsächliche Tätigkeit und substantielle Präsenz zugrunde liegt,

---

men in Betracht kommt, beweisen die am 23. Juli 1990 erlassene „Mutter-Tochter-Richtlinie" und die „Fusionsrichtlinie" vom selben Tag.

[27] Statement issued by *Charlie McCreevy* (Minister for Finance), 12 September 2002, abrufbar im Internet unter www.finance.gov.ie. Seine Haltung stimmt insoweit mit derjenigen der gesamten Regierung Irlands zu der vom EU-Konvent ursprünglich geplanten Mehrheitsentscheidung in Fragen der Steuerpolitik überein, vgl. Handelsblatt (S. 6) vom 12. Juni 2003.

[28] Darauf, dass es hierfür wohl auch bei den übrigen Mitgliedstaaten an der erforderlichen politischen Bereitschaft mangeln dürfte, kommt es angesichts der ablehnenden Haltung Irlands gar nicht mehr an.

[29] *Zorn*, in: DStJG 23 (2000), 227 ff. [258]; *Treisch*, in: Kellersmann/Treisch, Europäische Unternehmensbesteuerung, 2.4.1.4 (239); *Cardani*, in: FS Rädler, 113 ff. [122]. Teilweise wird der Kodex aufgrund seines unverbindlichen Charakters auch als „soft law" bezeichnet.

[30] Anlage 1 zur Mitteilung des Rates vom 01. Dezember 1997 (98/C 2/01), in: ABl. EG 1998 Nr. C 2/1 ff. [3].

- die Gewinnermittlungsvorschriften in multinationalen Unternehmensgruppen von international anerkannten Grundsätzen abweichen oder
- es den steuerlichen Maßnahmen an Transparenz mangelt[31].

Dabei müssen zwar nicht alle diese Kriterien erfüllt sein, um eine staatliche Maßnahme als potentiell schädlich einzustufen. Vielmehr bedarf es stets einer Einzelfallbetrachtung, die sämtliche Indikatoren wertend berücksichtigt[32]. Bezogen auf die Republik Irland ist indes hervorzuheben, dass keines der in Buchstabe B beispielhaft genannten Merkmale auf den seit 2003 geltenden Niedrigsteuersatz zutrifft. Der Tarif ist nicht von der inländischen Wirtschaft isoliert und ist nur anwendbar, falls ein Unternehmen tatsächlich in Irland aktiv ist. Ferner weisen TCA 1997 und die darauf beruhenden *statutory regulations* der *Revenue Commissioners* ein hinreichendes Maß an Transparenz auf. Schließlich handelt es sich gerade nicht um eine Maßnahme, die dazu führt, dass die Unternehmensbelastung deutlich vom allgemeinen irischen Steuerniveau abweicht. Während in der Vergangenheit steuerliche Vergünstigungen als sektorale und regionale Ausnahmen konzipiert waren und dem Verhaltenskodex zuwiderliefen[33], profitieren nunmehr sämtliche Kapitalgesellschaften von dem Steuersatz i.H.v. 12.5%[34]. Infolgedessen ist es nicht möglich, den Code of Conduct zu instrumentalisieren, um die von Irland betriebene Senkung des allgemeinen Körperschaftsteuertarifs einzuschränken[35]. Denn auf allgemeiner steuersystematischer Ebene beinhaltet der Code of Conduct keine

---

[31] Anlage 1 zur Mitteilung des Rates vom 01. Dezember 1997 (98/C 2/01), in: ABl. EG 1998 Nr. C 2/1 ff. [3].

[32] *Gross*, in: RIW 2002, 46 ff. [48]; *Cardani*, in: FS Rädler, 113 ff. [122 f.] und mit Bezug zur Republik Irland *McNally*, in: ET 1999, 4 ff. [7].

[33] Ergebnisse der Primarolo-Gruppe (29-02-2000) Nr. 4901/99, Rz. 32 i.V.m. Anlage B001, abrufbar im Internet unter http:// euopa.eu.int/comm/taxation_customs/taxation/law/ primarolo/primarolo_de.pdf; ebenso *Malherbe*, in: Intertax 2002, 219 ff. [224].

[34] Einen generellen Tarif akzeptiert der Verhaltenskodex also selbst dann, wenn hierdurch das steuerliche Belastungsniveau der einzelnen Mitgliedstaaten deutlich voneinander abweicht, vgl. *Tumpel*, in: DStJG 23 (2000), 321 ff. [365]; *Wartenburger*, in: IStR 2001, 397 ff. [401]; *Gross*, in: RIW 2002, 46 ff. [53]; *McNally*, in: ET 1999, 4 ff. [5 f.]. Daher führt auch der Vorschlag von *Zorn*, in: DStJG 23 (2000), 227 ff. [259] und *Meussen*, in: EC Tax Review 2002, 157 ff. [158], im Falle des nachhaltig kodexwidrigen Verhaltens eines Mitgliedstaates eine Rechtsetzungskompetenz der Gemeinschaft nach Art. 96 EGV anzunehmen, jedenfalls in Bezug auf die Republik Irland nicht weiter. Denn mangels Selektivität ist der Anwendungsbereich des Verhaltenskodex von vornherein nicht eröffnet.

[35] *Cunningham*, in: IFA, Vol. LXXXVIb, National Reports (Ireland), 583 f. [584] und *Thömmes*, in: FS 50 Jahre Arbeitsgemeinschaft der Fachanwälte für Steuerrecht, 587 ff. [601] weisen darauf hin, dass der Kodex *die* entscheidende Rolle bei der Neugestaltung des irischen Körperschaftsteuersystems spielte. A.A. offenbar Zorn, in: DStJG 2000 (Band 23), 227 ff. [259 f.], der bei einem nachhaltigen Verstoß gegen den Kodex allerdings mit Art. 96 EG-Vertrag agieren will.

Schranken, die einzelne Mitgliedstaaten davon abhalten könnten, Kapital und Unternehmen anzulocken.

Damit ist zugleich die entscheidende Schwachstelle des Verhaltenskodex offengelegt: Der nicht unter die Handlungsformen des Art. 249 EGV subsumierbare Code of Conduct ist als unverbindliche „Entschließung" nicht nur einem Judikat des EuGH entzogen. Er enthält auch keine Aussagen zu Steuervorschriften, die von der jeweiligen Legislativgewalt als allgemeine Fördermaßnahmen eingeführt werden. Im mitgliedstaatlichen Wettbewerb können sich jedoch auch Änderungen des generellen Steuersystems als „harmful" entpuppen, wenn sie gezielt dazu dienen, ausländische Gesellschaften anzulocken. Exemplarisch hierfür ist der in Irland vollzogene Wechsel von einer spezifischen IFSC-Förderung hin zu einem generell niedrigen Steuersatz[36]. Sollte das irische Beispiel Schule machen, könnte der Code of Conduct dazu führen, dass der allgemeine Körperschaftsteuersatz in den Mitgliedstaaten zukünftig einem noch schnelleren „race to the bottom" unterliegt, was die staatlichen Steueraufkommen u.U. sogar stärker reduzieren könnte als spezifische Vergünstigungen innerhalb der Gemeinschaft[37].

C. Wettbewerbsverfälschung i.S.v. Art. 96 Abs. 1 EGV

Schon vor dem Phänomen einer Verlagerung des internationalen Steuerwettbewerbs auf die allgemeine steuersystematische Ebene versuchten Mitgliedstaaten, sich unter Hinweis auf die fehlende Selektivität einer von ihnen praktizierten Maßnahme den europarechtlichen Schranken ihrer Anreizpolitik zu entziehen[38]. Schließlich sind die Grenzen zwischen spezifischen und generellen Anreizmaßnahmen insbesondere in kleineren Mitgliedstaaten mit überschaubarer Volkswirtschaft fließend[39]. Denn unter besonderen Umständen können auch allgemeine Fördermaßnahmen derart begünstigend wirken, dass sie den freien Wettbewerb innerhalb der Gemeinschaft verzerren. Aus diesem Grund ist bereits an dieser Stelle ausdrücklich festzuhalten: Allein die Tatsache, dass der derzeitige irische Körper-

---

36 Ebenso *Blumenberg*, in: Grotherr, Handbuch der internationalen Steuerplanung 1787 ff. [1811], nach dessen Ansicht das irische Körperschaftsteuerrecht exemplarisch zeigt, dass die Grenze zwischen schädlichem und unschädlichem Steuerwettbewerb fließend ist und daher nicht ausnahmslos beim Merkmal der Spezifität zu ziehen ist. Ähnlich *Meussen*, in: EC Tax Review 2002, 157 ff. [159].

37 Hierauf weist beispielsweise *Meussen*, in: Intertax 2002, 157 ff. [158] hin.

38 Vgl. etwa *EuGH*, Urteil vom 02. Juli 1974, Rs. 173/73 (Italienische Republik gegen Kommission der EG), in: Slg. 1974, 709 ff. [713 f.], Rdnr. 4; *EuGH*, Urteil vom 24. Februar 1987, Rs. 310/85 (Deufil GmbH & Co. KG gegen Kommission der EG), in: Slg. 1987 I, 901 ff. [915], Rdnr. 3; Entscheidung der Kommission vom 09. Juni 1993 (93/496/EWG), in: ABl. EG 1993, L 233/10 ff. [12].

39 Ebenso *Blumenberg*, in: Grotherr, Handbuch der internationalen Steuerplanung, 1787 ff. [1811].

schaftsteuertarif keine Beihilfe i.S.v. Art. 87 Abs. 1 EGV darstellt, gestattet noch nicht notwendig die Folgerung, er sei uneingeschränkt mit dem EG-Vertrag vereinbar. Zwar neigen Teile der Rechtsliteratur dazu, im Falle fehlender Selektivität die Überprüfung staatlicher Steuermaßnahmen anhand der vom europäischen Primärrecht gezogenen Grenzen einzustellen[40]. Teilweise wird sogar behauptet, die Mitgliedstaaten besäßen die uneingeschränkte Möglichkeit, im Wege eines generellen Absenkens ihrer Tarife die nationalen Körperschaftsteuern unter das durchschnittliche Gemeinschaftsniveau zu drücken und so ohne Furcht vor europarechtlichen Konsequenzen wettbewerbsverzerrende Maßnahmen einzuführen[41]. Offenbar sind solche Aussagen von dem Gedanken getragen, neben Art. 94 EGV, den Grundfreiheiten und dem Beihilfenrecht verfüge der EG-Vertrag über keine weitere Vorschrift, die das nationale Steuerrecht beeinflussen könnte.

Für den Regelfall einer geordneten Harmonisierung ist diese Annahme zwar durchaus richtig. Allerdings wird eine Norm im Kapitel über die Rechtsangleichungskompetenz des Rates übersehen oder verkannt. Denn in Zeiten eines zunehmend intensiver betriebenen Steuerwettbewerbs verdient neben Art. 94 EGV auch Art. 96 EGV besondere Beachtung. In Theorie und Praxis ist die Vorschrift bislang nicht über den Status eines „Mauerblümchens" hinausgelangt. In jüngster Zeit regen vereinzelte Literaturstimmen immerhin an, die seit dem Ende der Übergangszeit unmittelbar anwendbare Norm[42] heranzuziehen, um allgemeine steuerliche Maßnahmen der Mitgliedstaaten auf ihre Vereinbarkeit mit dem EG-Vertrag hin zu überprüfen[43]. *Nanetti/Mameli* werfen im Rahmen ihrer Analyse des europäischen Steuerwettbewerbs mit Blick auf Art. 96 f. EGV sogar explizit die Frage auf: „Is it really too late to fall back on these provisions[44]?" Allerdings gehen die Hinweise von *Nanetti/Mameli* ebenso wie die übrigen, ohnehin spärlich gesäten literarischen Stellungnahmen zu Art. 96 EGV, inhaltlich kaum über den bloßen Hinweis auf die Existenz und eine jedenfalls denkbar erscheinende Anwendbarkeit der Norm hinaus. Infolgedessen sind Anwendungsbereich und Reichweite des Art. 96 EGV für einen Wettbewerb der Steuersysteme dogmatisch ungeklärt. Ob und inwieweit der Vorschrift tatsächlich verbindliche Grenzen und Vorgaben für allgemeine nationale

---

[40] Vgl. beispielsweise *Tumpel*, in: DStJG (Band 23) 2000, 321 ff. [340] und *Laule*, in: IStR 2001, 297 ff. [298], der die Rechtsgrundlage einer Angleichung direkter Steuern in Europa ausschließlich in Art. 94 EGV erblickt.

[41] So ausdrücklich *Tumpel*, in: DStJG (Band 23) 2000, 321 ff. [340].

[42] *Meier*, in: Ehle/Meier, EWG-Warenverkehr, Teil B, Rdnr. 316.

[43] Vgl. etwa *Zorn*, in: DStJG (Band 23) 2000, 227 ff. [243f.]; *Blumenberg/Lausterer*, in: FS Rädler, 1 ff. [15]; *Valente/Roccatagliata*, in: Tax Notes International 1998, 259 ff. [261]; *Koschyk*, Steuervergünstigungen als Beihilfe nach Art. 92 EG-Vertrag, 185 f.; *Meussen*, in: EC Tax Review 2002, 157 ff. [158]. Zurückhaltender *Wartenburger*, in: IStR 2001, 397 ff. [399] und *Schön*, in: Schön (Hrsg.), Tax Competition in Europe, 1 ff. [19]. Zur bisherigen Bedeutung der Norm *Hey*, in: Harmonisierung der Unternehmensbesteuerung in Europa, 81 ff.

[44] *Nanetti/Mameli*, in: EC Tax Review 2002, 185 ff. [190].

Steuermaßnahmen entnommen werden können, ist deshalb Gegenstand der nachfolgenden Erörterungen.

I. Inhalt der Vorschrift

In Art. 96 EGV stellt der EG-Vertrag der Gemeinschaft ein Instrument zur Verfügung, das dem Schutz des freien Wettbewerbs auf dem Binnenmarkt dient. Die Vorschrift wendet sich unmittelbar an die Kommission als Hüterin der Verträge, welche die Wirtschaftsentwicklung innerhalb der Gemeinschaft im Auge zu behalten hat[45]. Dementsprechend beginnt das in Art. 96 EGV vorgesehene Verfahren nur, falls die Kommission eine Wettbewerbsverzerrung infolge unterschiedlicher Rechts- und Verwaltungsvorschriften der Mitgliedstaaten feststellt. In diesem Fall ermächtigt sie Art. 96 Abs. 1 EGV, Beratungen mit demjenigen Mitgliedstaat aufzunehmen, der die Wettbewerbsbedingungen verfälscht. Führen ihre Gespräche nicht dazu, dass der Mitgliedstaat die Verzerrung beseitigt, schlägt sie dem Rat gemäß Art. 96 Abs. 2 EGV eine oder mehrere Richtlinien vor, um wieder einen Zustand unverfälschter Wettbewerbsfreiheit herzustellen. Anschließend, so das weitere in Art. 96 EGV vorgesehene Procedere, erlässt der Rat die erforderlichen Richtlinien mit *qualifizierter Mehrheit* gemäß Art. 205 Abs. 2 Spiegelstrich 1 EGV. Die Besonderheit dieser Richtlinien besteht darin, dass sie ausschließlich an den Mitgliedstaat oder die Mitgliedstaaten adressiert sind, deren Regeln wettbewerbsverzerrend wirken. Allerdings ist in diesem Zusammenhang zu beachten, dass ein Rückgriff auf Art. 96 EGV nur subsidiär in Betracht kommt. Andere vertragliche Vorschriften zur Beseitigung von Wettbewerbsverzerrungen sind vorrangig anzuwenden[46].

Bislang ist das soeben geschilderte Verfahren theoretischer Natur geblieben. Praktische Bedeutung hat die als Ausnahmebestimmung konzipierte Norm nicht erlangt, was bereits ein flüchtiger Blick in die einschlägige Kommentarliteratur verdeutlicht. Trotz ihrer unkomplizierten Regeln ist sie weder zur Eindämmung des internationalen Steuerwettbewerbs noch auf anderen Sachgebieten fruchtbar gemacht worden: Keine einzige Richtlinie wurde bislang auf der Grundlage von Art. 96 Abs. 2 EGV erlassen. Sachverhalte, in denen immerhin Beratungen gemäß

---

[45] *Röttinger*, in: Lenz, EG-Vertrag, Art. 96 EGV, Rdnr. 6; *Bardenhewer/Pipkorn*, in: von der Groeben/Thiesing/Ehlermann, Band 2/II, Art. 101 EGV, Rdnr. 17; *Langeheine*, in: Grabitz/Hilf, Band I, Art. 101 EGV, EL 10, Rdnr. 14 f.

[46] *Kahl*, in: Calliess/Ruffert, Art. 96 EGV, Rdnr. 8; *Röttinger*, in: Lenz, EG-Vertrag, Art. 96 EGV, Rdnr. 1; *Bardenhewer/Pipkorn*, in: von der Groeben/Thiesing/Ehlermann, Band 2/II, Art. 101 EGV, Rdnr. 1; *Vogel*, in: StuW 1993, 380 ff. [383].

Art. 96 Abs. 1 EGV stattfanden, liegen Jahrzehnte zurück[47]. Sie führten zu einseitigen Gesetzesänderungen der betroffenen Mitgliedstaaten, so dass es keines Rechtsaktes der Gemeinschaft bedurfte. Lediglich am 13. Juni 1967 legte die Kommission dem Rat zum bislang einzigen Mal nach Art. 96 Abs. 2 S. 1 EGV einen Richtlinienvorschlag vor, der jedoch nicht verabschiedet und umgesetzt wurde[48]. Begibt man sich auf die Suche nach den Ursachen für die bisherige Bedeutungslosigkeit der Norm, so findet man in der Literatur wenig überzeugende Erklärungsversuche. Schwierigkeiten im Umgang mit dem Terminus der Wettbewerbsverzerrung, eine nur punktuell vorgesehene Harmonisierungsmöglichkeit der Gemeinschaftsorgane und das demokratiepolitisch fragwürdige Fehlen von Beteiligungsrechten des Europäischen Parlaments hätten dazu geführt, dass die Kommission stets ein Vorgehen gemäß Art. 94 EGV dem Gebrauch des Art. 96 EGV vorzog[49]. In Fragen des Steuerwettbewerbs präferieren Gemeinschaft und Mitgliedstaaten mittlerweile sogar einen unverbindlichen Verhaltenskodex (Code of Conduct) gegenüber der Vorschrift des Art. 96 EGV. Ob dieser überaus reservierte Einsatz der Norm tatsächlich gerechtfertigt ist, hängt davon ab, ob sie nur spezifische oder auch allgemeine staatliche Maßnahmen umfasst.

II. Ist Art. 96 EGV auf allgemeine Maßnahmen anwendbar?

Ob Art. 96 EGV überhaupt als Rechtsinstrument taugt, um der irischen Senkungspolitik auf Ebene des allgemeinen Körperschaftsteuertarifs Grenzen zu setzen, richtet sich danach, inwiefern mitgliedstaatliche Maßnahmen allgemeiner Art in ihren Anwendungsbereich fallen. Diese Frage hängt unmittelbar damit zusammen, was eine „Verzerrung" i.S.v. Art. 96 Abs. 1 EGV darstellt. Hierzu gehen die in der europarechtlichen Literatur vertretenen Auffassungen auseinander: Der überwiegende Teil des Schrifttums meint, dass Art. 96 Abs. 1 EGV nur spezifische Verzerrungen erfasse[50]. Für die Anwendbarkeit der Vorschrift sei erforderlich, dass ein bestimmter Industriezweig geringer belastet werde als der volkswirtschaftliche Rest des betreffenden Staates und es an einer korrespondierenden Entlastung des gleichen Sektors in anderen Mitgliedstaaten mangele. In einer ihrer wenigen Äußerungen zu

[47] *Röttinger*, in: Lenz, EG-Vertrag, Art. 96 EGV, Rdnr. 1; *Bardenhewer/Pipkorn*, in: von der Groeben/Thiesing/Ehlermann, Band II/2, Art. 101 EGV, Rdnr. 23; *Kahl*, in: Calliess/Ruffert, Art. 96 EGV, Rdnr. 9; *Langeheine*, in: Grabitz/Hilf, Band I, Art. 101 EGV, EL 10, Rdnr. 2.
[48] Siehe hierzu die ausführlichen Hinweise bei *Megret*, Vol. 5, Art. 101, Rdnr. 5; *Röttinger*, in: Lenz, EG-Vertrag, Art. 96 EGV, Rdnr. 8 und *Bardenhewer/Pipkorn*, in: von der Groeben/Thiesing/Ehlermann, Band II/2, Art. 101 EGV, Rdnr. 23.
[49] *Kahl*, in: Calliess/Ruffert, Art. 96 EGV, Rdnr. 9.
[50] Siehe nur *Langeheine*, in: Grabitz/Hilf, Art. 101 EGV, EL 10, Rdnr. 5; *Aubin*, in: FS Riese, 245 ff. [251]; *Herrnfeld*, in: Schwarze, EU-Kommentar, Art. 96/97, Rdnr. 1; *Kahl*, in: Calliess/Ruffert, Art. 96 EGV, Rdnr. 4. Zurückhaltend für den Bereich des Steuerrechts auch *Kirchhof*, in: Jahrbuch der Fachanwälte für Steuerrecht 1993/94, 27 ff. [32] und *Hey*, Harmonisierung der Unternehmensbesteuerung in Europa, 84.

Art. 96 EGV schloss sich die Kommission dieser Einschätzung an[51]. Legt man sie der Rechtsanwendung zugrunde, so kann Art. 96 EGV von vornherein nicht als Instrument gegen die irländische Senkung des allgemeinen Körperschaftsteuertarifs auf 12.5% fruchtbar gemacht werden. Denn der niedrige Tarif gilt zugunsten sämtlicher Kapitalgesellschaften in der Republik Irland in allen Unternehmenszweigen. Zu einem anderen Ergebnis könnte man indes gelangen, sofern man mit Teilen der Literatur auch allgemeine Maßnahmen als vom Tatbestand der Vorschrift gedeckt ansieht[52]. Nach den Vertretern dieser Ansicht kommt es nicht darauf an, dass ein Mitgliedstaat spezifische Vergünstigungen zugunsten bestimmter Sektoren oder Branchen bietet. Entscheidend sei vielmehr, wie sich die staatliche Maßnahme auf den Gemeinsamen Markt auswirke. Verzerrungen können daher grundsätzlich durch alle divergierenden Kostenbelastungen nationaler Volkswirtschaften, insbesondere mit Steuern, hervorgerufen werden[53]. Ausgehend von einem solchen Normverständnis kann prinzipiell auch ein Absenken allgemeiner Steuersätze zu einer Verzerrung i.S.v. Art. 96 EGV führen[54].

Ob Art. 96 EGV als Instrument zur Eindämmung des Steuerwettbewerbs unter den Mitgliedstaaten auf dem Gebiet allgemeiner steuerlicher Maßnahmen taugt oder von vornherein nur spezifische Rechtsakte erfasst, hängt also entscheidend vom Begriffsverständnis der „Verzerrung“ ab. Die korrekte Reichweite des Tatbestandes ist deshalb im Wege der Gesetzesauslegung zu ermitteln. Die Auslegung des Europarechts weist im Vergleich zur Auslegung von deutschen Gesetzen allerdings zunächst die Besonderheit auf, dass die Wortlautinterpretation angesichts zahlreicher unterschiedlicher Sprachfassungen sämtlicher Normen des Primär- und Sekundärrechts von vornherein nur wenig bedeutsam ist. Höheres Gewicht haben demgegenüber systematische und teleologische Argumente. Schließlich ist diejenige Auslegung vorzuziehen, welche die Vertragsziele am besten fördert

---

[51] Anwort von Herrn Natali im Namen der Kommission vom 26. September 1980 auf die schriftliche Anfrage von Herrn Muntingh (Nr. 360/80), in: ABl. EG 1980 Nr. C 283/2; ergänzende Antwort von Herrn Thorn im Namen der Kommission vom 26. Juli 1983 auf die schriftliche Anfrage von Herrn Muntingh (Nr. 2226/80), in: ABl. EG 1983 Nr. C 257/1 f. [1].

[52] So beispielsweise *Mesenberg*, in: BB 1961, 141 ff. [142 f.]; *Sprung*, in: Finanzarchiv 1959/60, 201 ff. [230]; *Rawlinson*, in: Lenz, EG-Vertrag, Art. 87 EGV, Rdnr. 7.

[53] *Bardenhewer/Pipkorn*, in: von der Groeben/Thiesing/Ehlermann, Band 2/II, Art. 101 EGV, Rdnr. 8 und mit Bezug zum Steuerrecht *Meussen*, in: EC Tax Review 2002, 157 ff. [158] sowie *Wartenburger*, in: IStR 2001, 397 ff. [399].

[54] Für dieses Verständnis der Vorschrift sprachen sich in der Vergangenheit auch Generalanwalt *Marco Darmon* in seinen Schlussanträgen vom 17. März 1992, verb. Rs. C-72/91 und C-73/91 (Sloman Neptun Schiffahrts AG gegen Seebetriebsrat Bodo Ziesemer der Sloman Neptun Schiffahrts AG), in: Slg. I-903 ff. [917], Rdnr. 62 und die deutsche Bundesregierung in einem Verfahren vor dem EuGH aus, vgl. hierzu die Hinweise im Schlussantrag des Generalanwalts *Francis G. Jacobs* vom 13. März 1992, Rs. C-195/90 (Kommission der EG gegen Bundesrepublik Deutschland), in: Slg. I-3158 ff. [3165], Rdnr. 28.

und die Funktionsfähigkeit der Gemeinschaft auf möglichst effektive Weise sichert[55].

1. Wortsinn der deutschen Sprachfassung

Der Wortsinn umfasst die Bedeutung eines Ausdrucks im allgemeinen Sprachgebrauch oder im besonderen Sprachgebrauch des einschlägigen Gesetzes, wobei der noch mögliche Wortsinn die Grenze der Gesetzesauslegung markiert[56]. Da hier nur der deutschsprachige Gesetzestext untersucht wird, kommt diesem Auslegungskriterium zwar von vornherein lediglich eine sehr begrenzte Bedeutung mit allenfalls indizieller Wirkung zu. Gleichwohl ist festzuhalten, dass der Terminus „Verzerrung" vor einem wirtschaftlichen Hintergrund auf eine Verletzung der Bedingungen für die optimale Allokation von Ressourcen hindeutet, was auch durch Steuern erfolgen kann[57]. Da man in Art 96 Abs. 1 EGV von einer „Verzerrung" liest, „die zu beseitigen ist", verlangt die deutsche Fassung des EG-Vertrags ein sehr hohes Maß der Verletzung optimaler Ressourcenallokation, um zur Anwendbarkeit der Vorschrift zu gelangen. Erforderlich ist deshalb wohl eine Ungleichmäßigkeit, die es im Interesse des Gemeinsamen Marktes zwingend aufzuheben gilt. Weniger starke Verzerrungen, die aufgrund geringer Intensität nicht unbedingt nach Art. 96 EGV zu beseitigen sind, müssen hingenommen oder gemäß Art. 94 EGV harmonisiert werden[58].

Daraus folgt, dass der im deutschsprachigen Text von Art. 96 Abs. 1 EGV verwendete Verzerrungsbegriff nach dem Grad der Verletzung optimaler Ressourcenallokation auf dem Gemeinsamen Markt differenziert. Nur bei schwerwiegenden Verletzungen ist der Anwendungsbereich der Norm eröffnet. Eine Unterscheidung zwischen allgemeinen und spezifischen Verzerrungen kann man dem Wortsinn hingegen nicht entnehmen. Der Wortlaut der deutschen Fassung – der allerdings nur indizielle Bedeutung aufweist – liefert also keinen eindeutigen Anhaltspunkt für den Ausschluss allgemeiner steuerlicher Maßnahmen aus dem Anwendungsbereich der Norm. Schließlich kann ein schwerwiegender und daher zu beseitigender

---

[55] Siehe zu euparechtlichen Auslegungsfragen die Hinweise bei *Streinz*, Europarecht, Rdnr. 498; *Mestmäcker*, Europäisches Wettbewerbsrecht, § 3 II 1 (31); *Bleckmann*, in: Bleckmann, Europarecht, Rdnr. 537 ff.; *Oppermann*, Europarecht, Rdnr. 680 ff.; *Schwarze*, in: Schwarze, EU-Kommentar, Art. 220, Rdnr. 27.

[56] *Wegener*, in: Calliess/Ruffert, Art. 220 EGV, Rdnr. 11; *Oppermann*, Europarecht, Rdnr. 682; *Borchardt*, in: Lenz, EG-Vertrag, Art. 220 EGV, Rdnr. 14; *Bleckmann*, in: Bleckmann, Europarecht, Rdnr. 539.

[57] *Gabler*, Wirtschaftslexikon, SP – Z, 14. Auflage (1997), 4196 f.

[58] *Kahl*, in: Calliess/Ruffert, Art. 96 EGV, Rdnr. 4; *Mesenberg*, in: BB 1961, 141 ff. [143]; *Röttinger*, in: Lenz, EG-Vertrag, Art. 96 EGV, Rdnr. 5. Andernfalls hätte der Vertrag wohl auch lediglich davon gesprochen, dass die Verzerrung aufgehoben werden „soll".

Verzerrungsgrad sowohl durch spezifische als auch durch generelle steuerliche Rechts- und Verwaltungsvorschriften hervorgerufen werden[59].

2. Systematik

Unter mehreren, dem Wortlaut nach möglichen Auslegungsvarianten verdient diejenige den Vorzug, welche am besten mit dem gesetzessystematischen Kontext der Norm in Einklang steht[60]. Dabei ist Art. 96 EGV einerseits im Zusammenhang mit Art. 87 EGV zu sehen. Andererseits muss dem Umstand Rechung getragen werden, dass die Norm im *Dritten Teil, Titel VI, Kapitel 3* des EG-Vertrages niedergelegt ist. Beide systematischen Aspekte beeinflussen den Anwendungsbereich der Vorschrift.

Art. 87 Abs. 1 EGV unterfallen ausdrücklich nur mitgliedstaatlichen Beihilfen, die *bestimmte* Unternehmen oder Produktionszweige begünstigen. Im Beihilfenrecht stellt der EG-Vertrag also unmissverständlich klar, dass nur spezifische Fördermaßnahmen mit dem Gemeinsamen Markt unvereinbar sind und der Kommission das Kontrollrecht der Art. 87 ff. EGV eröffnen. Demgegenüber fehlt es im Tatbestand des Art. 96 EGV an einer vergleichbaren unternehmens- oder branchenspezifischen Einschränkung. Folglich liegt im Wege eines *argumentum e contrario* der Schluss nahe, Art. 96 EGV erfasse gerade nicht nur spezifische, sondern sämtliche Verzerrungen. Hierzu zählen aber auch solche, die generelle steuerliche Maßnahmen eines Mitgliedstaates hervorrufen, beispielsweise in Form signifikant niedriger Körperschaftsteuersätze.

Diese Auffassung fügt sich zudem in den systematischen Kontext der Art. 94 ff. EGV ein, wo die Harmonisierung von Rechtsvorschriften der Mitgliedstaaten primärrechtlich verortet ist. Mittels Rechtsangleichung sollen Wettbewerbsverzerrungen vermieden werden, die aus der Anwendung von divergierenden mitgliedstaatlichen Vorschriften resultieren[61]. In Art. 94 und Art. 95 EGV findet sich kein Anhaltspunkt dafür, zwischen allgemeinen und spezifischen Maßnahmen zu differenzieren. Ein Grund, weshalb für Art. 96 EGV etwas anderes gelten sollte, ist nicht ersichtlich. Denn es handelt sich bei Art. 94, 95 und 96 EGV jeweils um generalklauselartige Harmonisierungsvorschriften, die eine Rechtsangleichung in erster

---

[59] Ebenso *Rawlinson*, in: Lenz, EG-Vertrag, Art. 87 EGV, Rdnr. 8; *Zweigert*, in: FS Dölle, Band II, 401 ff. [408]; *Mesenberg*, in: BB 1961, 141 ff. [143].

[60] *Oppermann*, Europarecht, Rdnr. 684; *Bleckmann*, in: Bleckmann, Europarecht, Rdnr. 542 f.; *Wegener*, in: Calliess/Ruffert, Art. 220 EGV, Rdnr. 13.

[61] Ausführlich hierzu *Bardenhewer/Pipkorn*, in: von der Groeben/Thiesing/Ehlermann, Band 2/II, Art. 101 EGV, Rdnr. 1; *Herrnfeld*, in: Schwarze, EU-Kommentar, Art. 94 EGV, Rdnr. 1; Schwartz, in: FS Hallstein, 474 ff. [477 ff.].

Linie von wirtschaftlichen Erfordernissen abhängig machen[62]. Hätte der EG-Vertrag in Art. 96 EGV eine Konzentration der Gemeinschaftsbefugnisse auf spezifische Maßnahmen gewollt, dann hätte er dies selbst zum Ausdruck gebracht. Aus diesem Grund umfassen sämtliche Vorschriften im *Dritten Teil, Titel VI, Kapitel 3 EGV* sowohl spezifische als auch allgemeine staatliche Maßnahmen, sofern sie den Wettbewerb innerhalb der Gemeinschaft nachhaltig beeinflussen. Mithin spricht die Gesetzessystematik dafür, dass Art. 96 Abs. 1 EGV allgemeine staatliche Maßnahmen umfasst.

3. Der Spaak-Bericht aus dem Jahr 1956

Für das Verständnis von Art. 96 Abs. 1 EGV ist der sog. Spaak-Bericht aus dem Jahr 1956 insofern bedeutsam, als dessen Erwägungen noch heute ein wichtiges Argument für die im Schrifttum vorherrschenden Stimmen darstellen, die ausschließlich spezifische Maßnahmen als Verzerrung i.S.v. Art. 96 EGV begreifen. Denn sie stützen ihre Ansicht in besonderem Maße auf den Spaak-Bericht[63]. Obgleich dessen Erkenntnisse für den heutigen Art. 96 EGV tatsächlich von vornherein nur begrenzten Erkenntniswert besitzen können, soll daher untersucht werden, ob dieser Bericht und seine Umsetzung wirklich ein solches spezifisches Verzerrungsverständnis nahe legen.

Der nach seinem Leiter – dem belgischen Außenminister Paul Henri Spaak – benannte Regierungsausschuss nahm 1955 nach der Konferenz von Messina die Arbeit auf. Seine Aufgabe bestand darin, Pläne für einen Gemeinsamen Markt vorzubereiten[64]. Am 21. April 1956 übergab das Komitee seinen Bericht an die nationalen Außenminister und sein Inhalt diente im Mai 1956 auf der Konferenz von Venedig als Grundlage für die bevorstehende Ausarbeitung des EWG-Vertrages durch die künftigen Signatarstaaten[65]. In seinem zweiten Kapitel („Die Berichtigung der Verzerrungen und die Angleichung der Rechtsvorschriften") setzte sich der Spaak-Bericht ausführlich mit dem Begriff der Verzerrung auseinander und interpretierte

---

[62] Ebenso *Aubin*, in: FS Riese, 245 ff. [245]; *Schwartz*, in: FS Hallstein, 474 ff. [491] und *Mestmäcker*, Europäisches Wettbewerbsrecht, 51 ff., der betont, dass Art. 94 EGV und Art. 96 EGV dem gemeinsamen Ziel eines funktionierenden Binnenmarktes dienen.

[63] Vgl. etwa *Mestmäcker*, Europäisches Wettbewerbsrecht, § 5 I 4 (55); *Aubin*, in: FS Riese, 245 ff. [255]; *Kahl*, in: Calliess/Ruffert, Art. 96 EGV, Rdnr. 4; *Herrnfeld*, in: Schwarze, EU-Kommentar, Art. 96/97 EGV, Rdnr. 1 f., *Langeheine*, in: Grabitz/Hilf, Art. 101 EGV, EL 10, Rdnr. 6.

[64] *Streinz*, Europarecht, Rdnr. 18.

[65] Ausführlich zum historischen Kontext, in dem der Spaak-Bericht seine Arbeit aufnahm *Aubin*, in: FS Riese, 245 ff. [249] und *Bardenhewer/Pipkorn*, in: von der Groeben/Thiesing/Ehlermann, Band 2/II, Art. 101 EGV, Rdnr. 11.

ihn dabei in einem spezifischen Sinne[66]. Ursächlich für die Berichtsansicht war die Annahme, dass sich allgemeine Verzerrungen als Problem des Gesamtgleichgewichts zwischen den Volkswirtschaften der Mitgliedstaaten darstellten. Diese ließen sich durch Außenhandelsbedingungen, namentlich durch den Wechselkurs, ausgleichen und wirkten deshalb i.d.R. nicht wettbewerbsverfälschend[67].

Bei einem Blick in den EWG-Vertrag und den heutigen EG-Vertrag fällt auf, dass sich der Begriff einer Verzerrung ausschließlich in Art. 96 f. EGV findet. Weil sich der Spaak-Bericht ausführlich mit diesem unbestimmten Rechtsbegriff befasst hatte, folgert die überwiegende Ansicht hieraus noch heute, dessen Verständnis von einer Verzerrung sei dem EG-Vertrag zugrunde zu legen. Auf den ersten Blick liegt dieser Standpunkt auch nicht fern. Gleichwohl darf man nicht übersehen, dass die sechs Gründungsmitglieder den Spaak-Bericht lediglich als Ausgangsbasis ihrer EWG-Vertragsverhandlungen betrachteten. Sie behielten es sich von Anfang an vor, den Bericht zu ergänzen und zu ändern[68]. Vergleicht man die Formulierungen des Spaak-Berichts und den Wortlaut des Art. 96 Abs. 1 EGV ganz genau, so fällt zudem auf, dass sich Normtext und Berichtsausführungen keineswegs decken. Während nach dem Spaak-Bericht eine Wettbewerbsverfälschung die Folge der Verzerrung ist, stellt sich in Art. 96 EGV die Verzerrung als Konsequenz einer besonders schweren Wettbewerbsverfälschung dar[69]. Schon dieser Befund spricht dagegen, dass die Begriffe zwangsläufig identisch zu verstehen sind.

Ein Blick auf die nationalen Ratifizierungsverhandlungen verstärkt diesen Eindruck: Die deutschen Erläuterungen zu Art. 96 EGV (ex-Art. 101) enthalten nämlich überhaupt keinen Hinweis auf eine spezifische oder allgemeine Interpretation

---

[66] Bericht der Delegationsleiter des Regierungsausschusses an die Außenminister vom 21. April 1956, eingesetzt von der Konferenz von Messina, Doc. MAE 120 d/56, S. 64 f. (abgedruckt in: *Schulze/Hoeren*, Dokumente zum Europäischen Recht, Band 1, 790).

[67] Bericht der Delegationsleiter des Regierungsausschusses an die Außenminister vom 21. April 1956, eingesetzt von der Konferenz von Messina, Doc. MAE 120 d/56, S. 63 (abgedruckt in: *Schulze/Hoeren*, Dokumente zum Europäischen Recht, Band 1, 789). Anm.: Hintergrund des Ansatzes war ein Steuerstreit der EGKS aus dem Jahr 1953, in dem die Beeinflussung von Wettbewerbsbedingungen durch unterschiedlich hohe fiskalische Abgaben erörtert wurde. Es ging um die Frage, ob eine Teilintegration auch einen Ausgleich allgemeiner staatlicher Steuermaßnahmen erfordere. Auf der Basis des sog. Tinbergen-Gutachtens ging man davon aus, dass sich die direkten Steuern über den Wechselkurs ausgleichen würden. Ausführlich zu diesem Sachkomplex *Regul*, in: Finanzarchiv (Band 16) 1955/56, 313 ff. [322 ff.]; *Sprung*, in: Finanzarchiv 1959/60, 201 ff. [203]; *Mesenberg*, in: BB 1961, 141 ff. [141].

[68] Vgl. Deutscher Bundestag, 2. Wahlperiode (1953), Drucksache 3440 vom 04. Mai 1957, Anlage C, 106.

[69] Bericht der Delegationsleiter des Regierungsausschusses an die Außenminister vom 21. April 1956, eingesetzt von der Konferenz von Messina, Doc. MAE 120 d/56, S. 67 (abgedruckt in: *Schulze/Hoeren*, Dokumente zum Europäischen Recht, Band 1, 791).

des Begriffs[70]. Sie führen lediglich aus, dass eine Verzerrung regelmäßig anzunehmen sei, „wenn sich die verschiedenartigen Wettbewerbsvorteile oder -nachteile nicht ausgleichen". Einen richtungsweisenden Fingerzeig für das eine oder andere Verständnis kann man dieser Formulierung nicht entnehmen. Ebenso zweideutig bleiben die Motive der niederländischen Regierung zum Ratifizierungsgesetz des EWG-Vertrages. Aus ihnen geht hervor, dass es aus Sicht der Niederlande unmöglich gewesen ist, den Begriff der Verzerrung zu präzisieren oder gar abschließend zu definieren[71]. Schließlich wies die französische Regierung in der Nationalversammlung sogar ausdrücklich darauf hin, den Verzerrungsbegriff nicht so eng interpretieren zu wollen, wie es der Spaak-Bericht getan habe[72].

D.h.: Die Signatarstaaten des EWG-Vertrages (als dem Vorläufer des EG-Vertrags) hatten den Spaak-Bericht zwar vor ihren geistigen Augen. Gleichwohl wichen sie bei der konkreten Ausformulierung des Art. 96 EGV (ex-Art. 101) von den Interpretationen des Komitees ab. Das geschah auch bewusst, was insbesondere die Ratifizierungsverhandlungen einiger Gründungsmitglieder belegen. Daher steht der Spaak-Bericht einer Auslegung, die neben spezifischen auch allgemeine staatliche Maßnahmen unter Art. 96 EGV (ex-Art. 101) subsumiert, zumindest nicht im Wege[73]. Das gilt um so mehr, als sich der argumentative Ansatz des Spaak-Berichts – nämlich die Möglichkeit, allgemeine Verzerrungen durch den Wechselkurs auszugleichen – mittlerweile als nicht mehr tragfähig erweist. Schließlich sind die Wechselkurse der meisten Mitgliedstaaten als Folge der Währungsunion unwiderruflich festgelegt, so dass die Wechselkurspolitik gemäß Art. 111 EGV i.d.R. nur noch das Festlegen von Außenparitäten des Euro zu Drittwährungen betrifft[74].

4. Sinn und Zweck

Teleologische Auslegungskriterien orientieren sich am Zweck des Rechts und dienen insbesondere dazu, Wertungswidersprüche zu vermeiden[75]. Sinn des Art. 96

---

[70] Vgl. Deutscher Bundestag, 2. Wahlperiode (1953), Drucksache 3440 vom 04. Mai 1957, Anlage C, 130.

[71] Tweede Kamer der Staten-Generaal, Zitting 1956 – 1957, Doc. 4725, No. 3 (zitiert nach *Aubin*, in: FS Riese, 245 ff. [252]). Hierzu auch *Bardenhewer/Pipkorn*, in: von der Groeben/Thiesing/Ehlermann, Band 2/II, Art. 101 EGV, Rdnr. 11.

[72] Vgl. Hinweise bei *Bardenhewer/Pipkorn*, in: von der Groeben/Thiesing/Ehlermann, Band 2/II, Art. 101 EGV, Rdnr. 11.

[73] Ebenso *Bardenhewer/Pipkorn*, in: von der Groeben/Thiesing/Ehlermann, Band 2/II, Art. 101 EGV, Rdnr. 12.

[74] Zu Einzelheiten der bestehenden Sonderregeln zugunsten von Dänemark und Großbritannien *Häde*, in: Calliess/Ruffert, Art. 122 EGV, Rdnr. 28 ff.

[75] *Schwarze*, in: Schwarze, EU-Kommentar, Art. 220 EGV, Rdnr. 27; *Oppermann*, Europarecht, Rdnr. 685; *Wegener*, in: Calliess/Ruffert, Art. 220 EGV, Rdnr. 14; *Bleckmann*, in: Bleckmann, Europarecht, Rdnr. 547 ff.

EGV ist es, schwere Wettbewerbsverfälschungen unverzüglich im Wege der Rechtsangleichung zu beseitigen, um das Funktionieren des Gemeinsamen Marktes zu sichern[76]. Einzelne Mitgliedstaaten sollen die Wettbewerbsbedingungen im Binnenmarkt nicht übermäßig zu ihren Gunsten beeinflussen. Denn staatliche Faktoren können dazu führen, dass Unternehmen von denjenigen Standorten abwandern, welche rein ökonomisch betrachtet für sie optimal sind[77]. Verfälschend wirken nicht zuletzt Faktoren auf dem Gebiet des Steuerrechts[78]. Um dem Ziel des Art. 96 EGV Rechnung zu tragen, dürfen deshalb mitgliedstaatliche Rechts- und Verwaltungsvorschriften nicht schon deshalb vom normativen Anwendungsbereich ausgenommen bleiben, weil sie alle Unternehmen ihres Landes zum Nachteil anderer Mitgliedstaaten und zu Lasten des Gemeinsamen Marktes begünstigen.

Vor diesem Hintergrund messen einzelne Stimmen in der Literatur Art. 96 EGV sogar eine „Lückenschließungsfunktion" bei, weil das Beihilfenrecht gerade keine allgemeinen, nicht-selektiven Maßnahmen erfasst[79]. Andernfalls, so dieser Ansatz, führte der EG-Vertrag zu einem seltsamen Ergebnis: Das gezielte Anwerben von Unternehmen aus anderen Mitgliedstaaten mit „besonderen" Vergünstigungen stellte sich als unvereinbar mit dem EG-Vertrag dar. Demgegenüber bliebe das bewusste Anreizen auf allgemeiner Ebene ohne weiteres und uneingeschränkt zulässig, obwohl die Folgen für den Wettbewerb auf dem Gemeinsamen Markt identisch oder sogar gravierender sein können[80]. Das gilt namentlich für die Steuerpolitik kleinerer Mitgliedstaaten mit überschaubaren Volkswirtschaften, in denen die Grenzen zwischen allgemeiner und besonderer Wirtschaftsförderung oft fließend sind. Daher ist es unter teleologischen Gesichtspunkten nicht nur möglich, sondern sogar erforderlich, auch Verzerrungen infolge genereller staatlicher Maßnahmen als vom Tatbestand des Art. 96 EGV umfasst anzusehen. Auch der vom EuGH in ständiger Rechtsprechung praktizierte Grundsatz des *„effet utile"* legt dieses Ergebnis nahe. Denn unter mehreren Auslegungsvarianten ist diejenige vorzuziehen,

---

[76] *Kahl*, in: Calliess/Ruffert, Art. 96 EGV, Rdnr. 1; *Langeheine*, in: Grabitz/Hilf, Art. 101 EGV, EL 10, Rdnr. 1; *Schwartz*, in: FS Hallstein, 474 ff. [481].

[77] *Mesenberg*, in: BB 1961, 141 ff. [142 f.]; *Meier*, in: Ehle/Meier, EWG-Warenverkehr, 262 f.

[78] *Rawlinson*, in: Lenz, EG-Vertrag, Art. 87 EGV, Rdnr. 17; *Mesenberg*, in: BB 1961, 141 ff. [142 f.]; *Bardenhewer/Pipkorn*, in: von der Groeben/Thiesing/Ehlermann, Band 2/II, Art. 101 EGV, Rdnr. 14.

[79] So insbesondere *Koschyk*, Steuervergünstigungen als Beihilfe nach Art. 92 EG-Vertrag, 183 ff. unter Hinweis darauf, dass das Spezifitätskriterium von einzelnen Mitgliedstaaten bewusst zweckentfremdet werde, um das Beihilfenverbot des Art. 87 Abs. 1 EGV nicht wirksam werden zu lassen.

[80] Ebenso *Blumenberg*, in: Grotherr, Handbuch der internationalen Steuerplanung, 1787 ff. [1797]; *Rawlinson*, in: Lenz, EG-Vertrag, Art. 87 EGV, Rdnr. 17.

welche die Vertragsziele am effektivsten fördert[81]. Ein Norminterpret muss daher zu der Auslegung tendieren, die einer Vorschrift tatsächlich zu praktischer Anwendung verhilft[82]. Bislang läuft das vorherrschende spezifische Verzerrungsverständnis jedoch auf eine faktische Unanwendbarkeit von Art. 96 EGV hinaus. Das „Leerlaufen" der Norm steht indes in offenem Widerspruch dazu, dass sie der Gemeinschaft ursprünglich als wirksames Instrument zur unverzüglichen Beseitigung von Wettbewerbsverzerrungen dienen sollte[83].

5. Auslegungsergebnis und Praxis der Kommission

In das endgültige Ergebnis fließen sämtliche Kriterien ein. Der – wenn auch nur indiziell wirkende – Wortlaut der deutschsprachigen Textfassung verlangt lediglich eine Differenzierung nach dem Grad der Verzerrungen. Aus diesem Grund können – sofern sie die notwendige Intensität erreichen – sowohl allgemeine als auch spezifische Maßnahmen eine Verzerrung i.S.d. Art. 96 Abs. 1 EGV hervorrufen. Das gesetzessystematische Auslegungskriterium führt zu dem Schluss, generelle staatliche Maßnahmen in den Verzerrungsbegriff hineinzulesen. Eine Analyse des Spaak-Berichts und dessen Umsetzung lassen zwar beide Ansichten zu. Die besseren Argumente sprechen jedoch dafür, den Anwendungsbereich der Norm nicht auf spezifische Regelungen zu beschränken. Gleiches folgt aus der teleologischen Methode. Insgesamt ist somit nach einer umfassenden Auslegung der Norm davon auszugehen, dass nicht nur spezielle, sondern auch allgemeine Maßnahmen zu einer Verzerrung i.S.v. Art. 96 EGV führen können.

Dass die bisherige Kommissionspraxis diesem Befund zuwiderläuft, steht dem nicht entgegen. Denn sofern neue Entwicklungen auftreten, ist es der Kommission möglich, ihre Auffassung zukünftig zu modifizieren[84]. Schließlich muss sie auf neue Tendenzen – wie beispielsweise den vor Jahrzehnten in dieser Form nicht absehbaren Wettbewerb der Mitgliedstaaten auf dem Gebiet der Körperschaftsteuertarife – reagieren können. Art. 96 EGV könnte ihr deshalb prinzipiell als Instrument dienen, um einzelnen Mitgliedstaaten auf der Ebene allgemeiner steuerlicher Maßnahmen Grenzen zu setzen. Durch ihr derzeitiges enges Verständnis von einer

---

[81] *Streinz*, Europarecht, Rdnr. 498; *Anweiler*, Die Auslegungsmethoden des Gerichtshofs der Europäischen Gemeinschaften, 219.

[82] *Anweiler*, Die Auslegungsmethoden des Gerichtshofs der Europäischen Gemeinschaften, 220; *Wegener*, in: Calliess/Ruffert, Art. 220 EGV, Rdnr. 14; *Oppermann*, Europarecht, Rdnr. 686; *Bleckmann*, in: Bleckmann, Europarecht, Rdnr. 559; *Borchardt*, in: Lenz, EG-Vertrag, Art. 220 EGV, Rdnr. 18.

[83] So insbesondere *Langeheine*, in: Grabitz/Hilf, Art. 101 EGV, EL 10, Rdnr. 1 und wohl auch *Everling*, in: FS Pescatore, 227 ff. [231].

[84] So schon *Sprung*, in: Finanzarchiv 1959/60, 201 ff. [230]; *Mestmäcker*, Europäisches Wettbewerbsrecht, § 3 V (40); *Zweigert*, in: FS Dölle, Band II, 401 ff. [408]; *Schwartz*, in: FS Hallstein, 474 ff. [494 ff.].

Verzerrung i.S.d. Art. 96 Abs. 1 EGV beschneidet sich die Kommission indes selbst von vornherein dieser vertraglichen Kompetenz[85].

III. Anwendbarkeit von Art. 96 Abs. 1 EGV auf Irland

Bisher ist nur gezeigt worden, dass die nationale Ausgestaltung von Steuersätzen als allgemeine staatliche Maßnahme in den Anwendungsbereich des Art. 96 Abs. 1 EGV fallen kann. Fraglich ist dagegen, ob die Einführung eines Körperschaftsteuersatzes i.H.v. 12.5% seitens der Republik Irland tatsächlich die tatbestandlichen Voraussetzungen der Vorschrift erfüllt. Dabei muss eine Anwendung der als Ausnahmebestimmung konzipierten Vorschrift die irische Souveränität auf dem Gebiet der direkten Steuern in hinreichendem Maße berücksichtigen.

1. Unterschiedliche Rechts- und Verwaltungsvorschriften

Art. 96 Abs. 1 EGV verlangt Unterschiede in den Rechts- und Verwaltungsvorschriften der einzelnen Mitgliedstaaten, wozu in Übereinstimmung mit Art. 94 EGV sämtliche normativen Hoheitsakte zählen[86]. Die irischen *Finance Acts*, die in fünf Jahresschritten ein massives Absenken des Tarifs für das *trading income* anordneten, sind ohne weiteres Rechtsvorschriften im Sinne der Norm. Sie legen Steuersätze fest, die von denen anderer Mitgliedstaaten abweichen und weisen deshalb die von Art. 96 Abs. 1 EGV geforderten Unterschiede auf.

2. Verfälschen von Wettbewerbsbedingungen

Erforderlich ist ferner, dass die vorhandenen Unterschiede die Wettbewerbsbedingungen auf dem Gemeinsamen Markt verfälschen. Zwar gestattet der EG-Vertrag den Konkurrenzkampf von Mitgliedstaaten um Unternehmen, die als Wirtschaftssubjekte für Beschäftigung und Steueraufkommen sorgen. Gleichwohl verlangt der Binnenmarkt, dass Wettbewerbsverfälschungen, die aus unterschiedlichen rechtlichen Rahmenbedingungen resultieren, jedenfalls grundsätzlich zu minimieren sind. Denn nur unverfälschter Wettbewerb kann die Ressourcenallokation innerhalb der Gemeinschaft optimieren und dadurch in einer Weise auf die nationalen Volkswirt-

---

[85] Ebenso *Koschyk*, Steuervergünstigungen als Beihilfen nach Art. 92 EG-Vertrag, 186. Die Zurückhaltung der Kommission im Umgang mit der Norm lässt vermuten, dass sie auch in naher Zukunft nur sehr zögerlich bereit sein wird, den Mitgliedstaaten im Bereich allgemeiner steuerlicher Maßnahmen weitere Schranken zu setzen.

[86] *Herrnfeld*, in: Schwarze, EU-Kommentar, Art. 94 EGV, Rdnr. 10; *Röttinger*, in: Lenz, EG-Vertrag, Art. 96 EGV, Rdnr. 3; *Langeheine*, in: Grabitz/Hilf, Band I, EL 10, Art. 101 EGV, Rdnr. 3; *Bardenhewer/Pipkorn*, in: von der Groeben/Thiesing/Ehlermann, Band 2/II, Art. 101 EGV, Rdnr. 3.

schaften einwirken, die dazu führt, dass strukturelle Defizite behoben werden[87]. Vor diesem Hintergrund liegt ein Verfälschen von Wettbewerbsbedingungen i.S.d. Art. 96 EGV immer dann vor, wenn sich die Standortwahl von Unternehmen nicht in erster Linie an natürlichen Marktbedingungen orientiert, sondern sich vorrangig nach staatlich gesetzten Faktoren richtet[88]. Bevor vor diesem Hintergrund der Frage nachzugehen ist, ob der irländische Körperschaftsteuertarif die Wettbewerbsbedingungen auf dem Gemeinsamen Markt verfälscht, muss an dieser Stelle zunächst geklärt werden, inwieweit über die nationalen Körperschaftsteuersätze hinaus sämtliche Standortfaktoren der Mitgliedstaaten in ihrem Verhältnis zueinander zu berücksichtigen sind. Schließlich könnten sie untereinander kompensatorisch wirken, so dass steuerliche Nachteile beispielsweise durch infrastrukturelle Vorteile ausgeglichen werden. Denn, so ließe sich einwenden, die Wettbewerbsfähigkeit eines Landes hängt nicht nur von Steuern ab, sondern zugleich von einer Vielzahl anderer Faktoren. Hierzu zählen insbesondere Infrastruktur, Qualität von Arbeitskräften, Bildungsniveau, gesellschaftliche Stabilität sowie Marktgröße, Inflation und Absatzchancen[89] – um nur einige zu nennen. In der Tat glaubten beispielsweise die Verfasser des Spaak-Berichts, es müsse stets geprüft werden, inwieweit sich die Verzerrungen gegenseitig aufheben[90].

Mittlerweile hat sich jedoch die Ansicht durchgesetzt, dass eine solche kompensatorische Prüfung steuerlicher und anderer Standortfaktoren im Rahmen des Art. 96 EGV nicht durchzuführen ist[91]. Denn eine Berechnung, ob und inwiefern sonstige Kosten und Vorteile in anderen Mitgliedstaaten eine in Frage stehende Wettbewerbsverfälschung relativieren, unberührt lassen oder verfestigen, ist praktisch nicht durchführbar[92]. Da es aufgrund des in Art. 5 Abs. 2 EGV verankerten Subsidiaritätsprinzips niemals zu einer vollständigen Harmonisierung sämtlicher wett-

---

[87] *Heskamp*, Die Vereinbarkeit allgemeiner und horizontaler Beihilfen und Beihilferegelungen mit Art. 87 EGV, 59.

[88] *Langeheine*, in: Grabitz/Hilf, Art. 101 EGV, EL 10, Rdnr. 5; *Bardenhewer/Pipkorn*, in: von der Groeben/Thiesing/Ehlermann, Band 2/II, Art. 101 EGV, Rdnr. 6 f.; *Kahl*, in: Calliess/Ruffert, Art. 96 EGV, Rdnr. 3; *Röttinger*, in: Lenz, EG-Vertrag, Art. 96 EGV, Rdnr. 4.

[89] *Lang*, in: T/L, § 8, Rdnr. 75.

[90] Bericht der Delegationsleiter des Regierungsausschusses an die Außenminister vom 21. April 1956, eingesetzt von der Konferenz von Messina, Doc. MAE 120d/56, S. 66 (abgedruckt in: *Schulze/Hoeren*, Dokumente zum Europäischen Recht, Band 1, 790); ebenso *Aubin*, in: FS Riese, 245 ff. [255 f.].

[91] Allgemeine Ansicht, siehe nur *Langeheine*, in: Grabitz/Hilf, Art. 101 EGV, EL 10, Rdnr. 5; *Röttinger*, in: Lenz, EG-Vertrag, Art. 96 EGV, Rdnr. 4; *Kahl*, in: Calliess/Ruffert, Art. 96 EGV, Rdnr. 3; *Bardenhewer/Pipkorn*, in: von der Groeben/Thiesing/Ehlermann, Band 2/II, Art. 101 EGV, Rdnr. 15.

[92] *Sprung*, in: Finanzarchiv 1959/60, 201 ff. [203 ff.]; *Schwartz*, in: FS Hallstein, 474 ff. [493]; *Langeheine*, in: Grabitz/Hilf, Band I, Art. 101, EL 10, Rdnr. 5; *Everling*, in: FS Pescatore, 227 ff. [231 f.]. A.A. nur *Aubin*, in: FS Riese, 245 ff.

bewerbsrelevanter Vorschriften in allen Mitgliedstaaten kommen kann[93], wäre die Forderung nach einer kompensatorischen Prüfung gleichbedeutend mit einem Verbot jeder Gemeinschaftsmaßnahme gegen Wettbewerbsverfälschung. Konsequenz daraus wäre letztlich die Handlungsunfähigkeit der Gemeinschaftsorgane, namentlich von Kommission und Rat. Einen solchen Standpunkt nimmt – darauf sei hier nur im übrigen hingewiesen – auch im Rahmen des Art. 87 Abs. 1 i.V.m. Art. 3 Abs. 1 lit. g) EGV niemand ein. Es ist schließlich mit Händen greifbar, dass eine „Ausgleichsrechung" in der Realität nicht funktionieren kann und – würde sie durchgeführt – vom Beihilfenverbot des Art. 87 Abs. 1 EGV nicht viel übrig ließe. Gleiches muss deshalb auch für Art. 96 EGV gelten, der ebenfalls dem Schutz des freien Wettbewerbs dient. Zudem übersieht der Kompensationsgedanke, dass in der Praxis häufig nicht die Vielzahl der anderen Faktoren den Ausschlag für eine unternehmerische Investition gibt, sondern die verhältnismäßig kurzfristig „anpassbare" nationale Besteuerung[94]. Infolgedessen ist es nicht nur pragmatisch, sondern auch sachgerecht, sich auf einen Bereich staatlicher Maßnahmen – hier den allgemeinen Körperschaftsteuersatz – zu konzentrieren und isoliert für diesen zu entscheiden, ob die Regelung die Wettbewerbsbedingungen auf dem Gemeinsamen Markt verfälscht.

Fragt man sich daher, ob der niedrige irländische Körperschaftsteuersatz zu einer Verfälschung von Wettbewerbsbedingungen auf dem Gemeinsamen Markt führt, so stellt man zunächst Folgendes fest: Die steuerliche Belastung von Kapitalgesellschaften in der Republik Irland liegt signifikant unter dem Gemeinschaftsdurchschnitt, wofür sich in allererster Linie der niedrige Standardtarif i.H.v. 12.5% verantwortlich zeichnet[95]. Dieser Marktfaktor niedriger Besteuerung führt bei identischer Produktqualität zu besseren Absatzchancen auf dem Gemeinsamen Markt und steigert für dort ansässige Kapitalgesellschaften die Renditeerwartungen im Vergleich zu Unternehmen in anderen Mitgliedstaaten. Namentlich hochmobile Branchen wie der Finanzdienstleistungssektor werden so dazu veranlasst, ihren Standort nach Irland zu verlagern[96]. Aus diesem Grund erfolgen länderübergreifende Investitionsentscheidungen von Marktteilnehmern in Bezug auf die Republik Irland häufig nicht in optimal, sondern in einer durch steuerliche Faktoren beeinflussten Weise, die den freien Wettbewerb auf dem Gemeinsamen Markt verfälscht.

---

93 Siehe hierzu nur die Hinweise bei *Zorn*, in: DStJG (Band 23) 2000, 227 ff. [234] und *Lang*, in: T/L, § 2 Rdnr. 51 ff.

94 Vgl. *Schön*, in: DStJG (23) 2000, 191 ff. [219].

95 Siehe hierzu Kapitel 2 C V 1 und Kapitel 5 A.

96 Dies belegen eindrucksvoll die tatsächlich erreichten Ansiedlungserfolge der irländischen Politik im IFSC, siehe hierzu Kapitel 2 C V 2 a).

3. Zustand einer beseitigungsbedürftigen Verzerrung

Allerdings verlangt der gemeinsame Markt keine absolut vollkommene Wettbewerbsgleichheit, die frei von jeder Verfälschung ist. Würde man einen solchen Zustand fordern, bliebe von der nationalen Souveränität – die Art. 5 Abs. 2 EGV ausdrücklich akzeptiert und achtet – kaum etwas übrig. Aus diesem Grund müssen die Maßnahmen eines Mitgliedstaates nach dem Wortlaut des Art. 96 Abs. 1 EGV nicht nur die Wettbewerbsbedingungen auf dem Gemeinsamen Markt verfälschen. Vielmehr ist darüber hinaus erforderlich, dass diese Verfälschungen ihrerseits eine Verzerrung hervorrufen, die unbedingt und sofort zu beseitigen ist. Dabei muss sich, wenn das Nebeneinander der Merkmale „verfälschen" und „verzerren" im Tatbestand des Art. 96 Abs. 1 EGV einen Sinn haben soll, die Verzerrung als sehr intensive Verfälschung des Wettbewerbs darstellen. Voraussetzung ist also eine ganz besonders qualifizierte Form der Wettbewerbsverfälschung, die sich nachhaltig auf den Gemeinsamen Markt auswirkt[97]. Um ein Beseitigungsbedürfnis für die Verzerrung annehmen zu können, muss deshalb zwingend ein rasches gemeinschaftliches Eingreifen notwendig sein. Fehlt es hieran, kommt statt einer Beratung und Harmonisierung nach Art. 96 EGV nur eine Rechtsangleichung gemäß Art. 94 EGV in Betracht[98]. Will man Art. 96 Abs. 1 EGV also tatsächlich auf einen als „unfair" empfundenen Steuerwettbewerb anwenden, müsste der generelle Körperschaftsteuersatz eines Mitgliedstaates so nachhaltig den innergemeinschaftlichen Wettbewerb verzerren, dass mitgliedstaatliche Souveränitätsrechte zwingend zurückzutreten haben. Das kann wiederum nur der Fall sein, wenn die Achtung seiner Kompetenz auf dem Gebiet der direkten Steuern ausnahmsweise nicht schutzwürdig erscheint.

a) Verzerrung durch Umgehung des Kriteriums der Spezifität ?

Ein möglicher Ansatzpunkt dafür, das Vorliegen einer Verzerrung zu bejahen und Art. 96 EGV auf die Republik Irland anzuwenden, könnte darin zu erblicken sein, dass sich die Einführung eines niedrigen allgemeinen Körperschaftsteuersatzes als faktische Umgehung des spezifischen Beihilfeverbotes des Art. 87 Abs. 1 EGV darstellt. Denn den Terminus „Wettbewerbsverfälschung" verwendet der EG-Vertrag nicht nur in Art. 96 Abs. 1 EGV, sondern auch in Art. 3 Abs. 1 lit. g), Art. 81 Abs. 1 und Art. 87 Abs. 1 EGV. Sämtlichen Vorschriften ist gemeinsam, dass sie mitgliedstaatliche Beeinflussungen vom Gemeinsamen Markt fernhalten

---

[97] *Kahl*, in: Calliess/Ruffert, Art. 96 EGV, Rdnr. 3; *Langeheine*, in: Grabitz/Hilf, Art. 101 EGV, Rdnr. 6; *Röttinger*, in: Lenz, EG-Vertrag, Art. 96 EGV, Rdnr. 5; *Bardenhewer/Pipkorn*, in: von der Groeben/Thiesing/Ehlermann, Band 2/II, Art. 101, Rdnr. 15.

[98] *Zweigert*, in: FS Dölle, Band II, 401 ff. [410]; *Kahl*, in: Calliess/Ruffert, Art. 96 EGV, Rdnr. 6; *Röttinger*, in: Lenz, EG-Vertrag, Art. 96 EGV, Rdnr. 5; *Langeheine*, in: Grabitz/Hilf, Band I, Art. 101 EGV, EL 10, Rdnr. 6.

wollen. Zur Konkretisierung der Wettbewerbsverfälschung i.S.v. Art. 96 Abs. 1 EGV ist deshalb auf die vorgenannten Vorschriften zurückzugreifen[99]. Für Irland ist dies vor folgendem Hintergrund bedeutsam: Den spezifischen Körperschaftsteuersatz i.H.v. 10% stufte die Kommission nach einer Beihilfenprüfung gemäß Art. 88 Abs. 1 S. 1 EGV im Jahr 1998 als eindeutige Verfälschung des Wettbewerbs ein[100]. Ein Körperschaftsteuersatz i.H.v. 12.5% stellt demgegenüber im Ergebnis eine nur so geringfügige Erhöhung dar, dass sich Irland nicht spürbar aus der wettbewerbsverfälschenden Zone herausbewegt haben könnte. Schließlich hat das irische Steuerumfeld kaum etwas von seinem Reiz auf Unternehmen aus anderen Mitgliedstaaten eingebüßt[101].

Für eine Umgehung der Art. 87 ff. EGV spricht zudem, dass das Absenken des Tarifs im Jahr 1998 begann, also genau zu dem Zeitpunkt, als die Kommission die steuerlichen Beihilfen zugunsten gewerblicher *companies* und Kapitalgesellschaften im IFSC als nicht mehr mit dem gemeinsamen Markt vereinbar betrachtete[102]. Berücksichtigt man ferner, dass die Beihilfen infolge vertrauensschutzbedingter Übergangsregeln erst am 31. Dezember 2002 ausliefen und der neue Körperschaftsteuertarif i.H.v. 12.5% seit dem 01. Januar 2003 gilt[103], scheinen beide Maßnahmen zeitlich exakt aufeinander abgestimmt zu sein. Infolgedessen unterliegen irische Tochtergesellschaften ausländischer Mutterkonzerne, die zuvor von dem nicht mehr genehmigungsfähigen Vorzugstarif profitierten, nunmehr lediglich einer um 2.5% höheren steuerlichen Belastung. Verändert wurde also weniger die tatsächliche Steuerlast, als vielmehr die rechtsdogmatische Struktur der Vergünstigung. Statt wie in den 1980er und 1990er Jahren die ursprünglich „enge“ Spezifität des Tarifvorteils nach und nach immer weiter zu verbreitern[104], gewährt TCA 1997

---

[99] Einhellige Ansicht, vgl. nur *Röttinger*, in: Lenz, EG-Vertrag, Art. 96 EGV, Rdnr. 4; *Kahl*, in: Calliess/Ruffert, Art. 96 EGV, Rdnr. 3; *Bardenhewer/Pipkorn*, in: von der Groeben/Thiesing/Ehlermann, Band 2/II, Art. 101 EGV, Rdnr. 6; *Langeheine*, in: Grabitz/Hilf, Band I, Art. 101 EGV, EL 10, Rdnr. 4 und die Hinweise bei *Mestmäcker*, Europäisches Wettbewerbsrecht, § 5 I, (52).

[100] Siehe hierzu bereits die Ausführungen in Kapitel 4 C II.

[101] Dass die konkrete Ausgestaltung des irischen Körperschaftsteuerrechts vornehmlich auf *inward investment* ausgerichtet ist, belegt nicht zuletzt der endgültige Belastungsvergleich zwischen irischen Personenunternehmen und dort ansässigen *companies* mit irländischen Anteilseignern. Vgl. hierzu die Hinweise in Kapitel 3.

[102] Zur Kommissionsansicht vgl. den Vorschlag der Kommission vom 18. Dezember 1998 (98/C 395/09), in: ABl. EG 1998 Nr. C 395/19 ff. [20] sowie den Vorschlag der Kommission vom 18. Dezember 1998 (98 C 395/08), in: ABl. EG 1998 Nr. C 395/14 ff. [15].

[103] Siehe Vorschlag der Kommission vom 18. Dezember 1998 (98/C 395/09), in: ABl. EG 1998 Nr. C 395/19 ff. [21]; Vorschlag der Kommission vom 18. Dezember 1998 (98/C 395/08), in: ABl. EG 1998 Nr. C 395/14 ff. [17]. Lediglich Unternehmen, denen von der IDA bis zum 31. Mai 1998 eine Genehmigung erteilt wurde, können noch bis 2005 (IFSC) bzw. 2010 (*manufacturing relief*) den ermäßigten Steuersatz beanspruchen.

[104] Zu dieser Gesetzgebungstechnik bereits Kapitel 2 C V 2.

heute einen generellen günstigen Steuersatz für sämtliche Kapitalgesellschaften. Für eine Wettbewerbsverfälschung spielt das „rechtliche Gewand", in das ein Mitgliedstaat seine verzerrend wirkenden Vorteile kleidet, indes keine Rolle. Es kommt allein darauf an, wie sich die fraglichen Regeln auf den Gemeinsamen Markt auswirken. Insoweit ist es bezeichnend, wenn in der steuerlichen Literatur die gesetzestechnische Vorgehensweise des irischen Steuergesetzgebers z.T. verkannt und deshalb unzutreffend behauptet wird, „der begünstigte Körperschaftsteuerstandardsatz sei von 10% auf 12.5% erhöht worden[105]." Vielmehr lief der Vorzugstarif (10%) aus und der allgemeine Körperschaftsteuersatz sank – quasi als Ersatz – auf 12.5% ab.

D.h.: Die Wahrscheinlichkeit, dass Irland auch zukünftig ausländische Gesellschaften allein aufgrund seiner Steuervorzüge anzieht, ist nicht gesunken, sondern eher noch gestiegen. Ursache hierfür ist, dass die spezifischen Vorteile auf die allgemeine steuersystematische Ebene verlagert wurden und somit nicht mehr unter das Beihilfeverbot fallen. Art. 87 Abs. 1 EGV ist somit faktisch umgangen worden. Dieser Umstand, so könnte man meinen, scheint deshalb für das Vorliegen einer zu beseitigenden Verzerrung i.S.v. Art. 96 EGV zu sprechen. Denn das Unterlaufen eines primärrechtlichen Verbotes legt auf den ersten Blick den Schluss nahe, die (vermeintliche) Umgehungsregelung als nicht schutzwürdig einzustufen.

Allerdings erweist sich dieser Gedanke bei genauerer Betrachtung als nicht überzeugend. Denn eine solche Argumentation wäre nur dann tragfähig, wenn eine Umgehung von Art. 87 Abs. 1 EGV durch den irischen Gesetzgeber im Rahmen von Art. 96 EGV überhaupt berücksichtigt werden darf. Andernfalls ist der Umstand – sofern er sich überhaupt mit hinreichender Sicherheit nachweisen ließe – dass der Steuergesetzgeber Irlands mit einem allgemeinen Tarif i.H.v. 12.5% das Ziel verfolgt hat, den Anwendungsbereich der Art. 87 ff. EGV zu umgehen, von vornherein nicht geeignet, das Merkmal einer Verzerrung i.S.v. Art. 96 Abs. 1 EGV auszufüllen.

Gegen die Annahme einer nicht schutzwürdigen Verzerrung durch Unterlaufen des Beihilfenrechts spricht jedoch zum einen, dass die Norm selbst allein darauf abstellt, ob objektiv eine Verzerrung vorliegt. Dafür, dass subjektive Ziele eines mitgliedstaatlichen Gesetzgebers dort hineinzulesen sind, bietet der Tatbestand keinen Anhaltspunkt. Zum anderen verbietet es auch der Sinn und Zweck der Vorschrift, die steuer- und wettbewerbspolitischen Intentionen nationaler Gesetzgebers für eine Anwendung von Art. 96 Abs. 1 EGV fruchtbar zu machen[106]. Denn für einen effektiven Schutz des Gemeinsamen Marktes – den die Norm garantieren soll –

---

[105] Unrichtig daher insoweit die Aussagen bei *Lüdemann/Bruton/Hruschka*, Steuerfolgen gewerblicher Investitionen in Irland, Rdnr. 170.

[106] Vgl. hierzu exemplarisch *Langeheine*, in: Grabitz/Hilf, EL 10, Art. 101 EGV, Rdnr. 10.

kommt es nur auf das tatsächliche Vorliegen einer verzerrend wirkenden mitgliedstaatlichen Bestimmung an. Die gesetzgeberische Intentionen spielt demgegenüber keine Rolle. Infolgedessen ist festzuhalten, dass das bloße Ausweichen des irischen Steuergesetzgebers von einer spezifischen auf eine allgemeine körperschaftsteuerliche Anreizpolitik – und sei dies auch bewusst zur Umgehung des in Art. 87 Abs. 1 EGV normierten Beihilfeverbotes erfolgt – eine Anwendung von Art. 96 EGV nicht zu rechtfertigen vermag.

b) Verzerrung durch einen niedrigen Steuersatz ?

Eine ganz besonders intensive Verfälschung i.S.v. Art. 96 Abs. 1 EGV kann also nur darin begründet liegen, dass ein allgemeiner Körperschaftsteuersatz so sehr von dem in der Gemeinschaft existierenden Durchschnittstarif abweicht, dass er eine wettbewerbsverzerrende Wirkung entfaltet. Denjenigen Punkt juristisch zu bestimmen, an welchem ein Tarif diese Schwelle erreicht und sich deshalb als unfairer Steuerwettbewerb darstellt, ist indes nicht möglich[107]. Denn es ist im Ausgangspunkt anerkannt, das internationaler Steuerwettbewerb innerhalb der Gemeinschaft nicht per se schädlich ist. Die Mitgliedstaaten sind sogar prinzipiell gehalten, Abgabenlast und Leistungsangebot in ein angemessenes Verhältnis zueinander zu setzen[108]. Allein die Geltung eines niedrigen Steuertarifs, und sei er auch signifikant gering, kann deshalb keine gemeinschaftsrechtlichen Gegenmaßnahmen nach sich ziehen. Das gilt nicht zuletzt deshalb, weil die Steuergewalt zum Kernbereich mitgliedstaatlicher Souveränität zählt[109]. Direkte Steuern bringen landesspezifische Vorstellungen von Steuergerechtigkeit und Umverteilungsgedanken zum Ausdruck[110]. Daher müssen die Gemeinschaftsorgane – die zur Anwendung von Art. 96 EGV befugt sind – auf die Finanzhoheit desjenigen Mitgliedstaates, der mit seinen Regeln die Wettbewerbsbedingungen verfälscht, hinreichend Rücksicht nehmen. Hierfür muss bereits der Tatbestand der Vorschrift restriktiv angewendet werden. Nur so kann das Spannungsverhältnis zwischen den Bedürfnissen des Gemeinsamen Marktes und der mitgliedstaatlichen Souveränität

---

[107] Im Ergebnis ebenso *Schön*, in: Schön (Hrsg.), Tax Competition in Europe, 1 ff. [18].

[108] *Lang*, in: T/L, § 8, Rdnr. 77; *Vanistendael*, in: EC Tax Review 2000, 152 ff. [157 f.]; *Jackstein*, in: FS Debatin, 179 ff. [179]; *Vogel*, in: StuW 1993, 380 ff. [383]; *Wagner*, Das Konzept der Mindestharmonisierung, 168 f. und *Selling*, in: IStR 2000, 225 ff. [226], der zugleich auch auf mögliche Gefahren des Steuerwettbewerbs hinweist.

[109] *EuGH*, Urteil vom 27. Februar 1985, Rs. 55/83 (Italienische Republik gegen Kommission der EG), in: Slg. 1985 I – 691 ff. [695], Rdnr. 11; *Oppermann*, Europarecht, Rdnr. 1153; *Förster*, in: Bleckmann, Europarecht, Rdnr. 1984; *Vanistandael*, in: EC Tax Review 2000, 152 ff. [152]; *Lehner*, in: DStJG 2000 (Band 23), 263 ff. [264].

[110] *Förster*, in: Bleckmann, Europarecht, Rdnr. 1984; *Vogel*, in: StuW 1993, 380 ff. [383]; *Lehner*, in: DStJG 2000 (Band 23), 263 ff. [264]; *Lang*, in: FS Flick, 873 ff. [873]; *ders.*, in: T/L, § 2, Rdnr. 53 unter Hinweis darauf, dass eine absolut umfassende Harmonisierung der Steuersysteme mit dem Grundsatz der Subsidiarität nicht vereinbar wäre.

zu einem schonenden Ausgleich gebracht werden. Andernfalls geriete der Ausnahmecharakter von Art. 96 EGV, welcher auf der Rechtsfolgenseite das Erfordernis einer bloß qualifizierten Mehrheit rechtfertigt, aus dem Blickfeld.

Nimmt man vor diesem Hintergrund die seit dem Jahr 2003 geltenden Körperschaftsteuersätze in Irland und der übrigen Gemeinschaft in den Blick[111], so stellt man zwar fest, dass der Tarif i.H.v. 12.5% für das *trading income* einer Kapitalgesellschaft signifikant unter dem Gemeinschaftsdurchschnitt liegt. Anhaltspunkte für einen über Art. 96 EGV festzulegenden Mindesttarif folgen hieraus indes nicht. Denn die Schwelle, ab deren Unterschreitung dieser Tarif unfair wäre und verzerrend i.S.v. Art. 96 Abs. 1 EGV wirkte, ist hiermit keineswegs gefunden. Verbindliche Schranken für den Körperschaftsteuersatz eines Mitgliedstaates lassen sich auf dem Boden des EG-Vertrags auch nicht finden. Hiergegen spricht nämlich entscheidend, dass sich die Steuerpolitik sämtlicher Mitgliedstaaten ständig im Fluss befindet. Derzeit weist sie in allen Ländern Strömungen auf, die auf weiter sinkende Körperschaftsteuersätze hindeuten[112]. Ein vermeintlich „noch akzeptabler" Körperschaftsteuersatz für Irland lässt sich deshalb nicht juristisch begründen. Er kann weder für das Jahr 2003 bestimmt werden, als Irland erstmals den Tarif i.H.v. 12.5% gewährte, noch für die vorangegangenen Zeiträume, in denen die irische Abweichung vom durchschnittlichen Gemeinschaftssteuersatz zudem geringer ausfiel. Dieser Befund gilt seit dem 01. Mai 2004 um so mehr, als neue Betrittsländer z.T. ebenfalls sehr niedrige Körperschaftsteuersätze „mitgebracht" haben. So liegt der allgemeine Körperschaftsteuertarif beispielsweise in Polen und der Slowakischen Republik bei 19%, in Ungarn bei 16% und in Litauen und Lettland bei 15%. Diese Steuersätze nähern sich dem Tarif in Irland spürbar an. Jedenfalls kann infolge dieser Entwicklung kein signifikantes Abweichen Irlands „nach unten" mehr angenommen werden. Das gilt um so mehr, als Estland sogar eine „0-Besteuerung" für thesaurierte Gewinne von Kapitalgesellschaften vorsieht[113].

Hieraus folgt, dass ein Tarif, der zu einem Zeitpunkt besonders niedrig erscheint, schon wenige Monate später wieder angemessen wirken kann. Der „Punkt", ab dem ein allgemeiner Steuersatz verzerrend i.S.v. Art. 96 EGV ist, lässt sich nach alledem nicht bestimmen. Genau diese Feststellung wäre aber Voraussetzung für einen Rückgriff auf Art. 96 Abs. 1 EGV. Infolgedessen eröffnet der niedrige irische

---

[111] Siehe hierzu die Übersicht zu Beginn von Kapitel 5 A.

[112] So insbesondere *Lang*, in: DStJG 24 (2001), 49 ff. [91], der davon ausgeht, dass sich die Körperschaftsteuer-Tarife langfristig in Richtung 10 bis 15 Prozentpunkte bewegen werden. Aus diesem Grund könnte Irland denjenigen Mitgliedstaaten, die einen Tarif i.H.v. 12.5% für „zu niedrig" und deshalb für unfair erachten, ebenso gut entgegenhalten, deren Steuersätze seien „zu hoch".

[113] Der Fiskus in Estland greift erst im Falle der Ausschüttung mit Körperschaftsteuer auf die Gewinne zu, vgl. hierzu *Kalamäe/Veide*, in: RIW Beilage 04/2004, 5 f. [5].

Körperschaftsteuertarif i.H.v. 12.5 % mangels beseitigungsbedürftiger Verzerrung nicht die Anwendbarkeit dieser Norm. Vielmehr erscheint die Souveränität Irlands für die Ausgestaltung seiner direkten Steuern nach wie vor schutzwürdig.

IV. Ergebnis

Die Auslegung der Norm hat gezeigt, dass Art. 96 EGV zwar grundsätzlich auch auf allgemeine Steuermaßnahmen einzelner Mitgliedstaaten, namentlich deren Körperschaftsteuertarife, anwendbar ist. Gleichwohl ist die Vorschrift nicht geeignet, dem Absenken des Steuersatzes durch die Republik Irland auf 12.5% für das *trading income* einer Kapitalgesellschaft seit dem Jahr 2003 verbindliche Grenzen zu ziehen. Es fehlt an dem vom Tatbestand des Art. 96 EGV geforderten Merkmal einer beseitigungsbedürftigen Verzerrung. Allein der Umstand, dass vormals spezifische Steueranreize nunmehr auf die allgemeine steuersystematische Ebene verlagert werden, vermag eine Anwendbarkeit der Vorschrift von vornherein nicht zu begründen. Denn Art. 96 EGV stellt lediglich auf die objektive Wirkung der Maßnahme ab. Weil die Gemeinschaft besondere Rücksicht auf die Steuerhoheit der Mitgliedstaaten zu nehmen hat, genügt es auch nicht, dass Irland gemeinschaftsweit einen überaus niedrigen Körperschaftsteuersatz aufweist. Infolge des Ausnahmecharakters von Art. 96 EGV müsste vielmehr von dem allgemeinen Körperschaftsteuertarif eine so erheblich Wettbewerbsverfälschung ausgehen, dass diese verzerrend wirkt und umgehend zu beseitigen ist. Die mitgliedstaatlichen Tarife befinden sich indes ständig im Fluss, weshalb es unmöglich ist, diejenige Schwelle exakt zu bestimmen, ab der ein Niedrigsteuersatz verzerrend i.S.v. Art. 96 EGV wirkt und somit unfair erscheint. Das internationale „race to the bottom“ der Körperschaftsteuersätze lässt sich deshalb mit Hilfe von Art. 96 EGV nicht stoppen.

Kapitel 6: Zulässigkeit deutscher Abwehrgesetze gegen Steueranreize der Republik Irland

Nachdem ausgelotet worden ist, inwiefern der EG-Vertrag den einzelnen Mitgliedstaaten bei dem von ihnen betriebenen Steuerwettbewerb Grenzen setzt, soll nun die Perspektive gewechselt werden. Denn der EG-Vertrag hält nicht nur Schranken für diejenigen Staaten bereit, die Unternehmen anderer Nationen durch steuerliche Regelungen ermuntern, bei ihnen zu investieren. Vielmehr können auf der anderen Seite auch Mitgliedstaaten, die infolge dieser Steueranreize an Steueraufkommen verlieren, nicht schrankenlos Missbrauchs- und Abwehrvorschriften einsetzen, um das Abwandern inländischer Steuerpflichtiger zu unterbinden. Sie müssen ebenso die verbindlichen Vorgaben des EG-Vertrags beachten. Den Rahmen, welchen ihnen das supranationale Recht hierfür steckt, soll die nachfolgende Untersuchung aufzeigen.

A. Einführung und praktische Relevanz

In der Praxis neigen die nationalen Fisci nicht selten dazu, ungeliebten steuerlichen Anreizen anderer Mitgliedstaaten zu begegnen, indem sie ihre eigenen Missbrauchsvorschriften anwenden[1]. Aus Sicht der heimischen Finanzverwaltung sind das insbesondere § 42 AO und §§ 7 ff. AStG. Das wirft die Frage auf, inwiefern diese Vorgehensweise mit Europäischem Gemeinschaftsrecht vereinbar ist. Denn namentlich die Grundfreiheiten des EG-Vertrages könnten einem solchen Gebrauch von nationalen Abwehrgesetzen durch deutsche Finanzämter im Wege stehen. In den Fällen niedrig besteuerter Kapitalgesellschaften im irischen IFSC war dies bereits Gegenstand ausführlicher Erörterungen. Ausgelöst haben die Diskussion folgende Sachverhalte:

Beispiel 1 (I R 117/97[2]):

Die in Deutschland ansässige Lebensversicherungs-Kapitalgesellschaft (LG) schloss sich im März 1990 mit einer anderen inländischen Lebensversicherung zusammen, um die L-Ltd. (L) im Dubliner IFSC zu gründen. Aufgabe dieser dem dortigen ermäßigten Steuersatz i.H.v. 10% unterliegenden L war es, ihr zugeführtes Kapital durch An- und Verkäufe von Wertpapieren in europäischen Währungen

[1] Siehe hierzu nur die Hinweise bei *Blumenberg*, in: Grotherr, Handbuch der internationalen Steuerplanung, 1787 ff. [1804]; *Lausterer*, in: IStR 1997, 486 ff. [489]; *Lang*, in: T/L, § 8, Rdnr. 76; *Schön*, in: Schön (Hrsg.), Tax Competition in Europe, 1 ff. [32 f.]; *Wartenburger*, in: IStR 2001, 397 ff. [400] und *Lang*, in: IStR 2002, 217 ff. [217], der darauf hinweist, dass gerade in den letzten Jahren mehrere europäische Staaten eine CFC-Gesetzgebung eingeführt haben.

[2] *BFH*, Urteil vom 19. Januar 2000 I R 117/97, in: HFR 2000, 553 ff. [553 f.].

gewinnbringend zu verwalten. In dem Geschäftsjahr vom 01. November 1990 bis zum 31. Oktober 1991 tätigte L Käufe im Wert von 158 Mio. DM und Verkäufe mit einem Volumen von 119 Mio. DM. Zur Durchführung dieses Wertpapierhandels beauftragte L eine Managementgesellschaft – die zu einer deutschen Bankengruppe gehörende D-Ltd. (D). Die D war ebenfalls im IFSC ansässig und verfügte über entsprechend ausgebildetes Fachpersonal, EDV-Anlagen und Räumlichkeiten. Demgegenüber mietete L keine Büroräume an und stellte im Mai 1991 lediglich zwei Teilzeitkräfte ein, die noch für eine Reihe anderer irischer Kapitalgesellschaften tätig waren. Verantwortlich zeichnete sich hierfür der Vorsitzende des *Board of Directors* von L, der zugleich Managing Director der D war. Infolge des so organisierten Investments bezog die in Deutschland ansässige LG in den Jahren 1990 und 1991 Ausschüttungen von L.

Ferner beteiligte sich die LG im September 1990 mit einer Einlage (15,8 v.H. des Stammkapitals, den Rest hielten deutsche Banken) an der I-Ltd. (I), einer weiteren steuerbegünstigten Kapitalgesellschaft im IFSC. Für die I handelte nur ein *Board of Directors*, dessen Sitzungen in Dublin stattfanden. Über weitere Mitarbeiter verfügte sie nicht. Das operative Investment wickelte aufgrund eines mit I geschlossenen Managementvertrages die B-Bank ab. Weil sie die ursprünglich geplanten Handelsaktivitäten nicht erreichte, wurde I bereits 1992 liquidiert. Gleichwohl erzielte I in den Jahren 1990 und 1991 (geringe) Erträge, welche sie an die in Deutschland ansässige LG ausschüttete.

Beispiel 2 (I R 94/97[3]):

Das in Deutschland ansässige Presseunternehmen P beteiligte sich im Juli 1990 mit einer Kapitaleinzahlung i.H.v. knapp 60 Mio. DM an der irländischen S mit Sitz im IFSC. Zweck der S war die gewinnbringende Verwaltung des eingezahlten Kapitals. Durch einen im Juli 1990 abgeschlossenen Vertrag wurden Geschäftsführung und Verwaltung der S auf die C übertragen. Das operative Geschäft führte in der Folgezeit die von zwei Banken gehaltene C durch. C war in gleicher Weise auch noch für andere Unternehmen tätig und beschäftigte insgesamt 17 Arbeitnehmer, wohingegen die S lediglich über einen *Board of Directors* verfügte, nicht jedoch über einen eigenen Geschäftsbetrieb (Personal, Räume, Telefonanschluss). Die so abgewickelte Tätigkeit der S bestand während des Streitjahres 1990 in der wiederholten Prolongation mehrerer, bei inländischen Banken angelegter Festgelder sowie im Erwerb von DM-Rentenpapieren. Nach den vertraglichen Vereinbarungen standen den Gesellschaftern der S Mitspracherechte bei der Anlagestrategie der Managementgesellschaft zu. Als Folge dieses Geschäftsbetriebs erwirtschaftete S Gewinne, die sie an P in Deutschland ausschüttete.

---

[3] *BFH*, Urteil vom 19. Januar 2000 I R 94/97, in: BStBl II 2001, 222 ff. [222 f.].

Ursprünglich nahm das FG Baden-Württemberg in beiden Sachverhalten an, das Gemeinschaftsrecht stehe einer Subsumtion unter § 42 AO nicht im Wege[4]. Es liege ein Gestaltungsmissbrauch vor, weshalb die Erträge der irischen Kapitalgesellschaften entgegen dem Schachtelprivileg in Art. XXII Abs. 2 S. 1 Buchstabe a) Doppelbuchstabe aa) S. 3 DBA-Irland unmittelbar die körperschaftsteuerpflichtigen Gewinne ihrer deutschen Muttergesellschaften erhöhten. Teilweise wurde dieser Standpunkt in der Rechtsliteratur ausdrücklich begrüßt und unterstützt. Denn die Beihilfe eines anderen Landes, hier zugunsten des irischen IFSC, könne keine „Sperre" innerstaatlicher steuerlicher Missbrauchsbestimmungen begründen[5]. Andere Stimmen hielten dagegen und meinten, durch einen Rückgriff auf nationale Missbrauchsvorschriften werden die Grundfreiheiten unterlaufen und ihrer Wirkung beraubt[6].

Der Bundesfinanzhof äußerte sich zu diesem Problemkreis in seinen Urteilen vom 19. Januar 2000 nicht. Er verneinte in beiden Sachverhalten das Vorliegen einer missbräuchlichen Basisgesellschaft, weil die fraglichen IFSC-Gesellschaften eine eigene, wenn auch passive Tätigkeit, entfalteten[7]. Das deutsche AStG akzeptiere derartige passive Kapitalgesellschaften, indem es sie lediglich der Hinzurechnungsbesteuerung unterwerfe und entziehe sie deshalb einem Missbrauchsverdikt. Folglich seien die erwirtschafteten Kapitalerträge den irischen IFSC-Gesellschaften und nicht ihren deutschen Muttergesellschaften zuzurechnen. Ferner, so der Bundesfinanzhof weiter, betreffen die Streitjahre nur Zeiträume vor der Einführung von § 10 Abs. 6 AStG a.F., weshalb die vorgenommenen Ausschüttungen aufgrund des DBA-Schachtelprivilegs in der Bundesrepublik keiner weiteren körperschaftsteuerlichen Belastung unterliegen. Auf die gemeinschaftsrechtlichen Zweifel brauchte das Gericht bei seiner Argumentation nicht einzugehen, was es auch nicht tat. Konsequenz daraus ist, dass folgende Fragen unbeantwortet blieben[8]: Welche Auswirkungen haben die Grundfreiheiten auf die Anwendbarkeit nationaler Defensivbestimmungen? Und was folgt daraus für Gewinne deutscher Unternehmen, die aus Ausschüttungen niedrig besteuerter Kapitalgesellschaften in Irland resultieren?

Diese Fragen sind keineswegs nur für Altfälle bis 1991 relevant, dem Zeitpunkt der Erweiterung des Außensteuergesetzes um Regeln für Zwischeneinkünfte mit

---

[4] *FG Baden-Württemberg*, Urteil vom 17. Juli 1997 10 K 309/96, in: EFG 1997, 1442 ff. [1443]; *FG Baden-Württemberg*, Urteil vom 17. Juli 1997 10 K 248/96, in: IWB, Fach 3, Gruppe 1, 629 ff. [630].

[5] Ebenso *Wartenburger*, in: IStR 2001, 397 ff. [400] und *Dreßler*, Gewinn- und Vermögensverlagerungen, 129.

[6] Vgl. nur *Rädler/Lausterer/Blumenberg*, in: DB Beilage 3/1996, 1 ff [9].

[7] *BFH*, Urteil vom 19. Januar 2000 I R 94/97, in: BStBl II 2001, 222 ff. [224 f.]; *BFH*, Urteil vom 19. Januar 2000 I R 117/97, in: HFR 2000, 553 ff. [554].

[8] Darauf weist auch *Kellersmann*, in: Kellersmann/Treisch, 2.6.3.6 (313) hin.

Kapitalanlagecharakter (§ 10 Abs. 6 AStG a.F.). Auch in den Zeiträumen ab 1992 ist zweifelhaft, ob bei sog. „Irland-Fällen“ deutsches Abwehrrecht uneingeschränkt anwendbar ist[9]. Sofern § 10 Abs. 6 AStG a.F. bereits auf die Ausgangssachverhalte hätte angewendet werden müssen, wären nämlich sowohl das Finanzgericht Baden-Württemberg als auch der Bundesfinanzhof nicht umhingekommen, jedenfalls den Tatbestand der Hinzurechnungsbesteuerung zu bejahen[10]. Für die Veranlagungszeiträume nach 1991 ändert sich das Ausgangsproblem also nur geringfügig. Nunmehr ist fraglich, ob die Anwendung von §§ 7 ff. AStG (statt § 42 AO) durch die Grundfreiheiten eingeschränkt wird. Darüber hinaus dürften sich zukünftig – wenn auch in geringerem Maße – vergleichbare europarechtliche Fragen stellen, sofern irische Kapitalgesellschaften dem allgemeinen Niedrigsteuersatz i.H.v. 12.5% unterliegen[11]. In Betracht kommt das beispielsweise dann , wenn sich deutsche Steuerpflichtige einer Tochterkapitalgesellschaft in Irland bedienen, deren Einkünfte *Schedule D Case I* unterfallen und vom irischen Fiskus nur mit einem Körperschaftsteuersatz i.H.v. 12.5% belegt werden. Auch in diesen Sachverhalten kann unter bestimmten Voraussetzungen die prinzipiell bestehende Abschirmwirkung ausländischer Basisgesellschaften gemäß §§ 7 ff. AStG aufgehoben werden, wie das folgende Beispiel verdeutlicht.

Beispiel 3:

Die in Irland ansässige I-Ltd. ist eine Versicherungsgesellschaft mit einem in kaufmännischer Weise organisierten Geschäftsbetrieb, die zu 100% einer deutschen Konzernmutter (M-AG) gehört. Als sog. *captive* dient sie vorrangig dem Ziel, Risiken des Konzerns zu versichern und die in Deutschland ansässige Konzernmutter von Prämienzahlungen an außenstehende Versicherer zu entlasten. Zwar wird I auch zugunsten von Unternehmen außerhalb der Konzernstruktur tätig. Allerdings machen diese Geschäfte nur knapp 20% des Gesamtumsatzes aus. Nahezu 70% ihres Umsatzes erzielt I durch Versicherungsgeschäfte innerhalb des Konzerns. Neben dem eigentlichen Kerngeschäft betreibt I zudem in geschäftsmäßig organisierter Weise noch einen Handel mit diversen Beteiligungen, der ihr Zwischeneinkünfte mit Kapitalanlagecharakter einbringt. Sie erwirbt, hält und veräußert Beteiligungen an Personen- und Kapitalgesellschaften im In- und Ausland, die

---

[9] Vgl. hierzu nur *Höppner*, in: FS Rädler, 305 ff. [307] und *Dreßler*, Gewinn- und Vermögensverlagerungen, 129 f.

[10] Ebenso *Bauschatz*, in: IStR 2002, 333 ff. [338]; a.A. jedoch *BMF*, Schreiben vom 19. März 2001 IV B 4 S 1300 – 65/01, in: BStBl I 2001, 243 f. [243], wonach § 42 AO auch für Wirtschaftsjahre anzuwenden sei, die nach dem 31. Dezember 1991 begonnen haben.

[11] Zu Unrecht hält *Bauschatz*, in: IStR 2002, 333 ff. [342] dies für eine rein theoretische Überlegung, da er offenbar davon ausgeht, ein genereller Körperschaftsteuertarif *in der Nähe von 10%* sei aufgrund des Finanzbedarfs der Mitgliedstaaten unrealistisch.

ihrerseits Gewinne aus Zwischeneinkünften mit Kapitalanlagecharakter i.S.v. § 10 Abs. 6 S. 2 AStG a.F. erzielen. Durch die daraus an sie gezahlten Erträge diverser Personengesellschaften und infolge der Veräußerung von Anteilen mehrerer vermögensverwaltender Kapitalgesellschaften erwirtschaftet I im Jahr 2003 einen Gewinn i.H.v. knapp € 100.000 außerhalb des Versicherungsgeschäfts.

Dieser Sachverhalt erfüllt die Voraussetzungen einer Hinzurechnungsbesteuerung nach dem deutschen Außensteuergesetz. Die in Deutschland unbeschränkt körperschaftsteuerpflichtige M-AG ist zu mehr als der Hälfte an der I-Ltd. – einer Körperschaft mit Sitz und Geschäftsleitung in Irland – beteiligt (§ 7 Abs. 1, Abs. 2 AStG). In der Republik Irland unterfallen sämtliche Versicherungstätigkeiten, also auch diejenigen einer *captive*, den Einkünften nach *Schedule D Case I*, welche einem nominalen Körperschaftsteuersatz von lediglich 12.5% unterliegen[12]. Gleiches gilt für die von I erzielten Beteiligungseinkünfte, da sie in dem hier gewählten Beispiel infolge von Umschichtungen die Grenzen schlichter Vermögensverwaltung überschreiten und aus diesem Grund *trade* i.S.v. *Schedule D Case I* darstellen. Folglich ist die Ertragsteuerbelastung der I-Ltd. „niedrig“ i.S.v. § 8 Abs. 3 AStG[13]. Schließlich erzielt I aus deutscher Sicht auch passive Einkünfte. Zwar tätigt sie Versicherungsgeschäfte i.S.v. § 8 Abs. 1 Nr. 3 AStG, weil sie auch Risiken konzernunabhängiger Unternehmen abdeckt[14]. Allerdings unterfallen ihre Versicherungsgeschäfte nicht dem Aktivitätskatalog, da sie mehrheitlich mit der Konzernmutter und nahestehenden Personen gemäß § 1 Abs. 2 AStG abgeschlossen werden. Darüber hinaus handelt es sich bei ihren Beteiligungsgewinnen i.H.v. € 100.000 um Zwischeneinkünfte mit Kapitalanlagecharakter. Denn eine Verwaltung i.S.v. § 10 Abs. 6 S. 2 Var. 2 AStG a.F. umfasst auch spekulative Verfügungen über Wertpapiere und Beteiligungen. Die Erträge aus diversen Personengesellschaften weisen keinen funktionalen Zusammenhang zu der Versicherungstätigkeit auf und zählen nicht zu aktiven Gewinnausschüttungen i.S.v. § 8 Abs. 1 Nr. 8 AStG[15]. Die Veräußerungsgewinne erfüllen nicht die Rückausnahme des § 8 Abs. 1 Nr. 9 AStG[16] – weshalb sie ebenfalls passiver Natur sind. Sämtliche Voraussetzungen der Hinzurechnungsbesteuerung liegen also vor, so dass die Zwi-

---

[12] *Feeney*, The Taxation of Companies, § 7.206.10 (693) und § 12.605.1 (1315).

[13] *Menck*, in: Blümich, Band 5, EL 75 (Juli 2002), § 8 AStG, Rdnr. 122 weist darauf hin, dass das Gesetz nicht auf eine abstrakte, sondern auf die konkrete Steuerbelastung der ausländischen Gesellschaft abstellt.

[14] *FG Baden-Württemberg*, Urteil vom 27. Juli 1995 6 K 216/88, in: EFG 1996, 350 ff. [354 f.]; *Wassermeyer*, in: Flick/Wassermeyer/Baumhoff, Außensteuerrecht, Band I, Lfg. 51 (November 2002), § 8 AStG, Anm. 98; *Tulloch*, in: Lademann, Band VIII, Nachtrag 113 (September 1996), § 8 AStG, Rdnr. 32.

[15] *Menck*, in: Blümich, Band 5, EL 75 (Juli 2002), § 8 AStG, Rdnr. 93.

[16] *Menck*, in: Blümich, Band 5, EL 75 (Juli 2002), § 8 AStG, Rdnr. 100, 105.

scheneinkünfte der irischen Gesellschaft bei M zu einem steuerpflichtigen Hinzurechnungsbetrag führen.

Darüber hinaus bewahrt das Doppelbesteuerungsabkommen zwischen Deutschland und Irland die M-AG nicht mehr vor einem Zugriff des deutschen Fiskus. Zwar sieht Art. 22 Abs. 2 a) aa) DBA-Irland eine Dividendenfreistellung ohne Aktivitätsvorbehalt für deutsche Kapitalgesellschaften vor, die an irischen Körperschaften zu mehr als 25% beteiligt sind[17]. Allerdings wurde dieser nach § 10 Abs. 5 AStG a.F. entsprechend anwendbare Grundsatz für die Zwischeneinkünfte der I-Ltd. mit Kapitalanlagecharakter i.H.v. €100.000 bereits durch § 10 Abs. 6 S. 1 AStG aufgehoben, so dass die Hinzurechnungsbesteuerung eingreift. Im Hinblick auf die Erträge aus Versicherungsgeschäften galt zwar bis zum Jahr 2002 noch § 10 Abs. 5 AStG a.F.: Die Norm wurde von der Finanzverwaltung so gehandhabt, dass im Falle der Anwendbarkeit eines DBA der Hinzurechnungsbetrag eine Gewinnausschüttung darstellte und somit nach Maßgabe des konkreten Doppelbesteuerungsabkommens als schachtelprivilegierte Dividende von der Körperschaftsteuer auszunehmen war[18]. Mit dem Steuervergünstigungsabbaugesetz (StVergAbG) ist der Abkommensschutz des § 10 Abs. 5 AStG jedoch ersatzlos weggefallen. Konsequenz dieses gesetzgeberischen *treaty overridings* ist, dass für Wirtschaftsjahre ausländischer Tochtergesellschaften, die nach dem 31. Dezember 2002 beginnen, auch passive Zwischeneinkünfte aus Versicherungsgeschäften in die ertragsteuerliche Bemessungsgrundlage der Hinzurechnungsbesteuerung einfließen[19].

Neben §§ 7 ff. AStG kommt nach der hier vertretenen Auffassung in Übereinstimmung mit der Rechtsprechung des Bundesfinanzhofs in dem soeben beschriebenen Beispielsfall ein Rückgriff auf § 42 AO nicht in Betracht. Denn sofern sich der Missbrauchsvorwurf in dem Erzielen passiver Einkünfte i.S.d. Außensteuergesetzes erschöpft, scheidet ein Rückgriff auf § 42 AO aus[20]. Da die irische I-Ltd. im

---

[17] Zu dem Streit, ob nur *companies limited by shares* von der Regelung erfasst sind oder auch *unlimited companies*, vgl. etwa die Ausführungen von *Philipowski*, in: DB 2001, 1112 ff.; *Häuselmann*, in: IStR 2000, 8 ff.; *Schroer*, in: IStR 2000, 711 ff.; *Raupach*, in: IStR 2000, 385 ff.; *Fromm*, in: IStR 2000, 706 ff. und *Wiskemann*, in: IStR 2003, 647 f. [647].

[18] Siehe *BMF*, Grundsätze zur Anwendung des AStG vom 02. Dezember 1994, IV C 7 – S 1340 – 20/94, Tz. 10.5.1 und Tz. 10.5.2, in: BStBl I 1995, Sondernummer 1, 3 ff. [42].

[19] Ausführlich hierzu beispielsweise *Sieker*, in: IStR 2003, 78 ff. [79 f.] und *Wiese/Klass*, in: GmbHR 2003, 557 ff. [560].

[20] Dieser Ansicht liegt das Verständnis der Rechtsprechung des I. Senats des BFH zum Verhältnis zwischen §§ 7 ff. AStG und § 42 AO zugrunde. Danach ist 42 AO zwar grundsätzlich die logisch vorrangige Regelung, weil die Norm logisch früher ansetze, nämlich bereits bei der Einkünfteerzielung und sie die Einkünfte den hinter der Kapitalgesellschaft stehenden Gesellschaftern zuordne. Gleichwohl müsse der allgemeine Missbrauchstatbestand im Lichte des Gesetzeszwecks der §§ 7 ff. AStG interpretiert werden. Danach sei es Aufgabe der Hinzurechnungsbesteuerung, Steuerflucht unter Ausnutzung internationaler Steuergefälle durch Basisgesellschaften zu verhindern,

Eingangsbeispiel mit eigenem Personal einer (wenn auch passiven) wirtschaftlichen Tätigkeit nachgeht, bleibt für eine Anwendung von § 42 AO kein Raum. Infolgedessen soll nachfolgend ausschließlich anhand der Hinzurechnungsbesteuerung untersucht werden, ob ein Einsatz steuerlicher Missbrauchsvorschriften gegenüber günstigen allgemeinen Steuermaßnahmen anderer EG-Mitgliedstaaten rechtmäßig ist. Allerdings ist an dieser Stelle zu betonen, dass die nachfolgenden Ausführungen entsprechend gelten, sofern im Einzelfall nicht §§ 7 ff. AStG, sondern § 42 AO herangezogen wird. Denn in beiden Normen geht es um den Konflikt zwischen nationalen Abwehrbestimmungen und den europarechtlichen Grundfreiheiten.

B. Kein vollständiger Ausschluss nationaler Defensivvorschriften

Dass nationale Gesetzgeber und Verwaltungen auf unliebsame grenzüberschreitende Gestaltungen mit der Annahme eines steuerlichen Missbrauchs reagieren, ist keine spezifisch deutsche Erscheinung. Es handelt sich vielmehr um eine gängige Praxis im gesamten Gemeinschaftsgebiet[21]. Eine autonome und mit Anwendungsvorrang versehene europäische Vorschrift, die Fragen des Missbrauchs in grenzüberschreitenden Sachverhalten umfassend regelt und mitgliedstaatliche Bestimmungen verdrängt, existiert schließlich nicht. Auf dem Gebiet der direkten Unternehmenssteuern enthält allein Art. 11 Abs. 1 lit. a) S. 1 der Fusionsrichtlinie eine entsprechende Regelung[22]. Danach müssen die Mitgliedstaaten die Richtlinie lediglich in solchen Fallkonstellationen nicht anwenden, in denen die grenzüberschreitenden Umstrukturierungsvorgänge als „hauptsächlichen Beweggrund ... die Steuerhinterziehung oder –umgehung" aufweisen. Gleichzeitig folgt daraus aber auch:

---

weshalb das bloße Erzielen von Einkünften aus passivem Erwerb für sich genommen keinen Missbrauchsvorwurf rechtfertigen könne, sondern als Rechtsfolge lediglich die Hinzurechnungsbesteuerung auslöse. Um § 42 AO daneben anzuwenden, müssten nach Ansicht des I. Senats deshalb weitere Umstände hinzutreten, wie sie namentlich beim Einsatz bloßer Briefkastenfirmen vorlägen, vgl. hierzu *BFH*, Urteil vom 23. Oktober 1991 I R 40/89, in: BStBl II 1992, 1026 ff. [1027 f.] und *BFH*, Urteil vom 10. Juni 1992 I R 105/89, in: BStBl II 1992, 1029 ff. [1031]. Nachweise zu den hiervon abweichenden Ansichten sind dargestellt bei *Wassermeyer*, in: Flick/Wassermeyer/ Baumhoff, Außensteuerrecht, Band I, Vor §§ 7 – 14 AStG, Lfg. 50 (Oktober 2002), Anm. 91 f.

[21] Siehe hierzu nur die Hinweise bei *Blumenberg*, in: Grotherr, Handbuch der internationalen Steuerplanung, 1787 ff. [1804]; *Lausterer*, in: IStR 1997, 486 ff. [489]; *Lang*, in: T/L, § 8, Rdnr. 76; *Schön*, in: IStR 1996, Beihefter 2/1996, 1 ff. [2]; *Wartenburger*, in: IStR 2001, 397 ff. [400] und *Lang*, in: IStR 2002, 217 ff. [217], der darauf hinweist, dass gerade in den letzten Jahren mehrere europäische Staaten eine CFC-Gesetzgebung eingeführt haben.

[22] Richtlinie des Rates über das gemeinsame Steuersystem für Fusionen, Spaltungen, die Einbringung von Unternehmensteilen und den Austausch von Anteilen die Gesellschaften verschiedener Mitgliedstaaten betreffen, 90/434/EWG vom 23. Juli 1990, in: ABl. EG 1990 Nr. L 225, 1 ff. Ausführlich zu dem dort normierten Missbrauchsbegriff *Schön*, in: IStR 1996, Beihefter 2/1996, 1 ff. [3].

Sofern das Ziel der Richtlinie – grenzüberschreitende Fusionen von Kapitalgesellschaften zu erleichtern – berührt ist, dürfen die Mitgliedstaaten ihre Missbrauchs- und Abwehrvorschriften nicht frei handhaben, sondern müssen den Richtlinienzweck beachten. Dieser ist gemeinschaftsweit einheitlich auszulegen[23]. Die Richtlinie ist deshalb in einer Art und Weise auszulegen, die ihren Telos so weit wie möglich berücksichtigt. Nationale Abwehrvorschriften müssen deshalb unangewendet bleiben, falls sie eine ökonomisch motivierte Fusion, Spaltung, Einbringung oder den Austausch von Unternehmensteilen zwischen Kapitalgesellschaften aus mehreren Mitgliedstaaten behindern, indem sie stille Reserven aufdecken und versteuern.

Das übrige, nicht harmonisierte Gebiet der direkten Steuern bleibt indes von Art. 11 Abs. 1 lit. a) S. 1 der Fusionsrichtlinie unberührt. Dazu zählen auch Hinzurechnungsfälle, in denen Fisci auf nicht ausgeschüttete Gewinne zugreifen. Denn insoweit handelt es sich um einen Sachbereich, den die Fusionsrichtlinie offenkundig nicht regelt. Gleichwohl ist damit nicht gesagt, dass die Mitgliedstaaten außerhalb von Art. 11 Abs. 1 lit. a) S. 1 der Fusionsrichtlinie eine „carte blanche“[24] in den Händen halten, die den uneingeschränkten Einsatz nationaler Missbrauchs- und Abwehrbestimmungen gestattet. Dass dies nicht der Fall sein kann, offenbart ein Blick auf das mit der Fusionsrichtlinie verfolgte Ziel. Sie dient dazu, der Niederlassungsfreiheit des EG-Vertrags zu besserer Geltung zu verhelfen, indem sie ganz bestimmte steuerrechtliche Beeinträchtigungen des Art. 43 Abs. 1 EGV mittels Richtlinie und der hieraus folgenden Umsetzungspflicht der nationalen Gesetzgeber zu beseitigen versucht[25]. Eine gemeinschaftsrechtskonforme Auslegung der Richtlinie – mithin auch eine Auslegung der darin enthaltenen Missbrauchsregelung – hat sich daher an den Zielen der Niederlassungsfreiheit zu orientieren. Daraus lässt sich in einem weitergehenden Schritt herleiten: Wenn Richtlinien bloß eine sekundärrechtliche Konkretisierung der Grundfreiheiten darstellen, müssen überall dort, wo es an sekundären Gemeinschaftsrechtsakten mangelt, unmittelbar die primärrechtlichen Grundfreiheiten des EG-Vertrags selbst herangezogen werden, soweit es um Fragen der Auslegung und Anwendung mitgliedstaatlicher Defensivmaßnahmen auf dem Gebiet des internationalen Steuerrechts geht[26].

---

[23] *Knobbe-Keuk*, in: EuZW 1992, 336 ff. [343]; *Kluge*, Das Internationale Steuerrecht, K 37, *Schaumburg*, Internationales Steuerrecht, 3.55; *Kellersmann*, in: Kellersmann/Treisch, 1.6.4.1 (41); *Lang*, in: T/L, § 5, Rdnr. 60 mit allgemeinen Hinweisen zur Auslegung von EG-Richtlinien.

[24] Zum Begriff *Schön*, in: IStR 1996, Beihefter 2/1 ff. [4].

[25] Vgl. *Knobbe-Keuk*, in: EuZW 1992, 336 ff. [341]; *Schön*, in: IStR 1996, Beihefter 2/1 ff. [5]; *Tumpel*, in: DStJG 2000 (Band 23), 321 ff. [328 f.]; *Dautzenberg*, Unternehmensbesteuerung im EG-Binnenmarkt, Band 1, 218 ff.; *Schaumburg*, Internationales Steuerrecht, 3.64 f.

[26] Ebenso *Paschen*, Steuerumgehung im nationalen und internationalen Steuerrecht, 198.

C. Begrenzen Art. 43 ff. EGV den Rahmen von Abwehrgesetzen?

Obwohl die direkten Steuern in die Zuständigkeit der Mitgliedstaaten fallen, betont der EuGH in ständiger Rechtsprechung, dass sie ihre Kompetenz nur unter Wahrung des Gemeinschaftsrechts ausüben dürfen[27]. Da der Gerichtshof die Diskriminierungsverbote des EG-Vertrags auch auf das Steuerrecht der Mitgliedstaaten erstreckt, kommt den mit Anwendungsvorrang gegenüber nationalen Vorschriften ausgestatteten Grundfreiheiten herausragende Bedeutung zu. Mitgliedstaatliche Finanzverwaltungen und Gerichte dürfen ihren Handlungen deshalb keine Normen zugrunde legen, die gegen die Grundfreiheiten verstoßen[28]. Für den Gebrauch nationaler Abwehrvorschriften gegenüber steuerlichen Maßnahmen anderer Mitgliedstaaten kann sich daraus in grenzüberschreitenden Sachverhalten die Notwendigkeit einer europarechtskonformen Modifikation ergeben.

Wo die aus den Grundfreiheiten fließenden Grenzen für nationale Missbrauchs- und Abwehrvorschriften verlaufen, soll nachfolgend exemplarisch anhand der Implikationen der Niederlassungsfreiheit auf die deutsche Hinzurechnungsbesteuerung analysiert werden. Obgleich die Gründung einer Tochtergesellschaft im EG-Ausland und deren Ausstattung mit Sach- und Finanzkapital sowohl die Niederlassungs- als auch die Kapitalverkehrsfreiheit tangiert und der EuGH in entsprechenden Sachverhalten beide Grundfreiheiten nebeneinander anwendet[29], ist ein He-

---

[27] Ständige Rspr., vgl. nur *EuGH*, Urteil vom 14. Februar 1995, Rs. C-279/93 (Finanzamt Köln-Altstadt gegen Roland Schumacker), in: Slg. 1995 I-249 ff. [257], Rdnr. 21; *EuGH*, Urteil vom 14. September 1999, Rs. C-391/97 (Frans Gschwind gegen Finanzamt Aachen-Außenstadt), in: Slg. 1999 I-5478 ff. [5487], Rdnr. 20; *EuGH*, Urteil vom 21. September 1999, Rs. C-307/97 (Compagnie de Saint-Gobain, Zweigniederlassung Deutschland gegen Finanzamt Aachen-Innenstadt), in: Slg. 1999 I-6181 ff. [6202], Rdnr. 58; *EuGH*, Urteil vom 08. März 2001, verb. Rs. C-397/98 und C-410/98 (Metallgesellschaft Ltd u.a., Hoechst AG, Hoechst (UK) Ltd gegen Commissioners of Inland Revenue, HM Attorney General), in: Slg. 2001 I-1760 ff. [1773], Rdnr. 37. Aus der Literatur hierzu *Dautzenberg*, Unternehmensbesteuerung im EG-Binnenmarkt, Band 1, 112 ff.; *Cordewener*, Europäische Grundfreiheiten und nationales Steuerrecht, 53 ff.; *Kluge*, Das Internationale Steuerrecht, K 17 ff.

[28] *EuGH*, Urteil vom 15. Juli 1964, Rs. 6/64 (Flaminio Costa gegen E.N.E.L.), in: Slg. 1964, 1253 ff. [1269 f.]; *EuGH*, Urteil vom 09. März 1978, Rs. C-106/77 (Staatliche Finanzverwaltung gegen S.p.A. Simmenthal), in: Slg. 1978 I-629 ff. [644 f.], Rdnr. 21 – 24 und die umfangreichen Nachweise bei *Cordewener*, Europäische Grundfreiheiten und nationales Steuerrecht, 53 ff.

[29] *EuGH*, Urteil vom 28. Januar 1992, Rs. C-204/90 (Hanns-Martin Bachmann gegen Belgischer Staat), in: Slg. 1992 I-276 ff. [285], Rdnr. 34; *EuGH*, Urteil vom 14. November 1995, Rs. C-484/93 (Peter Svensson und Lena Gustavsson gegen Ministre du Logement et de l'Urbanisme), in: Slg. 1995 I-3971 ff. [3977], Rdnr. 19; *EuGH*, Urteil vom 01. Dezember 1998, Rs. 410/96 (André Ambry), in: Slg. 1998 I-7889 ff. [7904], Rdnr. 40. Vgl. auch *Seer/Haken*, in: SteuerStud 2001, 344 ff. [347] und *Kellersmann*, in: Kellersmann/Treisch, 2.3.1.6.4 (173).

rausgreifen der Art. 43 ff. EGV gerechtfertigt, um Wiederholungen zu vermeiden. Angesichts der grundfreiheitlichen Konvergenz[30] erscheint dieses Vorgehen auch insoweit sachgerecht, als materielle Differenzen der geschützten Regelungsbereiche im Steuerrecht weniger ins Gewicht fallen als in anderen Materien. Denn steuerliche Vorschriften knüpfen nicht unmittelbar an geschützte Tätigkeiten an, sondern an deren ökonomisches Ergebnis[31]. Darüber hinaus liegt, wie das Eingangsbeispiel verdeutlicht, der Schwerpunkt unternehmerischer Aktivität regelmäßig in der Ausübung einer selbständigen Tätigkeit i.S.v. Art. 43 Abs. 1 EGV. Der Transfer von Geld- und Sachkapital, um eine Tochtergesellschaft angemessen auszustatten, besitzt demgegenüber regelmäßig nur den Charakter eines – wenn auch notwendigen – Annexes zur Niederlassungsfreiheit. Schließlich gewährleistet Art. 58 Abs. 2 EGV, dass eine Verletzung der Kapitalverkehrsfreiheit nicht vorliegen kann, sofern eine Maßnahme die Niederlassungsfreiheit in rechtmäßiger Weise beschränkt[32].

I. Schutzbereich der Niederlassungsfreiheit

Innerhalb des Gemeinschaftsgebiets können sich Kapitalgesellschaften gemäß Art. 48 Abs. 1 EGV ebenso auf die Niederlassungsfreiheit berufen wie natürliche Personen. Voraussetzung ist lediglich, dass sie grenzüberschreitend tätig werden[33] und der inländische Anteilseigner wesentlichen Einfluss auf die Gesellschaft ausüben kann[34]. Sind sie, wie die im Ausgangssachverhalt vorgestellte *captive*, nicht

---

[30] *Epiney*, in: Calliess/Ruffert, Art. 28 EGV, Rdnr. 56 weist darauf hin, dass sich alle Grundfreiheiten an einem einheitlichen Binnenmarktkonzept (Art. 3 Abs. 1 lit. c) i.V.m. Art 14 Abs. 2 EGV) orientieren und eine Liberalisierung des grenzüberschreitenden Verkehrs bezwecken, um optimale Ressourcenallokationen aufgrund freier unternehmerischer Entscheidung zu gewährleisten. Auch *Randelzhofer/Forsthoff*, in: Grabitz/Hilf, Band I, vor Art. 39-55 EGV, EL 18 (Mai 2001), Rdnr. 208 verzichten auf eine Differenzierung, da steuerliche Vorschriften regelmäßig sämtliche Grundfreiheiten behindern können. Ausführlich zur Konvergenz der Grundfreiheiten *Cordewener*, Europäische Grundfreiheiten und nationales Steuerrecht, 104 ff. und *Tumpel*, in: DStJG 2000 (Band 23), 321 ff. [327].

[31] *Kellersmann*, in: Kellersmann/Treisch, 2.3 (123).

[32] *Scherer*, Doppelbesteuerung und Europäisches Gemeinschaftsrecht, 181 f.; *Kellersmann*, in: Kellersmann/Treisch, 2.3.1.6.2 (170 f.); *Saß*, in: IWB, Fach 11, Gruppe 2, 401 ff. [404]; *Lausterer*, in: IStR 2003, 19 ff. [22].

[33] *EuGH*, Urteil vom 20. April 1988, Rs. 204/87 (Guy Bekaert), in: Slg. 1988, 2036 ff. [2039], Rdnr. 11 f.; *EuGH*, Urteil vom 16. November 1995, Rs. C-152/94 (Geert van Buynder), in: Slg. 1995 I-3985 ff. [3988 f.], Rdnr. 10; *Dautzenberg*, Unternehmensbesteuerung im EG-Binnenmarkt, Band 1, 56 ff.; *Cordewener*, Europäische Grundfreiheiten und nationales Steuerrecht, 218.

[34] *EuGH*, Urteil vom 13. April 2000, Rs. C-251/98 (C. Baars gegen Inspecteur der Belastingen Particulieren / Ondernemingen Gorinchem), in: Slg. 2000 I-2805 ff. [2814], Rdnr. 20. Zum Inhalt der insoweit bestehenden Beteiligungsschwelle des Gesellschafters *Cordewener*, Europäische Grundfreiheiten und nationales Steuerrecht, 721.

gemäß Art. 45 EGV von vornherein vom Schutzbereich der Niederlassungsfreiheit ausgeschlossen, so gehen sie grundsätzlich einer durch Art. 43 Abs. 1 EGV geschützten Tätigkeit nach[35]. Gesellschaften müssen, um sich auf die Niederlassungsfreiheit berufen zu können, lediglich (1) einem Erwerbszweck i.S.v. § 48 Abs. 2 EGV nachgehen, (2) die erforderliche Beteiligungsquote erfüllen und (3) sich nicht in missbräuchlicher Weise auf die Niederlassungsfreiheit berufen. Nur wenn es an einer dieser Voraussetzungen mangelt, genießt die unternehmerische Tätigkeit keinen grundfreiheitlichen Schutz.

1. Geschützte Erwerbstätigkeit

Eine europarechtliche Korrektur nationaler Missbrauchsbestimmungen ist nur denkbar, soweit eine unternehmerische Aktivität überhaupt in den Schutzbereich der Niederlassungsfreiheit fällt. Andernfalls mangelt es an einem supranationalen Normbefehl, der deutsche Abwehrvorschriften beeinflussen könnte. Im Kontext des internationalen Steuerwettbewerbs stellt sich insbesondere die Frage, ob auch das bloße Halten und Handeln mit Beteiligungen grundfreiheitlichen Schutz genießt. Denn typischerweise stehen Industrie, Handwerk und freiberufliche Tätigkeit im Zentrum der Niederlassungsfreiheit[36]. Gleichwohl ist davon auszugehen, dass der Begriff des Erwerbszwecks weit zu verstehen ist und auch reine Holdingsachverhalte erfasst. Denn 1998 überprüfte der Gerichtshof in seinem ICI-Urteil die Rechtmäßigkeit einer körperschaftsteuerlichen Maßnahme, der ein mittelbares Halten von Beteiligungen in einem grenzüberschreitenden Konsortium zugrunde lag, am Maßstab der Niederlassungsfreiheit[37]. Dadurch hat der EuGH den sachlichen Schutzbereich von Art. 48 Abs. 1 i.V.m. Art. 43 Abs. 1 S. 1 EGV auf unternehmerische Strukturen erstreckt, deren Tätigkeit sich im Halten von Aktien und sonstigen Beteiligungen erschöpft[38]. Für dieses Ergebnis spricht, dass das Merkmal des Erwerbszwecks im Lichte von Art. 2, Art. 3 Abs. 1 lit. c) EGV ausgelegt werden muss[39]. Beide Vorschriften stehen an der Spitze des EG-Vertrags und formulieren

---

[35] *EuGH*, Urteil vom 25. Juli 1991, Rs. C-221/89 (The Queen gegen Secretary of State for Transport, ex parte: Factorame Ltd u.a.), in: Slg. 1991 I-3956 ff. [3965], Rdnr. 20.

[36] Aus diesem Grund hat der Gerichtshof auf dem Gebiet der Umsatzsteuer zwei Gesellschaften, deren Aktivität sich ausschließlich auf das Halten von Beteiligungen beschränkte, die Unternehmereigenschaft versagt, vgl. *EuGH*, Urteil vom 20. Juni 1991, Rs. C-60/90 (Polysar Investments Netherlands BV gegen Inspecteur der Invoerrechten en Acajnzen te Arnhem), in: Slg. 1991 I-3132 ff. [3137], Rdnr. 13; *EuGH*, Urteil vom 20. Juni 1996, Rs. C-155/94 (Wellcome Trust Ltd gegen Commissioners of Customs & Excise), in: Slg. 1996 I-3030 ff. [3041], Rdnr. 32.

[37] *EuGH*, Urteil vom 16. Juli 1998, Rs. 264/96 (Imperial Chemical Industries plc gegen Kenneth Hall Colmer), in: Slg. 1998 I-4711 ff. [4722 ff.], Rdnr. 24 ff.

[38] A.A. *Hahn*, in: IStR 1999, 609 ff. [616]; *Wassermeyer*, in: Flick/Wassermeyer/Baumhoff, Vor §§ 7-14 AStG, Lfg. 50 (Oktober 2002), Rdnr. 85.

[39] *Rättig/Protzen*, in: IStR 2003, 195 ff. [197]; *Bleckmann*, Europarecht, Rdnr. 1616.

die grundsätzlichen Absichten der Gemeinschaft. Ausgehend von dem Ziel, die grenzüberschreitende Marktteilnahme so umfassend wie möglich zu gewährleisten, verdient prinzipiell jede wirtschaftliche Betätigung den Schutz der Niederlassungsfreiheit. An einer wirtschaftlichen Tätigkeit fehlt es deshalb nur bei reinen Gefälligkeitsleistungen bzw. unentgeltlicher karitativer, politischer, religiöser oder kultureller Arbeit[40]. Nur Gesellschaften, die nicht darauf angelegt sind, ein Entgelt am Markt zu erzielen, sind vom Schutzbereich der Niederlassungsfreiheit ausgeschlossen.

2. Erforderliche Beteiligungsquote

Die Niederlassungsfreiheit schützt prinzipiell alle grenzüberschreitenden unternehmerischen Niederlassungen, seien es unselbständige Filialen oder inkorporierte Tochtergesellschaften. Aus Art. 48 Abs. 2 i.V.m. Art. 43 Abs. 2 EGV folgert der EuGH jedoch, dass nur die Kontrolle oder Leitung über eine Gesellschaft den Schutzbereich der Niederlassungsfreiheit eröffnet[41]. Nach den ergänzenden Ausführungen von Generalanwalt *Alber* richtet sich die Entscheidung hierüber nach dem Gesellschaftsrecht des jeweiligen Mitgliedstaates[42]. Hintergrund des Leitungs- bzw. Kontrollerfordernisses ist, dass Art. 43 ausschließlich den Schutz einer unternehmerischen Tätigkeit bezweckt. Die Niederlassungsfreiheit ist daher nicht schon bei jeder Kapitalinvestition berührt, sondern nur, falls ein grenzüberschreitend agierender Marktteilnehmer substantiellen Einfluss auf die Entscheidungen der ausländischen Gesellschaft nehmen kann. Splitterbeteiligungen genügen nicht, weil sie einen Anteilseigner nicht in die Lage versetzen, in der ausländischen Gesellschaft seinen Willen durchzusetzen[43]. Eine exakte Festlegung der erforderlichen prozentualen Beteiligungshöhe bei Tochtergesellschaften hat der Gerichtshof zwar bislang

---

[40] *Schlag*, in: Schwarze, EU-Kommentar, Art. 43 EGV, Rdnr. 18; *Randelzhofer/Forsthoff*, in: Grabitz/Hilf, Band I, Art. 43 EGV, EL 18 (Mai 2001), Rdnr. 20. Die entgeltliche sportliche oder religiöse Unternehmung stellt hingegen wiederum eine geschützte Teilnahme am Wirtschaftsleben dar, vgl. nur *EuGH*, Urteil vom 12. Dezember 1974, Rs. 36/74 (B.N.O. Walrave und L.J.N. Koch gegen Association Union Cycliste Internationale Koninklijke Niederlandsche Wielren Unie und Federation Espanola Ciclismo), in: Slg. 1974, 1405 ff. [1418], Rdnr. 4/10; *EuGH*, Urteil vom 14. Juli 1976, Rs. 13/76 (Gaetano Doná gegen Mario Mantero), in: Slg. 1976, 1333 ff. [1340], Rdnr. 12/13; *EuGH*, Urteil vom 5. Oktober 1988, Rs. 196/87 (Udo Steymann gegen Staatssecretaris van Justitie), in: Slg. 1988, 6169 ff. [6173], Rdnr. 12 f.

[41] *EuGH*, Urteil vom 13. April 2000, Rs. 251/98 (C. Baars gegen Inspecteur der Belastingen Particulieren / Odernemingen Gorinchen), in: Slg. 2000 I-2805 ff. [2814], Rdnr. 20; *EuGH*, Urteil vom 21. November 2002, Rs. 436/00 (X und Y gegen Riksskatteverk), in: IStR 2003, 23 ff. [25], Rdnr. 37.

[42] Schlussantrag des Generalanwalts *Alber* vom 14. Oktober 1999, in: Slg. 2000 I-2789 ff. [2797], Rdnr. 33.

[43] *Schön*, in: DB 2001, 940 ff. [942] und *Lang*, in: IStR 2002, 217 ff. [218] weisen darauf hin, dass Minderheitsbeteiligte durch die Kapitalverkehrsfreiheit ausreichend geschützt sind.

vermieden. Immerhin hat er aber ausgeführt, dass jedenfalls eine 100%ige Beteiligung am Kapital einer ausländischen Körperschaft zur Anwendbarkeit der Niederlassungsfreiheit führt. Demgegenüber soll das Innehaben von einem Drittel der Gesellschaftsanteile und von mehr als 7 Hundertstel des eingezahlten Gesellschaftskapitals zumindest nicht zwangsläufig die Kontrolle über eine Kapitalgesellschaft vermitteln[44]. Sofern ein deutsches Mutterunternehmen – wie in Beispielsfall Nr. 3 – über eine 100%ige Tochtergesellschaft in Irland verfügt, ist dieses Erfordernis in jedem Fall erfüllt.

3. Keine missbräuchliche Inanspruchnahme der Grundfreiheit

Bereits auf der Ebene des Schutzbereichs werden ausnahmsweise Gestaltungen ausgeschlossen, die sich als nicht schützenswerter Missbrauch der Grundfreiheiten darstellen[45]. Grund hierfür ist, dass der EuGH zugunsten der Mitgliedstaaten ein Gegengewicht zu der immer weiter ausgreifenden tatbestandlichen Interpretation der Grundfreiheiten schaffen will. Denn die „ordre public"-Klauseln der Art. 30, 39 Abs. 3, 46 Abs. 1 und Art. 58 Abs. 1 lit. b) EGV beinhalten nur sehr wenige mitgliedstaatliche Interessen, hinter denen die Grundfreiheiten zurücktreten müssen. Nachdem der Gerichtshof zunächst nur für die Warenverkehrsfreiheit annahm, dass jedenfalls nicht-diskriminierende Beschränkungen und versteckte Diskriminierungen durch zwingende Gründe des Allgemeinwohls hingenommen werden müssen, dehnte er diese sog. „rule of reason" später auf sämtliche Grundfreiheiten aus[46].

Obgleich die dogmatische Konstruktion dieses tatbestandsimmanenten Vorbehalts sowie insbesondere das Verhältnis zur „rule of reason" auf Rechtfertigungsebene nach wie vor unklar ist[47], scheint der Gerichtshof an diesem „Filter" festhalten zu

---

[44] *EuGH*, Urteil vom 13. April 2000, Rs. 251/98 (C. Baars gegen Inspecteur der Belastingen Particulieren / Odernemingen Gorinchen), in: Slg. 2000 I-2805 ff. [2814], Rdnr. 20 f.

[45] *EuGH*, Urteil vom 07. Februar 1979, Rs. 115/78 (J. Knoors gegen Staatssekretär für Wirtschaft), in: Slg. 1979, 399 ff. [410], Rdnr. 25; *EuGH*, Urteil vom 03. Oktober 1990, Rs. C-61/89 (Marc Gaston Bouchoucha), in: Slg. 1990 I-3563 ff. [3568], Rdnr. 14.

[46] Siehe nur *EuGH*, Urteil vom 30. November 1995, Rs. C-55/94 (Reinhard Gebhard gegen Consiglio dell' ordini degli avvocati e procuratori di Milano), in: Slg. 1995 I – 4186 ff. [4197 f.], Rdnr. 37; *EuGH*, Urteil vom 15. Mai 1997, Rs. C-250/95 (Futura Participation SA, Singer gegen Administration des contribution), Slg. 1997 I – 2492 ff. [2500], Rdnr. 26. Hierzu *Schlag*, in: Schwarze, EU-Kommentar, Art. 43 EGV, Rdnr. 53; *Everling*, in: GS Knobbe-Keuk, 607 ff. [619] sowie sowie die Hinweise bei *Cordewener*, Grundfreiheiten und nationales Steuerrecht, 61 f.

[47] Ausführlich hierzu *Cordewener*, Europäische Grundfreiheiten und nationales Steuerrecht, 61 ff., der herausarbeitet, dass die „rule of reason" dogamtisch korrekt eigentlich auf der Ebene der Rechtfertigung anzusiedeln ist. Zustimmend insoweit *Englisch*, in: StuW 2003, 88 ff. [90].

wollen[48]. Er operiert allerdings sehr zurückhaltend mit der Figur des Missbrauchs auf Tatbestandsebene, um die durch die Grundfreiheiten gewährten subjektiven Rechte der Marktteilnehmer nicht übermäßig zu verkürzen[49]. Denn angesichts der fundamentalen Bedeutung der Grundfreiheiten für den Gemeinsamen Markt muss die Freiheitseröffnung die Regel und eine Verwehrung der Grundfreiheiten die Ausnahme bleiben[50]. Hält man sich vor diesem Hintergrund vor Augen, dass die Niederlassungsfreiheit weit auszulegen ist, damit sie ihre wirtschaftliche Funktion – eine optimale Faktorallokation auf dem Gemeinsamen Markt zu garantieren[51] – möglichst umfassend erreicht, so folgt daraus: Ein Ausnutzen steuerrechtlicher Rahmenbedingungen anderer Mitgliedstaaten ist grundsätzlich schutzwürdig, soweit nur tatsächlich eine unternehmerische Aktivität in demjenigen Mitgliedstaat ausgeübt wird, der die günstigen Regelungen bietet. Denn es steht mit den Zielen des Binnenmarktes im Einklang, wenn sich ein Marktteilnehmer den für ihn günstigsten Ort aussucht und seine Standortwahl nach steuerlichen Gesichtspunkten ausrichtet[52]. Aus diesem Grund kommt ein vom Schutzbereich der Niederlassungsfreiheit auszunehmender Missbrauch allenfalls in Konstellationen in Betracht, in denen sich ein Marktteilnehmer die Vorzüge der Grundfreiheiten lediglich „erschleichen" will.

---

[48] Siehe nur *EuGH*, Urteil vom 25. Juli 1991, Rs. C-221/89 (The Queen gegen Secretary of State for Transport, ex parte: Factorame Ltd.), in: Slg. 1991 I – 3956 ff. [3967], Rdnr. 34; *EuGH*, Urteil vom 12. Mai 1998, Rs. C-367/96 (Alexandro Kefalas gegen Elliniko Dimosio), in: Slg. 1998 I – 2862 ff. [2869], Rdnr. 20; *EuGH*, Urteil vom 09. März 1999, Rs. C-212/97 (Centros Ltd. gegen Erhvervs- og Selskabsstylrelsen), in: Slg. 1999 I – 1484 ff. [1492], Rdnr. 24. Aus der Literatur hierzu *Randelzhofer/Forsthoff*, in: Grabitz/Hilf, Band I, vor Art. 39-55 EGV, EL 18 (Mai 2001), Rdnr. 122 f.; *Schön*, in: DB 2001, 940 ff. [942]; *Rättig/Protzen*, in: IStR 2003, 195 ff. [197].

[49] Vgl. *EuGH*, Urteil vom 12. März 1996, Rs. C-441/93 (Panagis Pafitis u.a. gegen Trapeza Kentrikis), in: Slg. 1996 I – 1363 ff. [1382], Rdnr. 68; *EuGH*, Urteil vom 12. Mai 1998, Rs. C-367/96 (Alexandro Kefalas gegen Elliniko Dimosio), in: Slg. 1998 I – 2862 ff. [2869], Rdnr. 22. Beide Urteile betonen, dass die Annahme eines Missbrauchs durch die Mitgliedstaaten nicht dazu führen darf, dass die einheitliche Anwendung und die volle Wirksamkeit des Gemeinschaftsrechts beeinträchtigt wird. Hierzu *Randelzhofer/Forsthoff*, in: Grabitz/Hilf, Band I, vor Art. 39-55 EGV, EL 18 (Mai 2001), Rdnr. 122.

[50] Zum Regel-Ausnahme-Verhältnis zwischen Marktfreiheit und staatlicher Freiheitsregulierung *Cordewener*, Europäische Grundfreiheiten und nationales Steuerrecht, 58; *Lieble*, in: Streinz, EUV/EGV, Art. 14 EGV, Rdnr. 16 f. und *Hatje*, in: Schwarze, EU-Kommentar, Art. 14 EGV, Rdnr. 8 unter Hinweis darauf, dass die Verwirklichung der Grundfreiheiten zentrales Anliegen des Binnenmarktprogramms ist.

[51] *Troberg*, in: von der Groeben/Thiesing/Ehlermann, Band 1, Vorbemerkung zu Art. 52-58 EGV, Rdnr. 3; *Müller/Graff*, in: Streinz, EUV/EGV, Art. 43 EGV, Rdnr. 5; *Roth*, in: GS Knobbe-Keuk, 729 ff. [737 ff.].

[52] *Paschen*, Steuerumgehung im nationalen und internationalen Steuerrecht, 208 f.; *Wiskemann*, in: IStR 2003, 647 f. [648].

Typischerweise handelt es sich dabei um sog. *U-turn*-Sachverhalte[53]: Kennzeichnend hierfür ist, dass ein Wirtschaftsteilnehmer seine Anknüpfungspunkte über die Grenze seines Heimatlandes hinweg verlagert, um sich unter einem Verweis auf Gemeinschaftsrecht den strengeren Vorschriften des Wegzugsstaates zu entziehen. Gleichzeitig ändert er jedoch Art und Umfang des von ihm betriebenen Unternehmens nicht. Vielmehr bleibt er wirtschaftlich ausschließlich oder nahezu ausschließlich in demjenigen Mitgliedstaat aktiv, dessen Rechtsordnung er sich durch eine Verlagerung seiner rechtlichen Anknüpfungspunkte entzogen hat. Es fehlt dann also an einem echten grenzüberschreitenden Bezug, weil der Marktteilnehmer einen Inlandstatbestand lediglich „formal" in einen Auslandstatbestand umwandelt[54]. Davon kann in dem oben beispielhaft genannten Fall, in dem eine deutsche Muttergesellschaft in ihr irisches Tochterunternehmen investiert, aber keine Rede sein. Eine solche Marktteilnahme stellt sich vielmehr als echte grenzüberschreitende Aktivität und somit geschützte Ausübung der Niederlassungsfreiheit dar.

II. Beeinträchtigung der Niederlassungsfreiheit

Dass der Schutzbereich eröffnet ist, stellt zwar eine notwendige, aber keine hinreichende Bedingung dar. Auswirkung auf die deutsche Hinzurechnungsbesteuerung haben Art. 48 Abs. 1 i.V.m. Art. 43 Abs. 1 EGV nur, falls §§ 7 ff. AStG tatsächlich die Niederlassungsfreiheit beeinträchtigen. Obwohl die Bestimmungen über die Niederlassungsfreiheit ihrem Wortlaut nach vornehmlich die Inländergleichbehandlung im Aufnahmestaat sichern wollen, hat der Gerichtshof die Grundfreiheiten schrittweise fortentwickelt. Über offene Differenzierungen anhand des Gesellschaftssitzes als Ersatz des Staatsangehörigkeitskriteriums bei natürlichen Personen hinaus stellen auch versteckte Diskriminierungen und solche Regeln eine Beschränkung dar, mit denen Mitgliedstaaten die binnenmarktbezogenen Freiheiten ihrer eigenen Staatsangehörigen beeinträchtigen. D.h.: Bürger und Gesellschaften können sich auch gegenüber ihrem Herkunftsstaat auf die Niederlassungsfreiheit berufen[55]. Anlass für die Aktivierung der Grundfreiheiten gegenüber dem Heimat-

---

[53] *Cordewener*, Europäische Grundfreiheiten und nationales Steuerrecht, 366; *Schön*, in: DB 2001, 940 ff. [942]; *Randelzhofer/Forsthoff*, in: Grabitz/Hilf, Band I, Art. 43 EGV, EL 18 (Mai 2001), Rdnr. 21.

[54] *Schön*, in: DB 2001, 940 ff. [942]; *Lang*, in: IStR 2002, 217 ff. [218]. Leitentscheidung des *EuGH* war insoweit das Urteil vom 25. Juli 1991, Rs. 221/89 (The Queen gegen Secretary of State for Transport, ex parte: Factorame), in: Slg. 1991 I – 3956 ff. [3958 ff.], Rdnr. 3 ff., dem zugrunde lag, dass spanische Fischer ihre ursprüngliche Tätigkeit unverändert beibehielten, aber zusätzlich britische Fischfangquoten in Anspruch nehmen wollten, indem sie versuchten, sich in das Register Großbritanniens eintragen zu lassen.

[55] *EuGH*, Urteil vom 27. September 1988, Rs. C 81/87 (The Queen gegen H.M. Treasury and Commissioners of Inland Revenue, ex parte Daily Mail and General Trust PLC), in: Slg. 1988 – 5505 ff. [5510], Rdnr. 16; *EuGH*, Urteil vom 16. Juli 1998, Rs. 264/96 (Imperial Chemical Industries plc gegen Kenneth Hall Colmer), in: Slg. 1998 I-4711 ff. [4721], Rdnr. 21; *EuGH*,

staat ist, dass eine Benachteiligung von grenzüberschreitend agierenden Marktteilnehmern gegenüber Konkurrenten, die ausschließlich innerhalb des jeweiligen mitgliedstaatlichen Marktes agieren, möglichst vermieden werden soll[56]. Gegenstand eines Eingriffs können daher prinzipiell sämtliche Maßnahmen sein, unter denen eine grenzüberschreitende wirtschaftliche Tätigkeit aufgenommen oder durchgeführt wird – also auch die Besteuerung[57]. Sofern §§ 7 ff. AStG transnationale Sachverhalte im Vergleich zu entsprechenden innerstaatlichen Beteiligungen an Gesellschaften benachteiligen, beeinträchtigt die Bundesrepublik Deutschland deshalb heimische Kapitalgesellschaften in ihrer durch Art. 43 Abs. 1 EGV verbürgten Niederlassungsfreiheit.

Kern des Vorwurfs einer beeinträchtigenden Wirkung bildet nicht in erster Linie die Hinzurechnungsbesteuerung als solche, sondern deren fehlende Parallelität bei reinen Inlandssachverhalten[58]. Während unter den Voraussetzungen der §§ 7 ff. AStG die rechtliche Selbständigkeit der ausländischen Tochter sowie ihre daraus resultierende Abschirmwirkung durchbrochen wird, droht bei der Beteiligung an einer Tochtergesellschaft mit Sitz im Inland keine vergleichbare steuerliche Behandlung. Das Außensteuergesetz knüpft also an den Sitz der Tochtergesellschaft an und verwendet dieses Kriterium, um eine unterschiedliche steuerliche Behandlung des inländischen Anteilseigners zu begründen. Hierdurch bewirken die §§ 7 ff. AStG, dass Investitionen eines Inländers im niedrig besteuernden EG-Ausland weniger attraktiv erscheinen. Die Hinzurechnungsbesteuerung ist daher geeignet, heimische Gesellschaften von der Gründung ausländischer Tochtergesellschaften abzuhalten. Dass darin eine Beeinträchtigung der Niederlassungsfreiheit zu sehen ist, wird – soweit ersichtlich – von niemandem ernsthaft bestritten[59]. In den Vorder-

---

Urteil vom 14. Dezember 2000, Rs. C-141/99 (Allgemene Maatschappij voor Investering en Dienstverlening (AMID) gegen Belgischer Staat), in: DStRE 2001, 20 ff. [21], Rdnr. 21; *EuGH*, Urteil vom 12. Dezember 2002, Rs. C-385/00 (F.W.L. de Grooth gegen Staatssecretaris van Financien), in: IStR 2003, 58 ff. [61], Rdnr. 78.

[56] *Seer*, in: IWB, Fach 11, Gruppe 2, 573 ff. [582].

[57] *Höppner*, in: FS Rädler, 305 ff. [319]. Ebenso zur Kapitalverkehrsfreiheit, für die angesichts zunehmender Konvergenz der Grundfreiheiten entsprechende Überlegungen gelten, *Seer/Haken*, in: SteuerStud 2001, 344 ff. [346].

[58] *Schön*, in: DB 2001, 940 ff. [943]; *Jacobs*, Internationale Unternehmensbesteuerung, 255; *Bauschatz*, in: IStR 2002, 333 ff. [339]. Ähnlich in Bezug auf § 42 AO, soweit die Vorschrift ausschließlich auf Sachverhalte angewendet wird, in denen deutsche Muttergesellschaften durch Tochterunternehmen im Ausland operieren, *Wiskemann*, in: IStR 2003, 647 f. [648].

[59] Vgl. nur *Wassermeyer*, in: Flick/Wassermeyer/Baumhoff, AStG, Band I, Vor §§ 7-14 AStG, EL 50 (Oktober 2002), Rdnr. 82; *ders.*, in: EuZW 2000, 513; *Jacobs*, Internationale Unternehmensbesteuerung, 254 – 259; *Hahn*, in: IStR 1999, 609 ff. [614]; *Lang*, in: IStR 2002, 217 ff. [222]; *Schön*, in: DB 2001, 940 ff. [943]; *Werra*, in: IStR 2001, 438 ff. [439]; *Bauschatz*, in: IStR 2002, 333 ff. [339]; *Kellersmann*, in: Kellersmann/Treisch, Europäische Unternehmensbesteuerung, 2.3.2.8 (198) und *Rättig/Protzen*, in: IStR 2003, 195 ff. [196]; *Lausterer*, in: IStR 2003, 705 ff. [707]. Anm.: Ob es sich dabei um eine Ungleichbehandlung

grund der Untersuchung rückt daher die Frage, ob dieser Eingriff in die Niederlassungsfreiheit gerechtfertigt ist.

III. Rechtfertigung des Eingriffs

Steuerlichen Abwehrvorschriften der Mitgliedstaaten sind dort Grenzen gesetzt, wo das Verhalten eines Marktteilnehmers grundfreiheitlichen Schutz genießt und seine grenzüberschreitende Tätigkeit in ungerechtfertigter Weise beeinträchtigt wird. An die Rechtfertigung eines Eingriffs stellt der Gerichtshof in ständiger Rechtsprechung hohe Anforderungen: Jede mitgliedstaatliche Beeinträchtigung der Grundfreiheiten muss ein legitimes, mit dem EG-Vertrag im Einklang stehendes Ziel verfolgen sowie durch zwingende Gründe des Allgemeininteresses geboten sein und nicht über das zur Zweckerreichung erforderliche Maß hinausgehen[60]. Die geschriebenen Rechtfertigungsgründe des Art. 46 Abs. 1 EGV helfen auf dem Gebiet des direkten Steuerrechts nicht weiter, da sich steuerliche Regelungsinteressen nicht ohne weiteres unter die dort aufgeführten Begriffe subsumieren lassen[61]. Daher lässt der EuGH im Sachbereich des Steuerrechts eine Rechtfertigung auch abseits der geschriebenen Rechtfertigungsgründe durch eine ungeschriebene, aber mittlerweile gefestigte „rule of reason“ zu[62].

(Diskriminierungsverbot) oder eine freiheitsrechtliche Beeinträchtigung (Beschränkungsverbot) handelt, ist zwar innerhalb der einzelnen Literaturstimmen umstritten, kann jedoch angesichts der einhelligen Annahme eines Eingriffs sowie identischer Maßstäbe auf Rechtfertigungsebene dahinstehen.

[60] Ständige Rspr., vgl. nur *EuGH*, Urteil vom 15. Mai 1997, Rs. C-250/95 (Futura Participation SA, Singer gegen Administration des contributions), in: Slg. 1997 I – 2492 ff. [2500], Rdnr. 26; *EuGH*, Urteil vom 06. Juni 2000, Rs. C-35/98 (Staatssecreatirs van Financien gegen B.G.M. Verkooijen), in: Slg. 2000 I – 4113 ff. [4130], Rdnr. 48; *EuGH*, Urteil vom 13. April 2000, Rs. C-251/98 (C. Baars gegen Inspecteur der Belastingen Particulieren/Ondernemingen Gorinchen), in: Slg. 2000 I – 2805 ff. [2818 f.], Rdnr. 32 ff. und *EuGH*, Urteil vom 21. November 2002, Rs. C-436/00 (X und Y gegen Riksskatteverk), in: IStR 2003, 23 ff. [26], Rdnr. 49; *EuGH*, Urteil vom 12. Dezember 2002, Rs. C-324/00 (Lankhorst-Hohorst GmbH gegen Finanzamt Steinfurt), in: DB 2002, 2690 ff. [2692], Rdnr. 33.

[61] *Randelzhofer/Forsthoff*, in: Grabitz/Hilf, Band I, vor Art. 39-55 EGV, EL 18 (Mai 2001), Rdnr. 231. Ebenso *Cordewener*, Europäische Grundfreiheiten und nationales Steuerrecht, 926, der darauf hinweist, dass der EuGH bisher in keinem Urteil mit steuerlichem Kontext auf die vertraglichen Rechtfertigungsgründe zurückgegriffen hat.

[62] Dass sich die allgemeine europarechtliche Literatur noch uneinig darüber ist, ob sich die Mitgliedstaaten nur im Falle eines Beschränkungsverbotes oder auch bei versteckten Ungleichbehandlungen auf nicht kodifizierte Rechtfertigungsgründe berufen dürfen, ist hier nicht von Relevanz. Denn dieser Streit ist vor dem Hintergrund anderer Sachmaterien zu sehen, in denen Art. 46 EGV jedenfalls z.T. brauchbare Rechtfertigungsgründe zur Verfügung stellt, vgl. insoweit die weiterführenden Hinweise bei *Ehlers*, in: Ehlers, Europäische Grundrechte und Grundfreiheiten, § 7, Rdnr. 79 und *Tietje*, in: Ehlers, Europäische Grundrechte und Grundfreiheiten, § 10, Rdnr. 56.

Drei Einwände, die von den Mitgliedstaaten wiederholt zur Verteidigung nationaler Steuernormen vorgebracht und vom EuGH ebenso oft als ungeeignet zurückgewiesen werden, sind von vornherein aus dem Kreis tauglicher Rechtfertigungsgründe auszuscheiden: Erstens können die EG-vertraglich unbedingt gewährleisteten Grundfreiheiten nicht von steuerlichen Regelungen eines anderen Mitgliedstaates abhängig gemacht werden[63]. Unzulässig ist auch der nicht selten vorgebrachte Kompensationshinweis, steuerlichen Beeinträchtigungen stünden anderweitige Vorteile des grenzüberschreitenden Sachverhaltes gegenüber[64]. Schließlich greift auch der Einwand nicht durch, es entstünden dem nationalen Fiskus Einnahmeausfälle[65]. Anerkannte Rechtfertigungsgründe sind lediglich (1) Gründe der Steueraufsicht, (2) die Kohärenz des nationalen Steuersystems sowie (3) eine Vermeidung von Steuerumgehungen[66]. Der Rechtfertigungsgrund einer wirksamen Steueraufsicht ist für den hier unternommenen Versuch, aus der Rechtfertigungsebene inhaltliche Konturen für die Auslegung und Anwendung nationaler Abwehrvorschriften zu gewinnen, offensichtlich nicht einschlägig. Die nachfolgenden Erörterungen konzentrieren sich daher auf die Rechtfertigungsgründe der Kohärenz sowie das Vermeiden von Steuerumgehungen.

---

[63] Vgl. nur *EuGH*, Urteil vom 28. Januar 1986, Rs. 270/83 (Kommission der EG gegen Französische Republik), in: Slg. 1986, 285 ff. [307], Rdnr. 26; *EuGH*, Urteil vom 03. Juli 1993, Rs. 330/91 (The Queen gegen Inland Revenue Commissioners, ex parte: Commerzbank AG), in: Slg. 1993 I – 4038 ff. [4044], Rdnr. 19. Zu diesem Rechtfertigungsgrund *Thömmes*, in: GS Knobbe-Keuk, 795 ff. [819 f.]; *Englisch*, in: StuW 2003, 88 ff. [95].

[64] *EuGH*, Urteil vom 26. Oktober 1999, Rs. C-294/97 (Eurowings Luftverkehrs AG gegen Finanzamt Dortmund-Unna), in: Slg. 1999 I – 7463 ff. [7476], Rdnr. 43 f.; *EuGH*, Urteil vom 06. Juni 2000, Rs. 35/98 (Staatssecretaris von Financien gegen B.G.M. Verkooijen), in: Slg. 2000 I-4113 ff. [4133], Rdnr. 61; *EuGH*, Urteil vom 21. September 1999, Rs. C-307/97 (Compagnie de Saint-Gobain, Zweigniederlassung Deutschland gegen Finanzamt Aachen-Innenstadt), in: Slg. 1999 I-6181 ff. [6201], Rdnr. 54. Hierzu *Cordewener*, Europäische Grundfreiheiten und nationales Steuerrecht, 933 f.; *Thömmes*, in: GS Knobbe-Keuk, 795 ff. [821 f.]; *Tumpel*, in: DStJG 2000 (Band 23), 321 ff. [326 ff.].

[65] *EuGH*, Urteil vom 08. März 2001, verb. Rs. C-397/98 und C-410/98 (Metallgesellschaft u.a., Hoechst AG, Hoechst (UK) Ltd gegen Commissioners of Inland Revenue, HM Attorney General), in: Slg. 2001 I-1760 ff. [1779], Rdnr. 59; *EuGH*, Urteil vom 16. Juli 1998, Rs. 264/96 (Imperial Chemical Industries plc gegen Kenneth Hall Colmer), in: Slg. 1998 I-4711 ff. [4723], Rdnr. 28; *EuGH*, Urteil vom 14. November 1995, Rs. 484/93 (Peter Svensson, Lena Gustavsson gegen Ministre du Logement et de l'Urbanisme), in: Slg. 1995 I-3971 ff. [3977], Rdnr. 15 f. Hierzu *Tumpel*, in: DStJG 2000 (Band 23), 321 ff. [326 ff.].

[66] Zu den einzelnen Rechtfertigungsgründen siehe beispielsweise die Hinweise bei *Seer*, in: IWB, Fach 11, Gruppe 2, 573 ff. [584 ff.]; *Cordewener*, Europäische Grundfreiheiten und nationales Steuerrecht, 938 ff.; *Thömmes*, in: GS Knobbe-Keuk, 795 ff. [818 ff.] und *Englisch*, in: StuW 2003, 88 ff. [95 ff.].

1. Kohärenz

Seit der Bachmann-Entscheidung betrachtet der EuGH die steuerliche Kohärenz als Rechtfertigungsgrund[67]. Danach ist der Gedanke eines sachlich eng begrenzten Vorteilsausgleichs ausnahmsweise anzuerkennen, wenn ein unmittelbarer Zusammenhang zwischen einer steuerlichen Belastung und einer Begünstigung besteht[68]. Hierdurch soll es den Mitgliedstaaten ermöglicht werden, Systemgerechtigkeit und Lastengleichheit innerhalb ihrer nationalen Steuerrechtsordnungen aufrechtzuerhalten, da die jeweils auf dem Prüfstand stehende Norm stets nur einen Teilausschnitt des Gesamtsteuersystems mit belastenden und entlastenden Vorschriften darstellt[69]. Den Mitgliedstaaten muss ein gewisser Gestaltungsspielraum erhalten bleiben, um zu verhindern, dass grenzüberschreitend agierenden Marktteilnehmern überproportionale Vorteile im Verhältnis zu Personen erwachsen, deren Tätigkeit sich auf das Inland beschränkt[70]. Obwohl der Gerichtshof nach dem Bachmann-Urteil in keinem weiteren Sachverhalt mehr zu einer Rechtfertigung durch mitgliedstaatliches Streben nach Kohärenz gelangte[71], hat er diesen Grundsatz nicht aufgegeben, sondern inzwischen im Rahmen sämtlicher Marktfreiheiten anerkannt[72].

Ausgehend vom Basiskonzept der Kohärenz scheint es auf den ersten Blick nicht ausgeschlossen, §§ 7 ff. AStG als gerechtfertigt anzusehen. Voraussetzung ist allerdings, dass man den Zweck der Hinzurechnungsbesteuerung nicht bloß darin erblickt, Steuerumgehungen zu vermeiden. Denn insoweit stellt die EuGH-Rechtsprechung einen gesonderten Rechtfertigungsgrund bereit. In Betracht kommt eine Rechtfertigung der Hinzurechnungsbesteuerung unter dem Gesichtspunkt der Kohärenz allenfalls, sofern man annimmt, dass sie neben ihrem typischen Abwehrzweck zumindest *auch* dazu dient, Kapitalexportneutralität herzustellen. Indem die

---

[67] *EuGH*, Urteil vom 28. Januar 1992, Rs. C-240/90 (Hanns-Martin Bachmann gegen Belgischer Staat), in: Slg. 1992 I-276 ff. [282], Rdnr. 21.

[68] *EuGH*, Urteil vom 14. November 1995, Rs. 484/93 (Peter Svensson, Lena Gustavsson gegen Ministre du Logement et de l'Urbanisme), in: Slg. 1995 I-3971 ff. [3977], Rdnr. 18; *EuGH*, Urteil vom 26. Oktober 1999, Rs. C-294/97 (Eurowings Luftverkehrs AG gegen Finanzamt Dortmund-Unna), in: Slg. 1999 I-7463 ff. [7475 f.], Rdnr. 42; *EuGH*, Urteil vom 13. April 2000, Rs. C-251/98 (C. Baars gegen Inspecteur der Belastingen Particulieren/Ondernemingen Gorinchem), in: Slg. 2000 I-2805 ff. [2819], Rdnr. 40.

[69] *Seer*, in: IWB, Fach 11, Gruppe 2, 573 ff. [584 ff.]; *Cordewener*, Europäische Grundfreiheiten und nationales Steuerrecht, 958 ff.; *Englisch*, in: StuW 2003, 88 ff. [95].

[70] *Cordewener*, Europäische Grundfreiheiten und nationales Steuerrecht, 961 ff. zum konzeptionellen Ansatz der Kohärenzerwägungen des Gerichtshofs.

[71] Hinweise zur Rechtsprechung nach der Bachmann-Entscheidung bei *Randelzhofer/Forsthoff*, in: Grabitz/Hilf, Band I, vor Art. 39-55 EGV, EL 18 (Mai 2001), Rdnr. 239 und *Seer*, in: IWB, Fach 11, Gruppe 2, 573 ff. [586].

[72] Ausführlich hierzu *Cordewener*, Europäische Grundfreiheiten und nationales Steuerrecht, 958, 973 f.

Hinzurechnungsbesteuerung die Abschirmwirkung ausländischer Tochtergesellschaften aufhebt und so die steuerliche Belastung des im Ausland investierten Kapitals auf das inländische Niveau hochschraubt, könnte sie garantieren, dass Investitionsentscheidungen frei von steuerlichen Verzerrungen ausschließlich aufgrund natürlicher Gegebenheiten erfolgen[73]. Unabhängig davon, ob man in der Herstellung von Kapitalexportneutralität ein hinreichendes systematisches Prinzip der heimischen Steuerrechtsordnung erblickt, scheitern diese Gedankengänge zur Rechtfertigung der aktuellen Ausgestaltung von §§ 7 ff. AStG aber jedenfalls an den hohen Hürden, welche die EuGH-Judikatur im Laufe der Zeit für die Kohärenz aufgestellt hat: Erforderlich ist danach ein unmittelbarer Zusammenhang zwischen belastenden und begünstigenden Vorschriften des nationalen Steuerrechts in Bezug auf das gleiche Steuersubjekt und die gleiche Steuerart[74]. Unerheblich ist dagegen, wer die geschuldete Steuer wirtschaftlich trägt und wem die Begünstigung tatsächlich zugute kommt[75]. Der Gerichtshof geht deshalb insbesondere davon aus, dass es sich bei Dividendeneinkünften eines Anteilseigners und dem Gewinn „seiner" Kapitalgesellschaft um zwei voneinander getrennte Besteuerungen verschiedener Subjekte handelt[76]. Das bedeutet: Die besonders geringe steuerliche Belastung einer im Ausland ansässigen Gesellschaft ist unter Kohärenzgesichtspunkten nicht geeignet, ein Anheben des Steuerniveaus inländischer Anteilseigner zu legitimieren. An diesem Befund vermag auch ein vom Gesetzgeber ggf. intendiertes Streben nach Kapitalexportneutralität nichts zu ändern. Richtet man seinen Blick isoliert auf den Rechtfertigungsgrund der Kohärenz, muss man somit unweigerlich feststellen, dass jedes Zwischenschalten einer ausländischen Gesellschaft mit eigenständiger Rechtspersönlichkeit den Einsatz von heimischen Abwehrgesetzen gegen ihre Anteilseigner im Inland hindert. Defensivmaßnahmen, mit denen der nationale Gesetzgeber Sachverhalten in niedrig besteuernden EG-Staaten entgegentritt, können

---

[73] Zu dieser Frage ausführlich *Schön*, in: DB 2001, 940 ff. [945 ff.].

[74] *EuGH*, Urteil vom 26. Oktober 1999, Rs. C-294/97 (Eurowings Luftverkehrs AG gegen Finanzamt Dortmund-Unna), in: Slg. 1999 I-7463 ff. [7475 f.], Rdnr. 42; *EuGH*, Urteil vom 06. Juni 2000, Rs. C-35/98 (Staatssecretaris van Financien gegen B.G.M. Verkooijen), in: Slg. 2000 I, 4113 ff. [4133], Rdnr. 57; *EuGH*, Urteil vom 13. April 2000, Rs. C-251/98 (C. Baars gegen Inspecteur der Belastingen Particulieren/Ondernemingen Gorinchem), in: Slg. 2000 I-2805 ff. [2819], Rdnr. 40 und zuletzt *EuGH*, Urteil vom 18. September 2003, Rs. C-168/01 (Bosal Holding BV gegen Staatssecretaris van Financien), in: IStR 2003, 666 ff. [668], Rdnr. 29 f., das *Lausterer*, in: IStR 2003, 705 ff. kommentiert. Kritisch zum Kohärenzverständnis des Gerichtshofs *Thömmes*, in: GS Knobbe-Keuk, 795 ff. [826 ff.]; *Schön*, in: DB 2001, 940 ff. [943 f.]; *Lang*, in: T/L, § 2, Rdnr. 57; *Seer*, in: IWB, Fach 11, Gruppe 2, 573 ff. [586].

[75] Für eine solche wirtschaftliche Betrachtungsweise plädiert *Englisch*, in: StuW 2003, 88 ff. [95], nach dessen Ansicht der EuGH den Kohärenzgrundsatz entschieden zu eng handhabt.

[76] *EuGH*, Urteil vom 06. Juni 2000, Rs. C-35/98 (Staatssecretaris van Financien gegen B.G.M. Verkooijen), in: Slg. 2000 I, 4113 ff. [4133], Rdnr. 58. Kritisch hierzu beispielsweise *Lang*, in: T/L, § 2, Rdnr. 57; *Schön*, in: DB 2001, 940 ff. [944].

daher allenfalls noch über den Rechtfertigungsgrund der Vermeidung von Steuerumgehungen legitimiert werden.

2. Verhindern von Steuerumgehungen

Entgegen seiner ursprünglichen Einschätzung[77] erkennt der EuGH mittlerweile das mitgliedstaatliche Interesse, Steuerumgehungen zu verhindern, als tauglichen Rechtfertigungsgrund an[78]. Allerdings operiert der Gerichtshof mit einem sehr engen Missbrauchsbegriff und entsprechend hohen Anforderungen an das nationale Abwehrgesetz. Eine Rechtfertigung kommt nur in Betracht, wenn die nationalen Vorschriften „speziell darauf abzielen, rein künstliche Konstruktionen bzw. bloß künstlich geschaffene Sachverhalte zu erfassen, die darauf gerichtet sind, einer Anwendung des mitgliedstaatlichen Steuerrechts zu entgehen“[79]. Welche Gestaltungen rein künstlich sind und in missbräuchlicher Weise das nationale Steuerrecht umgehen, erörtert der Gerichtshof nicht. Vorhersehbare Umrisse, die der Rechtsprechung klare Konturen verleihen, sucht man bislang vergebens[80]. Hierdurch wartet die Abgrenzungsproblematik zwischen der Steuerumgehung einerseits und einer bloßen Steuerminderung andererseits nach wie vor auf eine Lösung. Schließlich vermag letztgenannte Konstellation einen Eingriff in die Grundfreiheiten nicht zu rechtfertigen. Denn der Gerichtshof hat das Bild des Gemeinsamen Marktes vor Augen, in dem es gleichgültig ist, welcher Fiskus auf den Ertrag des Marktteilnehmers zugreift, solange es jedenfalls ein Mitgliedstaat tut[81]. Zudem weicht der

---

[77] So noch *EuGH*, Urteil vom 28. Januar 1986, Rs. 270/83 (Kommission der EG gegen Französische Republik), in: Slg. 1986, 285 ff. [306], Rdnr. 25.

[78] Vgl. nur *EuGH*, Urteil vom 16. Juli 1998, Rs. C-264/96 (Imperial Chemical Industries plc gegen Kenneth Hall Colmer), in: Slg. 1998 I-4711 ff. [4722 f.], Rdnr. 26; *EuGH*, Urteil vom 26. September 2000, Rs. 478/98 (Kommission der EG gegen Königreich Belgien), in: Slg. 2000 I-7613 ff. [7625], Rdnr. 39; *EuGH*, Urteil vom 08. März 2001, verb. Rs. C-397/98 und C-410/98 (Metallgesellschaft Ltd u.a., Hoechst AG, Hoechst (UK) Ltd gegen Commissioners of Inland Revenue, HM Attorney General), in: Slg. 2001 I-1760 ff. [1778], Rdnr. 57.

[79] *EuGH*, Urteil vom 21. November 2002, Rs. 436/00 (X und Y gegen Riksskatteverk), in: IStR 2003, 23 ff. [27], Rdnr. 61; *EuGH*, Urteil vom 12. Dezember 2002, Rs. 324/00 (Lankhorst-Hohorst GmbH gegen Finanzamt Steinfurt), in: DB 2002, 2690 ff. [2692], Rdnr. 37; *EuGH*, Urteil vom 08. März 2001, verb. Rs. C-397/98 und C-410/98 (Metallgesellschaft Ltd u.a., Hoechst AG, Hoechst (UK) Ltd gegen Commissioners of Inland Revenue, HM Attorney General), in: Slg. 2001 I-1760 ff. [1778], Rdnr. 57. Hierzu aus der Literatur *Tumpel*, in: DStJG 2000 (Band 23), 321 ff. [353]; *Cordewener*, Europäische Grundfreiheiten und nationales Steuerrecht, 953 ff.; *Hahn*, in: IStR 1999, 609 ff. [612 f.]; *Seer*, in: IWB, Fach 11, Gruppe 2, 573 ff. [587]; *Kube*, in: IStR 2003, 325 ff. [328 f.].

[80] Zutreffend insoweit *Kube*, in: IStR 2003, 325 ff. [328].

[81] *EuGH*, Urteil vom 12. Dezember 2002, Rs. 324/00 (Lankhorst-Hohorst GmbH gegen Finanzamt Steinfurt), in: DB 2002, 2690 ff. [2692], Rdnr. 37 unter Verweis auf *EuGH*, Urteil vom 16. Juli 1998, Rs. C-264/96 (Imperial Chemical Industries plc gegen Kenneth Hall Colmer), in: Slg. 1998 I-4711 ff. [4722 f.], Rdnr. 26, wo der Gerichtshof betont, dass die Grün-

EuGH häufig darauf aus, die mitgliedstaatlichen Abwehrbestimmungen einer strengen Verhältnismäßigkeitsprüfung zu unterziehen, an der die nationalen gesetzlichen Maßnahmen gewöhnlich scheitern[82]. Denn sie stellen häufig nicht hinreichend konkret auf den jeweiligen Einzelfall ab, sondern typisieren und generalisieren, um einen effizienten Verwaltungsvollzug zu gewährleisten. Eine Vertypung bewirkt aber, dass nahezu zwangsläufig auch Sachverhalte erfasst werden, die keine Umgehung i.S.d. strengen EuGH-Judikatur darstellen[83].

a) Sinn und Zweck als Ausgangspunkt

Hinweise darauf, welche Gestaltungen rein künstlich sind, verspricht der Sinn und Zweck von Art. 43 EGV. Denn die Mitgliedstaaten dürfen ein Verhalten grundsätzlich um so weniger beschränken, je mehr sich ein Marktteilnehmer innerhalb der EG-vertraglich vorgezeichneten oder sogar ausdrücklich erwünschten Bahnen bewegt. Vornehmliche ratio legis der Niederlassungsfreiheit ist es, eine ökonomisch geleitete Standortwahl innerhalb des Binnenmarktes zu gewährleisten. Jede Person soll dort tätig werden können, wo die für sie günstigsten sozialen, rechtlichen oder sonstigen Bedingungen existieren[84]. Daraus folgt, dass ein bloßes Ausnutzen steuerrechtlicher Rahmenbedingungen anderer Mitgliedstaaten zu akzeptieren ist, sofern tatsächlich eine unternehmerische Aktivität vom Boden desjenigen Mitgliedstaates ausgeübt wird, der die günstigen Regeln bietet. Es steht gerade mit den Zielen der Grundfreiheiten im Einklang, wenn sich ein Marktteilnehmer den für ihn günstigsten Ort aussucht und seine Unternehmensstruktur nach Standortvorteilen einschließlich steuerlichen Vorzügen ausrichtet[85]. Insofern hat die Feststellung von Generalanwalt *Marco Darmon* nach wie vor Bestand: Der Verlust von Steueraufkommen eines Mitgliedstaates an einen anderen als Folge einer an allgemeinen Belastungsaspekten orientierten Standortplanung der Marktteilnehmer ist kein

---

dung einer Tochtergesellschaft im Ausland mit niedrigerer Besteuerung nicht die Gefahr einer Steuerumgehung aufweise, weil die Gesellschaft immerhin im Sitzstaat besteuert werde. Kritisch hierzu *Kube*, in: IStR 2003, 325 ff. [328 ff.].

[82] Vgl. etwa *EuGH*, Urteil vom 16. Juli 1998, Rs. C-264/96 (Imperial Chemical Industries plc gegen Kenneth Hall Colmer), in: Slg. 1998 I-4711 ff. [4722 f.], Rdnr. 26; *EuGH*, Urteil vom 21. November 2002, Rs. 436/00 (X und Y gegen Riksskatteverk), in: IStR 2003, 23 ff. [27], Rdnr. 61-63; *EuGH*, Urteil vom 12. Dezember 2002, Rs. 324/00 (Lankhorst-Hohorst GmbH gegen Finanzamt Steinfurt), in: DB 2002, 2690 ff. [2692], Rdnr. 37. Richtig daher die Feststellungen von *Englisch*, in: StuW 2003, 88 ff. [97] und *Cordewener*, Europäische Grundfreiheiten und nationales Steuerrecht, 956 f.

[83] So schon *Hahn*, in: IStR 1999, 609 ff. [613].

[84] *Troberg*, in: von der Groeben/Thiesing/Ehlermann, Band 1, Vorbemerkung zu Art. 52-58 EGV, Rdnr. 3; *Roth*, in: GS Knobbe-Keuk, 729 ff. [737]; *Streinz*, Europarecht, Rdnr. 653; *Oppermann*, Europarecht, Rdnr. 1487; *Scheuer*, in: Lenz, EG-Vertrag, Vorbem. Art. 43 – 48 EGV, Rdnr. 4; *Schlag*, in: Schwarze, EU-Kommentar, Art. 43 EGV, Rdnr. 5.

[85] *Paschen*, Steuerumgehung im nationalen und internationalen Steuerrecht, 208 f.

schutzwürdiges Allgemeininteresse, mit dem sich die Beeinträchtigung einer Grundfreiheitsausübung rechtfertigen lässt[86].

Auf den ersten Blick scheint mit dieser Erkenntnis nicht viel gewonnen zu sein. Denn der teleologische Ansatz löst sich zwar von der Wortlautfrage, was eine „rein künstliche Konstruktion" ist, die den Einsatz nationaler Missbrauchsvorschriften rechtfertigt. Gleichzeitig verschiebt sich jedoch die Abgrenzungsproblematik: Welches Verhalten, das zugleich der Steuerminimierung des Einzelnen dient, ist noch geschützt? Wann steht die Aktivität des Marktteilnehmers nicht mehr unter dem Schutz der Niederlassungsfreiheit? Diese Fragen stellen sich zugegebenermaßen nach wie vor. Ein teleologischer Ansatz eröffnet aber die Möglichkeit, zu einer inhaltlichen Präzisierung zu gelangen, sobald man auf andere EG-vertragliche Normen zurückgreift, in deren Licht die ungeschriebenen Rechtfertigungsgründe zu interpretieren sind. Denn ein Verhalten, dass den Grundsätzen und Zielen des EG-Vertrags entspricht, kann nicht „rein künstlich" sein.

b) Konkretisierung durch Art. 2 EGV

Zur Konkretisierung der soeben aufgeworfenen Abgrenzungsfragen bietet es sich an, auf die Auslegungsziele des Art. 2 EGV zurückzugreifen. Danach ist es Aufgabe der Gemeinschaft, durch die Errichtung eines Gemeinsamen Marktes u.a. für eine nachhaltige Entwicklung des Wirtschaftslebens, ein hohes Beschäftigungsniveau sowie beständiges, nichtinflationäres Wachstum zu sorgen. Dass Art. 2 EGV seinem Wortlaut nach lediglich die Gemeinschaft als internationale Organisation auf die dort umschriebenen Ziele verpflichtet, hindert nicht daran, sie als Interpretationshilfe heranzuziehen. Als zentrale Maßstabsnorm des EG-Rechts ist sie nämlich prädestiniert, den Anwendungsbereich des gesamten Gemeinschaftsrechts, also auch denjenigen der Grundfreiheiten, näher zu konkretisieren[87]. Vor diesem Hintergrund schützt die Niederlassungsfreiheit die grenzüberschreitende Teilnahme am Wirtschaftsleben nicht zuletzt deshalb, um die in Art. 2 EGV bezeichneten Ziele zu erreichen[88]. Schließlich zeichnet sich eine optimale Ressourcenallokation innerhalb

---

[86] Schlussanträge des Generalanwalts *Marco Darmon* vom 07. Juni 1988, in: Slg. 1988, 5500 ff. [5503], Rdnr. 12.

[87] Ständige Rspr., vgl. nur *EuGH*, Urteil vom 22. Januar 1974, verb. Rs. 6 und 7/73 (Instituto Chemioterapio Italiano S.p.A. und Commercial Solvents Corporation gegen Kommission der EG), in: Slg. 1974, 223 ff. [254], Rdnr. 32; *EuGH*, Urteil vom 05. Mai 1982, Rs. 15/81 (Gaston Schul Douane Expediteur BV gegen Inspecteur der invoerrechten en accijnzen Roosendaal), in: Slg. 1982, 1409 ff. [1431 f.], Rdnr. 33; *EuGH*, Urteil vom 25. Februar 1988, Rs. 299/86 (Rainer Drexl), in: Slg. 1988, 1228 ff. [1235], Rdnr. 24 und aus der Literatur *Ukrow*, in: Calliess/Ruffert, Art. 2 EGV, Rdnr. 6 f.; *Streinz*, in: Streinz, EUV/EGV, Art. 2 EGV, Rdnr. 18; *Hatje*, in: Schwarze, EU-Kommentar, Art. 2 EGV, Rdnr. 9.

[88] *Troberg*, in: von der Groeben/Thiesing/Ehlermann, Band 1, Vorbemerkung zu Art. 52-58 EGV, Rdnr. 3.

der Gemeinschaft dadurch aus, dass ein Marktteilnehmer eigene ökonomische Ziele verfolgt, die zugleich – auch wenn der Marktteilnehmer dies freilich nicht intendiert – die in Art. 2 EGV benannten Vertragsziele fördert. Schutzwürdig ist daher jede reale Teilnahme am gemeinschaftsweiten Wettbewerb[89]. Denn dieser Wettbewerb ist die Basis für eine nachhaltige Entwicklung des Wirtschaftslebens, für Innovation und Produktivität und vermag daher die in Art. 2 EGV formulierten Ziele zu verwirklichen[90]. Mit anderen Worten: Unternehmen müssen tatsächlich eine Aktivität von einigem Gewicht entfalten und mit ihrer grenzüberschreitenden Tätigkeit zumindest auch außersteuerliche wirtschaftliche Ziele verfolgen. Dann tragen sie dazu bei, die Ziele des Art. 2 EGV zu erreichen.

Mangelt es an jeglicher Aktivität, so ist offensichtlich, dass ein Unternehmen nicht tatsächlich ausgeübt wird und deshalb der mitgliedstaatliche Rechtfertigungsgrund einer Steuerumgehung eröffnet ist[91]. Im übrigen bleibt in jedem Einzelfall zu prüfen, ob die Tätigkeit – gemessen an ihrem jeweiligen Charakter – nicht völlig hinter dem dafür üblicherweise erforderlichen Einsatz von Personal und Sachmitteln zurückbleibt. Die Unternehmensstruktur im Aufnahmestaat muss daher so organisiert, eingerichtet und ausgestattet sein, dass die Gesellschaft selbst nach außen in Erscheinung treten und das unternehmerische Risiko tragen kann[92]. Notwendig ist infolgedessen eine Mindestausstattung, ohne die ein Betrieb des konkreten Zuschnitts nicht geführt werden kann. Andernfalls trägt der Marktteilnehmer nicht dazu bei, eine nachhaltige Entwicklung des Wirtschaftlebens, ein hohes Beschäftigungsniveau oder ein beständiges, nichtinflationäres Wachstum zu erreichen, sondern agiert nur „rein künstlich" auf dem Gemeinsamen Markt.

D.h.: Art. 2 EGV verleiht der Trennlinie, an der sich das rein künstliche vom realen Engagement scheidet, schärfere Konturen. Denn dass beispielsweise eine Briefkastengesellschaft ohne eigenes Personal keinen Beitrag zu einem hohen Beschäftigungsniveau innerhalb der Gemeinschaft zu leisten vermag, liegt auf der Hand. Auf der anderen Seite genügt diesem Vertragsziel jedoch die von einem ausländischen Finanzzentrum aus operierende Holding, sofern sie nicht eine bloße „Durchleitungsfunktion" besitzt, sondern ihre Beteiligungen mit eigenen oder externen Mitarbeitern verwaltet. Nur Gestaltungen, die völlig ungeeignet sind, zur Verwirklichung der in Art. 2 EGV aufgeführten Vertragsziele beizutragen, stellen rein künst-

---

[89] Im Ergebnis ebenso *Höppner*, in: FS Rädler, 305 ff. [321], der aber die Missbrauchsbekämpfung der Mitgliedstaaten ausschließlich auf der Ebene des Schutzbereichs ansiedelt.

[90] *Hatje*, in: Schwarze, EU-Kommentar, Art. 2 EGV, Rdnr. 16. Ähnlich auch *Schön*, in: DStJG 2000 (Band 23), 191 ff. [194], der betont, dass die Grundfreiheiten der umfassenden Marktintegration dienen.

[91] *Randelzhofer/Forsthoff*, in: Grabitz/Hilf, Band I, Art. 43 EGV, EL 18 (Mai 2001), Rdnr. 21.

[92] Ähnlich *Randelzhofer/Forsthoff*, in: Grabitz/Hilf, Band I, Art. 43 EGV, EL 18 (Mai 2001), Rdnr. 31 f.

liche Konstruktionen dar. Umgekehrt ist jede diesen Zielen förderliche Aktivität *nicht* mehr vom Rechtfertigungsgrund der Vermeidung einer Steuerumgehung gedeckt. Die Frage, ob im Einzelfall ein über das sachliche und personelle Mindestmaß hinausgehende „Mehr an Aktivität" zweckmäßig erscheint, ist im Rahmen des hier vertretenen Ansatzes unerheblich und einer Wertung durch den nationalen Steuergesetzgeber entzogen. Denn konstituierend für eine selbständige Tätigkeit i.S.v. Art. 43 EGV ist, dass die Betätigung auf eigene Rechnung und Gefahr ausgeübt wird[93]. Folglich bleibt die Entscheidung darüber, wie das Unternehmen konkret zu führen ist, allein dem Marktteilnehmer vorbehalten, der das ökonomische Risiko trägt.

Ähnlich weit ist der Spielraum der Marktteilnehmer hinsichtlich ihrer außersteuerlichen Motive. Ihr Verhalten darf nur nicht ausschließlich steuerlich motiviert sein, sondern muss zumindest *auch* auf wirtschaftlichen Erwägungen basieren. Weitergehende Erfordernisse sind mit dem Ziel des Art. 43 EGV, Marktteilnehmern einen möglichst großen Freiheitsbereich zu gewähren, nicht in Einklang zu bringen. Es verbietet sich deshalb, die Gründung von Tochtergesellschaften und das Verlagern von Kapitalanlagen in andere Mitgliedstaaten ohne weiteres als im Vergleich zu inländischen Investitionen unökonomisch zu betrachten und allein daran die Rechtsfolge eines Abwehrgesetzes zu knüpfen[94]. Vielmehr ist dem Charakter der Niederlassungsfreiheit dadurch Rechung zu tragen, dass die Mitgliedstaaten sämtliche wirtschaftlich motivierten Entscheidungen – mögen sie auch weniger effizient erscheinen als andere Unternehmensstrategien – zu respektieren haben. Denn die Niederlassungsfreiheit steht nicht unter dem Vorbehalt einer für jedermann nachvollziehbaren unternehmerischen Entscheidung. Ein solches Verständnis liefe dem Regel-Ausnahme-Verhältnis zuwider, in dem sich die freiheitliche Betätigung des Marktteilnehmers und das mitgliedstaatliche Interventionsrecht befinden[95]. Sie schützt deshalb jede freie, von ökonomischen Gesichtspunkten geleitete Standortwahl[96]. Das gilt nicht nur für Produktionsunternehmen, sondern ebenso für die besonders streitanfälligen Sachverhalte, in denen der Wegzug von Holdinggesellschaften oder das Auslagern internationaler Finanzdienstleistungen mit einem Missbrauchsverdikt belegt wird. In diesen Konstellationen genügt es für die Annahme eines wirtschaftlichen Grundes bereits, dass an dem ausländischen Anlageort beispielsweise ein besonderes Know-how von versierten Fachkräften im Umgang mit modernen Finanzprodukten vorhanden ist[97]. Im Falle ausländischer Finanzierungsgesellschaften kann neben der Möglichkeit, ausländische Kapitalquel-

---

[93] So schon *Randelzhofer*, in: Grabitz, 2. GrdLfg., Art. 52 EGV, Rdnr. 12.
[94] Anders, allerdings ohne nähere Begründung, *Höppner*, in: FS Rädler, 305 ff. [326].
[95] Hierzu ausführlich *Cordewener*, Europäische Grundfreiheiten und nationales Steuerrecht, 58.
[96] *Schlag*, in: Schwarze, EU-Kommentar, Art. 43 EGV, Rdnr. 5.
[97] Ebenso *Paschen*, Steuerumgehung im nationalen und internationalen Steuerrecht, 213.

len zu erschließen, auch ein gegenüber dem heimischen Markt breiter gefächertes Spektrum von Finanzierungsinstrumenten für die Annahme außersteuerlicher Motive sprechen[98].

c) Zwischenresultat

Das mitgliedstaatliche Interesse, Steuerumgehungen zu verhindern, deckt die typischen Gestaltungen, in denen deutsche Muttergesellschaften durch Tochterunternehmen in Irland tätig werden, nicht ab. Es handelt sich infolge realer Marktteilnahme nicht um „rein künstliche Konstruktionen", obgleich sie auch der Steuerminimierung dienen[99]. Wendet man diese Erkenntnisse auf das Beispiel Nr. 3 dieses Kapitels an, so gelangt man zu dem Ergebnis, dass eine Anwendung der Hinzurechnungsbesteuerung gegen höherrangiges Gemeinschaftsrecht verstößt.

Denn die I-Ltd. betätigt sich wirtschaftlich auf dem Gebiet des Versicherungssektors und geht einer organisierten Verwaltung diverser Beteiligungen nach. In ihrer Funktion als *captive* agiert sie von ihrem irländischen Standort aus und unterliegt als 100%ige Tochter der deutschen M-AG deren Leitung und Kontrolle. Zugunsten der in Deutschland ansässigen Muttergesellschaft ist mithin der Schutzbereich der Niederlassungsfreiheit eröffnet. In diesen greift die Bundesrepublik Deutschland ein, indem sie den Sachverhalt der Hinzurechnungsbesteuerung unterwirft. Kohärenzerwägungen scheiden mangels eines unmittelbaren Zusammenhangs zwischen der Besteuerung von I und M als mögliche Rechtfertigung aus. Einzig die Vermeidung von Steuerumgehungen kommt als Rechtfertigungsgrund ernsthaft in Betracht. Sie scheitert aber daran, dass die I-Ltd. keine rein künstliche Konstruktion darstellt: Als konzerneigene Versicherungsgesellschaft verfolgt sie wirtschaftliche,

---

[98] *Gundel*, in: Grotherr, Handbuch der internationalen Steuerplanung, 283 ff. [285, 305].

[99] Darauf, dass der Gerichtshof im übrigen auch bei der Verhältnismäßigkeitsprüfung einen strengen Maßstab anlegt, kommt es hier angesichts eines fehlenden Rechtfertigungsgrundes nicht an. Deshalb sei an dieser Stelle nur darauf hingewiesen, dass der EuGH für Abwehrvorschriften im Rahmen der Verhältnismäßigkeitsprüfung verlangt, dass sie sich gezielt gegen tatsächliche Steuerumgehungen richten, ohne eine Vielzahl von Sachverhalten mit grenzüberschreitendem Bezug als missbräuchlich einzustufen, vgl. nur *EuGH*, Urteil vom 26. September 2000, Rs. C-478/98 (Kommission der EG gegen Königreich Belgien), in: Slg. 2000 I-7613 ff. [7626], Rdnr. 45; *EuGH*, Urteil vom 21. November 2002, Rs. C-436/00 (X und Y gegen Riksskatteverk), in: IStR 2003, 23 ff. [27], Rdnr. 61 f.; *EuGH*, Urteil vom 12. Dezember 2002, Rs. C-324/00 (Lankhorst-Hohorst GmbH gegen Finanzamt Steinfurt), in: DB 2002, 2690 ff. [2692], Rdnr. 37. Indem die pauschal formulierten §§ 7 ff. AStG auch Marktteilnehmer erfassen, die von ihren vertraglich garantierten Freiheiten in legitimer Weise Gebrauch machen, schießen sie in ihrer derzeitigen Ausgestaltung über das erforderliche Maß hinaus und wären daher – selbst wenn ein Rechtfertigungsgrund eingriffe – unverhältnismäßig. Siehe hierzu insbesondere *Englisch*, in StuW 2003, 88 ff. [97] und *Rättig/Protzen*, in: IStR 2003, 195 ff. [198].

außersteuerliche Zwecke zugunsten des Konzerns. Gleichzeitig dient sie den Zielen des Art. 2 EGV, indem sie tatsächlich am Markt innerhalb der Gemeinschaft teilnimmt, zur wirtschaftlichen Entwicklung beiträgt und für Beschäftigung sorgt. Dass dies nicht in Deutschland, sondern in Irland geschieht, ist aus Sicht des Gemeinschaftsrechts unerheblich. Denn Wachstum und Beschäftigung werden jedenfalls auf dem Gemeinsamen Markt gefördert.

D. Ergebnis

Im Grundsatz können die Mitgliedstaaten zwar solche Marktteilnehmer, die günstige Steuerregelungen anderer Staaten innerhalb der Gemeinschaft nutzen, auch zukünftig noch unter ihre Abwehrvorschriften subsumieren. Allerdings zieht das höherrangige Gemeinschaftsrecht den Spielraum, innerhalb dessen die nationalen Gesetzgeber frei agieren können, mittlerweile recht eng. Für die hier untersuchte Konstellation grenzüberschreitender wirtschaftlicher Tätigkeiten inländischer Steuerpflichtiger mittels ausländischer Tochtergesellschaften bedeutet das konkret: Sie müssen entweder als missbräuchlich vom Schutzbereich der Niederlassungsfreiheit ausgeschlossen sein oder dem Rechtfertigungsgrund einer Vermeidung von Steuerumgehungen unterfallen, damit sie der Hinzurechnungsbesteuerung unterworfen werden dürfen.

Vor diesem Hintergrund reduziert sich der Anwendungsbereich von §§ 7 ff. AStG auf Sachverhalte, die sowohl nach nationalem Recht als auch nach den durch Art. 43 EGV vorgegebenen Maßstäben als „missbräuchliche“ Umgehung einzustufen sind[100]. Konstellationen, die außerhalb der nationalen und gemeinschaftsrechtlichen Schnittmenge liegen – die also entweder das nationale Recht oder die supranationale Rechtsordnung als schützenswerte Gestaltung ansehen – sind somit von sämtlichen Abwehrgesetzen auszunehmen.

---

[100] Entsprechende Überlegungen gelten über die Hinzurechnungsbesteuerung hinaus auch für andere deutsche Missbrauchsvorschriften, namentlich für § 42 AO.

Schaubild:

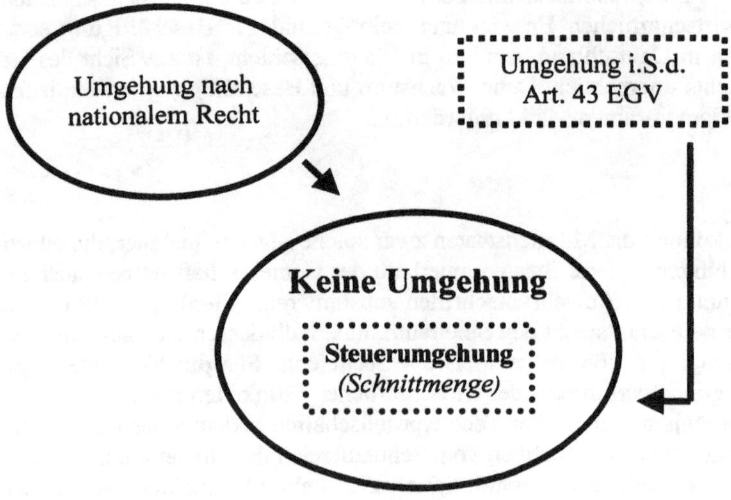

Für den Prüfungsablauf bei grenzüberschreitenden Sachverhalten folgt hieraus: Nachdem in einem *ersten Schritt* eine Gestaltung nach nationalem Recht als „missbräuchlich" eingestuft wurde, weil die Vorraussetzungen der §§ 7 ff. AStG vorliegen, ist dieses vorläufige Ergebnis in einem *zweiten Schritt* anhand der Niederlassungsfreiheit zu verifizieren[101]. Erst, wenn das Gemeinschaftsrecht nicht im Wege steht, erstarkt das auf dem Boden des heimischen Rechts gefundene Zwischenresultat zum Endurteil und gestattet es, den grenzüberschreitenden Sachverhalt zu Lasten des Marktteilnehmers mit dem Verdikt der Steuerumgehung zu belegen und die §§ 7 ff. AStG anzuwenden.

Dabei zieht das Gemeinschaftsrecht enge Grenzen, deren praktische Auswirkungen infolge des Wegfalls von § 10 Abs. 5 AStG[102] künftig noch zunehmen könnten. Denn eine wirtschaftliche Tätigkeit, in der die inländische Kapitalgesellschaft Leitung und Kontrolle über ihre Tochter ausübt, ist nur in sog. *U-turn*-Sachverhalten von Art. 43 EGV ausgenommen. Der ganz überwiegende Teil transnationaler Wirtschaftsvorgänge genießt hingegen grundfreiheitlichen Schutz. Ein Rückgriff auf nationale Abwehrgesetze – die in die Grundfreiheiten eingreifen – ist daher nur gegenüber Marktteilnehmern zulässig, deren Tätigkeit „rein künstlich" ist und dazu dient, mitgliedstaatliches Steuerrecht zu umgehen. Rein künstlich ist eine Betäti-

[101] Ebenso *Bauschatz*, in: IStR 2002, 333 ff. [341].
[102] Umfassend hierzu beispielsweise *Sieker*, in: IStR 2003, 78 ff. [80 f.].

gung nach der hier vertretenen Auffassung aber nur, falls sie so sehr hinter dem sonst üblichen Zuschnitt vergleichbarer Unternehmungen zurückbleibt, dass sie keinen nennenswerten Beitrag zu den Vertragszielen des Art. 2 EGV zu leisten vermag. Typischerweise handelt es sich dabei um Briefkastengesellschaften ohne Personal und unternehmerische Infrastruktur, deren einziges Ziel dasjenige einer steuersparenden cash-box ist[103]. Denn für die Annahme außersteuerlicher Ziele genügt es, wenn der Marktteilnehmer zumindest auch betriebswirtschaftlich motiviert agiert.

Obwohl die §§ 7 ff. AStG dem EuGH bislang nicht zur Vorabentscheidung vorgelegt wurden[104], steht nach alledem fest, dass eine Anwendung der Hinzurechnungsbesteuerung in ihrer derzeit geltenden Ausgestaltung gegen höherrangiges Gemeinschaftsrecht verstößt. Das gilt namentlich für Gestaltungen, in denen deutsche Unternehmen mittels niedrig besteuerter Tochtergesellschaften von Irland aus operieren. Um die Verletzung von Primärrecht abzuwenden, folgt aus Art. 43 Abs. 1 i.V.m. Art. 48 Abs. 1 EGV eine Restriktion der §§ 7 ff. AStG, die im Ergebnis zur vollständigen Unanwendbarkeit der heimischen Abwehrvorschriften führt. Denn anders als durch einen Verzicht auf die Hinzurechnungsbesteuerung kann den Vorgaben der Niederlassungsfreiheit nicht hinreichend Rechung getragen werden[105].

---

103 Ähnlich *Paschen*, Steuerumgehung im nationalen und internationalen Steuerrecht, 203; *Schön*, in: DB 2001, 940 ff. [945] und *Rättig/Protzen*, in: IStR 2003, 195 ff. [200].

104 Unter Hinweis darauf, dass eine Vorlagepflicht für den Bundesfinanzhof gemäß Art. 234 Abs. 3 EGV nicht in einem Eilverfahren besteht, verzichtete *BFH*, Beschluss vom 21. Juni 2001 IB 141/00, in: BFH/NV 2001, 1169 f. [1170] darauf, die §§ 7 ff. AStG dem Gerichtshof vorzulegen.

105 In seiner „Irland-Entscheidung" aus dem Jahr 2004 neigte nunmehr auch der Bundesfinanzhof dieser Auffassung zu. Der I. Senat wies nämlich ausdrücklich darauf hin, dass bei der Frage des Vorliegens eines Missbrauchs durch die Beteiligung einer inländischen Kapitalgesellschaft an einer Gesellschaft mit Sitz im IFSC auch der Rechtsprechung des EuGH zur Niederlassungsfreiheit Rechnung zu tragen sei, vgl. *BFH*, Urteil vom 25. 02. 2004 I R 42/02, in: RIW 2004, 955 ff. [957].

Zusammenfassung der Ergebnisse

I. Sowohl Irland als auch die Bundesrepublik befinden sich im Wettbewerb der Steuersysteme. Der hieraus folgende Druck zwang in jüngerer Vergangenheit beide Länder dazu, ihre Steuersätze deutlich zu senken. Denn im europäischen Kampf um die Ansiedlung von Unternehmen geht von den Tarifen die ausschlaggebende Signalwirkung für Investitionsentscheidungen aus. Vor diesem Hintergrund ist es kein Zufall, dass beide Staaten in den Jahren 1999 (Irland) und 2001 (Deutschland) ihre Unternehmensbesteuerung reformierten. Während die Republik Irland das Teilanrechnungsverfahren zugunsten eines klassischen Systems aufgab, führte der deutsche Gesetzgeber unter Abkehr vom Vollanrechnungssystem das Halbeinkünfteverfahren ein.

II. Vergleicht man die Ausgestaltung der Besteuerung von Kapitalgesellschaften in beiden Ländern, fallen insbesondere das Fehlen einer Gewerblichkeitsfiktion und das Schedulensystem in Irland als signifikante Unterschiede auf. Darüber hinaus weichen die Behandlung beschränkt steuerpflichtiger Körperschaften, das Verhältnis der steuerlichen Gewinnermittlung zum nationalen Handelsrecht, die Zulässigkeit von AfA für einzelne Wirtschaftsgüter sowie deren Abschreibungszeiträume und die Besteuerung von Veräußerungsgewinnen voneinander ab. Nur das irländische Recht gewährt einen *inflation index*, der bei Veräußerungsgeschäften die Geldentwertung berücksichtigt und eine Besteuerung von Scheingewinnen verhindert oder jedenfalls reduziert. Den wohl bedeutsamsten Unterschied zwischen beiden Staaten stellt jedoch der Körperschaftsteuertarif dar. Während dieser in Irland im Falle des *manufacturing relief* und für Dienstleistungsgesellschaften im IFSC noch bis Ende des Jahres 2005 exakt 10% beträgt, gilt bereits seit 2003 ein allgemeiner Tarif für alle gewerblichen Gewinne i.H.v. 12.5%. In Deutschland ist der Körperschaftsteuersatz hingegen doppelt so hoch (25%). Darüber hinaus – und das ist für einen Belastungsvergleich bedeutsam – stellt die Körperschaftsteuer in Deutschland nicht die einzige Steuerlast von Kapitalgesellschaften dar. Anders als in Irland unterliegen die Gewinne auf der Ebene der Gesellschaft noch dem Solidaritätszuschlag und der Gewerbesteuer, weshalb das irische Steuerumfeld insoweit deutlich günstiger ist als sein deutsches Pendant.

III. Richtet man seinen Blick auf die Gesamtbelastung ausgeschütteter Gewinne, relativiert sich die günstige Besteuerung in Irland. Eine Analyse der Besteuerung von Kapitalgesellschaften *und* ihren Anteilseignern hat nämlich gezeigt, dass das irländische Recht in besonderer Weise darauf bedacht ist, ausländischen Investoren attraktive Bedingungen zu gewähren. Sie werden nicht gesondert zur Einkommensteuer veranlagt und bleiben i.d.R. von der sonst üblicherweise erhobenen *dividend withholding tax* auf Dividenden befreit. Demgegenüber greift der irländische Fiskus auf Gewinne, die eine Kapitalgesellschaft an einen irischen Anteilseigner ausschüttet, ungemildert mit einem Einkommensteuersatz i.H.v. 20% (*standard rate*) bzw. 42% (*higher rate*) zu. Im Falle der Ausschüttung an eine in Irland unbeschränkt steuerpflichtige natürliche Person schwächt sich der unternehmenssteuerliche Anreiz des niedrigen Körperschaftsteuersatzes derart ab, dass sich die Gesamtbelastung derjenigen in der Bundesrepublik zumindest tendenziell annähert. Insbesondere bei hohen Ausschüttungen führen infolge der Abmilderung durch das deutsche Halbeinkünfteverfahren lediglich Solidaritätszuschlag und Gewerbesteuer dazu, dass Gewinne in Deutschland noch geringfügig höher besteuert werden.

IV. Beide Staaten praktizieren – obgleich Irland dies in erheblich stärkerem Maße tut – eine Spreizung von Körperschaftsteuertarif und Einkommensteuerspitzensatz. Aufgrund der höheren Einkommensteuertarife resultiert hieraus eine Ungleichbehandlung von Kapitalgesellschaften und Personenunternehmen, welche die Republik Irland mit den sog. close company-Vorschriften zu reduzieren versucht. Bemerkenswert daran ist, dass Irland diese Ausgleichsvorschriften anwendet, ohne hierzu verfassungsrechtlich verpflichtet zu sein. Anders als Art. 3 Abs. 1 GG in Deutschland existiert nämlich keine entsprechende normative Forderung in der irischen *Constitution*, die den Handlungsspielraum des einfachen Steuergesetzgebers beschränkt. Voneinander abweichende Behandlungen einzelner Steuerpflichtiger und verschiedener Einkunftsarten trotz identischer Leistungsfähigkeit unterliegen daher keinem so strengen verfassungsrechtlichen Rechtfertigungszwang wie in Deutschland. Nicht zuletzt dieser Umstand ermöglicht es der Republik Irland, ihr Steuerrecht sehr flexibel auszugestalten und dabei in besonderem Maße auf die Bedürfnisse ausländischer Investoren einzugehen.

V. Sämtliche spezifischen Steuervorteile zugunsten von Kapitalgesellschaften im IFSC stellen Beihilfen i.S.v. Art. 87 Abs. 1 EGV dar. Während die Kommission den Vorzugstarif i.H.v. 10% zu Recht genehmigte, hat sie über die Vereinbarkeit der übrigen Vergünstigungen mit dem Gemeinsamen Markt niemals positiv entschieden. Insbesondere die zehnjährige Befreiung von den grundsteuerlichen *rates* der Stadt Dublin, die *commercial premises allowance*, die *double rent allowance* und der *revised relief* verstießen daher gegen das Beihilfenrecht des EG-Vertrags. Weil das in Art. 87 Abs. 1 EGV formulierte Verbot keine unmittelbare Wirkung entfaltet und die Kommission diese Steuervorteile nicht in einem offiziellen Verbotsverfahren beanstandete, handelte es sich in den zurückliegenden Besteuerungszeiträumen gleichwohl um gültiges Recht.

VI. Nachdem die Kommission die Beihilfen des *manufacturing relief* und zugunsten des IFSC im Jahr 1998 für unvereinbar mit dem Gemeinsamen Markt erklärt hatte, verlagerte die Republik Irland ihre tariflichen Anreize von der spezifischen auf die allgemeine rechtssystematische Ebene. Der generelle Steuersatz muss sich daher nicht mehr am Maßstab der Art. 87 ff. EGV messen lassen. Eine Gesetzesauslegung hat indes ergeben, dass die bislang kaum beachtete Vorschrift des Art. 96 EGV auf Wettbewerbsverfälschungen durch generelle, aber signifikant niedrige Steuersätze jedenfalls prinzipiell anwendbar ist. Allerdings rechtfertigt ein niedriger Steuersatz allein die konkrete Anwendung von Art. 96 EGV nicht. Die mitgliedstaatliche Souveränität gebietet es, die Norm nur anzuwenden, falls ein Mitgliedstaat den innergemeinschaftlichen Wettbewerb objektiv verzerrt. Eine gesetzgeberische Absicht, das spezifische Beihilfenrecht zu umgehen, vermag einen Rückgriff auf Art. 96 EGV daher von vornherein nicht zu rechtfertigen. Weil sich zudem die mitgliedstaatlichen Steuersätze ständig im Fluss befinden, lässt sich auch keine verbindliche Grenze ziehen, bei deren Unterschreiten ein nationaler Körperschaftsteuersatz verzerrend im Sinne der Vorschrift wirkt. Art. 96 EGV vermag das „race to the bottom" der allgemeinen Steuertarife innerhalb der Gemeinschaft daher nicht aufzuhalten.

VII. Der Einsatz von steuerlichen Abwehrvorschriften gegen Anreizmaßnahmen Irlands ist der Bundesrepublik Deutschland weitgehend verwehrt. Deutsche Marktteilnehmer, deren Tochtergesellschaften vom Vorzugssteuersatz im IFSC (10%) oder von dem generellen Niedrigtarif (12.5%) in Irland profitieren, sind durch die Niederlassungsfreiheit vor Defensivgesetzen wie §§ 7 ff. AStG geschützt. Sofern ihr Verhalten grundfreiheitlichen Schutz genießt, stellt die Hinzurechnungsbesteuerung einen ungerechtfertigten Eingriff in Art. 48 Abs. 1 i.V.m. Art. 43 Abs. 1 EGV dar. Der Gerichtshof erkennt zwar zugunsten der Mitgliedstaaten die Verhinderung von Steuerumgehungen als ungeschriebenen Rechtfertigungsgrund an. Die typischen Gestaltungen deutscher Marktteilnehmer in Irland lassen sich jedoch nicht hierunter subsumieren, da sie keine „rein künstlichen Konstruktionen" darstellen. Dieses Kriterium der EuGH-Judikatur lässt sich konkretisieren, indem man es auf den Sinn und Zweck der Grundfreiheiten zurückführt. Dabei ist ergänzend auf die primärrechtliche Grundsatzbestimmung des Art. 2 EGV zurückzugreifen. Infolgedessen ist es Deutschland nicht gestattet, die Hinzurechnungsbesteuerung auf Sachverhalte anzuwenden, in denen grenzüberschreitend agierende Marktteilnehmer einen effektiven Beitrag zur Verwirklichung der in Art. 2 EGV formulierten Ziele leisten.

Deutsch-Irisches Glossar

Ability to pay – principle
Individuelles Leistungsfähigkeitsprinzip

Accounting period
Gewinnermittlungs- bzw. Einkünfteermittlungszeitraum

Actual Method
Einkünfteermittlung durch Überschussrechnung nach dem Zuflussprinzip

Accrual basis
Periodengerechte Gewinnnermittlungsmethode, bei der Forderungen und Verbindlichkeiten berücksichtigt werden, sobald sie entstehen

Advance Corporation Tax
Auf ausgeschüttete Gewinne vorausgezahlte Körperschaftsteuer (unter dem alten Teilanrechungsverfahren)

Agency
Handelsvertretung

Allowance
Abschreibung

Annuity
(Leib-)Rente

Appeal
Rechtsmittel, das dem Steuerpflichtigen – je nach Kontext – gegen Gerichtsurteile oder Entscheidungen der Finanzverwaltung offen steht

Arm's length
Vertragsgestaltung, die einem Fremdvergleich standhält

Articles of association
Satzung, in der die internen Rechtsverhältnisse einer Kapitalgesellschaft festgelegt sind

Auditor
Wirtschaftsprüfer

Balancing charges / allowances
Ausgleichsbesteuerung, die im Falle des Ausscheidens von Wirtschaftsgütern aus einem Betrieb den durch Abschreibungen eingetretenen Unterschiedsbetrag zwischen Buchwert und Verkaufspreis berücksichtigt

Basic personal allowance
Allgemeiner persönlicher Freibetrag für steuerpflichtige natürlichen Person in Irland. Seit 2001 wird die *basic personal allowance* nur noch als *tax credit* gewährt, der von der Einkommensteuerschuld abzuziehen ist

Board of directors
Aufsichts- und Verwaltungsorgan irischer Kapitalgesellschaften, das als formelle Führungsspitze das Management überwacht und über Grundsatzfragen entscheidet

Branch
Betriebsstätte, Zweigniederlassung

Building Society
Gesellschaft, die typischerweise Aufgaben einer Bausparkasse wahrnimmt

Business expenses
Betriebsausgaben

Capital Acquisitions Tax
Erbschaft- und Schenkungsteuer

Capital Allowance
Abschreibung (von Anlagewerten)

Capital Duty
Unterfall der Stempelsteuer (*stamp duty*), die bei Gründung einer *limited company* sowie einer späteren Erhöhung des Stammkapitals anfällt

Capital Expenditure
Erfolgsneutraler Investitionsaufwand

Capital Gains Tax
Steuer, die auf Veräußerungsgewinne erhoben wird und bei Kapitalgesellschaften in die Körperschaftsteuer integriert ist

Captive
Konzerneigene Versicherungsgesellschaft, die ausschließlich Risiken des Konzerns abdeckt

Case Law
Fallrecht, Richterrecht

Cash basis
Einkünfteermittlung durch Überschussrechnung

Chargeable Gain
Steuerpflichtiger Gewinn aus einem Veräußerungsgeschäft

Charity
Gemeinnützige Organisation; wohltätige Stiftung

Child Benefit
Kindergeld

Claimant company
Verlustübernehmende Gesellschaft beim konzerninternen Verlustausgleich

Close Company
Gesellschaft, die entweder ausschließlich von ihren geschäftsführenden *directors* oder von fünf bzw. weniger Anteilseignern kontrolliert wird. Für sie gelten Sonderregeln, die einer Steuervermeidung entgegenwirken sollen

Collector General
Sektion der Finanzverwaltung, der die (zwangsweise) Einziehung von Steuern obliegt

Common Law
Ungeschriebenes Recht, das ursprünglich gewohnheitsrechtlich entstand und später durch Richter weiterentwickelt wurde. Dieser Terminus kategorisiert zugleich den gesamten anglo-amerikanischen Rechtsraum

Company
Kapitalgesellschaft mit eigener Rechtspersönlichkeit

Company limited by guarantee
Gesellschaft mit persönlicher Haftung der Gesellschafter in Form einer Nachschusspflicht

Company limited by shares
Gesellschaft, bei der die Gesellschafter nur mit ihren Einlagen für die Verbindlichkeiten der Gesellschaft haften

Constitution
Verfassung

Controlled Foreign Company
Beherrschte ausländische Gesellschaft

Corporation
Körperschaft (juristische Person)

Corporation Tax
Körperschaftsteuer

Custom House Dock Area
Räumlich abgegrenzter Bereich, in dem sich IFSC-Gesellschaften im Dubliner Hafengebiet ansiedeln müssen, um von den Steuervorzügen zu profitieren

Debts
Außenstände

Deferred Taxation
Hinausschiebung der Besteuerung in spätere Veranlagungszeiträume

Department of Finance
Finanzministerium

Director
Mitglied des *board of directors*, der Aufgaben der Geschäftsführung oder Aufsicht wahrnehmen kann

Distribution
Ausschüttung einer Kapitalgesellschaft an ihre Anteilseigener

Dividend withholding tax
Quellensteuerabzug bei Dividenden und anderen Ausschüttungen einer Gesellschaft

Earnings Method
Einkünfteermittlung durch Betriebsvermögensvergleich

European Economic Interest Group
Europäische Wirtschaftliche Interessenvereinigung (EWIV)

Exemption
Sachliche oder persönliche Steuerbefreiung (abzugrenzen vom *excluded income*, das schon nicht steuerbar ist)

Export Sales Relief
Steuerbefreiung, die Irland bis in die 1980er Jahre hinein für Gewinne irischer Kapitalgesellschaften aus dem Export von in Irland hergestellten Gütern gewährte

Finance Act
Finanzgesetz, das i.d.R. jährlich verabschiedet wird

Fixed Assets
Wirtschaftsgüter des Anlagevermögens

Franked investment income
Dividendenerträge, die eine irische Kapitalgesellschaft von einer anderen irischen Kapitalgesellschaft bezieht und bei der empfangenden Gesellschaft steuerfrei sind

General meeting
Gesellschafterhauptversammlung

Generally Accepted Accounting Principles
Allgemein anerkannte Grundsätze des Handelsrechts und der Buchführung

Going concern
Aktiv tätiges, nicht stillgelegtes Unternehmen

Goodwill
Geschäftswert, Firmenwert

Gross Income
Summe der Einkünfte

Group Relief
Möglichkeit, Verluste von Gesellschaften innerhalb eines Konzerns zu übertragen

Group Gains Relief
Möglichkeit, Wirtschaftsgüter innerhalb einer Unternehmensgruppe zu übertragen, ohne das steuerpflichtige Veräußerungsgewinne anfallen

Higher Rate
Höchststeuersatz des als Teilmengenstaffeltarif ausgestalteten irischen Einkommensteuertarifs

Income
Einkommen

Income Tax
Einkommensteuer

Incorporated Club
Eingetragener Verein

Industrial and provident societies
In Industrie und Landwirtschaft z.T. noch verbreitete genossenschaftliche Gesellschaftsform

Inflation Index
Inflationsbereinigung für Veräußerungsgewinne durch Anwendung eines Multiplikators auf die historischen Anschaffungskosten betrieblicher Wirtschaftsgüter

Inspector of taxes
Finanzbeamter, der auf Basis der Steuererklärung die Steuer veranlagt

Interest
Zins (Entgelt für die Überlassung von Kapital zur Nutzung oder die für Stundung einer Forderung)

International Financial Services Centre
Bezirk im ehemaligen Dubliner Hafengelände, in dem Finanzdienstleistungsgesellschaften einer besonders günstigen Körperschaftsteuer unterliegen

Inward Investment
Investitionen in die heimische Volkswirtschaft aus dem Ausland

Loss Buying
Ankaufen von verlustträchtigen Unternehmen, um Steuern zu sparen

Lower of cost price
Bewertung nach dem Niederstwertprinzip

Manufacturing Relief
Vorzugssteuersatz (10%) für produzierende Kapitalgesellschaften

Market Value
Aktueller Marktwert eines Wirtschaftsguts

Memorandum of association
Gründungsurkunde, die das rechtliche Außenverhältnis einer Gesellschaft festlegt

Net realizable value
Realisierbarer Veräußerungserlös

Nonresident Company
Nicht im Inland ansässige Kapitalgesellschaft

Ordinary Shares
Stammaktien

Partnership
Personengesellschaft

Persuasive authority
Präzedenzfälle, die zwar in Irland nicht bindend sind (wie z.B. Entscheidungen ausländischer Gerichte des angelsächsischen Rechtskreises), aber dennoch vom Gericht in Betracht gezogen werden

Place of central management and control
Ort der Geschäftsleitung, der die steuerrechtliche Ansässigkeit eines Unternehmens bestimmen kann

Plant and machinery
(Bewegliche) Wirtschaftsgüter des Anlagevermögens

Preliminary tax
Steuervorauszahlung

Private Company
Gesellschaft, die in der Zahl ihrer Gesellschafter und der Übertragbarkeit ihrer Anteile gesetzlich beschränkt ist

Provision
Rückstellung

Public Company
Gesellschaftsform, die von den für die *private companies* geltenden Beschränkungen ausgenommen ist

Rate
Lokale Gemeindeabgabe, die auf Grundbesitz erhoben wird

Real Estate
Unbewegliches Vermögen

Remittance Basis
Nach der *remittance basis* werden bestimme ausländische Einkünfte natürlicher Personen nur besteuert, wenn sie nach Irland überwiesen werden

Rental Income
Einkünfte aus Vermietung und Verpachtung

Reserve
Rückstellung

Residence
Ansässigkeit, Wohnsitz

Revenue Commissioners
„Spitze" der irischen Finanzverwaltung, die von der Regierung eingesetzt wird und die Steuerinspektoren ernennt, welche die Massenfälle in der Praxis bearbeiten

Revenue Notes for Guidance
Innerbehördliche Weisungen der *Revenue Commissioners* zur Interpretation von Steuergesetzen

Revised relief
Bestimmung, die es den im IFSC ansässigen Gesellschaften ermöglichte, auf den Vorzugssteuersatz i.H.v. 10% zu verzichten

Ring fencing
Als „schädlich" eingestufte Regelung, die ausschließlich Gebietsfremden Steuervorteile gewährt

Royalties
Lizenzgebühren

Rollover relief
Gewinnübertragung, die den Steuerzugriff aufschiebt

Schedule
Einkommensteuergruppe

Self Assessment
Verfahren der Selbstveranlagung, bei dem die Steuerpflichtigen grundsätzlich verpflichtet sind, ihre Einkommen- und Körperschaftsteuer selbst zu berechnen und zu erklären

Standard Rate
Eingangssteuersatz des als Teilmengenstaffeltarif ausgestalteten irischen Einkommensteuertarifs

Statute Law
Kodifiziertes Gesetzesrecht

Statutory Regulations
Ausführungsbestimmungen, die von den Revenue Commissioners aufgrund gesetzlicher Ermächtigung erlassen werden und das Verständnis einzelner Steuernormen konkretisieren

Surrendering company
Verlustübertragende Gesellschaft beim konzerninternen Verlustausgleich

Stamp Duty
Stempelsteuer, die auf den Stamp Act 1891 zurückgeht und als Vermögensverkehrsteuer an die Übertragung von Dokumenten anknüpft

Statement of Practice
Innerbehördliche Weisung zur Interpretation von Steuergesetzen

Stock
Vorrat, Lagerbestand

Stock relief
Steuerlicher Ausgleich für inflationsbedingte Wertsteigerungen des Vorratsvermögens, der in Irland seit 1986 nur noch Landwirten gewährt wird

Subsidiary
Tochtergesellschaft

Surcharge
Steuerzuschlag

Taxable Income
Steuerbares, zu versteuerndes Einkommen

Taxable Year
Steuerjahr

Tax credit
Steuergutschrift, die zur Verringerung der Steuerschuld führt. Ihrer Höhe nach ist sie auf die Steuerschuld begrenzt, führt also nicht zu einer Steuererstattung

Tax Incentive
Steueranreiz, Steuervergünstigung

Taxes Consolidation Act (TCA 1997)
Gesetzeswerk, mit dem der irische Gesetzgeber die zuvor verstreuten Steuergesetze 1997 in einer einzigen Kodifikation „konsolidierte“

Terminal Losses
Verluste, die nur ausnahmsweise im Falle der endgültigen Betriebsaufgabe zurückgetragen werden dürfen

Trading Income
Gewerbliche Einkünfte einer irischen Kapitalgesellschaft, die einem niedrigeren Körperschaftsteuersatz unterliegen als Einkünfte des *non-trading income*

Treaty Overriding
Durchbrechung eines Doppelbesteuerungsabkommens durch nationales Steuerrecht

Trust
Gesellschaftsrechtliches Instrument der Vermögens- und Erbfolgeplanung, das aus Sicht des deutschen Rechtskreises häufig als Treuhand, Nießbrauch oder GbR qualifiziert wird

Undistributed after tax income
Einkommen, das eine Kapitalgesellschaft nicht ausschüttet, obwohl sie es ausschütten könnte, was bei *close companies* zu einem zusätzlichen Steuer-Zuschlag führen kann

Unlimited liability company
Gesellschaftsform, bei der die Gesellschafter unbeschränkt mit ihrem Vermögen für die Verbindlichkeiten der Gesellschaft haften

Value Added Tax
Umsatzsteuer

Wasting asset
Abnutzbares Wirtschaftsgut

Wear and Tear
Verschleißbedingter Wertverzehr

Windfall profits
Nicht steuerbare Zufallsgewinne

Bochumer Schriften zum Steuerrecht

Herausgegeben von Roman Seer

Band 1 Roman Seer / Burkhard Kämper (Hrsg.): Bochumer Kirchensteuertag. Grundlagen, Gestaltung und Zukunft der Kirchensteuer. 2004.

Band 2 Roman Seer (Hrsg.): Bochumer Lohnsteuertag. Die Lohnsteuer im Spannungsfeld zwischen Unternehmerfreiheit und Fiskalinteresse. 2005.

Band 3 Frank-André Mönkemöller: Die Zurechnung der Überschusseinkünfte bei Personengesellschaften. 2005.

Band 4 Kai Thulfaut: Die Besteuerung international tätiger Anwaltssozietäten. 2005.

Band 5 Jens Hoffmann: Die Besteuerung von Kapitalgesellschaften und ihren Anteilseignern in Irland im Vergleich zu Deutschland. Zugleich ein Beitrag zu den Grenzen des Steuerwettbewerbs in der Europäischen Union. 2005.

www.peterlang.de

Sven Eduard Arnolds

Rechtsformwechselnde Verschmelzungen von Kapital- und Personengesellschaften

Eine steuerliche Vorteilhaftigkeitsanalyse – zugleich steuersystematische Analyse ausgewählter Entscheidungsverzerrungen

Frankfurt am Main, Berlin, Bern, Bruxelles, New York, Oxford, Wien, 2005.
LXXXIX, 241 S., 33 Abb., 6 Tab.
Europäische Hochschulschriften: Reihe 5, Volks- und Betriebswirtschaft.
Bd. 3127
ISBN 3-631-53813-8 · br. € 56.50*

Mit Hilfe von Steuerdifferenzenbarwerten beantwortet der Autor die Frage, wann die Auflösung stiller Reserven im Zuge rechtsformwechselnder Verschmelzungen von Kapital- und Personengesellschaften vorteilhaft sein kann. Im Falle der Verschmelzung einer Kapital- auf eine Personengesellschaft kommt der Höhe unterschiedlicher körperschaft- und gewerbesteuerlicher Verlustvorträge auf Ebene des übertragenden Rechtsträgers entscheidende Bedeutung zu. Der Verfasser berücksichtigt hierbei auch die beschränkte Verlustverrechnung gemäß §§ 10d Abs. 2 EStG, 10a Satz 2 GewStG. Vor dem Hintergrund des körperschaftsteuerlichen Systemwechsels unterzieht die Arbeit die aktuellen Regelungen einer steuersystematischen Analyse und unterbreitet Reformvorschläge. Der hierfür entwickelte Referenzrahmen beinhaltet als zentrales betriebswirtschaftliches Kriterium die Entscheidungsneutralität der Besteuerung.

Aus dem Inhalt: Steuerliche Vorteilhaftigkeitsanalyse einer Verschmelzung einer Kapital- auf eine Personengesellschaft · Steuerliche Vorteilhaftigkeitsanalyse einer Verschmelzung einer Personen- auf eine Kapitalgesellschaft

Frankfurt am Main · Berlin · Bern · Bruxelles · New York · Oxford · Wien
Auslieferung: Verlag Peter Lang AG
Moosstr. 1, CH-2542 Pieterlen
Telefax 00 41 (0) 32 / 376 17 27

*inklusive der in Deutschland gültigen Mehrwertsteuer
Preisänderungen vorbehalten

Homepage http://www.peterlang.de

Zeitfracht Medien GmbH
Ferdinand-Jühlke-Straße 7
99095 Erfurt, Deutschland
produktsicherheit@kolibri360.de

Druck:
CPI Druckdienstleistungen GmbH
im Auftrag der
Zeitfracht Medien GmbH
Ein Unternehmen der Zeitfracht - Gruppe
Ferdinand-Jühlke-Str. 7
99095 Erfurt